国家职业资格培训教材
技能型人才培训用书

汽车装配工

国家职业资格培训教材编审委员会　组编
高庆毓　主编

机 械 工 业 出 版 社

本书是依据《国家职业标准》对汽车装配工的知识要求和技能要求，按照岗位培训需要的原则编写的。本书主要内容包括：钳工基础知识、汽车常用材料、机械制图知识、机构及机械零件知识、电学基础知识、装配基础、汽车构造、汽车发动机装配工艺、底盘的装配工艺、汽车总装配及调试、管理。书末配有与之配套的试题库和答案，以便于企业培训、考核鉴定和读者自测自查。

本书主要用作企业培训部门、职业技能鉴定培训机构、再就业和农民工培训机构的教材，也可作为技工院校、职业院校和各种短训班的教学用书，还可供有关人员自学使用。

图书在版编目（CIP）数据

汽车装配工/高庆毓主编．—北京：机械工业出版社，2012.4
(2024.1 重印)
国家职业资格培训教材
ISBN 978-7-111-37289-9

Ⅰ.①汽… Ⅱ.①高… Ⅲ.①汽车—装配（机械）—职业技能—鉴定—教材 Ⅳ.①U463

中国版本图书馆 CIP 数据核字（2012）第 016455 号

机械工业出版社（北京市百万庄大街 22 号 邮政编码 100037）
策划编辑：陈玉芝 崔 旺 责任编辑：赵磊磊
责任校对：樊钟英 封面设计：饶 薇
责任印制：郜 敏
中煤（北京）印务有限公司印刷
2024 年 1 月第 1 版·第 10 次印刷
169mm×239mm·22.25 印张·430 千字
标准书号：ISBN 978-7-111-37289-9
定价：55.00 元

电话服务
客服电话：010－88361066
010－88379833
010－68326294

网络服务
机 工 官 网：www.cmpbook.com
机 工 官 博：weibo.com/cmp1952
金 书 网：www.golden-book.com
机工教育服务网：www.cmpedu.com

国家职业资格培训教材(第2版)
编 审 委 员 会

第 2 版序

在“十五”末期，为贯彻“全国职业教育工作会议”和“全国再就业会议”精神，落实国家人才发展战略目标，加快培养一大批高素质的技能型人才，机械工业出版社精心策划了与原劳动和社会保障部《国家职业标准》配套的《国家职业资格培训教材》。这套教材涵盖 41 个职业工种，共 172 种，有十几个省、自治区、直辖市相关行业 200 多名工程技术人员、教师、技师和高级技师等从事技能培训和鉴定的专家参加编写。教材出版后，以其兼顾岗位培训和鉴定培训需要，理论、技能、题库合一，便于自检自测，受到全国各级培训、鉴定部门和广大技术工人的欢迎，基本满足了培训、鉴定和读者自学的需要，在“十一五”期间为培养技能人才发挥了重要作用，本套教材也因此成为国家职业资格鉴定考证培训及企业员工培训的品牌教材。

2010 年，《国家中长期人才发展规划纲要（2010—2020 年）》、《国家中长期教育改革和发展规划纲要（2010—2020 年）》、《关于加强职业培训促就业的意见》相续颁布和出台，2012 年 1 月，国务院批转了七部委联合制定的《促进就业规划（2011—2015 年）》，在这些规划和意见中，都重点阐述了加大职业技能培训力度、加快技能人才培养的重要意义，以及相应的配套政策和措施。为适应这一新形势，同时也鉴于第 1 版教材所涉及的许多知识、技术、工艺、标准等已发生了变化的实际情况，我们经过深入调研，并在充分听取了广大读者和业界专家意见的基础上，决定对已经出版的《国家职业资格培训教材》进行修订。本次修订，仍以原有的大部分作者为班底，并保持原有的“以技能为主线，理论、技能、题库合一”的编写模式和格式体例，重点在以下几个方面进行了改进：

1. 新增紧缺职业工种——为满足社会需求，又开发了一批近几年比较紧缺的以及新增的职业工种教材，使本套教材覆盖的职业工种更加广泛。

2. 紧跟国家职业标准——按照最新颁布的《国家职业技能标准》或《国家职业标准》规定的工作内容和技能要求重新整合、补充和完善内容，以涵盖职业标准中所要求的知识点和技能点的要求。

3. 提炼重点知识技能——在内容的选择上，以“够用”为原则，提炼应重点掌握的必需的专业知识和技能，删减了不必要的理论知识，使内容更加精练。

4. 补充更新技术内容——删除了陈旧过时的内容，补充更新了新的技术内容，内容更加实用。

5. 同步最新技术标准——对旧的技术标准进行更新，与最新的技术标准同步。

6. 精选技能鉴定题库——按鉴定要求精选了职业技能鉴定试题，试题贴近教材、贴近国家试题库的考点，更具典型性、代表性、通用性和实用性。

7. 配备免费电子教案——为方便培训教学，我们为本套教材开发配备了配套的电子教案，免费赠送给选用本套教材作培训的机构和教师。

8. 配备操作实景光盘——根据读者需要，部分教材配备了操作实景光盘。

一言概之，经过精心修订，第 2 版教材在保留了第 1 版精华的同时，也使内容更加精练、可靠、实用，针对性更强，更能满足社会需求和读者需要。全套教材既可作为各级职业技能鉴定培训机构、企业培训部门的考前培训教材，又可作为读者考前复习和自测使用的复习用书，也可供职业技能鉴定部门在鉴定命题时参考，还可作为职业技术院校、技工院校、各种短训班的专业课教材。

在本套教材的调研、策划、编写过程中，曾经得到许多企业、鉴定培训机构有关领导、专家的大力支持和帮助，在此表示衷心的感谢！

虽然我们在编写这套培训教材中尽了最大努力，但教材中难免存在不足之处，诚恳地希望专家和广大读者批评指正。

国家职业资格培训教材第 2 版编审委员会

第1版序

为贯彻“全国职业教育工作会议”和“全国再就业会议”精神，落实国家人才发展战略目标，促进农村劳动力转移培训，全面推进技能振兴计划和高技能人才培养工程，加快培养一大批高素质的技能型人才，我们精心策划了这套与劳动和社会保障部最新颁布的《国家职业标准》配套的《国家职业资格培训教材》。

进入21世纪，我国制造业在世界上所占的比重越来越大，随着我国逐渐成为“世界制造业中心”进程的加快，制造业的主力军——技能人才，尤其是高级技能人才的严重缺乏已成为制约我国制造业快速发展的瓶颈，高级蓝领出现断层的消息屡屡见诸报端。据统计，我国技术工人中高级以上技工只占3.5%，与发达国家40%的比例相去甚远。为此，国务院先后召开了“全国职业教育工作会议”和“全国再就业会议”，提出了“三年50万新技师的培养计划”，强调各地、各行业、各企业、各职业院校等要大力开展职业技术培训，以培训促就业，全面提高技术工人的素质。那么，开展职业培训的重要基础是什么呢？

众所周知，“教材是人们终身教育和职业生涯的重要学习工具”。顾名思义，作为职业培训的重要基础，职业培训教材当之无愧！编写出版优秀的职业培训教材，就等于为技能培训提供了一把开启就业之门的金钥匙，搭建了一座高技能人才培养的阶梯。

加快发展我国制造业，作为制造业龙头的机械行业责无旁贷。技术工人密集的机械行业历来高度重视技术工人的职业技能培训工作，尤其是技术工人培训教材的基础建设工作，并在几十年的实践中积累了丰富的教材建设经验。作为机械行业的专业出版社，机械工业出版社在“七五”、“八五”、“九五”期间，先后组织编写出版了“机械工人技术理论培训教材”149种，“机械工人操作技能培训教材”85种，“机械工人职业技能培训教材”66种，“机械工业技师考评培训教材”22种，以及配套的习题集、试题库和各种辅导性教材约800种，基本满足了机械行业技术工人培训的需要。这些教材以其针对性、实用性强，覆盖面广，层次齐备，成龙配套等特点，受到全国各级培训、鉴定和考工部门和技术工人的欢迎。

2000年以来，我国相继颁布了《中华人民共和国职业分类大典》和新的《国家职业标准》，其中对我国职业技术工人的工种、等级、职业的活动范围、工作内容、技能要求和知识水平等根据实际需要进行了重新界定，将国家职业资格分为5个等级：初级（5级）、中级（4级）、高级（3级）、技师（2级）、高级技师（1级）。为与新的《国家职业标准》配套，更好地满足当前各级职业培训和技术工人考工取证的需要，我们精心策划编写了这套《国家职业资格培训教材》。

这套教材是依据劳动和社会保障部最新颁布的《国家职业标准》编写的，为满足各级培训考工部门和广大读者的需要，这次共编写了41个职业172种教材。在职业选择上，除机电行业通用职业外，还选择了建筑、汽车、家电等其他相近行业的热门职业。每个职业按《国家职业标准》规定的工作内容和技能要求编写初级、中级、高级、技师（含高级技师）四本教材，各等级合理衔接、步步提升，为高技能人才培养搭建了科学的阶梯型培训架构。为满足实际培训的需要，对多工种共同需求的基础知识我们还分别编写了《机械制图》、《机械基础》、《电工常识》、《电工基础》、《建筑装饰识图》等近20种公共基础教材。

在编写原则上，依据《国家职业标准》又不拘泥于《国家职业标准》是我们这套教材的创新。为满足沿海制造业发达地区对技能人才细分市场的需要，我们对模具、制冷、电梯等社会需求量大又已单独培训和考核的职业，从相应的职业标准中剥离出来单独编写了针对性较强的培训教材。

为满足培训、鉴定、考工和读者自学的需要，在编写时我们考虑了教材的配套性。教材的章首有培训要点、章末配复习思考题，书末有与之配套的试题库和答案，以及便于自检自测的理论和技能模拟试卷，同时还根据需求为20多种教材配制了VCD光盘。

增加教材的可读性、提升教材的品质是我们策划这套教材的又一亮点。为便于培训、鉴定、考工部门在有限的时间内把最需要的知识和技能传授给学员，同时也便于学员抓住重点，提高学习效率，对需要掌握的重点、难点、考点和知识鉴定点加有旁白提示并采用双色印刷。

为扩大教材的覆盖面和体现教材的权威性，我们组织了上海、江苏、广东、广西、北京、山东、吉林、河北、四川、内蒙古等地相关行业从事技能培训和考工的200多名专家、工程技术人员、教师、技师和高级技师参加编写。

这套教材在编写过程中力求突出“新”字，做到“知识新、工艺新、技术新、设备新、标准新”；增强实用性，重在教会读者掌握必需的专业知识和技能，是企业培训部门、各级职业技能鉴定培训机构、再就业和农民工培训机构的理想教材，也可作为技工学校、职业高中、各种短训班的专业课教材。

在这套教材的调研、策划、编写过程中，曾经得到广东省职业技能鉴定中心、上海市职业技能鉴定中心、江苏省机械工业联合会、中国第一汽车集团公司以及北京、上海、广东、广西、江苏、山东、河北、内蒙古等地许多企业和技工学校的有关领导、专家、工程技术人员、教师、技师和高级技师的大力支持和帮助，在此谨向为本套教材的策划、编写和出版付出艰辛劳动的全体人员表示衷心的感谢！

教材中难免存在不足之处，诚恳希望从事职业教育的专家和广大读者不吝赐教，提出批评指正。我们真诚希望与您携手，共同打造职业培训教材的精品。

国家职业资格培训教材编审委员会

前　言

本书是根据《国家职业标准》对汽车装配工的知识要求和技能要求，按照岗位培训需要的原则编写的。在编写中，注重对基础知识和基本技能的介绍，体现了“以职业活动为导向，以职业技能为核心”的指导思想。

本书主要内容包括：钳工基础知识、汽车常用材料、机械制图知识、机构及机械零件知识、电学基础知识、装配基础、汽车构造、汽车发动机装配工艺、底盘的装配工艺、汽车总装配及调试、管理。书末配有与之配套的试题库和答案，以便于企业培训、考核鉴定和读者自测自查。

本书由高庆毓任主编，邰敬明、王蔚、王瑞奎参加编写。全书由杨玉宏主审，韩英树、王阳兴参审。其中，第一章至第六章、第十章、第十一章以及试题库和答案部分由高庆毓编写，第七章由邰敬明编写，第八章由王蔚编写，第九章由王瑞奎编写。在编写过程中还得到蒋红、姚雅君、赵振宇、柏良、韩希贤、李加显、赵成刚、刘健、王林、刘洋的大力支持和帮助，在此表示衷心的感谢！

由于编者水平有限，书中难免有疏漏和不足之处，敬请广大读者批评指正。

编　者

目　录

MU　LU

第一章

钳工基础知识

第一节 钳工常用量具及设备

一、钳工常用量具及使用方法

1. 量具的类型

用来测量、检验零件及产品尺寸和形状的工具叫做量具。量具的种类很多，根据其用途和特点的不同，可分为万能量具、专用量具和标准量具三种类型。

（1）万能量具　这类量具一般都有刻度，在测量范围内可测量出零件或产品形状、尺寸的具体数值，如游标卡尺、千分尺、百分表和游标万能角度尺等。

（2）专用量具　专为测量零件或产品某一形状、尺寸而制造的量具称为专用量具，如卡规、塞规等。这类量具只能测定零件或产品的形状、尺寸是否合格，并不能测出具体的实际尺寸。

（3）标准量具　标准量具只能制成某一固定尺寸，通常是用来校对和调整其他量具，其精度很高，如量规等。

2. 常用量具的结构及使用方法

（1）游标卡尺　游标卡尺用来测量工件的内、外部尺寸和深度尺寸，是一种常用的中等精度量具。游标卡尺有常规、指针式、数显三种，如图 1-1 所示。

游标卡尺的读数由尺身和游标两部分组成，游标卡尺有 0.1mm（游标尺上标有 10 个等分刻度）、0.05mm（游标尺上标有 20 个等分刻度）、和 0.02mm（游标尺上标有 50 个等分刻度）、0.01mm（游标尺上标有 100 个等分刻度）4 种分度值。

分度值为 0.1mm 的游标卡尺，尺身上每一小格为 1mm。取尺身上 9mm 分成 10 等份作为游标，当卡尺两脚合拢时，尺身上的 9mm 刚好对应游标上 10 个格，则游标每格长度为 0.9mm，尺身与游标每格相差 0.1mm。

分度值为 0.05mm 的游标卡尺，尺身上每一小格也是 1mm。当卡尺两脚合拢时，尺身上的 19mm 刚好对应游标上 20 格，即游标每格长度为 0.95mm，尺身

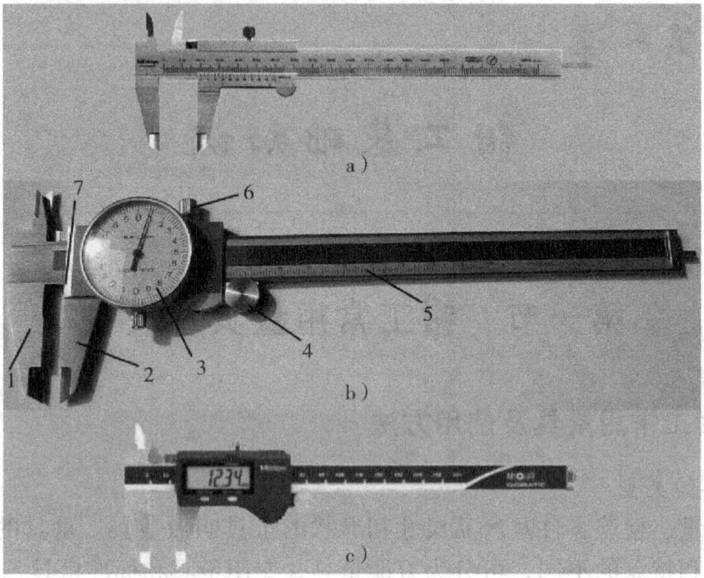

图 1-1　游标卡尺

a）常规游标卡尺　b）指针式游标卡尺　c）数显游标卡尺

1—固定卡脚　2—活动卡脚　3—指示表　4—微动装置　5—主尺　6—螺钉　7—读数位置

与游标每格相差 0.05mm。

分度值为 0.02mm 的游标卡尺，尺身上每一小格同样是 1mm。当卡尺两脚合拢时，尺上的 49mm 对应游标上的 50 格，即游标每格长度为 0.98mm，尺身与游标每格相差 0.02mm。

游标卡尺的读数方法如下：

1）读出游标零刻线所指尺身上左边刻线的毫米整数（每一格为 1mm）。

2）观察游标零刻线右边第几条刻线与尺身上的刻线对齐，将游标零刻线到与尺身刻线相对的刻线之间的格数乘上游标尺的分度值，即为毫米小数值。

3）将上述两个读数相加即得出工件的测量尺寸。

如图 1-2 所示，横线上方为尺身刻度，每一小格为 1mm，横线下方为游标刻度。如图 1-2a 所示，分度值为 0.1mm，尺身读数为 27mm，游标上零刻线后的第 5 格与尺身刻线重合，游标读数为 5×0.1mm = 0.5mm，总的读数为 27.5mm。如图 1-2b 所示，分度值为 0.05mm，尺身读数为 4mm，游标零刻线后第 7 格与尺身刻线重合，游标读数为 7×0.05mm = 0.35mm，总的读数为 4.35mm。

（2）千分尺　千分尺是一种精密量具，由尺架、测微螺杆、测力装置等组成，如图 1-3 所示。

千分尺用来测量工件外部尺寸，常用的千分尺有 0～25mm、25～50mm、

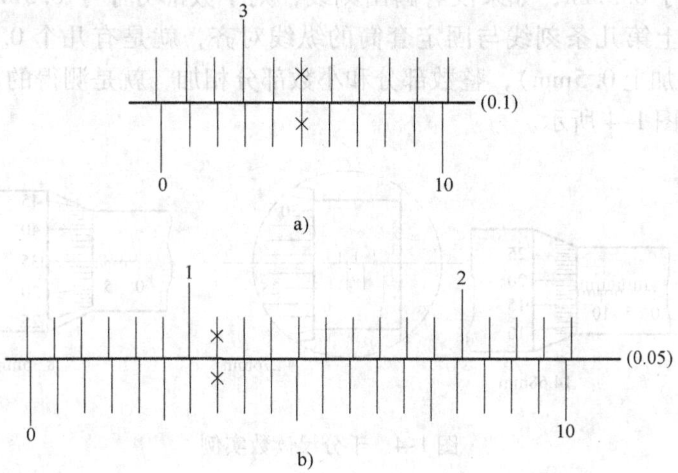

图 1-2　游标卡尺读数

a）27mm + 0. 5mm = 27. 5mm　b）4mm + 0. 35mm = 4. 35mm

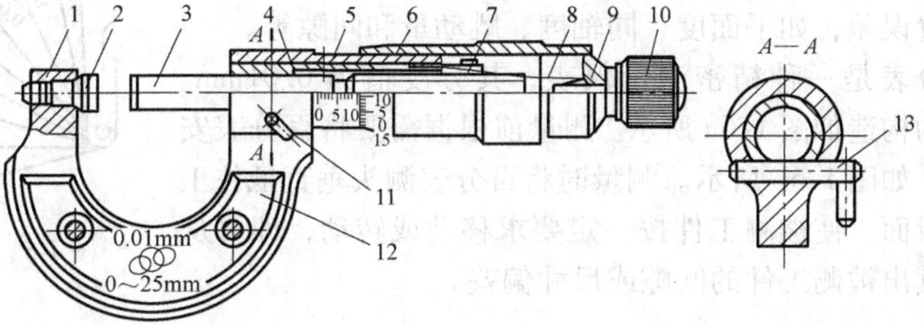

图 1-3　千分尺

1—尺架　2—测砧　3—测微螺杆　4—螺纹轴套　5—固定套筒　6—微分筒　7—调节螺母　8—插头　9—垫片　10—测力装置　11—锁紧机构　12—绝热片　13—锁紧轴

50 ~ 75mm、75 ~ 100mm 和 100 ~ 125mm 等多种规格。

千分尺在微分筒的圆锥面上刻有 50 条等分的刻线，测微螺杆后面有精密螺纹，螺距是 0. 5mm。测微螺杆与活动套筒固定在一起，当微分筒转过一格时，测微螺杆向前或向后移动 0. 01mm（即 0. 5mm ÷ 50 = 0. 01mm），所以千分尺的分度值为 0. 01mm。

千分尺读数时，先读固定套筒纵线上边的刻线（即整数部分），再看固定套筒纵线下边的刻线。如果微分筒锥面边缘的前面露出主尺纵线下边的刻线，则小数部分大于0.5mm；如果没有露出刻线，则小数部分小于0.5mm。最后再看微分筒锥面上第几条刻线与固定套筒的纵线对齐，就是有几个0.01mm（大于0.5mm时应加上0.5mm），整数部分和小数部分相加，就是测得的尺寸。千分尺读数实例如图1-4所示。

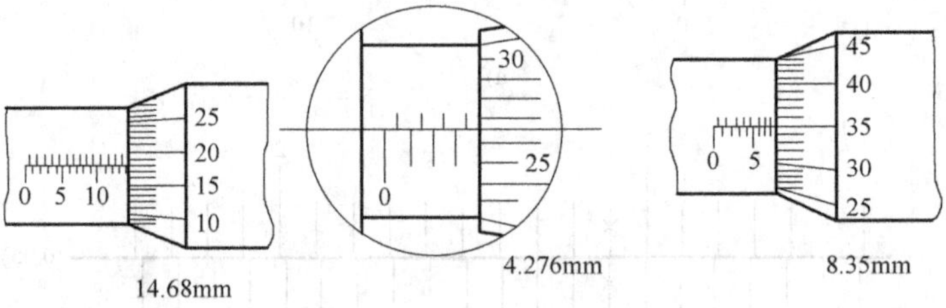

图1-4　千分尺读数实例

（3）塞尺　塞尺用来检验两个接合面之间的间隙大小，如测量气门间隙、制动蹄片间隙等。塞尺具有两个平行的测量平面，由一片标准钢片或一组厚度不同的薄钢片组成，每片都标有厚度，如0.05mm、0.10mm、0.30mm等，如图1-5所示。

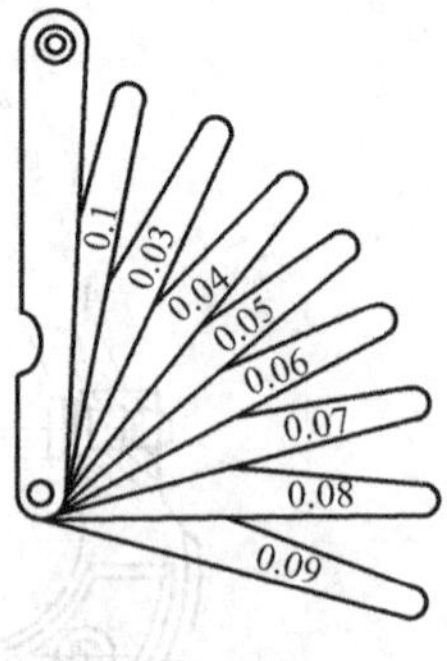

图1-5　塞尺

（4）百分表　百分表用来测量工件的几何形状误差和配合位置误差，如平面度、同轴度、跳动量和间隙等。

百分表是一种精密测量仪表，其分度值为0.01mm。百分表的构造如图1-6a所示。测量前根据需要将百分表安装固定，如图1-6b所示。测量时将百分表测头垂直抵住工件被测量面，使被测工件按一定要求移动或转动，即可从表盘上读出被测工件的间隙或尺寸偏差。

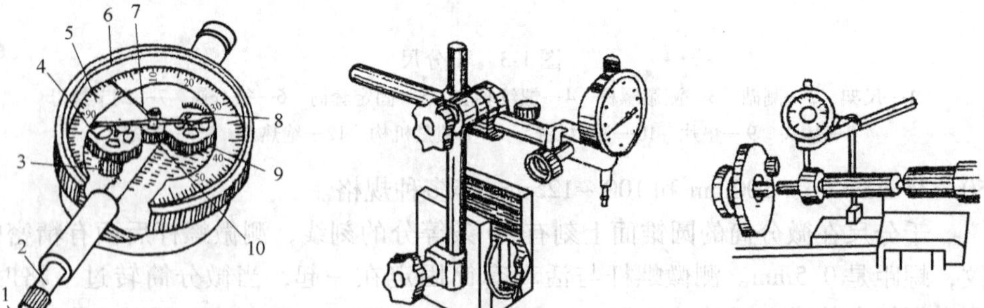

图1-6　百分表

a）百分表构造　b）安装方法　c）用百分表测量工件

1—测头　2—测杆　3、4、9、10—齿轮　5—刻度盘　6—转动表盘　7—长针　8—短针

（5）内径百分表　内径百分表通常称为量缸表，在汽车修理中主要用来测量发动机气缸、曲轴轴承的圆度和圆柱度。内径百分表由百分表、表杆、接杆、活动量杆和一套长短不一、可更换的固定量杆等组成，如图 1-7 所示。百分表表盘刻度为 100 格，长针转动一格为 0.01mm，转动 1 圈为 1mm。长针转动一圈，短针则转一格。短针的读数每格为 1mm，短针读数之和等于所测尺寸的大小。

内径百分表的结构和测量方法如图 1-7 所示。

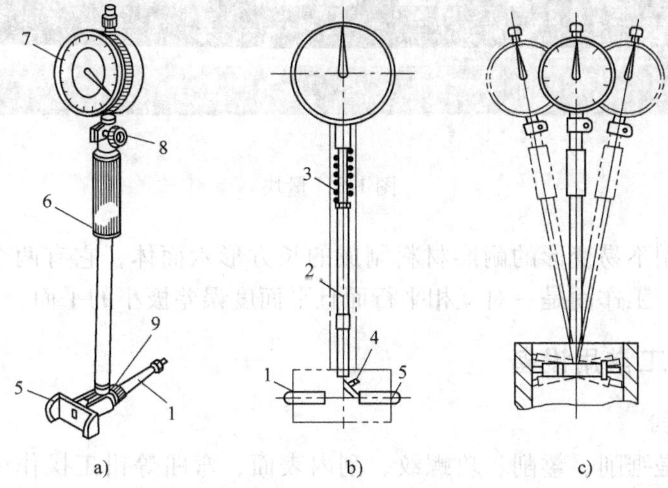

图 1-7　内径百分表

a）外形结构　b）内部结构　c）使用方法

1—接杆　2—传动杆　3—弹簧　4—凸轮　5—活动测头

6—表杆　7—百分表　8—安装螺母　9—固定螺母

1）根据气缸直径选用合适的固定量杆旋入内径百分表的下端，将内径百分表放入气缸上部，若表针能转动一圈左右，则表示调整合适，可扭紧量杆，固定螺母。

2）测量时，内径百分表的量杆必须与气缸中心线垂直，以保证读数准确，为此，测量时可轻微摆动量缸表，表针指示最小数值时，即表示量杆已垂直于气缸中心线，此时转动刻度盘，使刻度盘上的“0”与长针对正，记录短针指示的毫米数。

3）取出内径百分表，用千分尺测量量杆，使长针对正“0”位，短针回到原始位置，此时千分尺的读数即是所测气缸某一位置的实际尺寸。

（6）量块　量块（见图 1-8）是机械制造业中长度尺寸的标准，它可以对量具和量仪进行检验校正。附件和量块并用时，可以测量某些精度要求很高的工件尺寸。

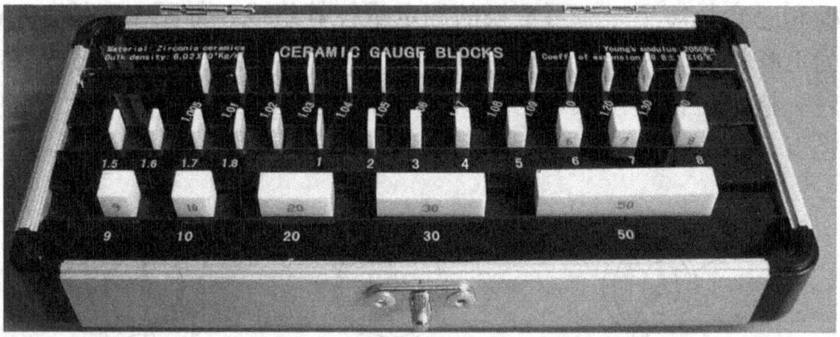

图 1-8　量块

量块是用不易变形的耐磨材料制成的长方形六面体，它有两个工作面和四个非工作面。工作面是一对互相平行而且平面度误差极小的平面，称为测量面。

二、钳工常用设备

1. 台虎钳

台虎钳是锯削、錾削、攻螺纹、刮内表面、弯曲等钳工操作中用于夹持工件的夹具，分为固定式和回转式两种，如图 1-9 所示。台虎钳的规格用钳口的宽度表示，常用尺寸为 100 ~ 150mm。

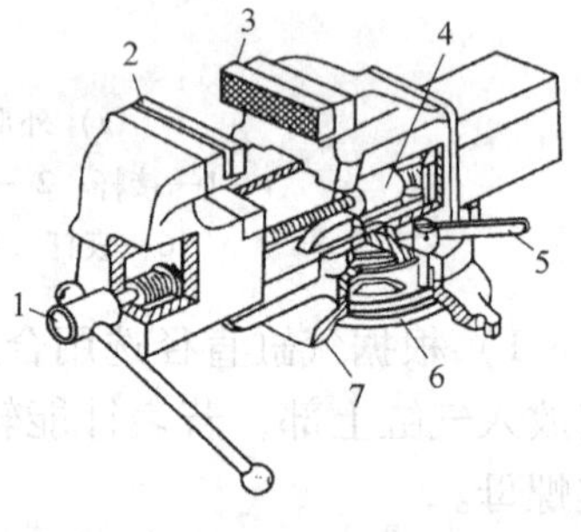

图 1-9　台虎钳

1—丝杠　2—固定钳口　3—活动钳口　4—螺母　5—夹紧手柄　6—夹紧盘　7—转盘座

使用台虎钳时应注意：

1）夹紧工件时，不准用锤子敲击或套上管子转动手柄，以免丝杠、螺母或钳身受力过重而损坏。

2）强力作业时，应尽量使力朝向固定钳身，否则丝杠和螺母会因受力过重而损坏。

3）不要在活动钳身的光滑面上进行敲击作业。

4）台虎钳的丝杠、螺母及其他活动表面都要经常加润滑油，并保持清洁。

2. 砂轮机

砂轮机用来磨削各种刀具，如錾子、钻头、刮刀等，也可用来磨去工件或材料的毛刺、锐边等。砂轮机主要由砂轮、电动机和机体等组成，如图 1-10

所示。

使用砂轮机时应注意：

1）安装砂轮时一定要使砂轮平衡、无振动和其他不良现象。

2）砂轮的旋转方向应使磨屑向下方飞离砂轮。

3）经常保持砂轮表面平整、无缺损和裂纹，发现砂轮跳动时，应及时修整。

4）砂轮机起动后，应待转速达到正常时方可进行磨削，不可用力过猛或用工件撞击砂轮。

5）磨削时，应将工件夹持牢固、稳定，操作人员要站在砂轮机的侧面或斜侧位置戴眼镜进行操作。

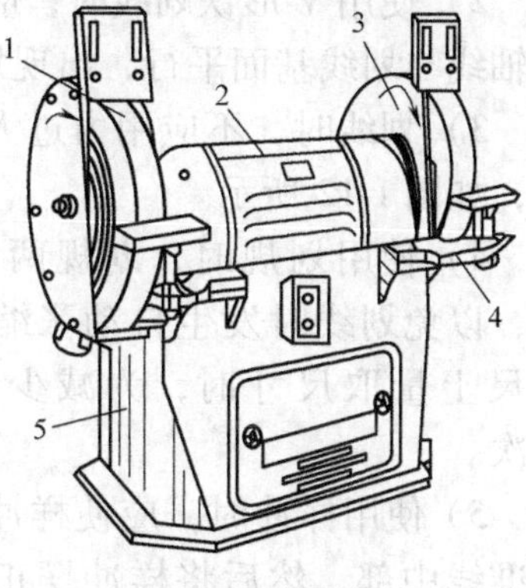

图 1-10　砂轮机

1—砂轮　2—电动机

3—保护罩　4—工作台板　5—机体

第二节　钳工作业

一、划线

划线是根据图样要求，在待加工的工件上划出加工界限的工艺过程。

1. 划线工具

（1）基准工具　划线时放置工件的工具称为基准工具，常用的基准工具有划线平板、方箱、直角铁和 V 形铁等，如图 1-11 所示。

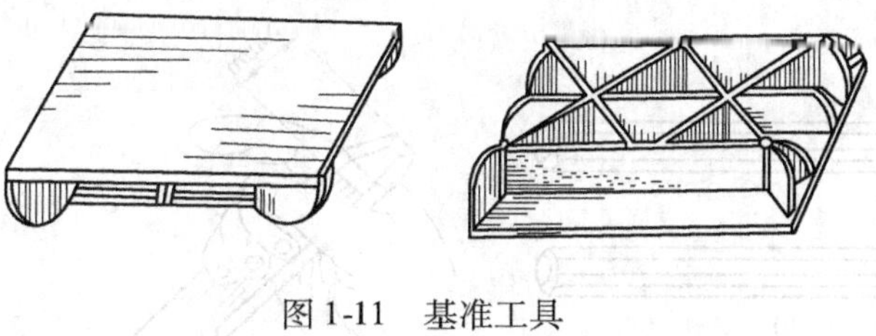

图 1-11　基准工具

（2）绘画工具　绘画工具是用来在工件上划线的工具，有划针、划线盘、划规、划卡、样冲等。

（3）辅助工具　常用的辅助工具有千斤顶、C 形夹钳和各种垫铁。

2. 划线操作注意事项

1）划线操作时，应使划线平板的上平面保持水平，平板各处要均匀使用，避免局部磨凹，不准在平板上锤敲各种物体，要经常保持平板的清洁，长期不用时，应涂油防锈。

2）使用V形铁划线时，应将V形铁、划线平板、工件擦干净，以免影响工件轴线与划线基面平行，出现划线误差。

3）划线时，不应用力过大，以免折断划针尖角，如图1-12所示。

4）使用划规时，划规两脚开合松紧度要适当，以免划线时发生自动张缩，使用划规在金属直尺上量取尺寸时，为减少误差，应重复量取几次。

5）使用样冲时，应使样冲向外倾斜，使样冲对准线中部，然后将样冲摆正，用锤子轻打样冲顶部，否则易使冲眼偏离线中。

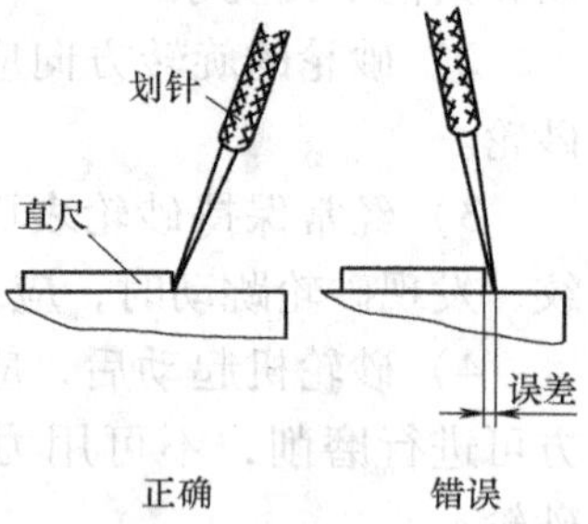

图1-12　划线操作

6）划线结束后，应将划线工具摆放好，以免损坏。

二、錾削

用锤子锤击錾子，对金属工件进行切削加工的方法叫錾削。

1. 錾削工具

錾削的主要工具是錾子和锤子。

錾子一般用优质碳素工具钢制成，刃口部分经淬火和回火处理。常用的錾子有扁錾、狭錾、油槽錾三种，如图1-13所示。

錾削时常用锤子规格有0.25kg、0.5kg、0.75kg和1kg等几种，錾子和锤子的握法如图1-14、图1-15所示。

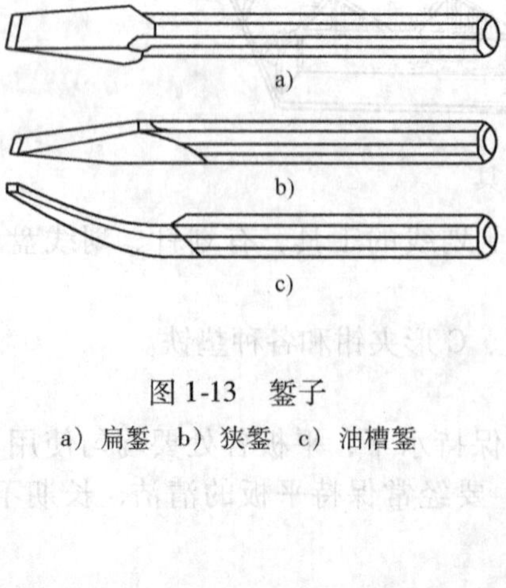

图1-13　錾子

a）扁錾　b）狭錾　c）油槽錾

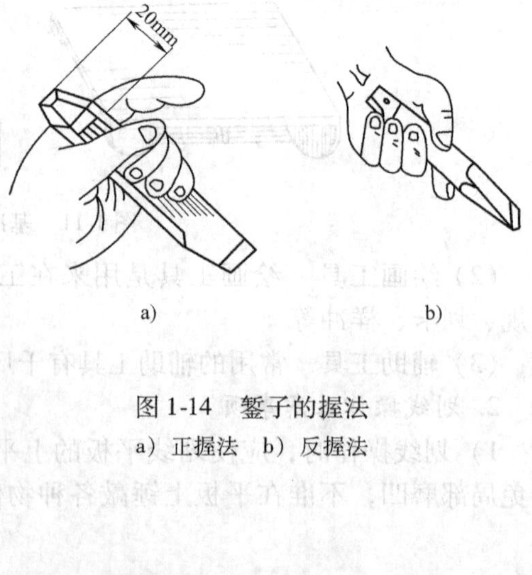

图1-14　錾子的握法

a）正握法　b）反握法

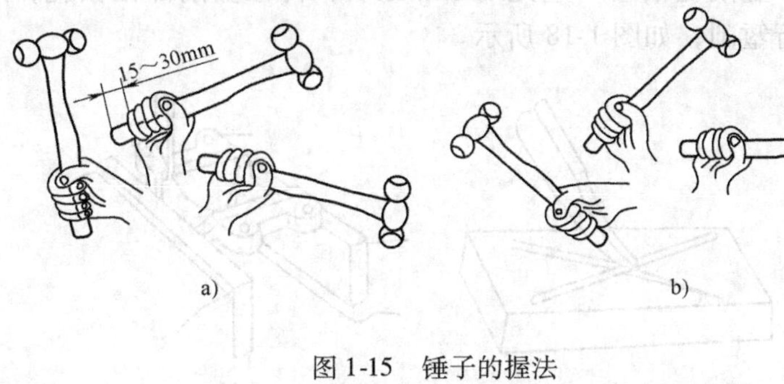

图 1-15　锤子的握法
a）紧握法　b）松握法

2. 錾削方法

（1）平面錾削

1）用台虎钳夹持工件，在工件上划出的尺寸线要露出钳口，但不宜过高。

2）錾削时，錾子的切削刃应与錾削方向倾斜一个角度，大约为 25°~40°之间，使切削刃与工件有较多的接触面，錾出的平面较平整。錾切的方向应对着钳口，每次錾削厚度约为 0.5 ~1mm。如果一次錾削过厚，则錾削费力，且不易錾平；錾削过薄易使錾子从工件表面滑脱。当快要錾削到工件尽头时，为避免使工件边缘崩裂，应将工件调头，从另一端錾去多余部分，如图 1-16 所示。

3）錾削较宽平面时，狭錾在平面上开槽，然后用扁錾錾去剩余部分，如图 1-17所示。

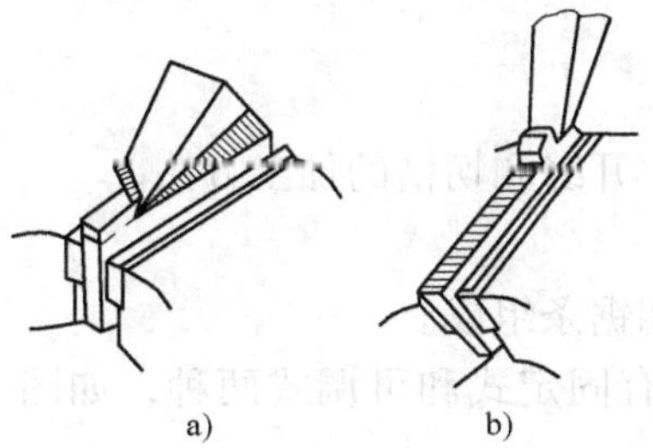

图 1-16　錾削平面
a）錾平面　b）从另一端錾削

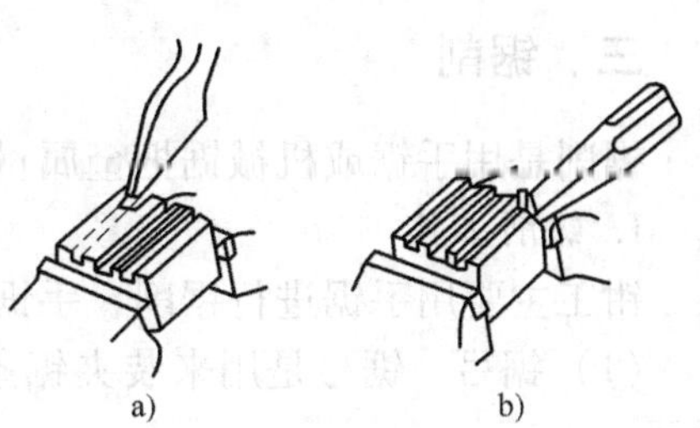

图 1-17　錾削较宽平面
a）开槽　b）錾削

（2）槽錾削　槽錾削一般分为錾削油槽和錾削键槽。

在平面上錾削油槽的方法与錾削平面基本一致，但錾削的油槽必须光滑且深度均匀，以便输油和存油。在曲面上錾削油槽时，錾削方向应随工件的曲面及油槽的圆弧而变动，使錾子后角不变。油槽錾削好后，应用刮刀或细锉刀除掉边上的毛刺。錾削键槽时，应先划出加工线，再在錾削部位钻孔，用窄錾磨成合适尺寸进行錾削，如图 1-18 所示。

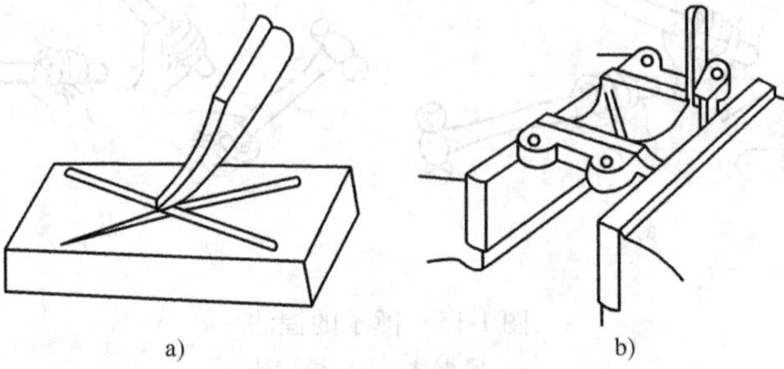

图 1-18　錾削油槽

a）平面上錾油槽　b）曲面上錾油槽

3. 錾削操作注意事项

1）錾削时，左手握住錾身，用中指、无名指与掌心夹持，手腕不可以向上或向下歪，錾子尾端以露出 20mm 左右为宜，过长的錾子容易摇动，造成锤子打手。

2）錾削厚层金属时，应分几次完成。錾铁板成圆、方铁件时，可放在铁砧上或夹在台虎钳上，打出槽痕后，再用手将其压断或用锤子轻轻敲断。

3）錾软金属（铜、铝）时，可将肥皂或油涂于錾子刃口上，这样容易錾削，且表面光滑。

4）錾削时，眼睛应注视錾子刃口，不要盯着被锤击的錾顶。

三、锯削

锯削是用手锯或机械锯把金属材料分割、开缝和切槽的加工方法。

1. 锯削工具

钳工主要用手锯进行锯削，手锯由锯弓和锯条组成。

（1）锯弓　锯弓是用来装夹锯条的。它有固定式和可调式两种，如图 1-19 所示。

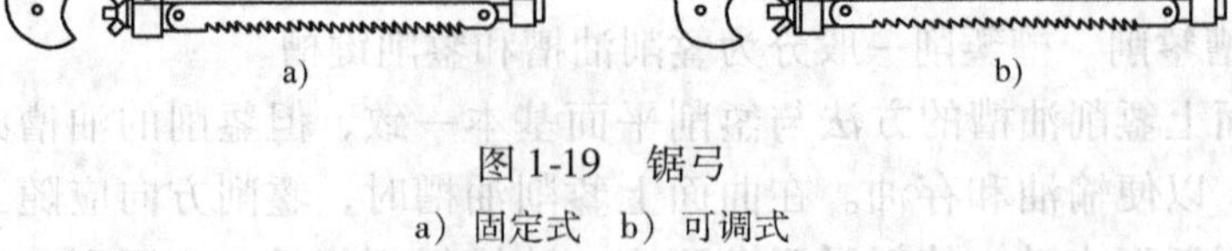

图 1-19　锯弓

a）固定式　b）可调式

（2）锯条　锯条分为工具钢锯条和合金钢锯条两类，均需经过淬火处理。锯条规格用其两端安装孔距表示，常用的是300mm锯条。锯齿的大小以25.4mm长度内所包含的锯齿数表示，此长度内包含的齿数越多，锯齿就越细。细齿锯条适用于锯削硬材料或小而薄的工件。

2. 锯削方法

（1）扁钢锯削方法　为了得到整齐的削口，应从扁钢较宽的面向下锯，这样锯缝的深度较浅，锯条不易卡住。

（2）圆管锯削方法　锯削直径较大的薄壁管子时一般用细齿锯条。锯削时不要从一个方向锯到底，应在管壁被锯透时，将圆管向锯方向转动，锯条仍然从原锯缝锯下，如图1-20所示。

锯削薄壁管子和精加工过的管子时，应将管子水平夹在两块V形木衬垫之间进行锯削，以防夹扁和夹坏表面，如图1-21所示。

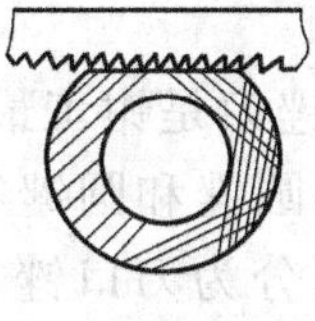

图1-20　圆管锯削方法

图1-21　薄壁管子夹持方法

（3）槽钢锯削方法　锯法同锯削扁钢一样。槽钢从三面来锯，角钢从两面来锯，如图1-22所示。

（4）薄板锯削方法　锯削薄板时，工件易振动和变形，而且锯齿容易被钩住造成崩齿。因此，锯削薄板时，可将薄板工件夹持在两木板之间，然后按线锯下，如图1-23所示。

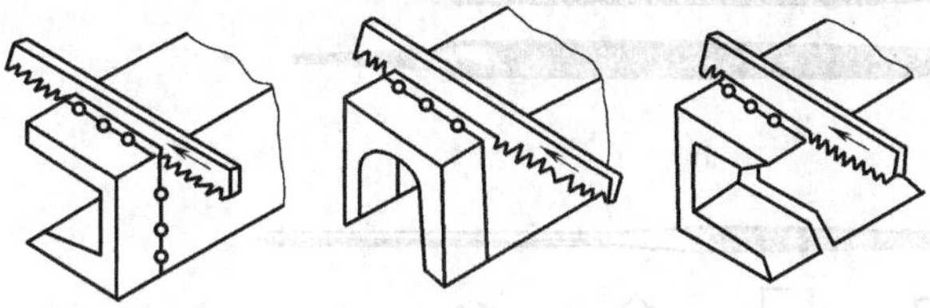

图1-22　槽钢锯削方法

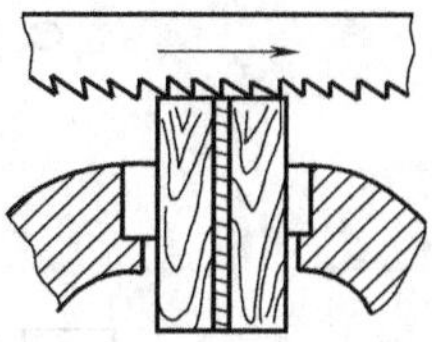

图1-23　薄板锯削方法

（5）深缝锯削方法　锯深缝时，先用正常安装的锯条一直锯到锯弓将要碰到工件为止，然后将锯条转过90°安装后再锯，此时用力要轻，以防锯条折断。锯宽缝时，可用几根锯条拼装进行锯削。

3. 锯削操作注意事项

1）工件应夹紧在台虎钳上，锯削部位尽可能靠近钳口。

2）起锯角度要小（约15°），一般应在工件的最宽面上起锯。起锯时，行程要短，压力要小，速度要慢。

3）尽可能使锯条全长参加工作，锯削速度以30～40次/min为宜。当工件快要锯断时，锯削速度要慢，压力要轻，行程要短，尽量扶住工件，以免工件落地损坏或伤人。

4）锯削时，用右手握持手柄，拇指在上，左手轻握锯架前端。手锯在前行中应加压力，回行时不用加压，并将其稍抬起。

5）锯削钢件时应使用切削液。

四、锉削

锉削是用锉刀切削、修整金属表面尺寸和形状的加工方法。

1. 锉刀

锉刀可分为普通锉、特种锉和整形锉三类。普通锉刀是钳工最常用的锉刀，按断面形状不同，又可分为平锉、方锉、三角锉、半圆锉和圆锉等几种；特种锉刀用来锉削特殊工件表面，按断面形状不同，又可分为刀口锉、菱形锉、扁三角锉、椭圆锉和圆肚锉等多种，如图1-24所示。

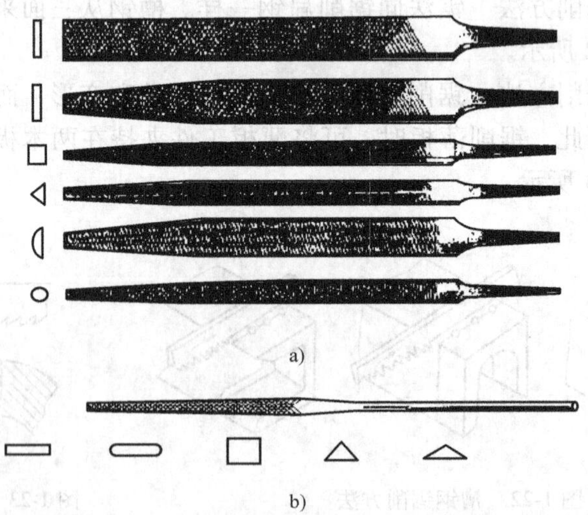

a)

b)

图1-24 锉刀

a）钳工锉 b）整形锉

整形锉常用于修整工件的细小部位。整形锉每套分别有 5 把、6 把、8 把、10 把和 12 把等。

2. 锉削方法

（1）平面锉削

1）顺锉法。顺锉法是最常用的一种锉法，如图 1-25 所示。顺锉法可得到直的锉痕，锉削后表面粗糙度值较大，一般用于锉削不太大的工件和最后的精锉。

2）交叉锉法。粗锉时常用交叉锉法，如图 1-26 所示。这种方法不仅锉得快，而且可用锉痕来判断锉面的高低。

3）推锉法。一般用于锉削狭长平面。这种方法锉削效率较低，适宜在加工余量较小或修正尺寸时采用，如图 1-27 所示。

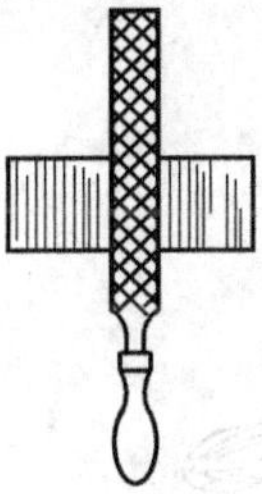

图 1-25　顺锉法

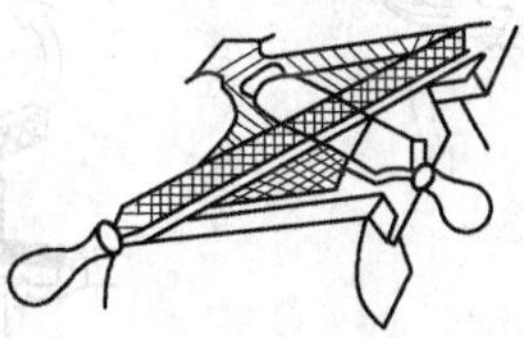

图 1-26　交叉锉法

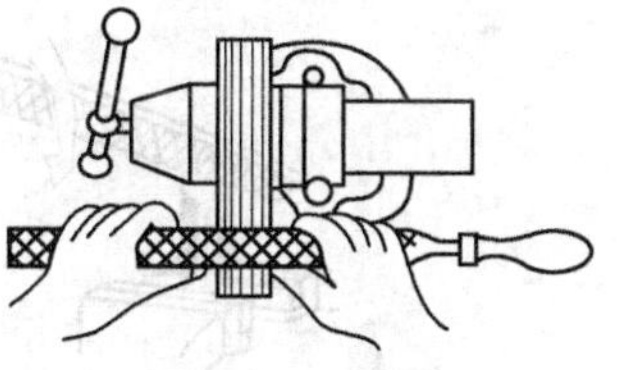

图 1-27　推锉法

（2）曲面锉削

1）外圆弧面锉削。锉削时，锉刀做前进运动的同时，还应绕工件圆弧面中心摆动。当加工余量较小时，可采用锉刀沿圆弧锉削的方法（顺向滚锉法），如图 1-28a 所示。加工余量较大时，先采用横向滚锉法（如图 1-28b 所示），当将要锉削到要求尺寸时，再采用顺向滚锉法进行精锉。

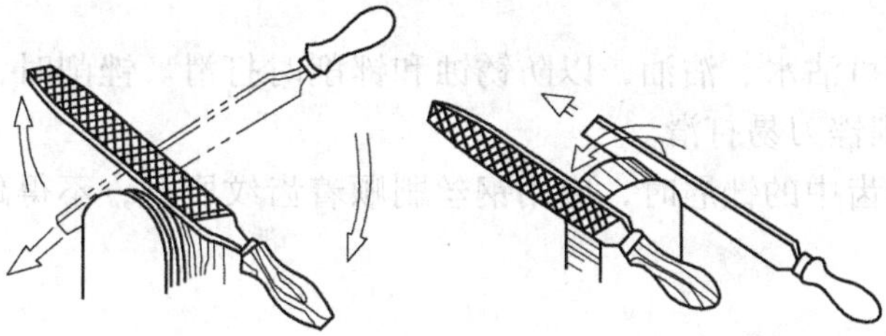

a)　　b)

图 1-28　外圆弧面锉削

a）顺向滚锉法　b）横向滚锉法

2）内圆弧面锉削。一般用圆锉或半圆锉。如图 1-29 所示，锉削时，锉刀要同时完成 3 个运动，即前进运动、左右运动和绕锉刀中线的转动。

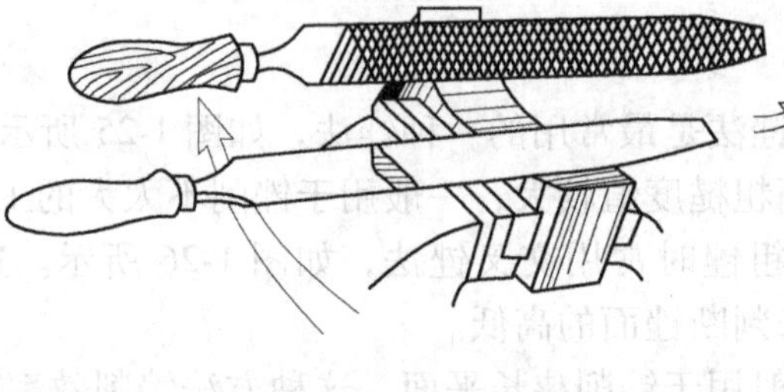

图 1-29　内圆弧面锉削

3）球面锉削。锉球面时，锉刀在做外圆弧锉削运动的同时，还应绕球面中心做摆动，如图 1-30 所示。

图 1-30　球面锉削

3. 锉削操作注意事项

1）不得用锉刀敲打或撬其他东西；不得用新锉刀锉硬金属；不得用细锉刀锉软金属，否则会粘塞锉齿；有氧化皮、硬皮和砂粒的铸件与锻件，应先用砂轮或旧锉刀打磨，然后再用新锉刀锉削。

2）新锉刀应先用一面，待该面用钝后再用另一面，这样可以延长使用期限。

3）锉刀不可沾水、沾油，以防锈蚀和锉削时打滑。锉削时，不要用手摸工件加工面，否则锉刀易打滑。

4）清除锉齿中的锉屑时，应用钢丝刷顺着齿纹刷拭，不得敲拍锉刀去屑或用嘴吹去屑。

五、钻孔

用钻头在实心工件上钻出孔眼的切削加工方法叫做钻孔。

1. 钻头

钻头有麻花钻、扁钻、深孔钻、中心钻等，其中麻花钻是最常用的钻头。麻花钻由钻尾、导向部分和切削部分组成，如图 1-31 所示。

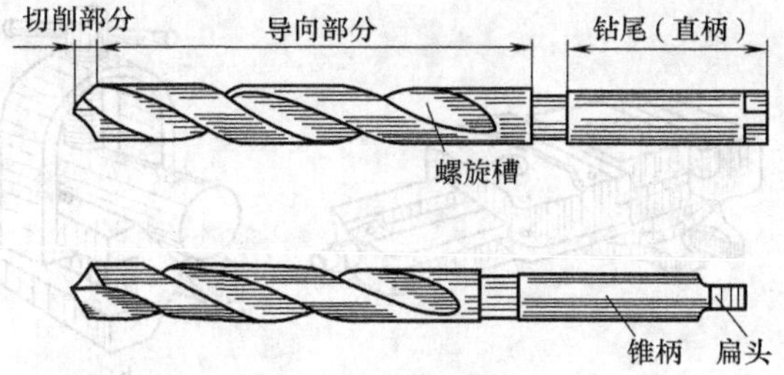

图 1-31 麻花钻

2. 钻孔方法（如图 1-32 所示）

1）单件或小批量工件钻孔时，可先在工件上划线确定所要钻孔的中心点，并在此中心点上用锥形样冲头冲出锥坑，然后钻头对准锥形样冲坑进行钻孔。

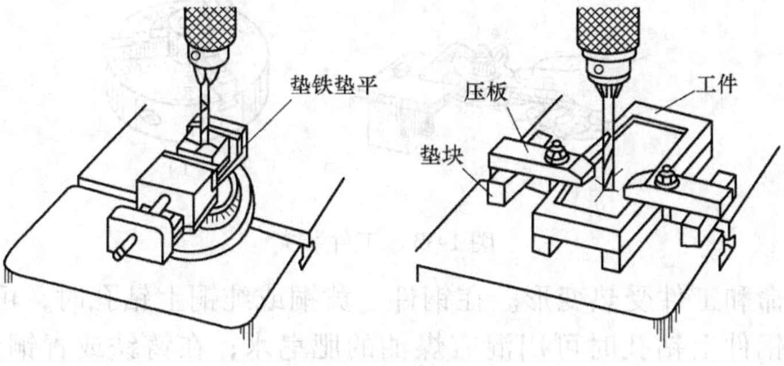

图 1-32 钻孔方法

2）大批量工件钻孔时，可用钻模来保证孔的位置精度。

3）钻较深的孔时，要多次退出钻头，排除切屑并进行冷却润滑，以防止切屑堵塞在孔内使钻头过热而加快磨损甚至扭断。

3. 钻孔操作注意事项

1）装夹钻头和操作时要注意检查钻头是否装夹牢固、正确，如图 1-33 所示。

2）钻划线孔时要先试钻 1/4 直径的浅坑，然后检查是否对正中心，如果钻偏可用槽錾修正，位置正确后才能继续深钻。

3）当孔即将钻通时，必须减少进给量，一般用手动进刀，以免钻头被卡住而受损。

4）当钻孔的孔径超过 30mm 时，应先钻小孔，小孔直径应超过大钻头的横刃宽度，然后再扩孔，以减少进给力。

5）钻孔时应注入充足的切削液，以防止钻头和工件摩擦时产生的高温降低

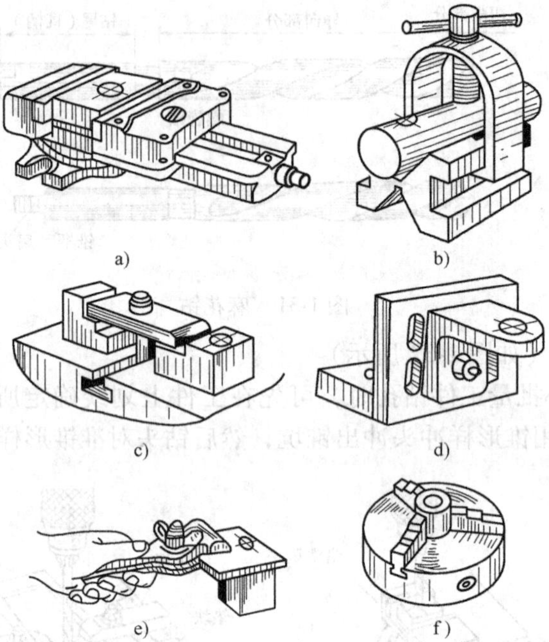

图 1-33　工件装夹

钻头使用寿命和工件受热变形。在钢件、黄铜或纯铜上钻孔时，可用肥皂水或矿物油；在铝件上钻孔时可用混有煤油的肥皂水；在铸铁或青铜件上钻孔时，可不用切削液。

六、铰孔

用铰刀对孔进行精加工的方法称为铰孔。它是在钻孔、扩孔后进行的一道精加工工序。

1. *铰刀*

通常使用的铰刀分为固定式铰刀（外径尺寸固定）和活动式铰刀（外径尺寸可以在一定范围内调整，一般为 1～10mm）两种。可调式铰刀如图 1-34 所示。

2. *活动式铰刀的使用方法*

活动式铰刀可以调节外径尺寸，因此用少量铰刀即可以铰削多种尺寸的孔。其使用方法如下：

1）铰削余量要适宜。余量过大，费时费力，孔铰不光；余量过小，不易去掉上道工序留下的刀痕，一般 20～50mm 的孔，铰削余量为 0.20～0.35mm。

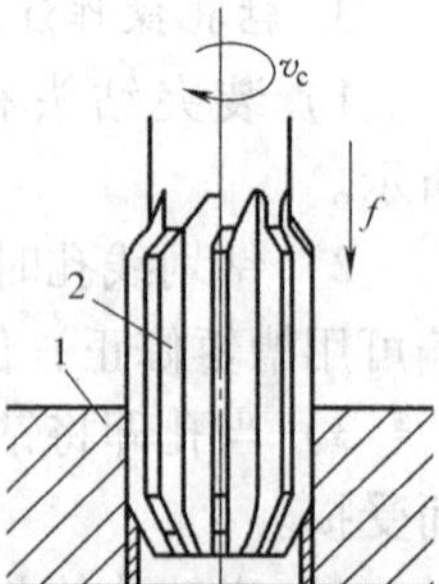

图 1-34　可调式铰刀
1—工件　2—铰刀

2）活塞销孔和连杆铜套的铰削余量一般只有0.03～0.10mm，每刀铰削量一般为0.02～0.05mm。铰削时第一刀为试铰，一般调整到刀片上端露出孔端面即可，以后各刀调整也不宜过大，通常是旋转调整螺母60°～90°，再小时为30°～60°，调整后，螺母要旋紧。

3. 铰削操作注意事项

1）操作时，铰刀在孔中必须正直，不允许反向旋转铰刀，否则会使孔壁和刃带夹住切屑，损坏孔面或折断铰刀。

2）铰削进刀时，要随着铰刀的旋转轻轻地施加压力，两手用力要平衡，不能左右摇摆，以避免孔的进口处出现喇叭口或破坏表面粗糙度。铰完后，应沿顺时针方向旋出铰刀。

3）铰削中，如铰刀被卡住，不可过猛扳转铰刀，以防铰刀折断或孔壁起棱，应将铰刀退出，清除切屑。

4）铰孔时，要不断地加切削液润滑，对于铸铁和青铜可以干铰；铰削钢料时，切屑易粘刀，要经常退出铰刀，清除切屑。

5）铰刀用毕要清洗干净，涂上机油，用油纸包好，以免碰伤切削刃。

七、攻螺纹

用丝锥在工件内加工出内螺纹的操作方法称为攻螺纹。

1. 攻螺纹所用工具

（1）丝锥　丝锥一般用合金工具钢或高速钢制成，并经淬火处理，结构如图1-35所示。它是一段开槽的外螺纹，主要由切削部分、校准部分和柄部组成。攻螺纹一般分两次或三次完成，因此，丝锥由两只或三只组成一套，分成头锥、二锥和三锥，攻螺纹时依次使用。

（2）铰杠　铰杠是用于扳转丝锥的工具，如图1-36所示，铰杠的方孔和丝锥的方头相互配合。铰杠分为固定式和可调节式两种。

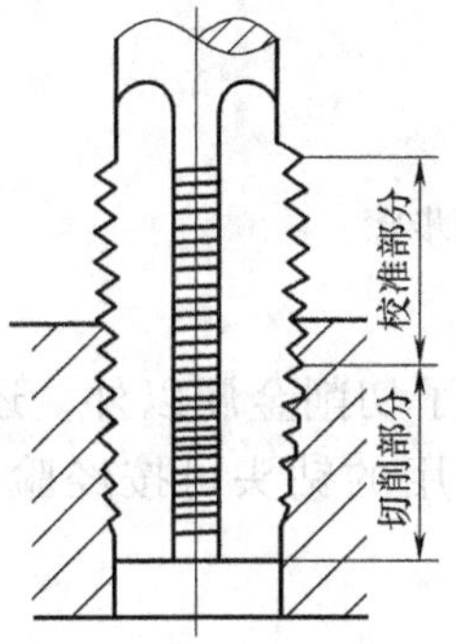

图1-35　丝锥攻螺纹部分

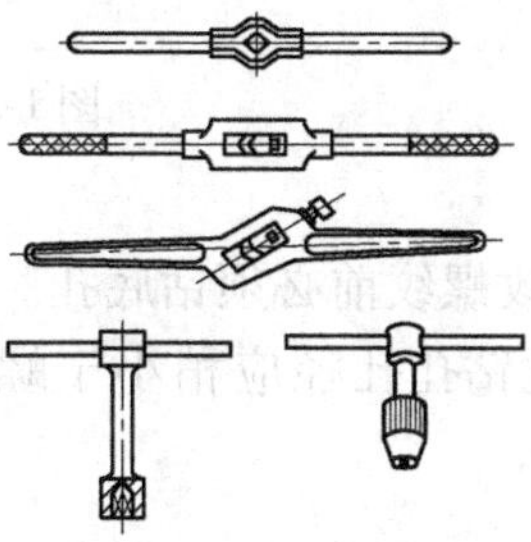
图1-36　铰杠

2. 攻螺纹的方法

手工攻螺纹的基本步骤是：钻底孔、倒角、头锥铰削、二锥铰削和三锥铰削，如图 1-37 所示。

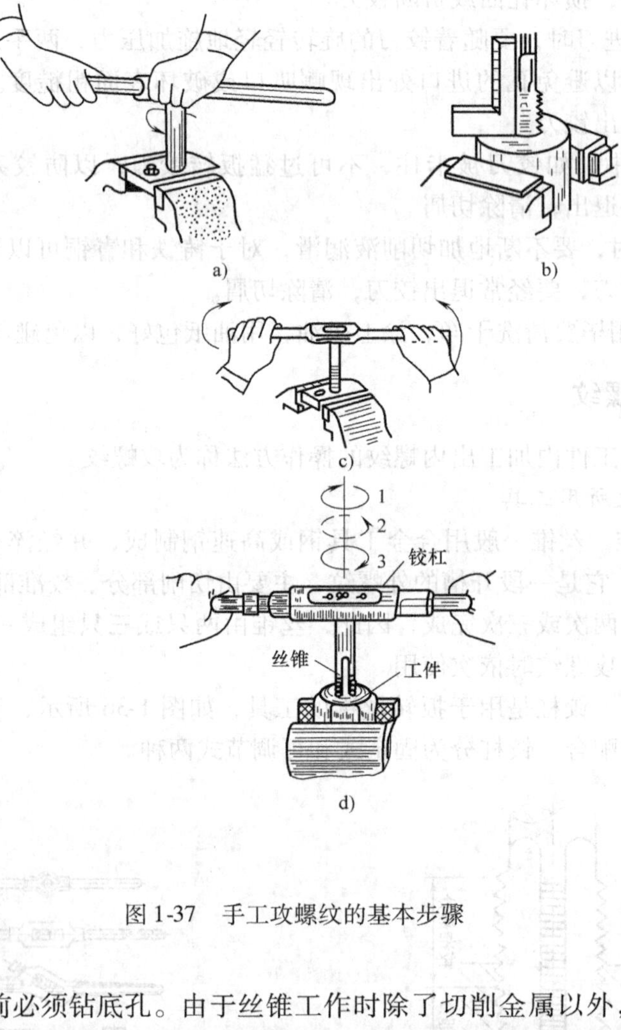

图 1-37　手工攻螺纹的基本步骤

1）攻螺纹前必须钻底孔。由于丝锥工作时除了切削金属以外，还有挤压作用，因此钻孔孔径应稍小于螺纹的小径。钻底孔用的钻头可按经验公式选取，见表 1-1。

表 1-1 攻普通螺纹时钻底孔用的钻头直径 （单位：mm）

螺纹直径	螺距	钻头直径		螺纹直径	螺距	钻头直径	
		铸铁 青、黄铜	钢、纯铜			铸铁 青、黄铜	钢、纯铜
6	1	4.9	5	16	2	13.8	14
	0.75	5.2	5.2		1.5	14.4	14.5
8	1.25	6.6	6.7	18	2.5	15.3	15.5
	1	9.6	7		2	15.8	16
	0.75	7.1	7.2		1.5	16.4	16.5
10	1.5	8.4	8.5	20	2.5	17.3	17.5
	1.25	8.6	8.7		2	17.8	18
	1	8.9	8.9		1.5	18.4	18.5
12	1.75	10.1	10.2	22	2.5	19.3	19.5
	1.5	10.4	10.5		2	19.8	20
	1.25	10.6	10.7		1.5	20.4	20.5
14	2	11.8	12	24	3	20.7	21
	1.5	12.4	12.5		2	21.8	22
	1	12.9	13		1.5	22.4	22.5

螺纹螺距 $P \geqslant 1.5$mm 时，钻头直径 $d_2 =$ 螺纹直径 $d -$ 螺距 P。

螺纹螺距 $P > 1.5$mm 时，钻头直径 $d_2 = d -$ （1.04～1.06）P。

钻不通螺纹孔时，由于丝锥不能切到底，所以钻孔深度要大于螺纹长度，其大小按下式计算：

$$孔的深度 = 要求的螺纹长度 + 0.7d_0$$

式中 d_0 —— 螺纹大径。

2）攻螺纹前底孔口要倒角。通孔螺纹两端通孔口都要倒角，这样可使丝锥容易切入，并防止攻螺纹时后孔口的螺纹崩裂。

3）攻螺纹前工件的夹装位置要正确，应尽量使螺纹孔中心线垂直于水平位置，攻螺纹时便于判断丝锥是否垂直于工件。

4）攻螺纹时，应把丝锥放正，然后施加适当压力并转动铰杠。当切削部分切入工件 1～2 圈后，应检查校正丝锥位置，如图 1-37b 所示。当切削部分切进后，不要再加压力，只需平稳旋转到底。

5）攻螺纹时，为避免切屑过长而缠住丝锥，每转 1～2 转后要轻轻倒转 1/4 转，以便断屑和排屑，如图 1-37d 所示。

3. 攻螺纹操作注意事项

1）攻不通螺孔时，要退出丝锥，排出孔中切屑，切不可强行转动，以免丝锥折断，且不得使丝锥攻到孔底，否则会在螺纹面上产生痕迹，严重时会使丝锥折断。

2）沾染了油污的丝锥要随时洗干净，丝锥应经常磨锐。

3）攻过灰铸铁的丝锥，因刃口磨损变圆，不应再用来攻钢料，否则不能攻出光洁的螺纹。

4）攻螺纹时，应使用润滑油，以减小摩擦，提高螺纹精度，延长丝锥使用寿命。但攻铸铁件时一般不用润滑油，若螺纹表面光洁程度要求高时可加一些煤油。

5）折断的丝锥可以用特制的工具插入丝锥槽内将其旋出，或是用乙炔火焰把丝锥烧红退火后在其中间钻孔，将四方铁杆打进孔中，用扳手拧出。

八、刮削与研磨

1. 刮削

用刮刀在工件已加工表面刮去一层很薄的金属层的操作方法称为刮削。其目的是减小工件表面粗糙度值，增加零件相配合表面的接触面积，减小摩擦和磨损，提高零件使用寿命。

（1）刮刀　刮刀是刮削用的主要工具，一般用碳素工具钢或轴承钢制成。刮削硬材料时，也可焊上硬质合金刀头。刮刀按其用途可分为平面刮刀和曲面刮刀。平面刮刀用于刮削平面和外曲面；曲面刮刀用于刮削内曲面，如轴承、衬套等。平面刮刀常用的是手握刮刀、挺刮刀和钩头刮刀；曲面刮刀常用的是三角刮刀、蛇头刮刀和匙形刮刀。

（2）刮削余量　刮削余量的选择与工件表面积大小有直接关系，一般控制在0.05～0.40mm之间。

（3）平面刮削与曲面刮削

1）平面刮削有粗刮、细刮和精刮三种。当工件表面有明显的加工痕迹、锈斑或比较粗糙时，要进行粗刮。粗刮时用较宽的刮刃施较大的压力并刮较长的行程，刮去较多的切削层。开始方向与刀痕方向成45°角，然后交叉进行，到基本平整以后，再用研点法检查贴合点分布情况，并按点子修刮，一直刮到每25mm×25mm内有4～6个贴合点为止。细刮时，刀痕比粗刮时窄，行程比粗刮时短，并按一定方向依次刮削。当刮削到第二遍时，应与上一遍成45°或60°角交叉进行，直到刮至每25mm×25mm的面积内出现12～15个贴合点时，细刮完成。精刮时，选用短刮刀，刮削时用力要小，刀痕要短（3～5mm）。反复刮削，一直达到要求为止。

2）曲面刮削　一般指内曲面刮削，采用三角刮刀。刮削时，三角刮刀应在曲面内做螺旋运动。曲面刮削采用标准轴或配合的工作轴作为贴合点的检验工具。粗刮时，对上、下轴瓦分别进行粗刮，使轴瓦接触面逐步扩大，直到瓦底显示均匀贴合点。细刮时，将轴放入轴承内，改变垫片厚度，使上、下轴瓦的松紧度调整适当，转动轴接触点并根据贴合点进行刮削。刮削几遍后，再一次调整上、下轴瓦的间隙，重复上述动作，直到达到需要。

2. 研磨

研磨是用研具和研磨剂从工件表面磨掉一层极薄的金属，使工件具有准确的形状、尺寸和表面粗糙度的操作方法。

（1）研具　研具是研磨时决定工件表面几何形状的标准工具。常用研具有研磨平板、研磨环和研磨棒等。铸铁和软钢是较常用的研具材料。

（2）研磨方法　有平面研磨、圆柱面研磨、圆锥面研磨三种。

复习思考题

1. 游标卡尺的构造是怎样的？试述游标卡尺的读数原理和读数方法。
2. 游标卡尺的用途是什么？测量范围有哪几种？怎样使用？
3. 外径千分尺的用途是什么？怎样使用？
4. 使用外径千分尺时，应注意哪些事项？
5. 百分表的用途是什么？测量范围有哪几种？怎样使用？试述百分表使用时的注意事项。
6. 内径百分表的用途是什么？怎样使用？
7. 什么是量块？其用途是什么？怎样使用？
8. 什么是钳台？它的用途是什么？尺寸规格如何？
9. 台虎钳的用途是什么？它分为哪几种？
10. 常用的划线工具有哪些？各有何用途？怎样制作？
11. 划线的作用有哪些？划线前需要做好哪些准备工作？
12. 试述常用划线涂料的配方、特点和应用。
13. 选择划线基准的原则有哪些？
14. 平面划线基准有哪几种基本类型？举例说明。
15. 錾削工作中应注意的安全事项有哪些？
16. 锉刀有哪些分类及用途？
17. 怎样选用锉刀？
18. 使用锉刀时应注意哪些事项？
19. 怎样锉削？有哪些操作要点？
20. 什么叫金属切割？钳工常用的切割工具有哪些？
21. 怎样根据工件的材料选择锯齿的粗细和锯削的速度？
22. 怎样锯薄板、锯圆管？怎样锯扁钢？
23. 什么是锉削？锉削适用于哪些场合？

24. 常用的钳工锉有哪几种？各有什么用处？

25. 锉刀的使用规则有哪些？怎样锉平面？怎样锉曲面？怎样采用锉削法配键？举例说明锉配方法。

26. 钻头分为哪几种？试述零件的一般钻孔方法。

27. 怎样确定钻孔时的切削用量？

28. 钻孔时加入切削液的作用有哪些？

29. 怎样根据孔距精度选择加工方法？

30. 攻螺纹时丝锥折断的原因有哪些？怎样预防？

31. 什么叫套螺纹？套螺纹的技术要点有哪些？

32. 什么是板牙？它分为哪几种？其结构特点如何？

33. 怎样确定套螺纹时圆杆的直径？

34. 何谓刮削？刮削的作用是什么？它具有哪些特点？

35. 试述平面刮刀的种类和用途。

36. 什么是锪孔？锪孔的形式有哪几种？锪孔时，应注意哪些事项？

37. 试述铰刀的分类。

38. 铰刀损坏的原因有哪些？怎样选择铰孔时的切削用量？怎样选择铰孔时用的切削液？铰孔时应注意哪些事项？

第二章

汽车常用材料

常用工程材料在汽车上的应用如图 2-1 所示。

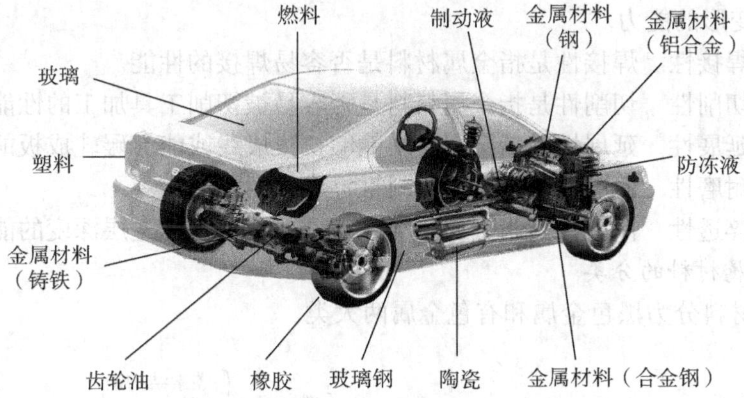

图 2-1　常用工程材料在汽车上的应用

第一节　金属材料

一、金属材料基础知识

1. 金属材料的力学性能

(1) 强度　金属材料的强度指金属材料在外力作用下抵抗变形和破坏的能力，所以又有抗拉强度和屈服点之分。抗拉强度是金属材料在受拉时抵抗被拉断的能力，其代号为 σ_b，单位是兆帕（MPa）。屈服点是金属材料在受拉时抵抗产生明显的永久性变形的能力，其代号为 σ_s，单位是兆帕（MPa）。

(2) 塑性　塑性是指金属材料受到外力作用时产生显著的永久性变形而不断裂的能力，常用断面伸长率（A）和断面收缩率（ψ）表示。它们分别表示材料受拉时的长度变形和截面变形，以百分比表示。

(3) 韧性　韧性是指金属材料抵抗冲击而不致断裂的能力，常以冲击韧度 α_k表示，单位是焦耳/平方厘米（J/cm^2）。

(4) 疲劳　疲劳是指金属零件长期在交变载荷作用下工作，突然发生断裂的现象，以疲劳强度σ_{-1}表示，单位为帕（Pa）。疲劳强度是指金属材料在无限多次交变载荷作用下，不致发生断裂的最大应力。

（5）硬度　硬度是指金属材料抵抗局部变形、压痕或划痕的能力，一般以布氏硬度（HB）和洛氏硬度（HRA、HRB、HRC）表示。

2. 金属材料的工艺性能

（1）可铸性　可铸性是指金属熔化后，可以铸造成各种形状的能力，主要指金属熔化后的流动性和冷凝时的收缩性。

（2）可锻性　可锻性是指金属材料在冷状态或热状态下，承受锤锻或压力发生塑性变形的能力。

（3）焊接性　焊接性是指金属材料是否容易焊接的性能。

（4）切削性　切削性是指金属材料是否容易被切削工具加工的性能。

（5）延展性　延展性是指金属材料能够拉拔成线或能够碾轧成板的性能。

（6）耐磨性　耐磨性是指金属材料抵抗磨损的性能。

（7）淬透性　淬透性是指金属材料在热处理中获得淬透层深度的能力。

3. 金属材料的分类

金属材料分为黑色金属和有色金属两大类。

- 金属材料
  - 黑色金属
    - 钢
      - 碳素钢
        - 碳素结构钢
        - 碳素工具钢
      - 合金钢
        - 合金结构钢
        - 合金工具钢
        - 特殊用途钢
    - 铸铁
      - 白铸铁
      - 灰铸铁
      - 球墨铸铁
      - 可锻铸铁
      - 合金铸铁
  - 有色金属
    - 铝和铝合金
    - 轴承合金
      - 锡基轴承合金
      - 铅基轴承合金
      - 铝基轴承合金
    - 铜和铜合金
      - 青铜
      - 黄铜
      - 纯铜

二、汽车常用金属材料的种类

1. 钢

钢是碳的质量分数小于2.11%的铁碳合金，是使用最广泛的金属材料。钢在固态范围内施以不同的加热、保温和冷却等过程，可以表现出不同的使用性能。在汽车制造中广泛采用钢制零部件。

钢的种类很多，以有没有加入碳以外的其他元素为依据，可分为碳素钢和合金钢两大类，按含碳量多少又可分为低碳钢（w（C）≤0.25%）、中碳钢（0.25%≤w（C）≤0.6%）和高碳钢（w（C）≥0.6%）三类。

碳素钢的力学性能能满足许多设备的结构件和机械零件的要求，也能满足部分工具钢的要求，有优良的工艺性和价格较低等优点，在汽车行业及其他行业中得到广泛应用。

碳素钢可分为很多类，下面介绍在汽车上使用较多的碳素结构钢和优质碳素结构钢。

（1）碳素结构钢

1）牌号：由代表屈服点的字母、屈服点的数值、质量等级符号、脱氧方法符号4个部分按顺序组成，如Q235—AF。牌号中的“Q”是“屈”字汉语拼音首位字母，“235”表示屈服点为235MPa，“A”表示质量等级为A，“F”表示沸腾钢。碳素结构钢常用牌号有Q195、Q21SA（B）、Q235A（B）、Q255A（B）、Q275等。

2）用途：Q195、Q215A（B）、Q235A（B）常用于制造受力不大、不重要也不复杂的零件，如螺钉、螺母、垫圈、推杆、制动杆、车轮轮毂等。

（2）优质碳素结构钢

1）牌号：由两位数字表示，表示钢平均含碳量的万分之几。如钢号“30”表示钢中碳的质量分数为0.30%。含锰量较高的优质碳素结构钢还应将锰元素符号在钢号后标出，如15Mn、45Mn等。优质碳素结构钢常用牌号有15、20、25、35、45、60、45Mn、65Mn等。

2）用途：优质碳素结构钢的用途见表2-1。

表2-1 优质碳素结构钢的用途

钢 号	主要性能	应用举例
08F、10、10F、15、20、25	良好的塑性、韧性、焊接性和冷加工成形性。由于含碳量低，可用于制造渗碳件	制造冲压件（制动气室外壳）、焊接件及渗碳件（齿轮凸轮、拉杆）、紧固零件（螺栓、垫圈、铆钉等）
30、35、40、45、50、55	强度较高，并有一定的塑性和韧性。焊接性较差，使用时大都经调质处理	制造负荷较大的淬硬调质零件，如连杆、曲轴、机油泵传动齿轮、活塞销、凸轮等
60、65、70、75	强度、硬度高，塑性、韧性差，经淬火和中温回火后弹性好	用于截面尺寸较大而且比较重要的弹簧、轴、销等的制造

2. 合金钢

在碳素钢中加入一种或多种适量合金元素，以改善钢的某种性能，这种钢称为合金钢。根据合金含量的不同可分为低合金钢和中合金钢。碳钢中常加入的合金元素有 Si、Mn、Cr、Ni、W、V、Mo、Ti 等。

合金钢根据用途分为合金结构钢、合金工具钢和特殊性能钢三大类。合金结构钢是在碳素结构中加入一种或几种合金元素而形成的，具有较高的强度和良好的韧性，在汽车上主要用于制造受热、受磨损和冲击载荷较大的零件。

（1）牌号　合金结构钢的牌号用“两位数字＋元素符号＋数字”表示。前两位数字表示钢中含碳量是万分之几；元素符号表示所含合金元素；后面数字表示合金元素平均含量的百分数。合金元素平均含量低于 1.5% 不标，如 40Cr、20CrNi3。

（2）用途　合金结构钢 40Cr 常用于制造重要调质件，如气门、气缸盖螺栓、车轮螺栓、半轴和重要齿轮等；18CrMTi 常用来制造变速器齿轮、主传动锥齿轮等；40MnB 可代替 40Cr 钢制造万向节、半轴、花键轴等；60Si2Mn 钢用来制造钢板弹簧等。

3. 铸铁

铸铁具有良好的可铸性、耐磨性和切削性。铸铁与钢在化学成分方面的主要区别在于铸铁中含碳、含硅量较高，含杂质元素硫、磷较多，所以与钢的组织和性能都有很大差别。铸铁具有一定的强度和韧性，有良好的消振性、耐磨性、耐腐蚀性以及良好的工艺性能，凡力学性能要求不高、形状复杂、锻制困难的零件，多用铸铁制造，如气缸体、气缸套、后桥壳、飞轮、制动鼓等。

铸铁分为白铸铁、灰铸铁、球墨铸铁、可锻铸铁和合金铸铁等，其牌号、主要性能和用途见表 2-2。黑色金属在汽车上的用途见表 2-3。

表 2-2　常用铸铁材料的牌号、主要性能和用途

名　称	牌号说明	主要性能	用　途
灰铸铁（HT）	由“HT”及后面的一组数字组成，数字表示其最低抗拉强度	脆性大，塑性差，焊接性差；铸造性好，易切削。具有消振和润滑作用	制造气缸体、气缸盖、飞轮和制动鼓等
球墨铸铁（QT）	由“QT”和两组数字组成，分别表示最低抗拉强度和断后伸长率	强度较高，韧性比灰铸铁有较大改善。有较良好的铸造性、耐磨性、减振性和切削性	制造曲轴、凸轮轴和前、后桥壳
可锻铸铁（KT）	由“KTH”、“KTB”、“KTZ”及两位数字组成，“KT”是可锻铁的代号，“H”、“B”、“Z”分别表示“黑心”、“白心”及“珠光体”，两位数字的含义同球墨铸铁	具有较高的塑性和韧性，强度较高，能承受一定的冲击载荷。但铁液流动性差，铸造工艺较复杂	制造桥壳、轮、制动踏板、活塞环、齿轮轴、摇臂、转向机构等

表 2-3　黑色金属在汽车上的用途

序号	材料种类及牌号	使用性能	在汽车上的应用	热处理及其他
1	渗碳钢 20CrMnTi、30CrMnTi、20MnTiB、12Cr2Ni4 等	强度、耐磨性、接触疲劳抗力、断裂抗力	变速器齿轮、后桥齿轮等	渗碳、淬火、回火
2	灰铸铁 HT150	刚度、强度、尺寸稳定	变速器壳、离合器壳、进气管、排气管	去应力
3	可锻铸铁 KTH350—10、KTH370—12，球墨铸铁 QT400—15、QT400—18	刚度、强度、尺寸稳定	后桥壳等	可用优质钢板冲压焊接或用铸钢
4	弹簧钢 60Si2MnA、50CrVA、50CrV4	耐疲劳、冲击和腐蚀	钢板弹簧	淬火、中温回火、喷水强化
5	弹簧钢 50CrVA、50CrV4、60Si2CrA、60Si2MnA、54SiCr6	耐疲劳、冲击和腐蚀	螺旋弹簧	淬火、中温回火、喷水强化
6	钢板 08Al、20	刚度、尺寸稳定	驾驶室底板、车身、罩盖等	冲压成形
7	灰铸铁 HT200	刚度、强度、尺寸稳定	缸体、缸盖、飞轮、正时齿轮	不处理或去应力退火。也可用 ZL104 铝合金做缸体缸盖，淬火后进行时效处理

4. 常用有色金属

铝、镁、铜、铅、锌等及其合金称为有色金属。有色金属具有某些特殊的性能，如导热性、导电性好，密度小而强度高，耐腐蚀性好等，已成为现代汽车工业中不可缺少的重要材料。

（1）铝及铝合金　纯铝密度小，导电性和导热性好，耐蚀性良好，加工性能好，但强度、硬度低。主要用于制造电线、电缆，以及配制合金等。我国工业纯铝的牌号是按其纯度来编制的，如 L1、L2、L3 等，“L”为“铝”字的汉语拼音首位字母，编号数字越大，纯度越低。

纯铝中加入 Si、Cu、Mg、Mn 等合金元素后，可得到强度较高、耐蚀性较好的铝合金。铝合金分为形变铝合金（或称压力加工铝合金）和铸造铝合金两类。

1）适用于压力加工的铝合金称为形变铝合金。常用形变铝合金的牌号和用途如下：防锈铝合金用“LF”加顺序号表示，如 LF1、LF11 等；硬铝合金用

"LY"加顺序号表示，如LY1、LY11等；锻铝合金用"LD"表示，适宜压力加工成形，用于制造散热器、冷凝器、蒸发器、管材、车身侧板等。

2）用来制作铸件的铝合金称为铸造铝合金，其牌号由铝及主要合金元素的化学符号组成，主要合金元素后面跟有表示其名义百分含量的数字。如果合金元素的名义百分含量不小于1，则该数字用整数表示；如果合金元素的名义百分含量小于1，一般不标数字。在合金牌号前冠以字母"Z"（"铸"字汉语拼音首位字母）表示属于铸造铝合金，如ZAlSi7Mg、ZAlSi9Mg、ZAlCu4等。

铸造铝合金的代号用汉语拼音字母"ZL"（铸铝）与3个数字组成，ZL后面第1个数字表示合金类别，1表示铝硅合金，2、3、4分别表示铝铜、铝镁和铝锌合金。ZL后面第二、第三个数字表示顺序号，如合金牌号为ZAlSi7Mg的铝硅合金，其合金代号为ZL101。

不同合金系铸造铝合金各有特点：铝铜系热强性较好；铝镁系耐蚀性较好；铝锌系有较好的力学性能；而铝硅合金铸造性突出，力学性能和耐蚀性等综合性好，一般常用来制造气缸盖、气缸体、活塞和其他一些壳体等，如图2-2所示。

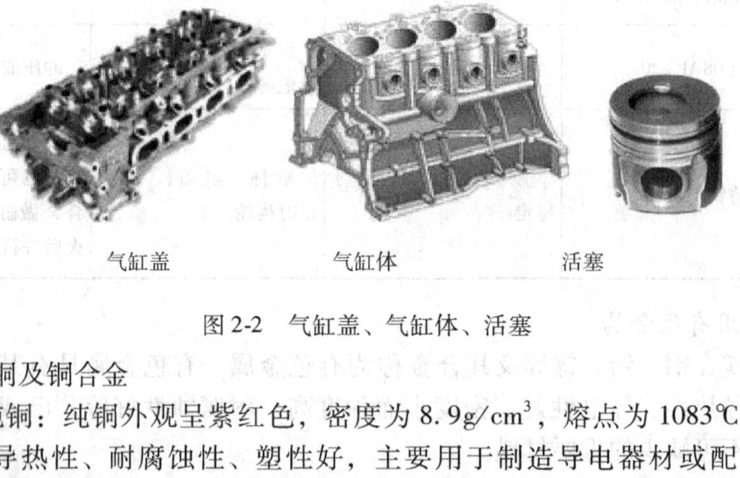

图2-2　气缸盖、气缸体、活塞

（2）铜及铜合金

1）纯铜：纯铜外观呈紫红色，密度为8.9g/cm³，熔点为1083℃。纯铜的导电性、导热性、耐腐蚀性、塑性好，主要用于制造导电器材或配制各种铜合金。

工业纯铜的牌号为T1、T2、T3。"T"为铜的汉语拼音首位字母，数字为编号，数字越大则纯度越低。在普通黄铜中加入其他合金元素所形成的合金，称为特殊黄铜。特殊黄铜有铅黄铜、锡黄铜、铝黄铜、锰黄铜等。

2）铜合金有黄铜、青铜和白铜三种。

① 黄铜。黄铜是以锌为主要合金元素的铜合金。当铜中仅加入锌时，称为普通黄铜。普通黄铜的牌号用"H"（"黄"字汉语拼音首位字母）加数字来表示，数字代表平均含铜量，含锌量不标出，如H68。特殊黄铜则在"H"之后标

以主加元素的化学元素符号，并在其后标明铜及合金元素含量的百分数，如HP659—1。如果是铸造黄铜，牌号前还应加上“Z”字，其牌号由铜及主要合金元素的化学元素符号组成，主要合金元素后跟有表示其名义百分含量的数字，如ZCuZn16Si4。黄铜主要用来制作导管、冷凝器、散热片及导电、冷冲、冷挤零件和各种结构零件（如销、螺钉、螺母、衬套、垫圈等）。

② 青铜。青铜原指铜与锡的合金。现在除铜锌合金的黄铜与铜镍合金的白铜外，铜与其他元素所组成的合金均称为青铜。

青铜的牌号第一个字母为“Q”（“青”字汉语拼音首位字母），后面加第一个主加元素的符号及除铜以外的各元素的百分含量，如QSn41、QBe2等。如果是铸造青铜，牌号前还应加上“Z”字，其牌号由铜及主要合金元素的化学元素符号组成，主要合金元素后面跟有表示其名义百分含量的数字。青铜主要用于制造轴承、轴套等耐磨零件和弹簧等弹性元件。

③ 白铜。以镍为合金元素的铜合金称为白铜，在轿车上极少使用。除了黄铜和白铜外，所有的铜基合金都称为青铜。

青铜的牌号都由字母Q、主加元素化学符号和各合金元素的含量组成，例如QSn4—4—2.5表示含w（Sn）=4%、w（Zn）=4%和w（Pb）=2.5%的锡青铜。注意其牌号中的第一个数字表示的是主要合金元素的含量，而不是铜的含量；另外，牌号中只表达了主加元素，而未表达的其他合金元素是锌和铅。锡青铜用于制造发动机连杆衬套等耐磨件，如图2-3所示。锡青铜和铝青铜还用于制造齿轮、蜗轮等。

（3）轴承合金　轴承合金是用于制造滑动轴承中的轴瓦和内衬的材料。轴承合金具有足够的强度和适当的硬度，足够的塑性和韧性，良好的磨合能力，高的耐磨件，良好的耐蚀性、导热性，较小的膨胀系数。

常用的轴承合金按主要化学成分可分为锡基、铅基、铝基、铜基等，锡基和铅基轴承合金称为巴氏合金。

锡基轴承合金（锡基巴氏合金）的牌号由“Z”+基体元素+主加元素的元素符号和主加元素的含量+辅加元素的元素符号和辅加元素的含量组成，例如：ZSnSb11Cu6。铅基轴承合金（铅基巴氏合金）的牌号与锡基轴承合金的牌号相同，如ZPbSb16Cu2。

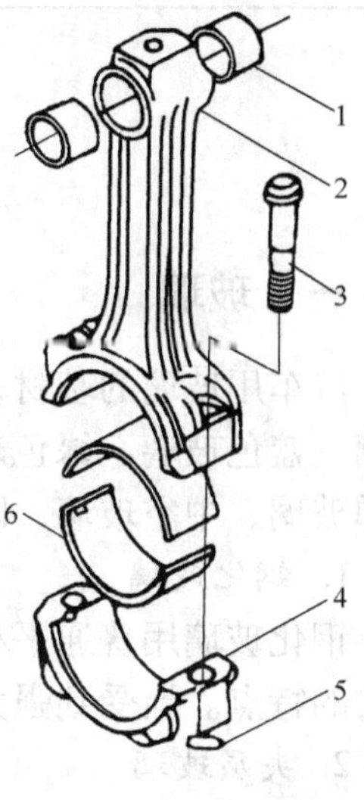

图2-3　连杆组
1—连杆衬套　2—连杆小头
3—连杆螺栓　4—连杆盖
5—连杆螺母　6—连杆轴瓦

汽车发动机连杆轴瓦（图2-3）上常采用的滑

动轴承合金有锡基轴承合金和高锡铝基轴承合金。高锡铝基轴承合金制成的滑动轴承具有较高的疲劳强度，良好的耐磨和承载能力，且具有铝基巴氏合金的抗咬合性能，使用时制成由钢、铝、锡铝合金组成的钢背薄壁轴瓦。

它可以代替锡基巴氏合金、铜基轴承合金，是一种理想的轴瓦材料，目前在汽车、拖拉机、内燃机上逐步推广使用。

汽车上常用的有色金属材料见表2-4。

表2-4 汽车上常用的有色金属材料

名称	用途
黄铜（H）	制造散热器管、油管插头、化油器零件、万向节衬套、连杆衬套、钢板销衬套、离合器与制动踏板轴衬套等
青铜（Q）	制造衬垫、放水开关、活塞销衬套、变速器常啮合齿轮衬套、轴承、轴套等
铸造铝合金	制造活塞、气缸体、气缸盖等
锡基轴承合金	制造轴瓦、轴衬
高锡铝基轴承合金	制造轴瓦、轴衬

第二节 非金属材料

一、玻璃

汽车用玻璃的基材，必须是质地优良的浮法玻璃。其色调可分为无色透明玻璃、蓝色玻璃、绿色玻璃、青铜色玻璃。一般有钢化玻璃、夹层玻璃、防爆防弹玻璃、中空玻璃、防水玻璃、特种风窗玻璃。

1. 钢化玻璃

钢化玻璃用普通平板玻璃或磨光玻璃经加热与淬火制成，具有抗弯曲、耐冲击的特点。当受到强大冲击时，会破碎成粒状，不会对人造成严重伤害。

2. 夹层玻璃

夹层玻璃由两块普通玻璃中间夹一层薄膜，经强力胶合热压制成。夹层玻璃可防止玻璃飞散伤人。

3. 防爆防弹玻璃

防爆防弹玻璃是一种特制玻璃，能抗较大冲击力，耐热耐寒，透明度好。

4. 中空玻璃

中空玻璃是将双层或双层以上玻璃胶粘在一起，中间充满空气，隔音、隔热保温、不结霜，吸收紫外线。

5. 防水玻璃

防水玻璃表面涂一层耐久性极强的含氟薄膜，落在这种玻璃上的水滴在风压作用下迅速滚落，车内的人像和物像不会映射到风窗玻璃上而影响驾驶员视线。

6. 特种风窗玻璃

特种风窗玻璃也称为热反射膜玻璃，优点是防止车内温度向车外散发，保持车内温度。

二、橡胶

橡胶一般分为天然橡胶和人工合成橡胶，但是无论是天然橡胶还是人工合成橡胶，其基础都是高分子化合物。橡胶种类有氯丁橡胶、丁苯橡胶、丁腈橡胶、硅橡胶和氟橡胶等。汽车橡胶制品主要有：

（1）轮胎　轮胎是汽车上橡胶用量最大的零件。轮胎的外胎部分直接承受地面的冲击磨损，要求具有较高的弹性、强度和耐磨性能，以及耐疲劳和耐日光老化性。轮胎的外胎普遍使用天然橡胶、丁苯橡胶、顺丁橡胶（BR）等。

（2）密封制品　汽车上使用的橡胶密封制品主要包括油封件、密封条、密封圈、皮碗、衬垫等。根据使用环境的不同，要求这类橡胶制品应有良好的密封性能，以及耐各种化学试剂，耐老化、耐热、耐寒、耐臭氧、耐磨、强度高和永久压缩变形小等性能。

（3）风扇带　风扇带是一种橡胶纤维带，断面几何形状为梯形。

（4）橡胶软管

1）输气橡胶管：汽车的输气连接软管，可承受784kPa的工作压力。

2）输油胶管：汽车的输油连接软管，可承受400kPa的工作压力，它主要用于传递燃油。

3）气压制动胶管：汽车的气压制动连接软管，可承受980kPa的工作压力。

4）液压制动胶管：汽车的液压制动连接软管，可承受10920～12250kPa的工作压力。

5）高压钢丝缠绕胶管：这种胶管耐高压，管体柔软，用于汽车的液压或气压制动系统到分泵的连接。

常见汽车用橡胶制品见表2-5。

表 2-5　常见汽车用橡胶制品

名称	材　料	工作性能	图　示
轮胎	天然橡胶、丁苯橡胶、顺丁橡胶	有较高的弹性、强度、耐磨和耐老化性	
胶垫	硅胶、天然胶、丁苯胶	耐油、耐介质、耐老化	
防尘罩	氯丁橡胶、天然橡胶、氯丁橡胶、丁腈橡胶、三元乙丙橡胶	耐热、耐寒、耐油、耐介质、耐老化	
气门油封	丁腈橡胶、硅橡胶、聚丙烯酸橡胶、聚氨酯橡胶、氟橡胶油	耐热、耐寒、耐油、耐介质、耐老化	
风扇带	橡胶纤维	耐热、耐寒、耐油、耐介质、耐老化	

三、塑料

这里专指以合成树脂为主要原料制成的、在一定条件下能保持固定形状的塑料。汽车上常用塑料的特点为密度小、绝缘性好、耐腐蚀、隔音和隔热性好、耐磨性和减摩性好、工艺性好。

1. 汽车上常用塑料的代号及用途

塑料代号是根据高聚物的英文全称，选用最适当的最少字母表示，所有字母均为大写，一个缩写表示一种材料，而一种材料也只能用一个缩写代号。

聚丙烯（PP）：抗拉强度、抗压强度、硬度、屈服强度高，刚性突出，90℃高温时抗应力松弛性能良好，耐热性强，耐热在100℃以上，用于酸性蓄电池壳。

聚氯乙烯（PVC）：具有优良的耐蚀性和电绝缘性。强度较高，耐蚀、耐油、耐水性及阻燃性好，缺点是使用温度低（在60℃以下），应用于薄膜、软管、密封条、表皮、覆盖薄膜、脚垫、护罩、饰条等。

聚苯乙烯（PS）：具有较高的韧性和抗冲击强度，耐酸、耐碱性能好，电气性能良好，是透明有光泽的热塑性塑料。具有刚性，易加工成型。用于制作仪表外壳、汽车灯罩、储酸槽、电工绝缘材料等。

聚乙烯（PE）：具有优良的介电性能，耐冲击、耐水性好，化学稳定性高，使用温度可达80~100℃，在-70℃时仍保持柔软性。可制作耐蚀器皿、手柄、机油桶等。

丙烯腈—丁二烯—苯乙烯聚合物（ABS）：它是三元共聚物，丙烯腈能使聚合物耐腐蚀，其表面硬度高，尺寸稳定，耐化学腐蚀，易于成型及机械加工，表面可镀铬。丙烯腈—丁二烯—苯乙烯聚合物（ABS）塑料在汽车上应用广泛，如用来制作仪表盘、蓄电壳、挡泥板、扶手、格栅等。

聚酰胺塑料（PA）：聚酰胺塑料又称尼龙。它坚韧、耐磨、耐疲劳、耐油、耐水，可制作凸轮轴正时齿轮、踏板衬套、半轴齿轮及行星齿轮耐磨垫片等。

聚甲醛（POM）：有良好的综合性能，强度、刚度较高，韧性、抗蠕变性好，减摩性及耐磨性良好，可广泛代用铜及铜合金。汽车上用来制作耐磨垫片、无油润滑轴承和小齿轮等零件。

聚碳酸酯（PC）：力学性能良好，有突出的抗冲击能力，尺寸稳定性高，着色性好，吸水性强，电气性能良好，耐热性高于尼龙及聚甲醛。使用温度为-100~130℃。在汽车上用于制作灯罩、外壳及装饰物。

聚氨基甲酸乙酯（PUR）：为聚氨酯，应用于缓冲块、垫块、头枕等。

氟塑料：氟塑料又称塑料王，有极宽的工作温度范围，可在-250~260℃温度范围下长期工作。它有优异的耐腐蚀性、电绝缘性和极低的摩擦系数。汽车中不少密封垫圈（如O形密封圈）即用它制成。

2. 玻璃钢

用玻璃纤维增强的热固性塑料一般称为玻璃钢。热固性增强塑料一般是指以热固性树脂为粘接材料，以玻璃纤维为增强材料的一种复合材料。

玻璃钢的主要优点是强度高、成型工艺较简单、耐腐蚀、抗烧蚀、电绝缘性好。玻璃钢在汽车上主要用来制造车身、挡泥板、蓄电池支架罩盖、燃油箱等。

四、陶瓷

陶瓷用途极为广泛，可用作坩埚、发动机火花塞、高温耐火材料、热电偶套管、密封环等。其特点是密度低、高温强度好、导热慢，耐磨性和减摩性能良好，弹性模量高、制造成本高。

在1000℃以上的高温有高强度，常用于制造汽车发动机气门导管和气门，可减少摩擦损失。

五、燃料

1. 汽油

汽油是点燃式内燃机的燃料，是从石油中精炼后得到的碳氢化合物。

（1）汽油的使用性能　汽油的使用性能包括汽油的蒸发性、抗爆性、安定性、防腐性和清洁性等。

1）蒸发性：汽油的蒸发性是指汽油从液体状态转化为气体状态的性能。汽油的蒸发性越好，就越容易汽化而形成品质良好的可燃混合气，保证发动机在各种条件下都能够迅速起动、加速和正常运转。

2）抗爆性：汽油的抗爆性是指汽油在气缸内燃烧时防止产生爆燃的能力。爆燃是汽油的一种不正常燃烧现象。汽油抗爆性的好坏用辛烷值来表示。汽油的辛烷值越高，抗爆性能越好。

3）安定性：汽油的安定性是指在正常的储存和使用条件下，保持汽油性质不发生永久变化的能力。

4）防腐性：汽油的防腐性是指防止汽油腐蚀金属的能力。

5）清洁性：汽油的清洁性是指汽油不能含有机械杂质和水分。

（2）汽油的牌号和选用

1）汽油的牌号：我国车用汽油按研究法辛烷值分为90号、93号和97号三个牌号。辛烷值牌号相同，其抗爆性就相同。牌号越高，辛烷值越高。

2）汽油的选用：汽油牌号的选用应符合汽车说明书要求。一般压缩比较高的发动机应选用高辛烷值汽油，压缩比较小的发动机应选用辛烷值较低的汽油。

（3）使用汽油时的注意事项

1）不要用加铅汽油作为清洗油或溶剂油，以防铅中毒。

2）不要用橡胶、油漆溶剂油和工业汽油代替车用汽油。

3）汽油中不应掺入煤油等。

4）不要使用长期存放或已变质的汽油。

5）牌号相近的汽油可暂时代用。用低牌号汽油代替高牌号汽油时，应适当推迟点火提前角，以免发生爆燃；用高牌号汽油代替低牌号汽油时，应适当加大点火提前角，以提高发动的输出功率。

2. 轻柴油

汽车柴油机用轻柴油作燃料。

（1）轻柴油的使用性能　轻柴油的使用性能包括柴油的发火性、蒸发性、低温流动性、粘度、安定性、防腐性和清洁性等。

1）发火性：柴油的发火性是指柴油自燃的能力，用十六烷值来表示。大多数商用柴油的十六烷值在 35 ~ 65 之间，一般选用 45 ~ 50。十六烷值越高，发火性越好。

2）蒸发性：柴油机的低温起动性、工作可靠性、燃料经济性和耐久性均与柴油的蒸发性有关。

3）低温流动性：柴油的低温流动性用凝点来表示。凝点是指在规定条件下柴油失去流动能力时的温度值。我国轻柴油按凝点划分牌号。

4）粘度：粘度是液体流动的能力。粘度低会使燃油泄漏量增加，加剧部分零件的磨损，但柴油易于雾化；粘度高时阻力会增加，使雾化变差，但润滑性能较好。

（2）轻柴油的牌号及选用

1）轻柴油的牌号：国产轻柴油按凝点分为七种牌号，即 10 号、5 号、0 号、－10 号、－20 号、－35 号和－50 号。按牌号凝点分别不高于 10℃、5℃、0℃、－10℃、－20℃、－35℃和－50℃。

2）轻柴油的选用：选用时，应根据地区气温，选用不同牌号（即凝点）的轻柴油，并随季节变化而适时更换。使用地区气温低，应选用凝点较低的轻柴油，反之选用凝点较高的轻柴油。为保证车用柴油机能正常工作，选用轻柴油的凝点应低于季节最低温度 3 ~ 5℃。选用原则见表 2-6。

表 2-6　轻柴油的选用原则

轻柴油的牌号	轻柴油的选用原则
10 号轻柴油	适用于有预热设备的柴油机
5 号轻柴油	适用于风险率为 10% 的最低气温在 8℃以上的地区使用
0 号轻柴油	适用于风险率为 10% 的最低气温在 4℃以上的地区使用
－10 号轻柴油	适用于风险率为 10% 的最低气温在－5℃以上的地区使用
－20 号轻柴油	适用于风险率为 10% 的最低气温在－14℃以上的地区使用
－35 号轻柴油	适用于风险率为 10% 的最低气温在－29℃以上的地区使用
－50 号轻柴油	适用于风险率为 10% 的最低气温在－44℃以上的地区使用

使用柴油时，不同牌号的柴油可掺兑使用，这样可以改变其凝点。例如，在0号轻柴油中按比例加入一些低凝点轻柴油，便可使其能在-10℃下使用。也可以在轻柴油中加入裂化煤油，例如在0号轻柴油中加入40%的裂化煤油，可获得-10号轻柴油。但轻柴油中不能加入汽油。

3. 甲醇汽油

常用的有M3、M5、M15、M20、M50、M85、M100等不同掺和比的甲醇汽油。其中M15（在汽油里添加15%甲醇）清洁甲醇汽油为车用燃料，分别应用于各种汽油发动机，可以在不改变现行发动机结构的条件下替代成品汽油使用。

4. 天然气

按照所使用天然气燃料状态的不同，天然气汽车可以分为：压缩天然气（CNG）汽车和液化天然气（LNG）汽车。压缩天然气是指压缩到20.7~24.8MPa的天然气，储存在车载高压气瓶中。压缩天然气是一种无色透明、无味、高热量、比空气轻的气体，主要成分是甲烷，由于组分简单，易于完全燃烧，加上燃料含碳少，抗爆性好，不稀释润滑油，能够延长发动机使用寿命。液化天然气是指常压下、温度为-162℃的液体天然气，储存于车载绝热气瓶中。液化天然气（LNG）燃点高、安全性能强，适于长途运输和储存。液化石油气（LPG）是一种在常温常压下为气态的烃类混合物，比空气重，有较高的辛烷值，具有混合均匀、燃烧充分、不积炭、不稀释润滑油等优点。

按照所使用天然气燃料的不同，天然气汽车可分为：

1）专用燃料天然气汽车，发动机只使用天然气作为燃料。

2）两用燃料天然气汽车，既可以使用天然气又可以使用汽油作为燃料。

六、汽车常用润滑剂

润滑剂有润滑油、齿轮油、润滑脂和固体润滑剂四类。

1. 汽车发动机用润滑油（机油）

（1）汽车发动机机油的分类和牌号　GB/T 7631.3—1995《内燃机油分类》规定了汽车用及其他固定式内燃机润滑油（汽油机和柴油机）的详细分类。内燃机油按特性和使用场合分为：

① 汽油机油，包括SC、SD、SE、SF、SG和SH等。

② 柴油机油，包括CC、CD、CD-Ⅱ、CE、CF-4等。

汽油机油系列中SA及SB两个级别和柴油机油系列中CA及CB两个级别，新标准中已经废除。国标GB/T 14906—1994《内燃机油粘度分类》中规定的粘度牌号表示方法见表2-7。

1）粘度等级以六个含W的低温粘度级号（0W、5W、10W、15W、20W、25W）和五个不含W的100℃运动粘度级号（20、30、40、50、60）表示。

表 2-7 粘度牌号表示方法

粘度等级号	低温粘度/（mPa·s）不大于	边界泵送温度/℃ 不高于	运动粘度（100℃）/（mm^2/s） 不小于	
0W	3250 在 -30℃	-35	3.8	—
5W	3500 在 -25℃	-30	3.8	—
10W	3500 在 -20℃	-25	4.1	—
15W	3500 在 -15℃	-20	5.6	—
20W	4500 在 -10℃	-15	5.6	—
25W	6000 在 -5℃	-10	9.3	—
20	—	—	5.6	小于 9.3
30	—	—	9.3	小于 12.5
40	—	—	12.5	小于 16.3
50	—	—	16.3	小于 21.9
60	—	—	21.9	小于 26.1

2）粘度牌号有单级油和多级油之分，任何一个牛顿油可标为单级油，具有多粘度等级的产品是非牛顿油，应标上适当的多粘度级，即含 W 的低温粘度级和 100℃运动粘度级，并且两粘度级号之差至少等于 15。例如，一个多级油可标为 10W/30 或 20W/40，而不可标为 10W/20 或 20W/20。一个产品可能同时符合多个 W 级，所标记的含 W 级号或多粘度级号只取最低 W 级号，例如，一个多级油同时符合 10W、15W、20W、25W 和 30 级号，粘度牌号只能标为 10W/30。

机油牌号中，在数字后面带“W”字母的，表示低温系列，数字代表粘度等级，W 表示冬季用；不带字母的数字代表普通系列。牌号中 15W/30 这种形式称为多级油，表示这种机油粘温特性良好，可四季通用。

（2）汽车发动机机油的选择　选择时要考虑使用级和粘度级两个方面，使用级是首选内容。选择时主要考虑发动机机型，气缸的有效压力越高，发动机的转速越高，对机油要求的使用级也越高。柴油机油使用级的选择主要根据柴油机的强化程度。选择柴油机油要严格遵照汽车使用说明书的要求。在每个使用级中有若干个粘度级，粘度级的选择主要考虑环境温度，一般原则是：

1）工作温度低，宜选用粘度低的油；工作温度高，宜选用粘度高的油。

2）负荷大时，选用的油粘度要高，以保证油膜不被挤破。

3）运动速度大时，宜选用粘度低的油，以减小油的内摩擦力，降低动力消耗。

4）摩擦表面的间隙小时，宜选用粘度低的油，以保证容易流入。

（3）机油使用中的注意事项

1）在能保证润滑的条件下，要尽量选取粘度低的机油，只有在机器磨损严重时，才应选择高粘度的机油。

2）使用级较高的机油可以用于要求低的发动机上，反之则不可。

3）汽油机油和柴油机油原则上应区别使用，只有制造厂许可时，才可在一定范围内通用。

4）汽车上不能使用机床或航空用机油。

2. 齿轮油

（1）齿轮油的牌号　普通车辆齿轮油（参见 GB 13895—1992），适用于中速、负荷比较苛刻的手动变速器和螺旋锥齿轮驱动桥。按粘度分为 80W/90、85W/90 和 90 三个牌号。重负荷车辆齿轮油（参见 GB 13895—1992）适用于高速冲击负荷、高速低转矩和低速高转矩下工作的各种齿轮，特别是轿车和其他各种车辆的双曲面齿轮，有 75W、80W/90、85W/140、90 和 140 等粘度牌号。

（2）齿轮油的选用　齿轮油原则上应按照汽车使用说明书的规定进行选用，也可以按照工作条件选用品种，按气温选择牌号。使用齿轮油时，不能将使用级较低的齿轮油用于要求较高的车辆上，也不要将使用级较高的齿轮油用在要求较低的车辆上。

3. 润滑脂

润滑脂是一种凝胶状润滑剂，由润滑油和稠化剂合成。稠化剂有钠皂、钙皂、锂皂和铝皂等多种。润滑脂有润滑、密封、防腐和不易流失等特点，故主要应用于加油或换油不方便的场合。

（1）润滑脂分类　根据 GB 7631. 8—1990 的规定，我国润滑脂的分类参照国际标准（ISO）的分类方法。按 GB/T 7631. 1—2008 的规定把润滑脂的稠度分为 000、00、0、1、2、3、4、5、6 等 9 个等级。

（2）润滑脂的牌号和选用　汽车常用润滑脂品种有钙基润滑脂、钠基润滑脂、汽车通用锂基润滑脂、极压复合锂基润滑脂和石墨钙基润滑脂等。

1）钙基润滑脂（GB/T 491—2008）是由动植物脂肪与石灰制成的钙皂稠化矿物润滑油。按锥入度分为 1、2、3、4 四个牌号，广泛用于汽车、拖拉机等机械设备上，使用温度范围为 -10 ~ 60℃。其特点是遇水不易乳化，容易粘附于金属表面，胶体安定性好，但使用温度低，使用寿命短。

2）钠基润滑脂（GB 492—1989）有 2 号和 3 号两个稠度牌号。特点是具有较长纤维结构和良好的拉丝性，可以使用在振动较大、温度较高的滚动或滑动轴承上，尤其是适用于低速、高负荷机械的润滑。

3）复合锂基润滑脂（SH/T 0335—1992）是由天然脂肪酸（硬脂酸或 12-羟基硬脂酸）锂皂稠化石油润滑油或合成润滑油制成。由合成脂肪酸锂皂稠化石油润滑油制成的，称为合成锂基润滑脂。由于其具有多种优良性能，被广泛地用于飞机、汽车、机床和各种机械设备的轴承润滑。滴点高于 180℃，适用于

0~120℃温度范围内汽车轮毂轴承、水泵，发电机等各摩擦部位的润滑。

4）石墨钙基润滑脂由动植物油钙皂稠化68号机械油制成，其中加有10%的鳞片石墨，具有良好的抗水性和抗辗压性能。适用于汽车的钢板弹簧、起重机齿轮转盘及半拖挂货车的转盘等承压部位。

4. 固体润滑剂

用以润滑不能应用润滑油或润滑脂的机械摩擦部分的无机固体物质称为固体润滑剂。其种类有石墨、二硫化钼和滑石粉，主要用于负荷重、温度高的机械摩擦部分，如重轴承等。

第三节　汽车常用工作液

一、制动液

汽车制动液是液压制动系统和液压式离合器操纵机构传递能量的工作介质。

1. 制动液的品种和牌号

根据制动液的组成和特性，一般分为醇型、醇醚型、脂型、矿油型和硅油型5种。其中醇醚型和脂型统称为合成型，是目前广泛应用的主要品种。

合成型制动液常用的有HZY3、HZY4和HZY5三个牌号（GB 12981—2003）。

2. 制动液的选用及性能要求

（1）制动液的选用　选用制动液时，根据气温、湿度、道路条件及车辆的速度性能，按车辆使用说明书选用制动液。要求其性能与工作条件相适应，以确保汽车的运行安全。

（2）性能要求

1）应有较高的沸点。蒸发性要低，不易在高温下汽化。

2）适宜的高温粘度和良好的低温流动性。制动液在各种条件下都能及时传递压力，并同时使传动机构中的运动件得到一定的润滑。

3）具有抗氧化、抗腐蚀和防锈的性能。

4）吸湿性低、溶水性好、沸点下降少。即使有水分进入制动液，要求能形成微粒而和制动液均匀混合，不产生分离和沉淀现象。

5）对橡胶的适应性好。制动液对橡胶件不应有溶胀作用，否则会使其失去应有的密封作用，因此制动液对橡胶件要有良好的适应性。

3. 制动液使用注意事项

1）各种制动液不能混用。

2）按车辆使用说明书的要求，按期更换制动液，更换期一般为车辆行驶

20000～40000km 或1 年。更换制动液时必须将制动系清洗干净。

3）制动液属易燃品，应注意防火，存放时避免阳光直射。

二、防冻液

1. 防冻液的分类

防冻液一般分酒精—水型、甘油—水型和乙二醇—水型三种。常用的乙二醇型防冻液冰点为 -11.5℃，沸点为 197.4℃，与水混合后的冰点最低可达 -68℃。调配防冻液时，其冰点应比使用地区的最低温度低5℃。用不同比例的乙二醇和水可以配制成不同冰点的防冻液，它的冰点低，热容量大，冷却效率高，粘度小，流动性好。

2. 乙二醇型防冻液的牌号

国家标准 NB/SH/T 0521—2010《乙二醇型和丙二醇型发动机冷却液》，按冰点不同，有 -25、-30、-35、-40、-45 和 -50 6 个牌号。防冻液产品可以制成浓缩液，由用户加清洁水稀释后使用，也可制成一定冰点的成品直接使用。

3. 乙二醇防冻液的使用方法

1）根据当地冬季最低气温选用适当冰点牌号的防冻液，冰点至少应低于最低气温5℃。如果是浓缩液，应按产品说明书的规定比例加清洁水稀释。

2）乙二醇防冻液一般可使用2～3 年。入冬前，如有必要可检查、调整防冻液的密度，添加防腐剂，并将防冻液的冰点调到该牌号的最高冰点。

3）乙二醇型防冻液不仅有较低的冰点，防止冬季冻结，而且可提高沸点，防止在夏季沸腾，因此可四季使用。

4）使用防冻液前应检查冷却系，保证无渗漏。加注时不要过满，一般只加到冷却系总容量的95%，以免温度升高后膨胀溢出。

5）乙二醇有毒，使用中严禁用嘴吮吸，手接触后要洗净。

三、液力传动油

液力传动油又称自动变速器油（ATF）或自动传动油，是汽车液力自动传动系统的工作介质。使用温度为 -25～170℃，其主要有传递动力、控制液压传动、润滑各种齿轮和轴承三个方面的功能。它传递动力时，粘度越低，则效率越高；而另外两个功能则要求具有一定的粘度。国产液力传动油在100℃时的运动粘度在 $7\times10^{-6}m^2/s$ 左右。

（1）液力传动油的选用　按车辆使用说明书的规定，选用适当品种的液力传动油。轿车和轻型货车可选用国产 8 号油；重型货车、工程机械的液力传动则应选用6 号油。

（2）液力传动油使用注意事项

1）注意保持正常的油温。油温过高会加速油的氧化变质，形成沉积物和积炭。

2）经常检查油平面。车辆停在平地上，发动机保持运转，油温正常，此时油平面应在自动变速器量油尺上、下刻线之间，不足时应及时添加，如果油面下降过快，可能是漏油，应及时检查排除故障。

3）按车辆使用说明书的规定更换液力传动油和滤清器，同时拆洗自动变速器油底，并更换其密封垫及滤清器。通常车辆每行驶 2000km 应检查油面，每行驶 30000km 应更换油。

第四节　汽车用轴承

轴承是汽车中的重要部件之一，其功用是：支撑轴及轴上零件，并保持轴的旋转精度；减少转动的轴与支撑件之间的摩擦及磨损。轴承按照工作时的摩擦性质，分为滑动轴承和滚动轴承两类。

一、滑动轴承

滑动轴承通常由轴承体、轴瓦及轴承盖、润滑和密封装置等组成。滑动轴承按承受载荷的方向可分为径向滑动轴承和推力滑动轴承两类。径向滑动轴承如图 2-4 所示，用于承受径向载荷。

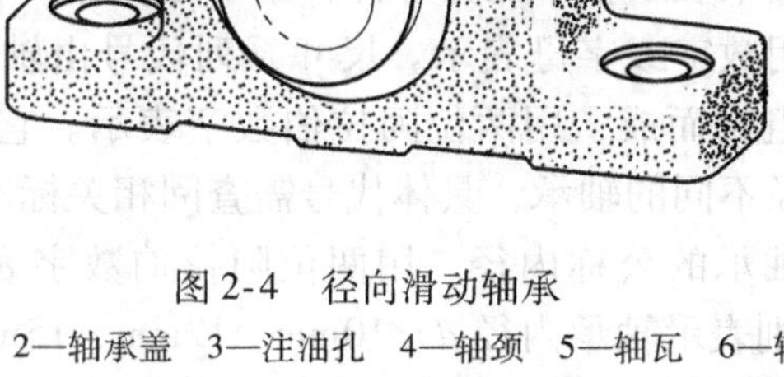

图 2-4　径向滑动轴承

1—螺柱　2—轴承盖　3—注油孔　4—轴颈　5—轴瓦　6—轴承座

二、滚动轴承

滚动轴承的种类很多，但它们的结构大致相似，一般由外圈、内圈、滚动体、隔离圈（保持架）等零件组成，如图 2-5 所示。内圈紧套在轴颈上，随轴一起转动，而外圈则固定在支座上，起支撑作用。工作时，滚动体在内、外圈滚道上滚动，形成滚动摩擦。保持架将滚动体均匀地相互隔开，以避免滚动体之间的摩擦和磨损。滚动体是滚动轴承的重要元件，其形状有球形、短圆柱形、圆锥形、鼓形和滚针等。

滚动轴承按其受力分为3类：径向轴承主要承受径向载荷，如深沟球轴承，如图2-5a所示；推力轴承主要承受轴向载荷，如推力球轴承，如图2-5b所示；径向推力轴承同时承受径向和轴向载荷，如圆锥滚子轴承，如图2-5c所示。

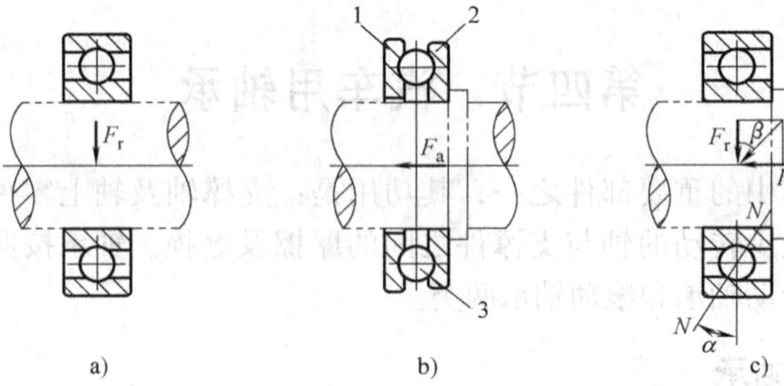

图2-5 滚动轴承

a）深沟球轴承 b）推力球轴承 c）圆锥滚子轴承

1—座圈 2—轴圈 3—滚珠

三、滚动轴承的代号

滚动轴承的代号一般由前置代号、基本代号和后置代号组成。一般情况下，轴承代号只用基本代号表示。基本代号一般包含三部分：类型代号、尺寸代号和内径代号。后置代号是用字母和数字等表示轴承的结构、公差及材料的特殊要求等。前置代号用来表示轴承的分部件，用字母表示。

轴承类型代号用数字或字母表示。尺寸系列代号由轴承宽（高）度系列代号和直径系列代号组合而成，用两位阿拉伯数字表示。它的主要作用是区别内径相同而宽度和外径不同的轴承，具体代号需查阅相关标准。

内径代号表示轴承的公称内径，用两位阿拉伯数字表示。代号数字为00、01、02、03时，分别表示轴承内径$d=10mm$、12mm、15mm、17mm；代号数字为04～95时，代号数字乘以5即为轴承内径。轴承公称内径为1～9mm时，用公称内径毫米数直接表示；轴承公称内径为22mm、28mm、32mm、500mm或大于500mm时，用公称内径毫米数直接表示，但应与尺寸系列代号之间用“/”隔开。轴承基本代号举例如下：

6　2　15

- 15 — 内径代号：d=75mm
- 2 — 尺寸系列代号（02）：宽度系列代号0省略，直径系列代号为2
- 6 — 轴承类型代号：深沟球轴承

6　2　22

- 22 — 内径代号：d=110mm
- 2 — 尺寸系列代号（02）：宽度系列代号0省略，直径系列代号为2
- 6 — 轴承类型代号：深沟球轴承

3　3　12

- 12 — 内径代号：d=60mm
- 3 — 尺寸系列代号：宽度系列代号0省略，直径系列代号为3
- 3 — 轴承类型代号：圆锥滚子轴承

5　13　10

- 10 — 内径代号：d=50mm
- 13 — 尺寸系列代号：高度系列代号为1，直径系列代号为3
- 5 — 轴承类型代号：推力球轴承

GS　8　11　07

- 07 — 内径代号：d=35mm
- 11 — 尺寸系列代号：宽度系列代号为1，直径系列代号为1
- 8 — 轴承类型代号：推力圆柱滚子轴承
- GS — 前置代号：推力圆柱滚子轴承座圈

6　2　10　NR

- NR — 后置代号：轴承外圈上有止动槽，并带止动环
- 10 — 内径代号：d=50mm
- 2 — 尺寸系列代号（02）：宽度系列代号0省略，直径系列代号为2
- 6 — 轴承类型代号：深沟球轴承

复习思考题

1. 什么是金属的强度？什么是金属的塑性？
2. 金属的硬度有几种表示方法？各适用于什么样的材料？
3. 什么叫疲劳强度？用什么符号表示？单位是什么？
4. 汽车发动机气门弹簧工作时，是弹性变形还是塑性变形？怎样区别它的变形性质？
5. 金属的工艺性能是指哪些性能？ 、
6. 什么是碳素钢？碳的含量对碳素钢有什么影响？
7. 低、中、高碳钢的含碳量各是多少？各自的性能如何？
8. 渗碳钢、调质钢的含碳量各是多少？
9. 说明下列钢牌号的含义：35 钢、65Mn、18Sr2Ni4WA、9Mn2V。
10. 试选择汽车发动机排气门材料，它应具有哪些主要性能？
11. 根据碳的存在形态，铸铁可分为哪几种？各自的形态如何？
12. 说明灰铸铁、球墨铸铁、可锻铸铁的牌号表示方法及其所含的内容。
13. 什么是合金铸铁？列举在汽车上应用的例子。
14. 对铝合金活塞材料有什么要求？应用什么材料？
15. 纯铜的性能如何？怎样分级？在汽车中适合做什么部件？
16. 哪个元素影响黄铜性能？在汽车中适合制作哪些零件？
17. 橡胶的使用性能有哪些？使用 O 形圈的关键是什么？
18. 使用高压软管、耐油软管要注意些什么？
19. 汽车驾驶室风窗玻璃有几种？
20. 尼龙的性能如何？汽车上应用它制造哪些零件？
21. 汽车制动液的性能要求是什么？
22. 使用汽车制动液时须遵守哪些事项？
23. 防冻液的性能要求如何？
24. 对汽油使用性能有哪些要求？
25. 选用汽油主要的根据是什么？选用不当，将产生怎样的结果？
26. 对轻柴油的使用性能有哪些要求？
27. 轻柴油的粘度为什么不宜过大或过小？
28. 如何选用轻柴油？
29. 汽油和轻柴油的牌号是根据什么命名的？
30. 发动机润滑油的粘度过大、过小将产生怎样的后果？
31. 汽车传动用齿轮油的使用性能是什么？
32. 使用传动用齿轮油应注意些什么？
33. 钙基、钠基、锂基润滑脂的性能各怎样？使用范围如何？
34. 汽车发动机上有哪些滑动轴承？常用的材料有哪些？滑动轴承适用于哪些情况？
35. 滚动轴承的结构如何？有哪些类型？

36. 滚动轴承整个代号的意义是什么？
37. 滚动轴承基本代号（中段）各位数字的含义是什么？
38. 轴承 7215 和轴承 688911 的意义是什么？
39. 轴承 64706、轴承 804705K 和轴承 9248/30 的意义是什么？

第三章

机械制图知识

第一节　机械制图的基本知识

一、图样

图样指准确地表达物体的形状、大小和具备制造、检验时所需要的全部资料的图。图样是技术文件，它表达设计者的意图，是生产者生产的依据。常用的图样有立体图（如图 3-1 所示）和视图（如图 3-2 所示）。

图 3-1　立体图

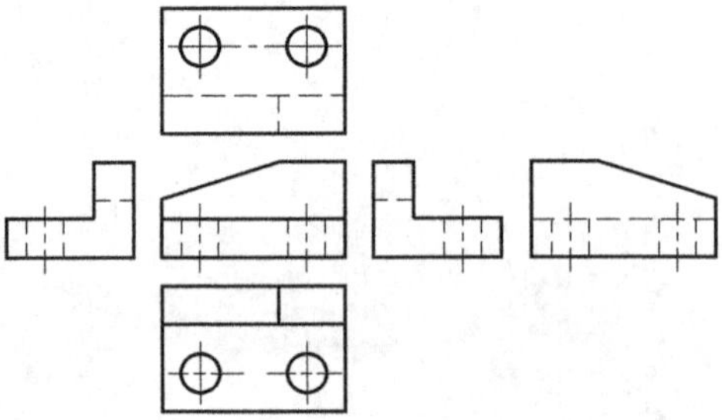

图 3-2　视图

二、立体图

图 3-3 所示为轴承座的立体图。从图中能看到轴承座的前面、左面和顶面的大致形状，图形富有立体感，给人一种直观的感觉，但不能反映物体的真实形状，不能直接用于生产上，只能作为生产图样的辅助性说明。

三、视图

视图是一种“正对着”物体从几个方向去看，而分别按正投影方法绘制的图形，图 3-4 所示为轴承座的三视图。

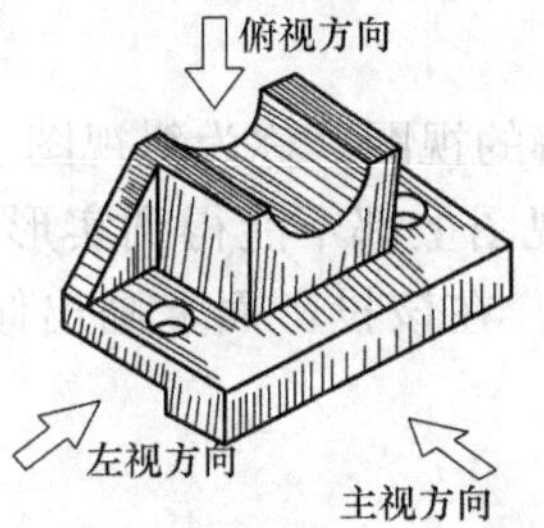

图 3-3　轴承座的立体图

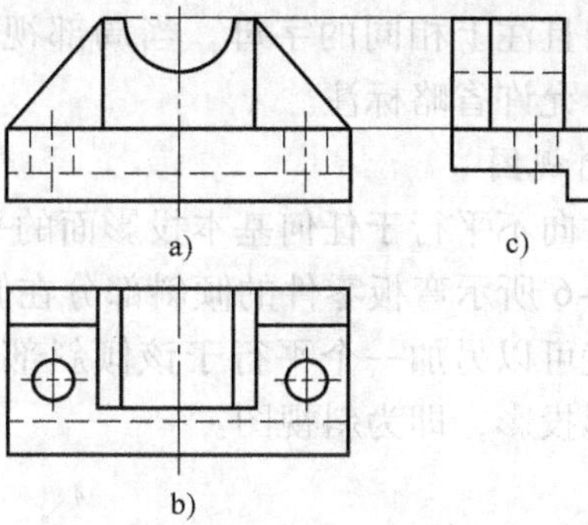

图 3-4　轴承座三视图

a）主视图　b）俯视图　c）左视图

1. 三视图

三视图采用了 3 个图形，把轴承座的内、外各部分的结构形状准确、完整而清晰地表达出来。图 3-4 所示的 3 个视图分别叫做主视图、俯视图和左视图。主视图是从前向后观察物体所得到的图形；俯视图是从上向下观察物体所得到的图形；左视图是从左向右观察物体所得到的图形。当有的零件内、外形状复杂，上述 3 个视图仍无法完整清晰地表达物体的形状时，还可以采用其他视图，如局部视图、斜视图、旋转视图、断面图等。

如图 3-5 所示零件的主、俯两个基本视图已将其基本部分的形状表达清楚，唯有两侧凸台和左侧肋板的厚度尚未表达清楚，因此采用 A 向、B 向两个局部视图加以补充，采用这一组视图简明地表达了零件的全部形状。

2. 局部视图

局部视图的断裂边界应以波浪线表示，如图 3-6 所示。当所表示的局部结构完整且外轮廓线又成封闭时，可省略波浪线，如图 3-5 中的 B 向视图所示。

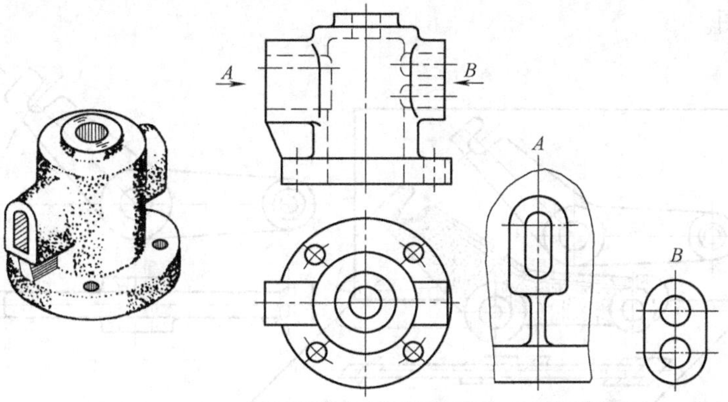

图 3-5　局部视图

局部视图在其上方应标出视图的名称“×”，并在相应视图附近用箭头指明投影方向且注上相同的字母。当局部视图按投影关系配置，中间又无其他视图隔开时，允许省略标注。

3. 斜视图

零件向不平行于任何基本投影面的平面投影所得的视图，称为斜视图。

图 3-6 所示弯板零件的倾斜部分在俯视图和左视图上都不能得到实形投影。这时，就可以另加一个平行于该倾斜部分的投影面，在该投影面上画出倾斜部分的实形投影，即为斜视图。

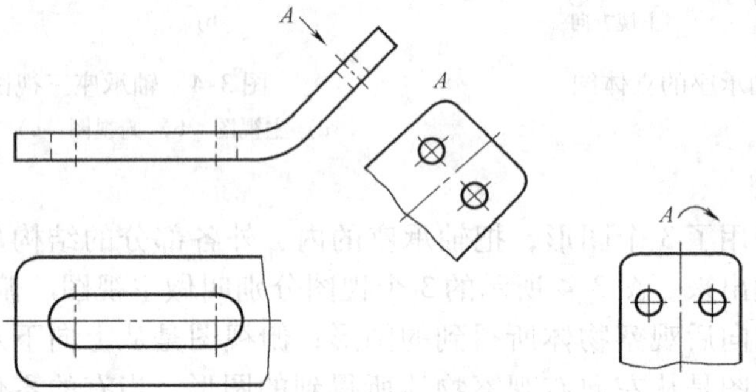

图 3-6　斜视图

斜视图的画法与标注基本上与局部视图相同。在不致引起误解时，可不按投影关系配置，还可将图形旋转摆正。此时，图形上方应标注“↷×”。

4. 旋转视图

旋转视图是假想将零件的倾斜部分旋转到与某一选定的基本投影面平行后再向该投影面投影所得到的视图。

图 3-7 所示连杆的右端与水平面倾斜，为将该部分结构形状表达清楚，可假想将该部分绕零件回转轴线旋转到与水平面平行的位置，投影而得的俯视图即为旋转视图。

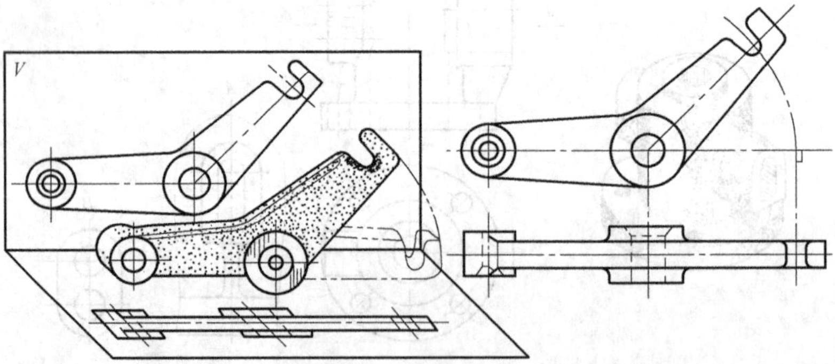

图 3-7　旋转视图

5. 剖视图

假想用剖切面剖开机件，将处于观察者和剖切面之间的部分移开，剩余部分向投影面投射，如图 3-8a 所示，得到剖开后的图形，并在剖切面与机件接触的断面区域内画上剖面符号（剖面线），这样绘制的视图称为剖视图，简称剖视。如图 3-8 所示的主视图即是剖视图。

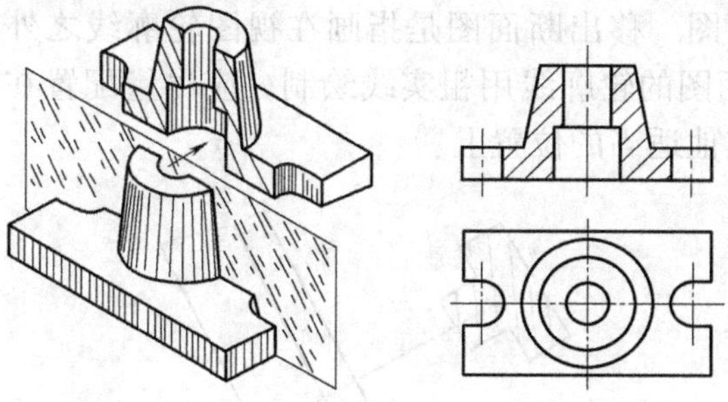

a)　　b)

图 3-8　剖视图

四、断面图

1. 断面图的概念

假想用剖切平面将机件的某处切断，仅画出断面的图形，称为断面图，如图 3-9

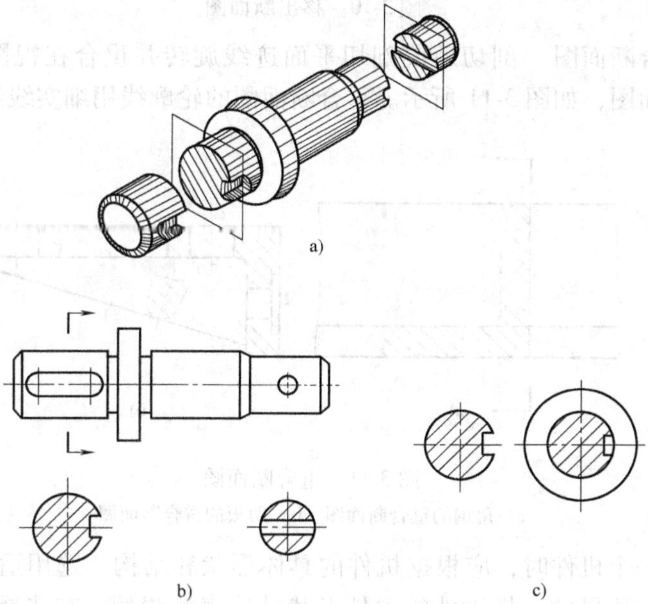

a)

b)　　c)

图 3-9　轴的断面图画法

a）假想两处切断　b）断面图　c）断面图与剖视图的不同

所示。

断面图与剖视图的区别在于：断面图仅画出切断处断面的图形；剖视图除了画出切断处断面的图形外，还要画出断面后其余部分的投影。

2. 断面图的种类

断面图有移出断面、重合断面两种图形形式。

（1）移出断面图　移出断面图是指画在视图轮廓线之外的断面图，如图 3-10 所示。移出断面图的轮廓线用粗实线绘制，应尽量配置在剖切平面的延长线上，也可以剖在其他适当的位置上。

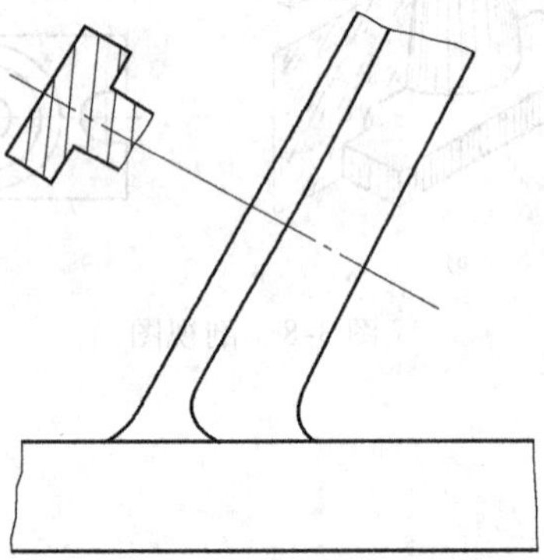

图 3-10　移出断面图

（2）重合断面图　剖切后绕剖切平面迹线旋转并重合在视图内的断面图，称为重合断面图，如图 3-11 所示。重合断面图的轮廓线用细实线绘制。

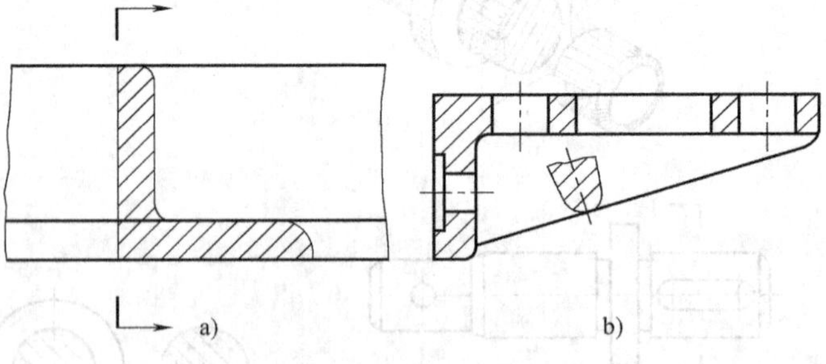

图 3-11　重合断面图

a）角钢的重合断面图　b）肋板的重合断面图

在表达一个机件时，应根据机件的具体形状和结构，选用适当的表达方法以及合理地标注尺寸，将机件的内外形状结构表达清楚。在选择视图方向时应该考虑以下原则：

1）形状特征原则：把最能反映零件结构形状特征的一面作主视图投影的方向。

2）工作位置原则：主视图符合零件在机器上的工作位置。

3）加工位置原则：当机件工作位置不易确定时，应尽量按零件在机械加工中所处位置作为主视图的投影方向。

根据零件的复杂程度选择时应注意：

1）优先选用基本视图。

2）内、外形的表达中，内形复杂的可取全剖；内外形需兼顾，且不影响清楚表达时可取局部剖。

3）尽量不用虚线表示零件的轮廓线，但用少量虚线可节省视图数量而又不在虚线上标注尺寸时，可适当采用虚线。在零件的结构形状表达清楚的基础上，视图的数量越少越好，避免不必要的细节重复。

五、零件图上的尺寸标注

正确选择标注尺寸的起点，即每个尺寸都有一个测量点，称作尺寸基准，如零件上的对称面、加工面、安装底面、端面、回转轴线、圆柱素线或球心等。尺寸基准可以是点基准、线基准和面基准。尺寸基准的种类有设计基准和工艺基准。

1）设计基准：根据零件的设计要求所选定的基准称为设计基准，它是用来确定零件在部件或机器中位置的基准。图 3-12a 中以轴承座底面为轴承孔高度方向的设计基准，图 3-12b 中轴的轴线为径向尺寸的设计基准。

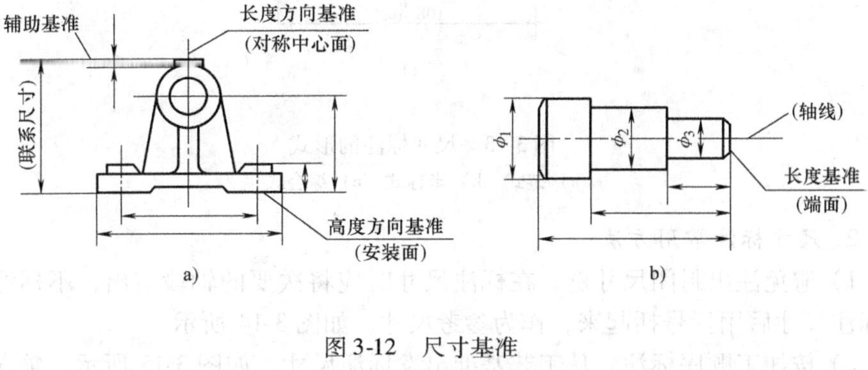

图 3-12　尺寸基准

a）轴承座径向基准　b）台阶轴

2）工艺基准：根据零件的加工、测量要求所选定的基准。工艺基准是在零件加工过程中，为满足加工和测量要求而确定的基准。

1. 尺寸标注形式

根据图样上尺寸布置的情况，尺寸标注的形式有三种（以轴类零件为例）。

1）链式轴向尺寸的标注。依次分段注写，无统一基准，如图 3-13a 所示。

2）坐标式轴向尺寸标注。以一边端面为基准，分层注写，如图 3-13b 所示。

3）综合式轴向尺寸标注。采用链式和坐标式两种方法标注，如图 3-13c 所示。

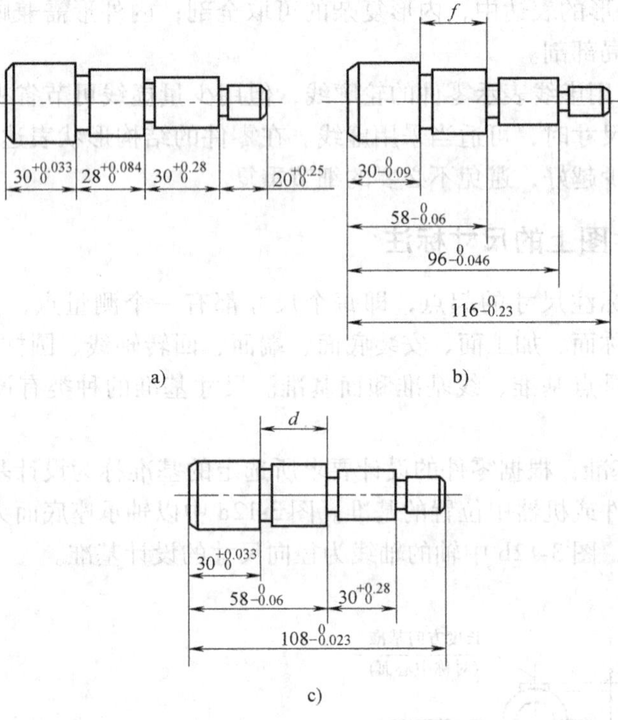

图 3-13　尺寸标注的形式

a）链式　b）坐标式　c）综合式

2. 尺寸标注常用方法

1）避免注出封闭尺寸链，在标注尺寸时应将次要的轴段空出，不标注尺寸或标注尺寸后用括号括起来，作为参考尺寸，如图 3-14 所示。

2）按加工顺序标注，从工艺基准出发标注尺寸，如图 3-15 所示。轴向尺寸的标注要考虑到轴的加工顺序，因此选择右端面的工艺基准标注。

3）重要尺寸（设计、测量、装配尺寸）从基准直接标注，图 3-15 中齿轮轴的左端面为设计基准，应以此端面为基准标注齿轮轴长度方向的尺寸。

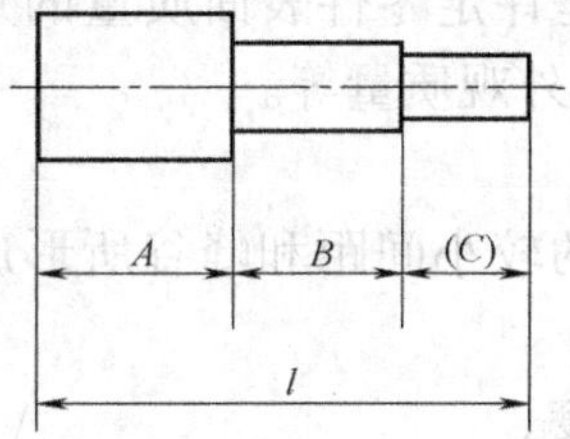

图 3-14　避免封闭尺寸链

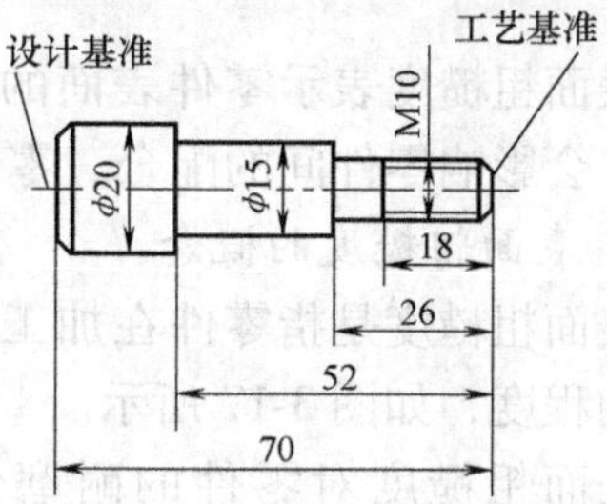

图 3-15　按工艺基准标注尺寸

4）按测量基准标注尺寸，如图 3-16 所示。

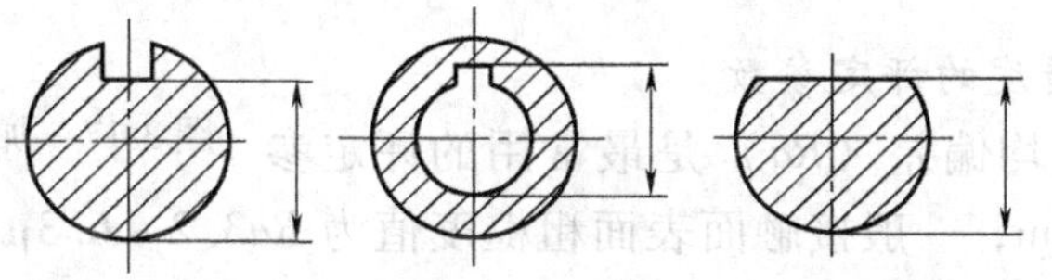

图 3-16　按测量基准标注尺寸

3. 尺寸基准的选择原则

尽可能使设计基准和工艺基准一致。以减少加工误差，保证设计要求。两种基准不能一致时，一般将主要尺寸从设计基准出发标注，以满足设计要求，而将一般尺寸从工艺基准出发标注，以方便加工与测量。

4. 尺寸标注的注意事项

1）重要的尺寸直接注出，尺寸标注要大在外小在内，注在视图两侧。

2）对从同一基准出发的尺寸，用小圆标注基准，以单箭头标注相对于基准的尺寸。

3）定形尺寸是指确定零件中各基本体的形状和大小的尺寸。

4）定位尺寸是指确定零件中各基本体之间相对位置的尺寸。

5）总体尺寸是指零件在长、宽、高三个方向的总的尺寸。

6）机械图样的尺寸界线要从轮廓线引出。机械图样上的尺寸一般以 mm 为单位，此时不注明尺寸单位。

5. 零件图上的技术要求

零件图上的技术要求是指零件在制造过程中应该达到的质量要求，包括尺寸公差、形位公差、表面粗糙度、标写零件的特殊加工、检验和试验要求、材料热处理及表面热处理等内容。用规定的符号、数字或文字等表达。

六、表面粗糙度及其在图样上的标注

表面粗糙度表示零件表面的光滑程度，它是评定零件表面质量的重要指标之一，会影响零件间的配合、零件的使用寿命及外观质量等。

1. 表面粗糙度的概念

表面粗糙度是指零件在加工后表面上具有的较小间距和峰谷所形成的微观不平的程度，如图 3-17 所示。

表面粗糙度对零件的耐磨性、抗疲劳强度、接触刚度、配合性质、密封性和耐腐蚀性等均有直接的影响，所以在选择表面粗糙度时，应考虑在降低成本的前提下，尽可能地减小微观几何形状误差。

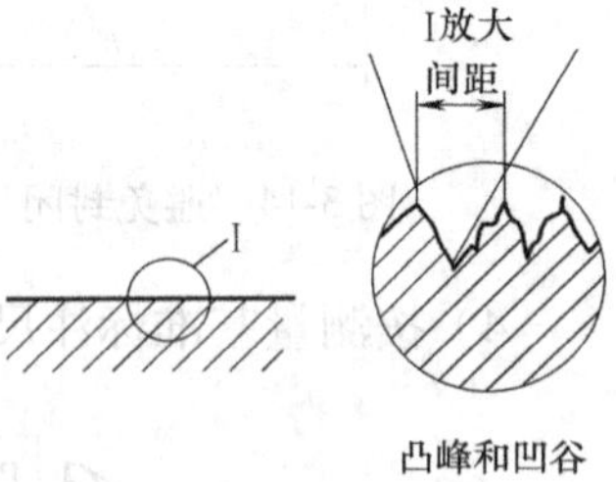

图 3-17　加工平面的微观形状

2. 表面粗糙度的评定参数

轮廓算术平均偏差（*Ra*）是最常用的评定参数，其单位是 μm，一般接触面表面粗糙度值为 *Ra*3. 2 ~ 6. 3μm，配合面表面粗糙度值为 *Ra*0. 8 ~ 1. 6μm。

3. 表面粗糙度符号

国家标准规定了五种表面粗糙度的符号，见表 3-1。

表 3-1　表面粗糙度的符号

符　　号	说　明
	基本符号，表示表面可用任何方法获得。当不加注粗糙度参数值或有关说明（如表面处理、局部热处理状况等）时，仅适用于简化代号标注
	基本符号加一短划，表示表面是用去除材料的方法获得。如车、铣、钻、磨、剪切、抛光、腐蚀、电火花加工、气割等
	基本符号加一小圆，表示表面是用不去除材料的方法获得。如铸、锻、冲压变形、热轧、冷轧、粉末冶金等 还可用于保持原供应状况的表面（包括保持上道工序的状况）
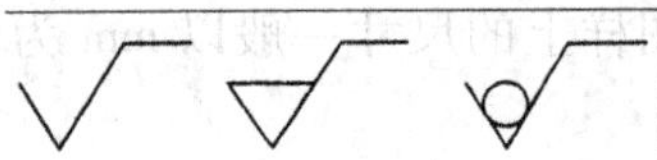	在上述三个符号的长边上均可加一横线，用于标注有关参数和说明
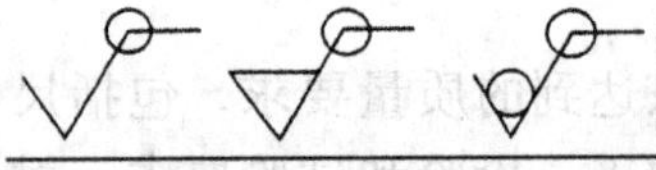	在上述三个符号上均可加一小圆，表示封闭轮廓的各表面具有相同的表面粗糙度要求

表面粗糙度符号的画法如图 3-18 所示。常用的是轮廓算术平均偏差 *Ra* 值，它是评定表面粗糙度的优先参数。其次还有轮廓最大高度 *Rz* 值。

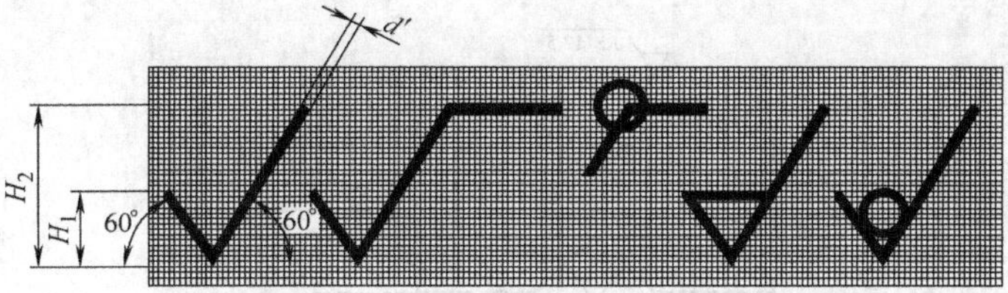

图 3-18 表面粗糙度符号的画法

4. 表面粗糙度代号的含义

表面粗糙度符号上注写所要求的表面特征参数后即构成表面粗糙度代号。如果需要，还可同时填写 *Ra* 的上限值与下限值，如果只注写一个数值，则表示是 *Ra* 的上限值。表面粗糙度代号（*Ra*）的含义见表 3-2。

表 3-2 表面粗糙度代号（*Ra*）的含义

代号	意义	代号	意义
√ *Ra* 3.2	用任何方法获得的表面粗糙度，*Ra* 的上限值为 3.2μm	√ Ra_{max} 3.2	用任何方法获得的表面粗糙度，*Ra* 的最大值为 3.2μm
▽ *Ra* 3.2	用去除材料方法获得的表面粗糙度，*Ra* 的上限值为 3.2μm	▽ Ra_{max} 3.2	用去除材料方法获得的表面粗糙度，*Ra* 的最大值为 3.2μm
◯ *Ra* 3.2	用不去除材料方法获得的表面粗糙度，*Ra* 的上限值为 3.2μm	◯ Ra_{max} 3.2	用不去除材料方法获得的表面粗糙度，*Ra* 的最大值为 3.2μm
▽ U*Ra* 3.2 L*Ra* 1.6	用去除材料方法获得的表面粗糙度，*Ra* 的上限值为 3.2μm，*Ra* 的下限值为 1.6μm	▽ Ra_{max} 3.2 Ra_{min} 1.6	用去除材料方法获得的表面粗糙度，*Ra* 的最大值为 3.2μm，*Ra* 的最小值为 1.6μm

5. 表面粗糙度的标注方法

1）表面粗糙度符号、代号可标注在轮廓线上，其符号应从材料外指向并接触表面。必要时，表面粗糙度符号、代号也可用带箭头或黑点的指引线引出标注，如图 3-19 所示。

2）表面粗糙度数值的书写方向应符合尺寸数字的书写规定。

3）在同一图样上，每一表面一般只标注一次表面粗糙度要求，并尽可能标注在靠近有关的尺寸界线附近。

4）如果工件的多数（包括全部）表面有相同的表面粗糙度要求，则其表面粗糙度可统一标注在图样的标题栏附近。

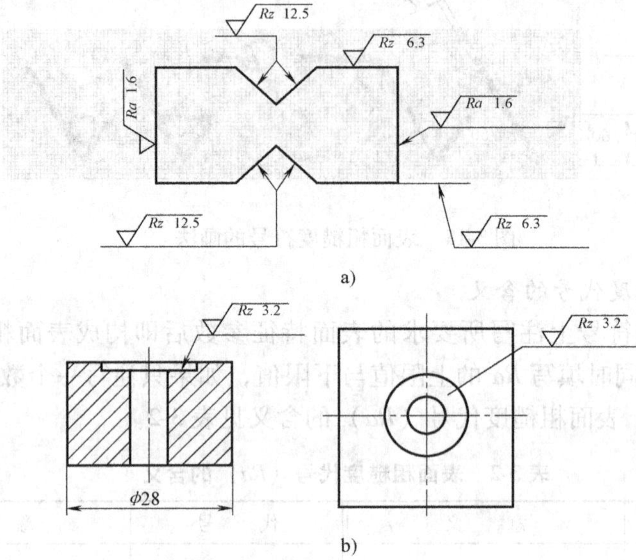

图 3-19　表面粗糙度标注示例

第二节　公差与配合基础知识

一、公差与配合

（1）有关孔与轴的定义

1）孔：主要指圆柱形的内表面，也包括其他内表面中由单一尺寸确定的部分，如图 3-20 所示。

2）轴：主要指圆柱形的外表面，也包括其他外表面中由单一尺寸确定的部分，如图 3-21 所示。

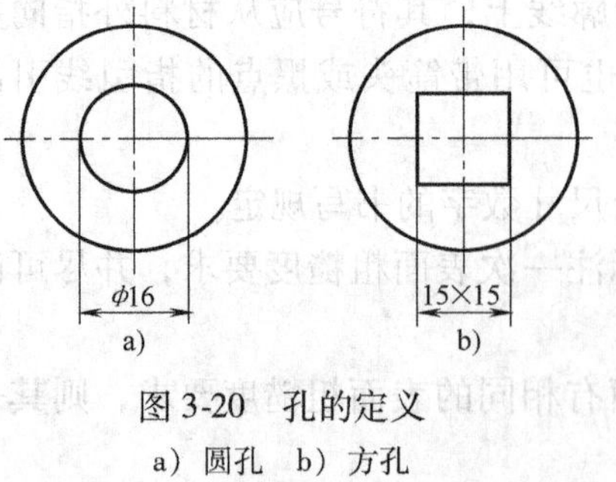

图 3-20　孔的定义

a）圆孔　b）方孔

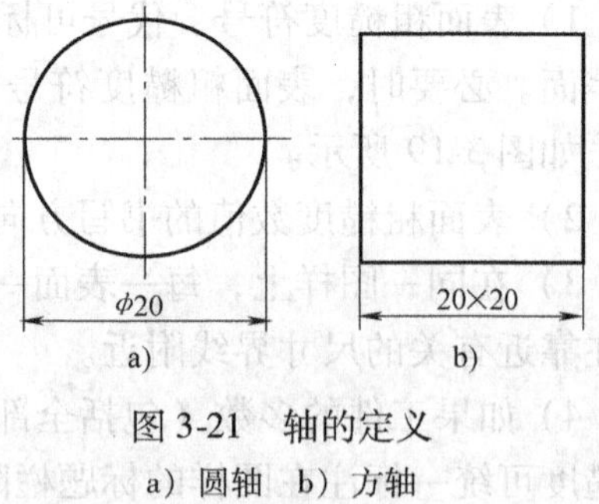

图 3-21　轴的定义

a）圆轴　b）方轴

（2）尺寸的概念

公称尺寸：设计时确定的尺寸。

实际尺寸：零件制成后实际测得的尺寸。

极限尺寸：允许零件实际尺寸变化的两个界限值。

上极限尺寸：允许实际尺寸的最大值。

下极限尺寸：允许实际尺寸的最小值。

零件合格的条件是：上极限尺寸≥实际尺寸≥下极限尺寸。

（3）偏差的概念

1）尺寸偏差是指某一尺寸减去其公称尺寸所得到的代数差。

2）实际偏差是指实际尺寸减去其公称尺寸所得到的代数差。

3）极限偏差是指极限尺寸减去其公称尺寸所得到的代数差。

极限偏差包括上极限偏差与下极限偏差：上极限偏差是指上极限尺寸减去其公称尺寸所得到的代数差。其代号孔为 ES，轴为 es。下极限偏差是指下极限尺寸减去其公称尺寸所得到的代数差。其代号孔为 EI，轴为 ei。

上、下极限偏差统称为偏差。根据定义，上、下极限偏差用公式表示为

孔 $ES = D_{max} - D$

$EI = D_{min} - D$

轴 $es = d_{max} - d$

$ei = d_{min} - d$

偏差可以为正、负或零值，分别表示大于、小于或等于公称尺寸。所以偏差前面要标明“+”或“-”号，“0”偏差也要写上。

（4）尺寸公差（简称公差）

允许尺寸的变动量称为尺寸公差，用 T 表示。其值等于上极限尺寸与下极限尺寸之代数差的绝对值，也等于上极限偏差与下极限偏差之代数差的绝对值。用公式表示为

孔 $TD = |D_{max} - D_{min}| = |ES - EI|$

轴 $Td = |d_{max} - d_{min}| = |es - ei|$

（5）尺寸公差带（简称公差带）

1）零线在公差带图中，表示公称尺寸且水平放置的确定偏差的一条基准直线，即为零偏差线。正偏差位于零线上方，负偏差位于零线下方，如图 3-22a 所示。

2）尺寸公差带是指在公差带图中，代表上、下极限偏差的两条直线所限定的一个区域。孔的公差带用剖面线表示，轴的公差带用全黑点表示，如图 3-22b 所示。

3）公差带图可以直观地表示出公差的大小及公差带相对于零线的位置。标

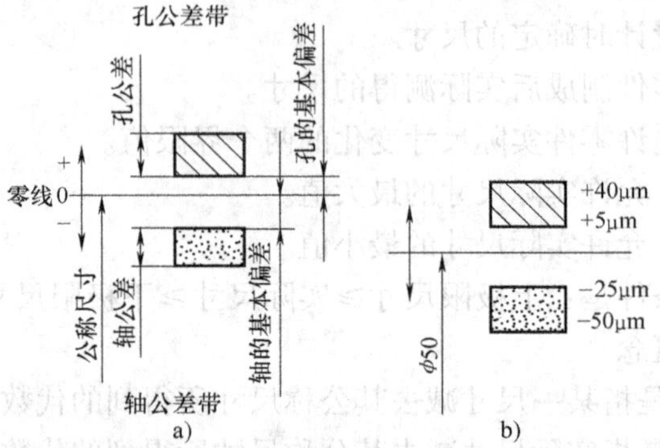

图 3-22　公差与配合示意图及公差带图

a）公差与配合示意图　b）公差带实例

准公差的数值由基本尺寸和公差等级确定。标准公差用来确定公差带的大小，在每一个基本尺寸段内，有 IT01、IT0、IT1、…、IT18 共 20 个标准公差。IT 表示标准公差，后面的数字表示标准公差的等级。如：IT01 是最高级，即尺寸精度最高，公差值最小；IT18 是最低级，公差值最大。

4）基本偏差确定公差带相对于零线位置的上极限偏差或下极限偏差，一般指靠近零线的那个偏差。当公差带位于零线上方时，其基本偏差为下极限偏差；当公差带位于零线下方时，其基本偏差为上极限偏差。如图 3-23 所示为基本偏差系列示意图，其中轴、孔各有 28 个基本偏差。大写英文字母代表孔，小写英文字母代表轴。

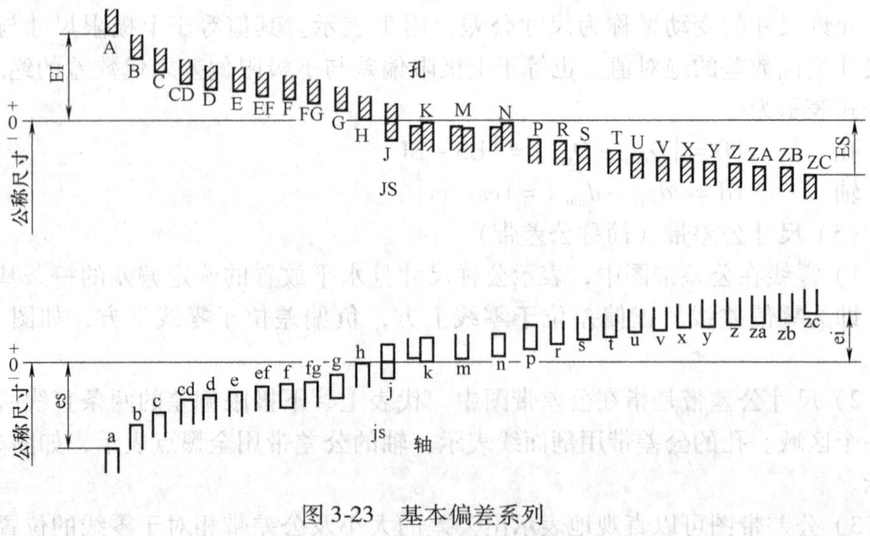

图 3-23　基本偏差系列

二、配合的种类及配合制

配合是基本尺寸相同、相互结合的孔和轴的公差带之间的关系，包括以下3类：

（1）间隙配合　具有间隙（包括最小间隙等于零）的配合。孔的公差带在轴的公差带之上。

（2）过盈配合　具有过盈（包括最小过盈等于零）的配合。孔的公差带在轴的公差带之下。

（3）过渡配合　可能具有间隙或过盈的配合。孔的公差带与轴的公差带相互交叠。

配合基本尺寸相同且相互结合的孔与轴，其公差带之间的关系称为配合。根据配合的松紧程度，配合可分为以下3类：

（1）间隙配合　具有间隙（包括最小间隙等于零）的配合称为间隙配合。间隙配合时，孔的公差带在轴的公差带之上，如图3-24所示。

（2）过盈配合。具有过盈（包括最小过盈等于零）的配合称为过盈配合。过盈配合时，孔的公差带在轴的公差带之下，如图3-25所示。

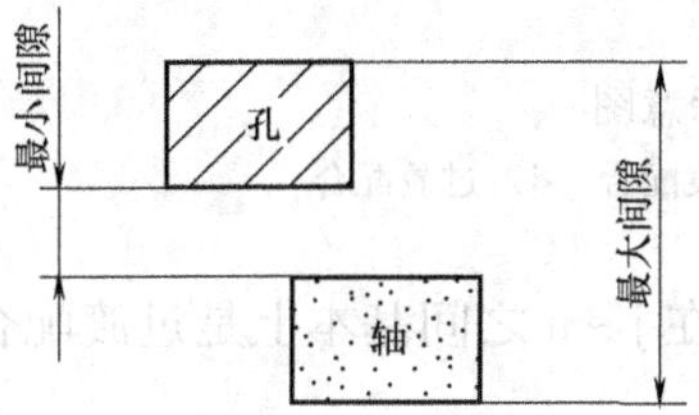

图3-24　间隙配合

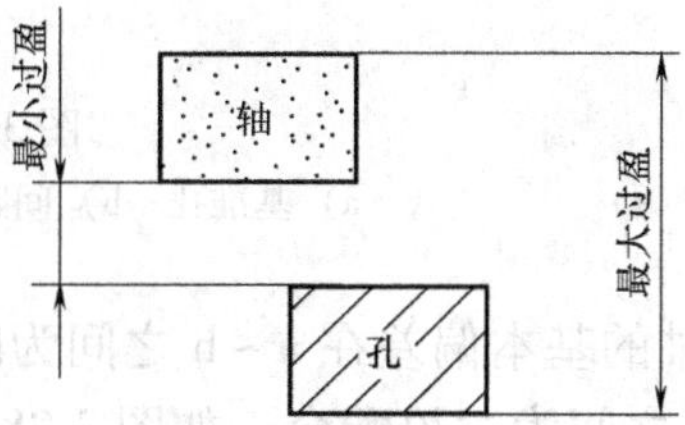

图3-25　过盈配合

（3）过渡配合。可能具有间隙或过盈的配合称为过渡配合。过渡配合时的孔、轴公差带相互交叠，如图3-26所示。

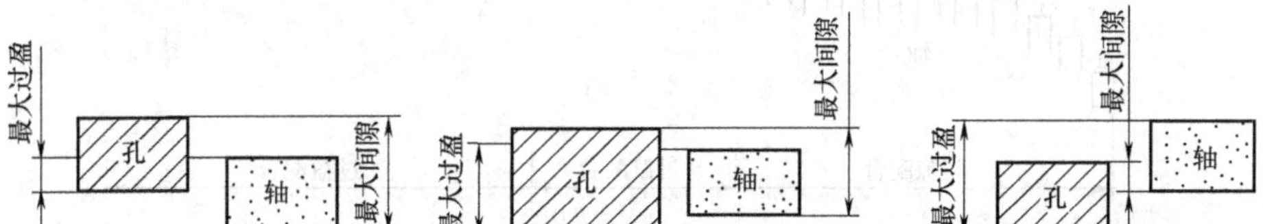

图3-26　过渡配合

孔与轴的配合性质是通过改变与它们相配合的轴或孔的基本偏差而获得的，如果使其中一个件（孔或轴）的基本偏差一定，而改变另一个件（孔或轴）的基本偏差，就可以得到不同的配合性质。国家标准规定了以下两种配合制度。

（1）基孔制　基孔制是基本偏差一定的孔公差带，与不同基本偏差的轴公差带形成各种配合的一种制度。基孔制的孔称为基准孔，其基本偏差代号为H，下极限偏差一律规定为零，上极限偏差均为正值。图3-27所示为基孔制的示意图。

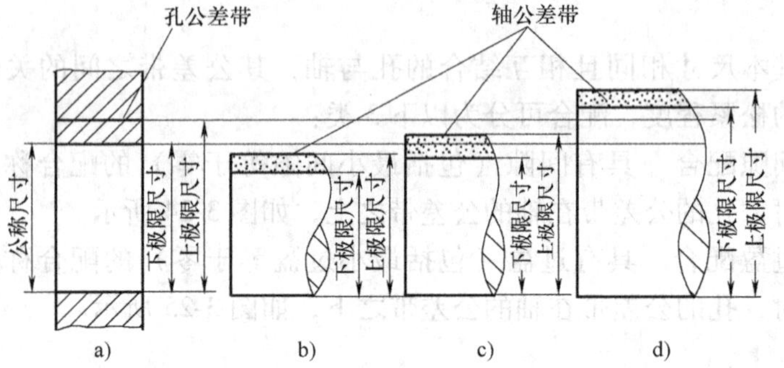

图3-27　基孔制示意图

a）基准孔　b）间隙配合　c）过渡配合　d）过盈配合

轴的基本偏差在a～h之间为间隙配合，在j～n之间基本上是过渡配合，在p～zc之间为过盈配合，如图3-28所示。

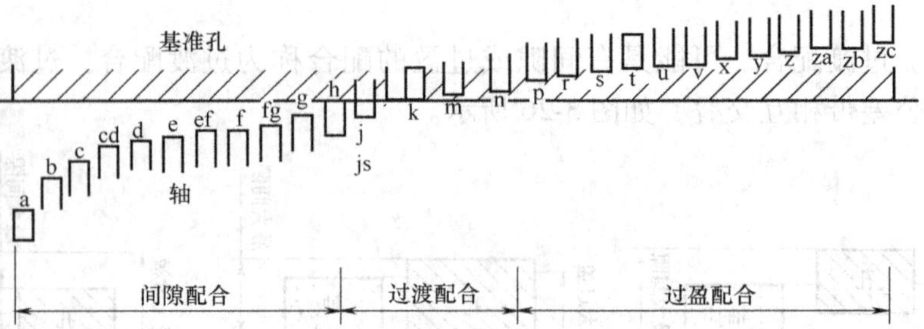

图3-28　基孔制

（2）基轴制　基轴制是基本偏差为一定的轴的公差带，与不同基本偏差的孔的公差带形成各种配合的一种制度。基轴制的轴为基准轴，其基本偏差代号为h，上极限偏差规定为零，下极限偏差均为负值。图3-29所示为基轴制示意图。

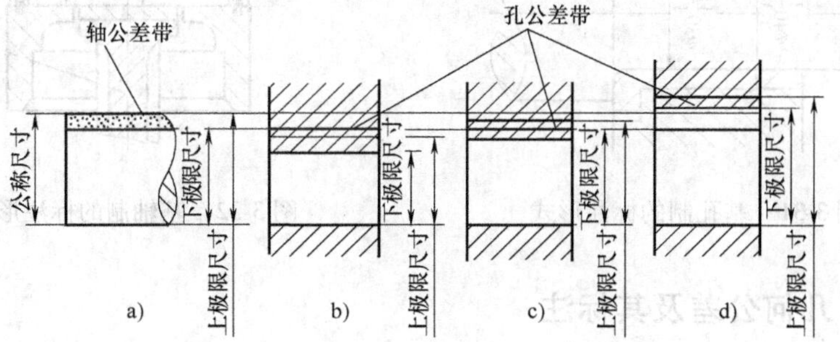

图3-29　基轴制示意图

a）基准轴　b）过盈配合　c）过渡配合　d）间隙配合

孔的基本偏差在A～H之间为间隙配合，在J～N之间基本上为过渡配合；在P～ZC之间为过盈配合，如图3-30所示。

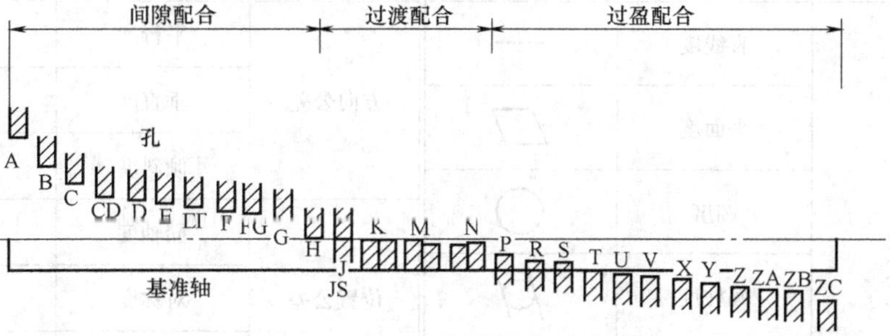

图3-30　基轴制

在装配图上标注公差与配合时在公称尺寸后面注上一个分式，分子标注孔的公差带，分母标注轴的公差带，如图3-30和图3-31所示。

图3-31所示为公称尺寸为ϕ30mm的基孔制间隙配合，孔的公差带代号为H8，是基准孔，轴的公差带代号为f7。

图3-32所示为公称尺寸为ϕ20mm的基轴制过渡配合，孔的公差带代号为N6，轴的公差带代号为h5，是基准轴。

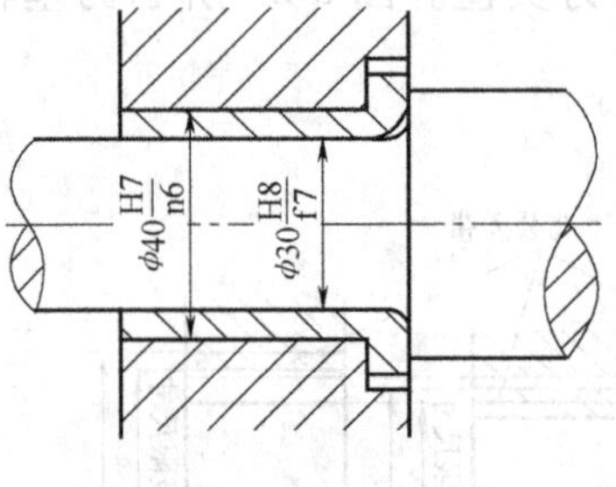

图 3-31　基孔制的标注形式

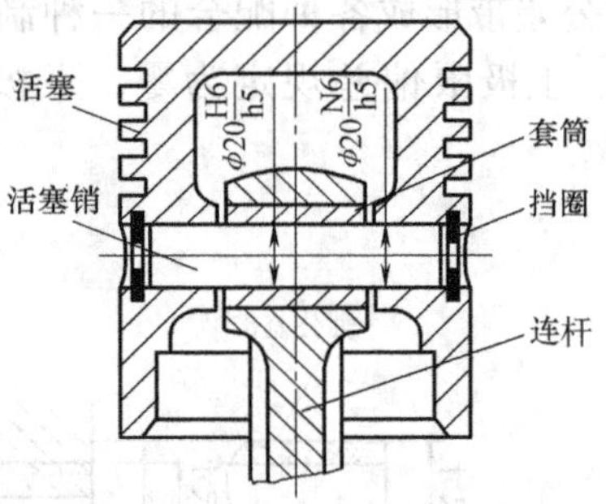

图 3-32　基轴制的标注形式

三、几何公差及其标注

零件加工时，不仅会产生尺寸误差，还会产生形状和位置误差等。几何公差包括形状公差、方向公差、位置公差、跳动公差。零件表面的实际形状对其理想形状所允许的变动量称为形状误差。零件表面的实际位置对其理想位置所允许的变动量称为位置误差。几何公差的名称和符号见表 3-3。

表 3-3　几何公差的名称及符号

分　类	项　目	符　号
形状公差	直线度	—
	平面度	⏥
	圆度	○
	圆柱度	⌭
	线轮廓度	⌒
	面轮廓度	⌓

分　类	项　目	符　号
方向公差	平行度	//
	垂直度	⊥
	倾斜度	∠
位置公差	同轴度	◎
	对称度	⌯
	位置度	⌖
跳动公差	圆跳动	↗
	全跳动	⌰

（1）几何公差代号　包括项目符号、几何公差的框格和指引线、几何公差数值和相关符号、基准代号等内容。无法用代号标注时，允许在技术要求中用文字说明。

几何公差框格可水平或垂直绘制。框格内的数字、字母的书写要求与尺寸数字书写规则一致；框格、指引线、圆圈、连线应用细实线画出；几何公差符号应用粗线条画出；指引线一端与框格相连，另一端以箭头指向被测部位，如图 3-33 所示。

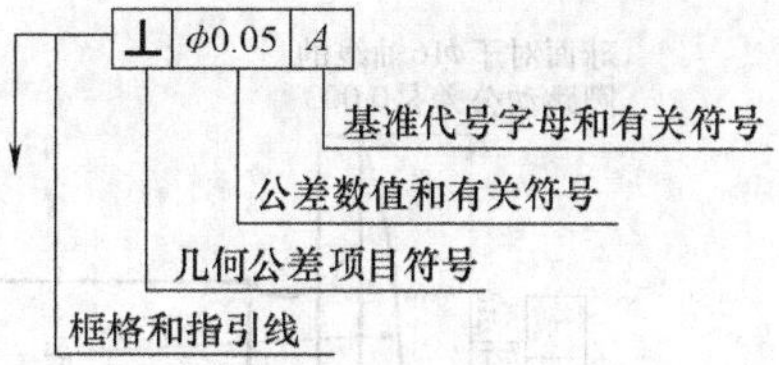

图 3-33　几何公差代号

（2）被测部位与基准部位的标注

1）当被测部位为线或表面时，指引线的箭头应垂直于被测部位轮廓线或其引出线，并应明显地与尺寸线错开；当基准部位为线或表面时，基准符号应平行于基准部位轮廓线或其引出线，并应明显地与尺寸线错开，如图 3-34 所示。

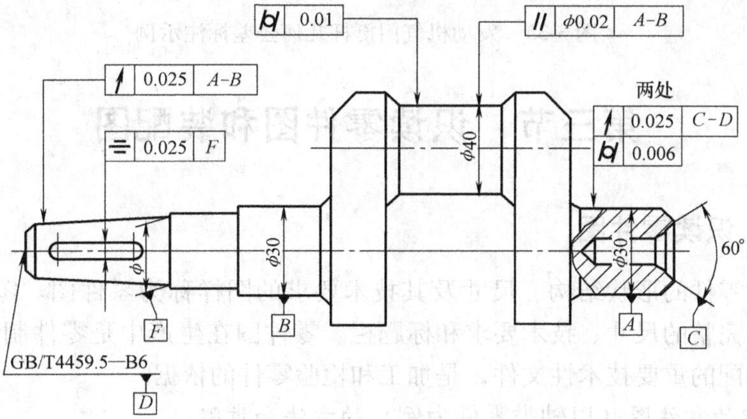

图 3-34　形位公差标注

2）当被测（或基准）部位为轴线、球心、中心平面时，指引线的箭头应与该部位的尺寸线对齐，如图 3-34 所示；当被测部位为整体轴线、公共轴线时，指引线可直接指到轴线上。

3）当同一部位有多项几何公差要求时，可采用框格并列标注，如图 3-34 所示；当几个被测部位有相同几何公差要求时，可以在框格指引线上绘出多个箭头。

（3）零件图上几何公差和尺寸公差的相互关系　为了正确处理图样上尺寸公差与几何公差之间的关系，必须遵循一定的公差原则，即独立原则和相关原则。

（4）几何公差标注举例　发动机气门挺杆的几何公差标注如图 3-35 所示。

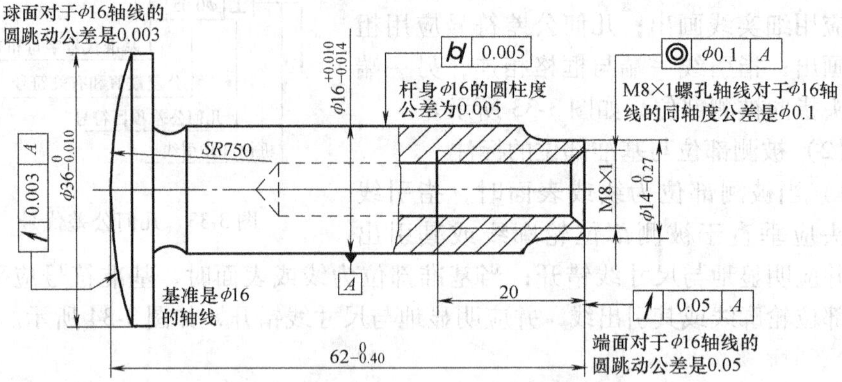

图 3-35 发动机气门挺杆几何公差标注示例

第三节 识读零件图和装配图

一、识读零件图

表达零件的形状结构、尺寸及其技术要求的图样称为零件图。零件图具有一组图形完整的尺寸、技术要求和标题栏。零件图在生产中是零件制造、检验、修复和制配的重要技术性文件，是加工和检验零件的依据。

1. 识读零件图（以轴类零件为例）的方法和步骤

（1）看标题栏　看标题栏可以了解零件的名称、材料及画图比例等，然后从装配图或其他技术文件中了解零件的主要作用和与其他零件的装配关系。

（2）分析视图　从图中可以看出轴类零件的主体是由大小不同的圆柱、圆锥等回转体构成。这类零件往往还有一些局部结构，如倒角、圆角、键槽、退刀槽等。

（3）分析形体　轴类零件主要是在车床上加工，为了加工时看图方便，一般把主视图的轴线水平放置，以符合加工位置。由于这类零件的主体是回转体，因此采用一个基本视图就能将其主要形状表达清楚。对轴上的局部结构，采用了 A 向视图、局部放大图来表达。

（4）分析尺寸　轴类零件尺寸主要有两类：一类是径向尺寸，以轴线为基准，标注出各段的直径尺寸；另一类是轴向尺寸，常选用重要的端面、定位面（轴肩）或加工面等作为基准，标注各段的长度。

（5）识图时要看懂该零件的各种技术要求　不仅有符号、代号，还有文字说明。如各表面的表面粗糙度、几何公差和零件的热处理，以及表面修饰及其他附加要求等，都应看懂。

2. 识图举例

图 3-36 所示是后轮制动器蹄片轴的零件图。识图方法如下：

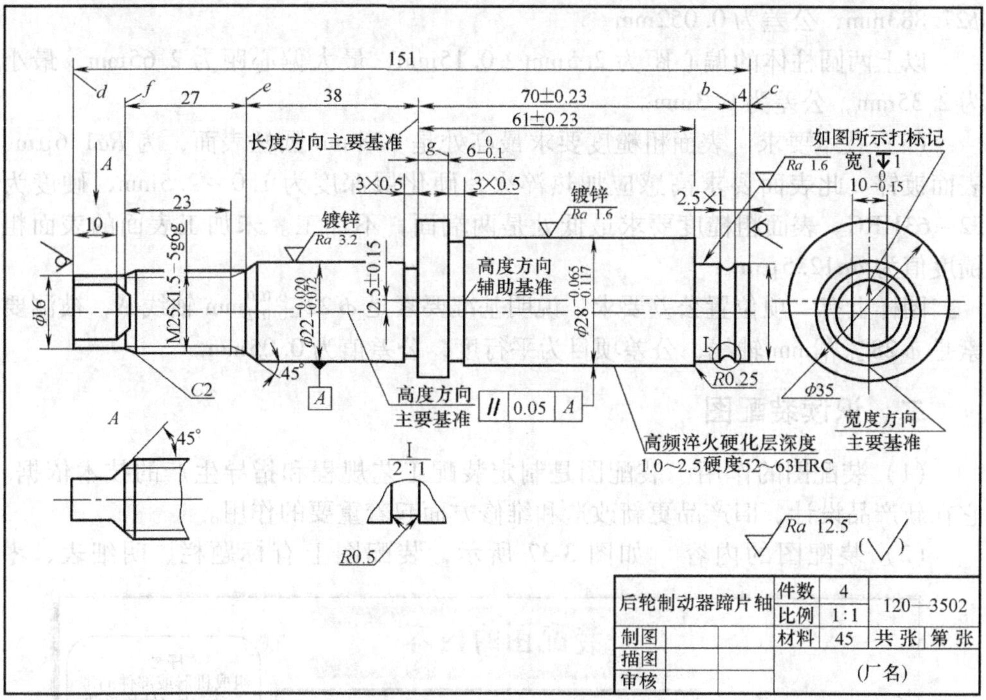

图 3-36 后轮制动器蹄片轴零件图

（1）看标题栏 由名称可知该蹄片轴与制动蹄配合，起支撑制动蹄及调整制动间隙的作用。材料是 45 钢，比例为 1∶1，表明零件与图样大小相同，每辆汽车上需要 4 件。

（2）分析视图 零件图上共有 4 个视图：主视图是基本视图，既反映工作位置，又反映加工位置，清楚地表达了零件各圆柱体的连接关系和偏心特点；左视图也是基本视图，标明左端面上的标记和扁方部分的尺寸；A 向视图表示左端结构；I 处放大比例为 2∶1，表示零件右端切槽的结构尺寸。

（3）分析形体 从主视图一系列的尺寸可知，零件是由几个圆柱体组合而成的偏心轴类零件。中间车成螺纹，左端铣成扁方，右端车有卡簧槽。

（4）尺寸分析 长度方向的主要尺寸基准是中部 ϕ35mm 圆柱体的左端面，很多尺寸以此端面为基准直接标出。辅助基准有 b ~ g 六处，以利于加工时的测量。高度方向的主要基准是 $\phi 22_{-0.072}^{-0.020}$ mm 轴线，其辅助基准是 $\phi 28_{-0.117}^{-0.065}$ mm 轴线，宽度方向的主要基准是对称平面，总体尺寸为 ϕ35mm × 151mm。

直径为 $\phi 22_{-0.072}^{-0.020}$ mm 圆柱体的上极限尺寸为 ϕ21.98mm，下极限尺寸为

ϕ21.928mm，尺寸公差为0.052mm。

直径为$\phi 28^{-0.065}_{-0.117}$mm圆柱体的上极限尺寸为$\phi$27.935mm，下极限尺寸为$\phi$27.883mm，公差为0.052mm。

以上两圆柱体的偏心距为2.5mm±0.15mm，最大偏心距为2.65mm，最小为2.35mm，公差为0.3mm。

（5）技术要求　表面粗糙度要求最高处是ϕ28mm圆柱表面，为Ra1.6μm，表面镀锌。此表面要求高感应加热淬火，硬化层深度为1.0～2.5mm，硬度为52～63HRC。表面粗糙度要求最低处是两端面，不加工。未加工表面的表面粗糙度值为Ra12.5μm。

图样上有一项位置公差要求，说明基准要素是$\phi 22^{-0.020}_{-0.072}$mm轴线A，被测要素是$\phi 28^{-0.065}_{-0.117}$mm轴线，公差项目为平行度，公差值为0.05mm。

二、识读装配图

（1）装配图的作用　装配图是制定装配工艺规程和指导生产的技术依据。它在新产品设计、旧产品更新改造和维修方面起着重要的作用。

（2）装配图的内容　如图3-37所示，装配图上有标题栏、明细表、零

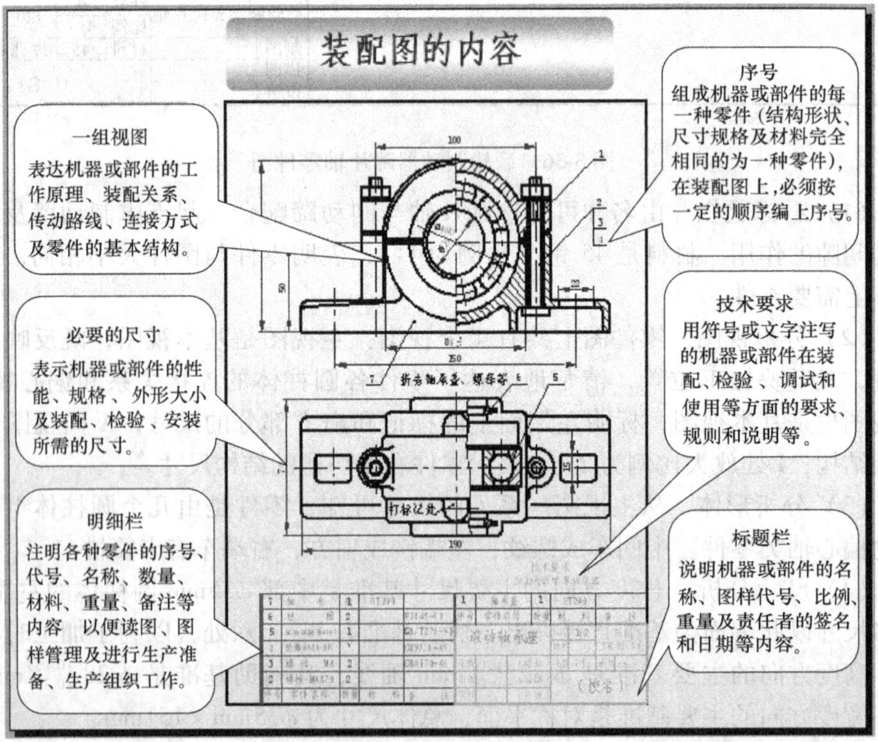

图3-37　装配图的内容

（部）件编号、一组视图、必要的尺寸和技术要求等内容。标题栏主要说明装配体的名称、比例质量等；明细表说明组成装配体的各个零部件的名称、代号、材料、数量等；零件编号（或序号）主要便于看图时找到零件在装配体中的位置；一组视图用以表达装配体的结构特点、装配关系、零件之间的相对位置、运动传递以及主要零件的基本形状轮廓等。装配图上的尺寸不是用来定形和定位，而是出于装配、安装、检验、运输等方面的需要标注必要的少量尺寸。技术要求用以说明装配体在装配、检验、调试、安装、使用等方面必须满足的技术条件。

（3）识读装配图的方法和步骤　识读装配图的主要目的是：了解机器或部件名称、作用、性能和工作原理，了解各零件间的装配关系、各零件的作用、结构特点，了解机器或部件的技术要求等。

1）看标题栏和明细表，概括了解组成零件。

2）分析视图，弄清零件的内外形状结构以及装配关系和连接方式。

3）分析工作原理和装配关系，弄清各构件在工作过程中的状态及相互连接关系。

4）分析零件：对应明细栏中各个零件的序号、代号、名称、数量等内容读图。

5）分析尺寸，除了安装、外形等尺寸以外，还有配合尺寸，分析配合关系。

6）归纳小结：通过上面分析，对该部件有了大概了解，为了更全面透彻地读懂装配图，还要对全部尺寸、技术要求及每个零件的装拆方法进行研究，进一步了解其设计意图和装配工艺等内容。实际阅读装配图时还要同时进行综合思考，以获得更好的看图效果。此外，复杂部件或机器的工作原理和结构特点还要结合立体图、工作原理图以及相关专业知识才能更好理解表达意图。

复习思考题

1. 什么叫相贯线和过渡线？
2. 什么叫视图？三视图一般指哪三个视图？三视图的最基本投影规律是什么？
3. 什么叫断面图？移出剖面与重合剖面有什么区别？
4. 什么叫剖视图、全剖视、局部剖视和半剖视？
5. 什么叫斜剖视、阶梯剖视和旋转剖视？
6. 什么叫公称尺寸和极限尺寸？什么叫尺寸偏差和尺寸公差？
7. 什么是公差？什么是配合？配合分为哪几类？
8. 什么是基孔制？什么是基轴制？
9. 怎样选用基准制？

10. 什么是配合公差？举例说明其计算方法。

11. 怎样确定未注公差尺寸的极限偏差？

12. 试述配合代号的表示方法。

13. 解释下列公差与配合代号的意义：

$\phi40b6$、$\phi40k8$、$\phi40u6$、$\phi30F7$、$\phi30JS6$、$\phi30T8$、

$\phi50\frac{H7}{g6}$、$\phi50\frac{H7}{k6}$、$\phi60\frac{D7}{h9}$、$\phi60\frac{M7}{h6}$、$\phi60\frac{U7}{g6}$

14. 什么是形状公差？形状公差的作用是什么？

15. 形状公差包括哪几个项目？试述其含义和作用。

16. 什么叫零件图？它应包括和反映哪些内容？

17. 在零件图上标注尺寸时有哪些基本要求？

18. 什么是位置公差？它分为哪几类？试述其含义和具体内容。

19. 形状和位置公差各项目的符号是怎样的？

20. 什么是表面粗糙度？表面粗糙度的评定参数有哪些？

21. 表面粗糙度的符号有哪些？各表示什么含义？

22. 试述轮廓算术平均偏差 Ra 值的标注方法。

23. 表面粗糙度的选择原则有哪些？

24. 装配图中应标注哪些尺寸？

25. 装配图有什么作用？

26. 装配图应包括和反映哪些内容？

27. 在图样中，内、外螺纹和连接螺纹的表示方法是什么？

第四章 机构及机械零件知识

第一节　带传动及链传动

一、带传动的工作原理和传动比

带传动一般由主动带轮、从动带轮和张紧在两轮上的传动带及机架组成，分摩擦传动型和啮合传动型两类，如图 4-1 所示。

1. 带传动的工作原理

带传动是利用带作为中间挠性件，依靠带与带轮之间的摩擦力或啮合来传递运动和动力的。如图 4-1 所示，把一根或 n 根闭合成环形的带张紧在主动轮 D_1 和从动轮 D_2 上，使带与两带轮之间的接触面产生正压力（或使同步带与带轮上的齿相啮合），当主动轴 O_1 带动主动轮 D_1 回转时，依靠带与两带轮之间的摩擦力（或齿的啮合）使从动轮 D_2 带动从动轴 O_2 回转，实现两轴间运动和动力的传递。

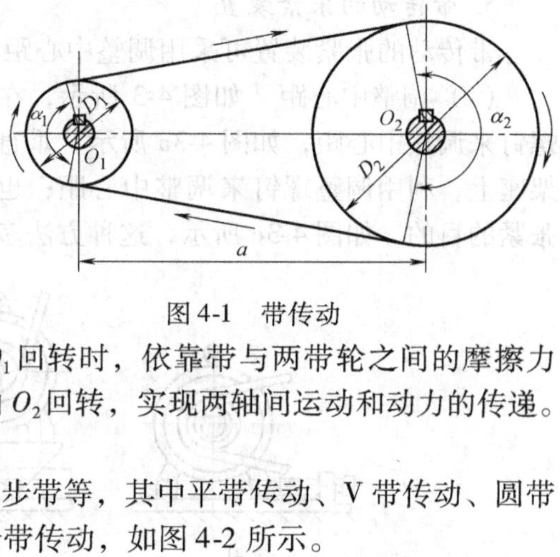

图 4-1　带传动

2. 带传动的类型

常见的有平带、V 带、圆形带和同步带等，其中平带传动、V 带传动、圆带传动为摩擦带传动，同步带传动为啮合带传动，如图 4-2 所示。

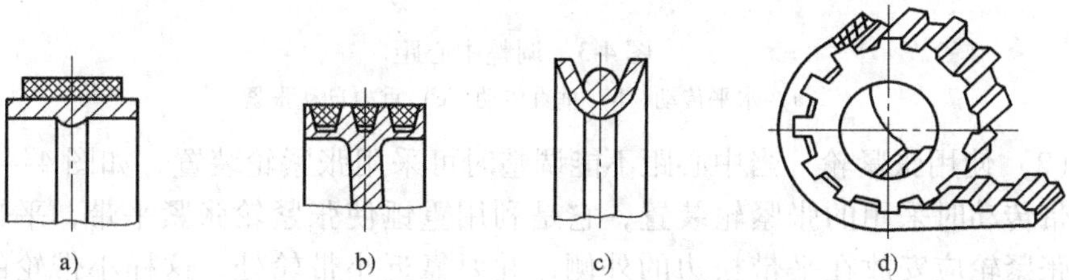

图 4-2　带传动的类型

a）平带　b）V 带　c）圆形带　d）同步带

3. 带传动的特点

1）传动带有弹性，能缓冲、吸振，传动较平稳，噪声小。

2）结构简单，使用维护方便，制造成本低，适用于两轴中心距较大的传动。

3）摩擦带传动在过载时会在带轮上打滑，可防止损坏其他零件，起安全保护作用，但不能保证准确的传动比。

4）传动效率低，外廓尺寸大，结构紧凑性差，对轴和轴承压力大，寿命短，不适合有油污、高温、易燃、易爆场合。

4. 带传动的传动比

带传动的传动比 i 就是带轮角速度之比，或带轮转速之比，用公式表示为

$$i = \frac{\omega_1}{\omega_2} = \frac{n_1}{n_2}$$

式中　ω_1、ω_2——主、从动轮的角速度（rad/s）；

n_1、n_2——主、从动轮的转速（r/min）。

5. 带传动的张紧装置

带传动的张紧装置可采用调整中心距和使用张紧轮两种方法。

（1）调整中心距　如图 4-3 所示，在水平传动或接近水平时一般利用调整螺钉来调整中心距，如图 4-3a 所示；垂直传动如图 4-3b 所示，电动机可装在托架座上，利用调整螺钉来调整中心距；也可利用电动机自身的重量以达到自动张紧的目的，如图 4-3c 所示，这种方法多用在小功率的传动中。

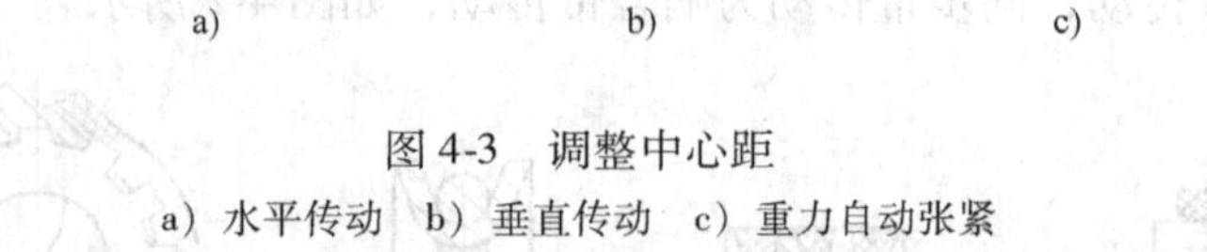

图 4-3　调整中心距

a）水平传动　b）垂直传动　c）重力自动张紧

（2）使用张紧轮　当中心距不能调整时可采用张紧轮装置，如图 4-4a 所示为平带传动时采用的张紧轮装置，它是利用重锤使张紧轮张紧平带，平带传动时的张紧轮应安放在平带松边的外侧，并要靠近小带轮处，这样小带轮的包角得以增大，提高了平带的传动能力。如图 4-4b 所示为 V 带传动时采用的张紧轮装置，对于 V 带传动的张紧轮，应安放在 V 带松边的内侧，这样可使 V 带传动

时只受到单方向的弯曲，同时张紧轮应尽量靠近大带轮的一边，这样可使小带轮的包角不至于过小。

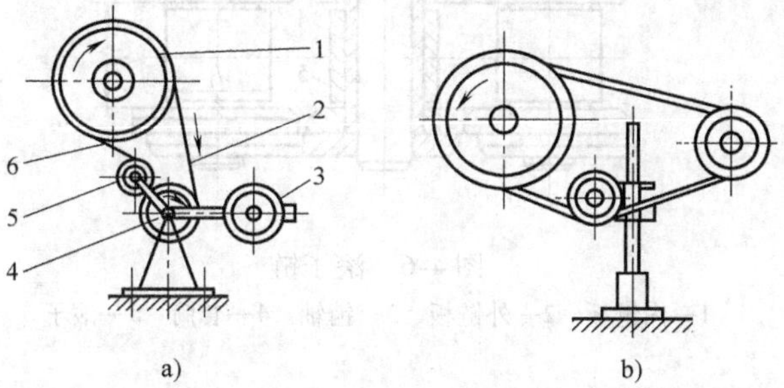

图 4-4　张紧轮张紧

a）平带张紧轮　b）V 带张紧轮

1—从动轮　2—紧边　3—重锤　4—主动轮　5—张紧轮　6—松边

二、链传动

1. 链传动的组成及类型

（1）链传动的组成　链传动是由链条和特殊齿形的链轮组成（图 4-5）。链传动靠链条与链轮轮齿的啮合来传递平行轴间的运动和动力，它是一种具有中间挠性件（链条）的啮合传动。

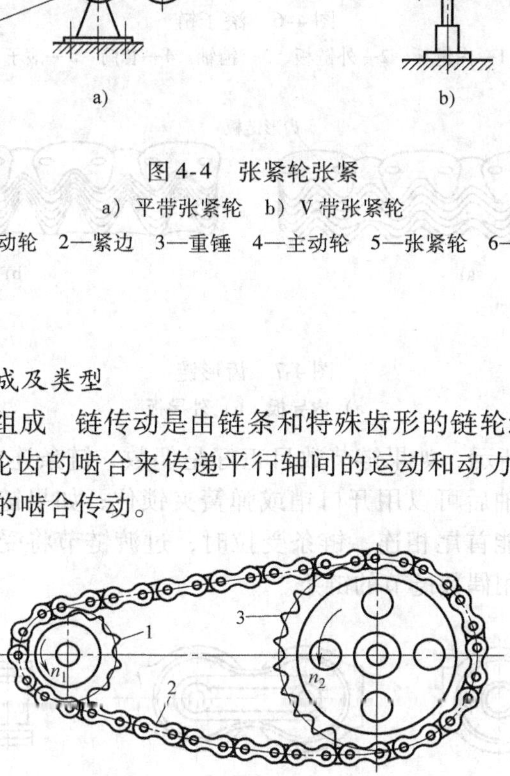

图 4-5　链传动

1—主动链轮　2—链条　3—从动链轮

（2）链传动的类型　最常见的类型有滚子链（图 4-6）和齿形链（图 4-7）两种。

1）滚子链：滚子链的主要参数是链条的节距，节距是指滚子链上相邻两销轴中心的距离，用 p 表示，节距越大，链的各元件尺寸越大，承载能力越大；但当链轮齿数一定时，节距增大将使链轮直径增大。

链条的长度常以链节数表示。根据需要确定链节数后，将其连接成环形，

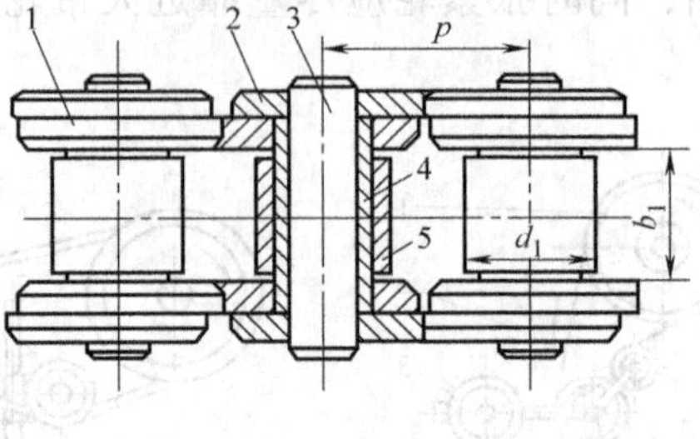

图 4-6　滚子链

1—内链板　2—外链板　3—销轴　4—套筒　5—滚子

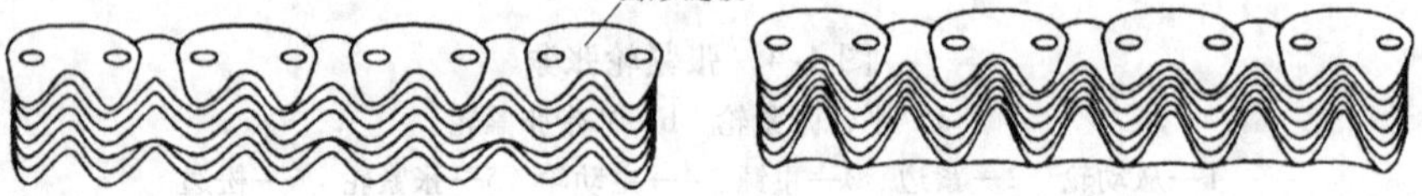

图 4-7　齿形链

a）内导板　b）外导板

插头形式如图 4-8 所示，如果链节数目正好是偶数，链条连成环形时可以将内、外链板搭接，入销轴后可以用开口销或弹簧夹锁住；如果链节数为奇数，则需采用过渡链节，才能首尾相连，链条受拉时，过渡链节将受到附加弯矩。故一般情况下要尽量采用偶数链节的链条。

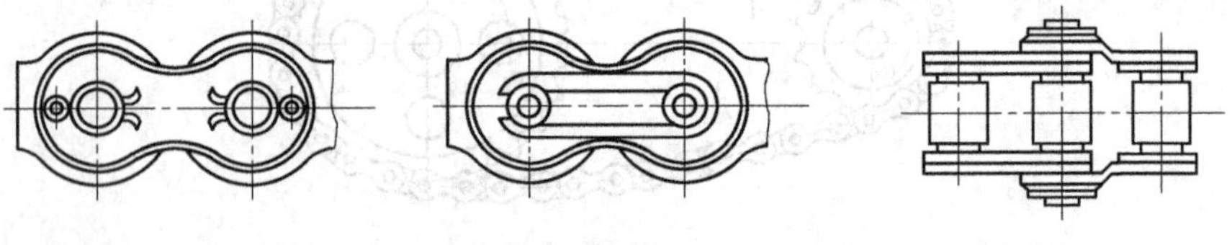

图 4-8　链的插头形式

a）开口销　b）弹簧夹　c）过渡链节

2）齿形链：齿形链根据铰接结构的不同，可分为圆销铰链式、轴瓦铰链式和滚子铰链式三种。图 4-9 所示为圆销铰链式齿形链，主要由套筒 1、齿形板 2、销轴 3 和外链板 4 组成。销轴 3 与套筒为间隙配合。

3）链轮：为保证链轮齿面具有足够强度和耐磨性，链轮的材料通常采用优质碳素钢或合金钢，并经过热处理。链轮的齿形已标准化，用标准刀具加工。

链轮的结构可根据尺寸的大小来确定，直径小的链轮制成实心式，中等直径的链轮可做成腹板式或孔板式，直径较大时可采用组合式结构，轮齿磨损后可更换齿圈。

2. 链传动的特点

（1）链传动的优点

1）链传动是啮合传动，故能保证准确的平均传动比。

2）链条装在链轮上不需要很大的张紧力，对轴的传动压力小。

3）链传动中两轴的中心距较大。

4）能在较恶劣的环境下工作。

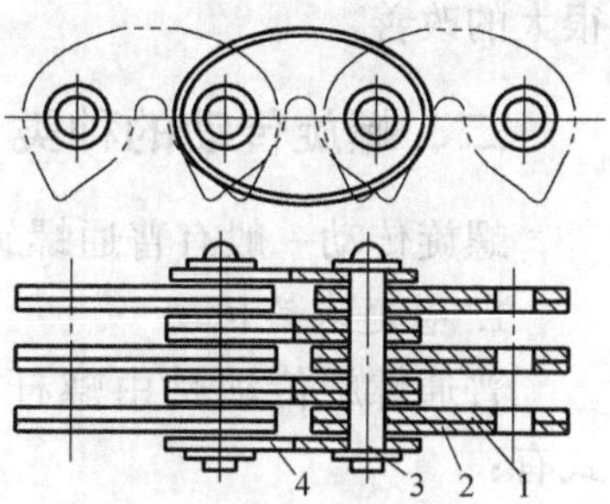

图 4-9　圆销铰链式齿形链

1—套筒　2—齿形板

3—销轴　4—外链板

（2）链传动的缺点

1）由于链节的多边形运动，所以瞬时传动比是变化的，传动中会产生动载荷，因此不宜用于要求传动平稳、精确的精密传动机械上。

2）链条与链轮工作时磨损快，使用寿命较短，磨损后链条节距增大，链轮齿形变瘦，极易造成跳齿甚至脱链。

3）链传动平稳性差，有噪声。

4）安装时对两轴线的平行度要求较高。

5）无过载保护作用。

3. 链传动的传动比

链传动中，主动链轮的齿数为 z_1，转速为 n_1，从动链轮的齿数为 z_2，转速为 n_2，由于是啮合传动，在单位时间内两链轮转过的齿数应相等，即 $z_1n_1 = z_2n_2$，$n_1/n_2 = z_2/z_1$，并用 i 表示传动比，即

$$i = n_1/n_2 = z_2/z_1$$

第二节　螺旋传动

一、螺旋传动的特点

螺旋传动是利用螺旋副来传递运动和动力的一种机械传动，可以方便地把主动件的回转运动变为从动件的直线运动。

螺旋传动具有结构简单、工作连续、平稳、承载能力大、传动精度高等优点，因此广泛应用于各种机械和仪器中。其缺点是摩擦损失大，传动效率较低；但滚动螺旋传动的应用，已使螺旋传动摩擦大、易磨损和效率低的缺点得到了

很大的改善。

二、螺旋传动的种类

螺旋传动一般有普通螺旋传动、差动螺旋传动和滚珠螺旋传动。

1. 普通螺旋传动

普通螺旋传动是由螺杆和螺母组成的简单螺旋副实现的传动。其传动形式有：

1）螺母固定不动，螺杆回转并做直线运动。图 4-10 所示为螺杆回转并做直线运动的台虎钳。螺母不动、螺杆回转并移动的形式，通常还应用在螺旋压力机、千分尺等结构中。

2）螺杆不动，螺母回转并做直线运动。如图 4-11 所示为螺母回转并做直线运动的螺旋千斤顶，主要用来传递力，当以较小的力回转螺母时，会产生轴向运动和较大的进给力，完成举升重物或加压于工件的工作。

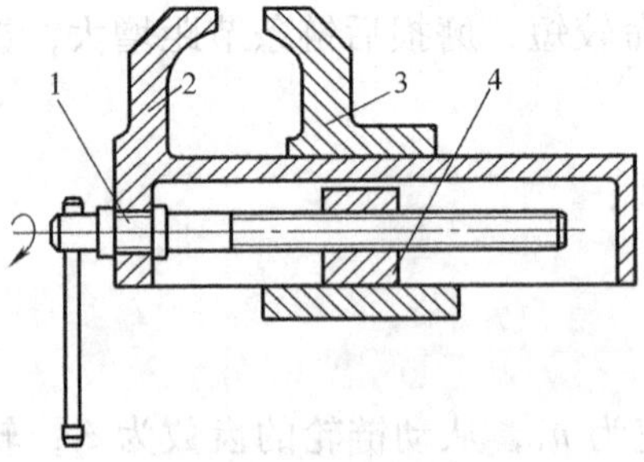

图 4-10 台虎钳

1—螺杆 2—活动钳口

3—固定钳口 4—螺母

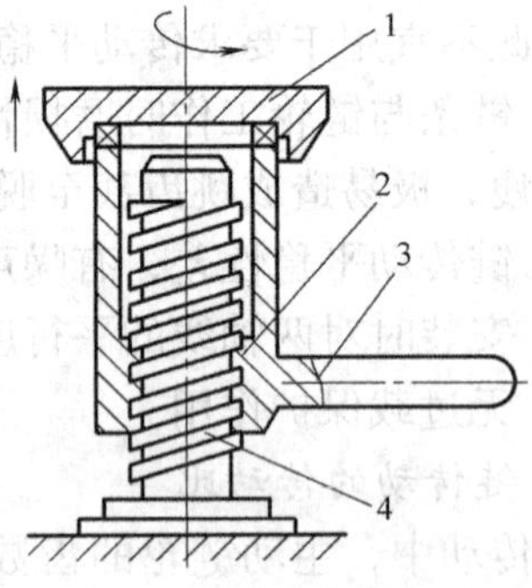

图 4-11 螺旋千斤顶

1—托盘 2—螺母

3—手柄 4—螺杆

3）螺杆回转、螺母做直线运动。图 4-12 所示为螺杆回转、螺母做直线运动的传动结构图。螺杆回转、螺母做直线运动的形式应用较广，如机床的滑板移动机构等。

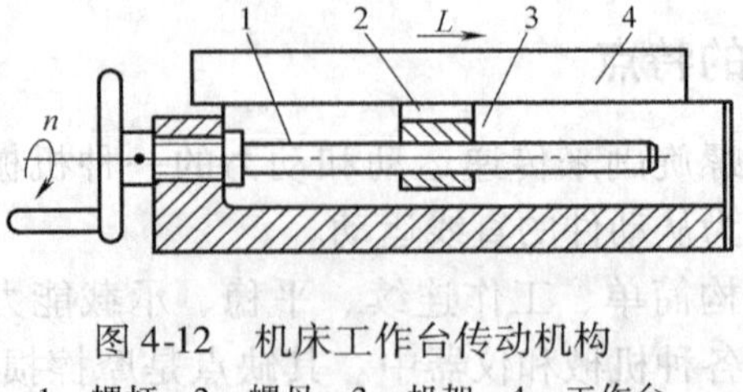

图 4-12 机床工作台传动机构

1—螺杆 2—螺母 3—机架 4—工作台

2. 滚珠螺旋传动

普通螺旋传动中，由于螺杆和螺母的牙侧表面之间的相对摩擦是滑动摩擦，因此传动阻力大，摩擦损失严重，效率低。为了改善螺旋传动的功能，可采用滚珠螺旋传动，用滚动摩擦替代滑动摩擦，如图 4-13 所示。

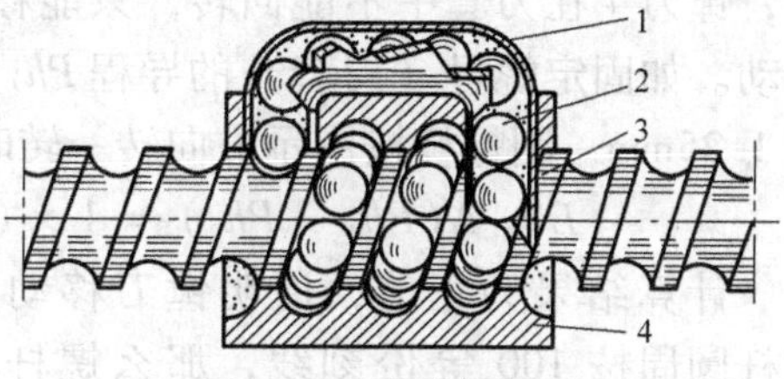

图 4-13　滚动螺旋

1—滚珠循环装置　2—滚珠　3—螺杆　4—螺母

其工作原理是：在螺杆和螺母的螺纹滚道中，装有一定数量的滚珠（钢球），当螺杆与螺母做相对螺旋运动时，滚珠在螺纹滚道内滚动，并通过滚珠循环装置的通道构成封闭循环，从而实现螺杆与螺母之间的滚动摩擦。

滚珠螺旋传动目前主要应用在精密传动的数控机床，以及自动控制装置、升降机构和精密测量仪器中。

3. 差动螺旋传动

由两个螺旋副组成的使活动的螺母与螺杆产生差动的螺旋传动称为差动螺旋传动。

（1）差动螺旋传动原理　差动螺旋传动是两种普通螺旋传动的叠加，故螺母的位移公式为

$$L = n(S_a \pm S_b)$$

式中　L——活动螺母实际移动距离；

n——丝杠的转速；

S_a——固定螺母的导程；

S_b——活动螺母的导程。

如图 4-14 所示，螺杆 1 分别与机架 3 及活动螺母 2 组成 a 和 b 两段螺旋副，a 段为固定螺母，b 段为活动螺母，它不能回转，但能在机架导向槽内移动，当两段螺纹旋向相同时，公式中取“－”；当两段螺纹旋向相反时，公式中取“＋”。

计算结果 L 为“＋”值时，说明活动螺母 2 的实际移动方向与螺杆 1 相同，反之，与螺杆 1 的移动方向相反。

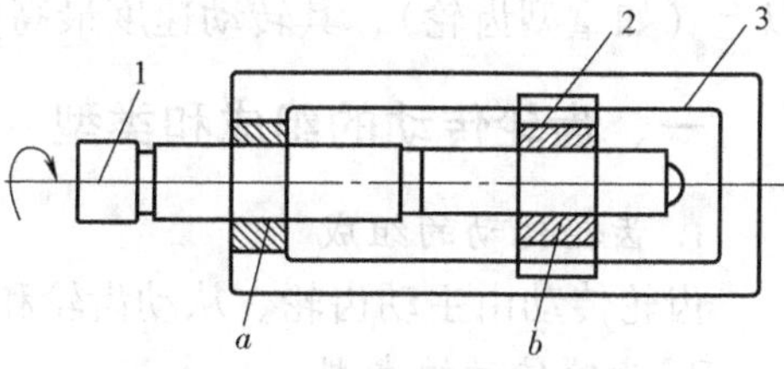

图 4-14　差动螺旋机构

1—螺杆　2—螺母　3—机架

（2）差动螺旋传动的应用　差动螺旋传动机构可以产生极小的位移，而其螺纹的导程也并不需要很小。差动螺旋传动常用于测微器、计算机、

分度机构及诸多精密切削机床、仪器和工具中。

图 4-15 所示是应用于微调镗刀上的差动螺旋传动实例。刀套 3 固定在镗杆 2 上，镗刀 4 在刀套中不能回转，只能移动。当螺杆回转时，可使镗刀得到微量移动。如固定螺母（刀套）的导程 Ph_1 为 1.5mm，活动螺母（镗刀）的导程 Ph_2 为 1.25mm，则螺杆按图示方向转一转时镗刀的移动距离为

$$L = N(Ph_1 - Ph_2) = 1 \times (1.5 - 1.25)\text{mm} = +0.25\text{mm}$$

计算结果为正值，说明镗刀移动方向与螺杆方向相同，都是右移。如果螺杆圆周按 100 等份刻线，那么螺杆每转过一格，镗刀的实际位移为：$L = (1.5 - 1.25)\ \text{mm}/100 = +0.0025\text{mm}$。

由上可知，差动螺旋传动可以方便地实现微量调节。

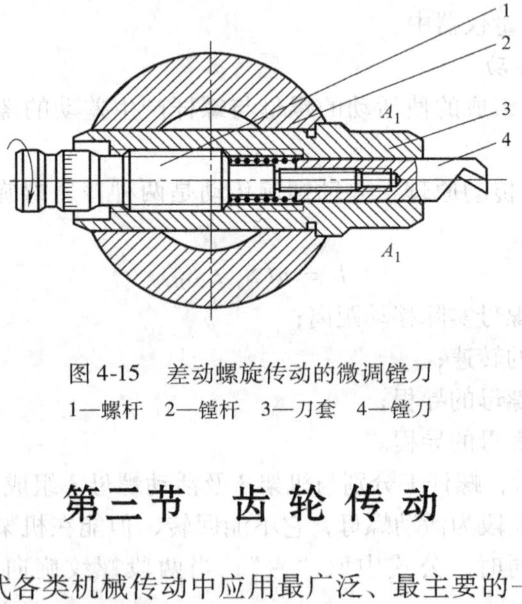

图 4-15　差动螺旋传动的微调镗刀

1—螺杆　2—镗杆　3—刀套　4—镗刀

第三节　齿轮传动

齿轮传动是现代各类机械传动中应用最广泛、最主要的一种传动。齿轮传动所传递的功率从几瓦至几万千瓦。其直径从不到 1mm 如（仪表齿轮）到 10m 以上（如重型齿轮），其转动速度最高可达 100m/s 以上。

一、齿轮传动的组成和类型

1. 齿轮传动的组成

齿轮传动由主动齿轮、从动齿轮和机架组成，如图 4-16 所示。

2. 齿轮传动的类型

齿轮的种类很多，可以按以下不同方法进行分类。

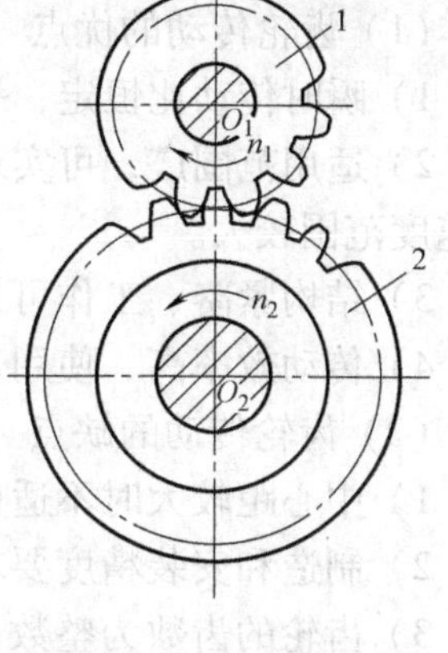

图 4-16　齿轮传动

1—主动齿轮　2—从动齿轮

1）根据轴的相对位置，分为两轴平行平面齿轮传动（如图 4-17a、b、c 所示）与两轴不平行空间齿轮传动（如图 4-17d、e、f、g、h、i、j 所示）。

2）按工作时圆周速度的不同，分为低速（$v < 3\text{m/s}$）、中速（$v = 3 \sim 5\text{m/s}$）、高速（$v > 15\text{m/s}$）三种。

3）按工作条件不同，分为闭式齿轮传动（封闭在箱体内，并能保证良好润滑的齿轮传动）、半开式齿轮传动（齿轮浸入油池，有护罩，但不封闭）和开式齿轮传动（齿轮暴露在外面，不能保证良好润滑）三种。

4）按齿宽方向齿与轴的歪斜形式，分为直齿、斜齿和曲齿三种。

5）按齿轮齿廓曲线的不同，分为渐开线齿轮、摆线齿轮和圆弧齿轮等。

6）按齿轮啮合方式的不同，分为外啮合齿轮传动、内啮合齿轮传动和齿条传动。

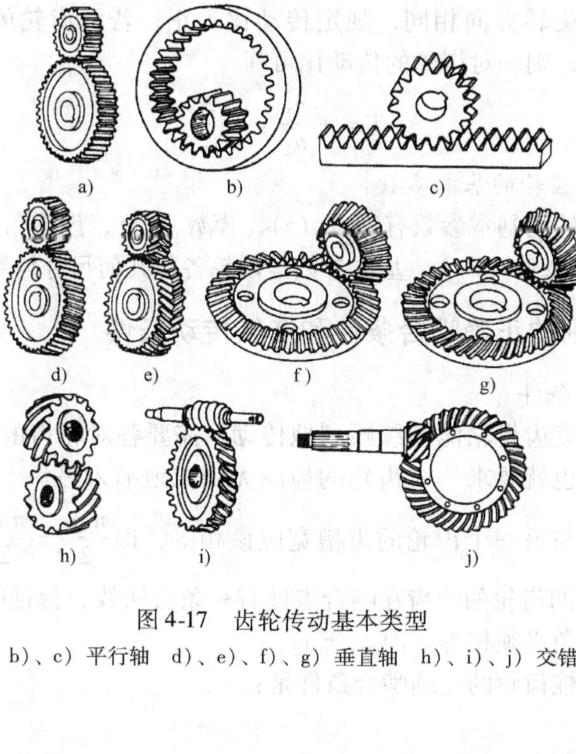

图 4-17　齿轮传动基本类型

a)、b)、c）平行轴　d)、e)、f)、g）垂直轴　h)、i)、j）交错轴

3. 齿轮传动的特点

(1) 齿轮传动的优点

1) 瞬时传动比恒定，平稳性较高，传递运动准确可靠。

2) 适用范围广，可实现平行轴、相交轴、交错轴之间的传动，传递的功率和速度范围较大。

3) 结构紧凑、工作可靠，可实现较大的传动比。

4) 传动效率高、使用寿命长。

(2) 齿轮传动的缺点

1) 中心距较大时不适用。

2) 制造和安装精度要求高，成本高。

3) 齿轮的齿数为整数，能获得的传动比受到限制，不能实现无级变速。

4) 不能实现过载保护。

4. 齿轮传动的传动比

一对齿轮中，设主动齿轮的转速为 n_1，齿数为 z_1，从动齿轮的转速为 n_2，齿数为 z_2，由于是啮合传动，在单位时间内两轮转过的齿数应相等，即 $z_1n_1 = z_2n_2$，由此可得一对齿轮的传动比 $i = \frac{n_1}{n_2} = \frac{z_2}{z_1}$，上式说明一对齿轮的传动比，就是主动齿轮与从动齿轮转速（角速度）之比，与其齿数成反比。

若两齿轮的旋转方向相同，规定传动比为正；若两齿轮的旋转方向相反，规定传动比为负，则一对齿轮的传动比可写

$$i = \pm\frac{n_1}{n_2} = \pm\frac{z_2}{z_1}$$

5. 直齿圆柱齿轮的基本参数

直齿圆柱齿轮的基本参数有齿数（z）、模数（m）、齿形角（α）、齿顶高系数（h_a^*）和顶隙系数（c^*）。基本参数是齿轮各部几何尺寸计算的依据。

二、齿轮副的正确啮合条件和连续传动条件

1. 正确啮合条件

一对渐开线直齿齿轮能连续顺利地传动，需要各对轮齿的依次正确啮合且互不干扰才行，也就要求一个齿轮的齿厚无侧隙地啮入另一个齿轮的齿槽，则一个齿轮的齿厚与另一个齿轮的齿槽宽应该相等，即 $\frac{\pi m_1}{2} = \frac{\pi m_2}{2}$，则应使 $m_1 = m_2$。另外为了使两齿轮的轮齿在啮合点处有一条公法线，保证啮合线为一直线，则两轮齿的压力角必须相等，即 $\alpha_1 = \alpha_2$。

因此直齿圆柱齿轮的正确啮合条件是：

1）两齿轮的模数必须相等，即 $m_1 = m_2 = m$。

2）两齿轮分度圆上的压力角必须相等，即 $\alpha_1 = \alpha_2 = \alpha$。

2. 连续传动条件

为了齿轮副连续顺利地传动，还必须保证在前一对轮齿尚未结束啮合，后继的一对轮齿已进入啮合状态。如图 4-18所示，主动齿轮 O_1 推动从动齿轮 O_2 回转时，每一对轮齿从 B 点开始啮合，传动过程中啮合点沿着啮合线 N_1N_2 移动，到 B' 点啮合终止，而当前一对轮齿回转到啮合点 K 时，后继一对轮齿已在 B 点开始啮合，因此在 KB 段啮合线处两对轮齿同时处于啮合状态，从而保证了传动的连续性。

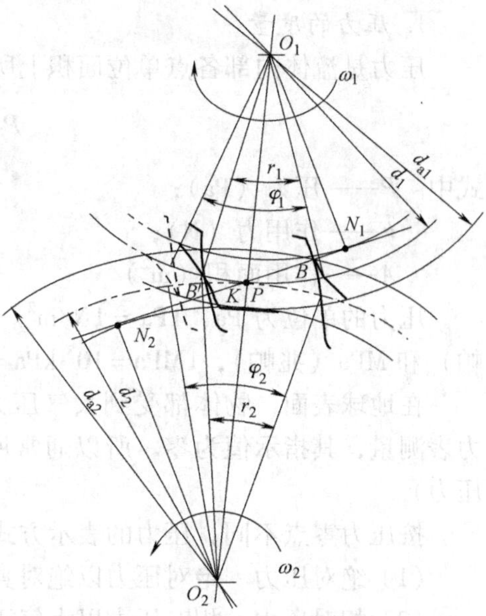

图 4-18　连续传动条件

齿轮在其啮合过程中，其一个齿面从啮合开始到啮合终止所转过的分度圆弧长叫做总作用弧。总作用弧所对圆心角称为总作用角，用 φ_τ 表示，整个圆周（以角单位表示）与齿数的比值，称为齿距角，用 τ 表示。对于圆柱齿轮齿距角也就是端面齿距所对圆心角。

$$\tau = \frac{2\pi}{z}(\text{弧度})\ \text{或}\ \tau = \frac{360°}{z}$$

总作用角与齿距角的比值称为总重合度，用 ε 表示。对于直齿圆柱齿轮，总作用角、总重合度可简称为作用角 φ、重合度 ε。可得

$$\varepsilon = \frac{\varphi}{\tau}$$

理论上，当重合度 $\varepsilon = 1$ 时，齿轮副能连续传动，也就是说，前一对轮齿啮合终止的瞬间，后继的一对轮齿正好开始啮合，但由于制造、安装误差的影响，实际上必须使 $\varepsilon > 1$，才能可靠地保证传动的连续性，重合度 ε 越大，传动越平稳。

对于一般齿轮传动，连续传动的条件是 $\varepsilon \geqslant 1.2$。对于直齿圆柱齿轮（$\alpha = 20°$，$h_a^* = 1$）来说，$1 < \varepsilon$，则标准齿轮传动均能满足上述条件。

第四节　液压传动和气压传动

一、液体静力学基础知识

1. 压力的度量

压力是流体内部各点单位面积上所受的作用力，也称压强，即

$$P = \frac{F}{A}$$

式中　P——压力（Pa）；

F——作用力（N）；

A——作用面积（m^2）。

压力的单位为 Pa，$1Pa = 1N/m^2$。由于 Pa 太小，工程上经常采用 kPa（千帕）和 MPa（兆帕），$1MPa = 10^3\ kPa = 10^6\ Pa$。

在地球表面，物体都受到大气压力的作用且自行平衡，因此，使用普通压力表测量，其指示值为零。所以通常所说的液压系统的压力是指相对压力（表压力）。

按压力零点不同，压力的表示方式有以下三种：

（1）绝对压力　绝对压力以绝对真空为零点。

（2）相对压力　相对压力以大气压力为零点，也称为表压力。

（3）真空度　当绝对压力小于大气压力时，其小于大气压力的数值称为真空度，也称为负压。

2. 静压力的传递

加在密闭液体上的压力，能够大小不变地被液体向各个方向传递，这就是帕斯卡定律。

液压机械的工作原理如图 4-19 所示。

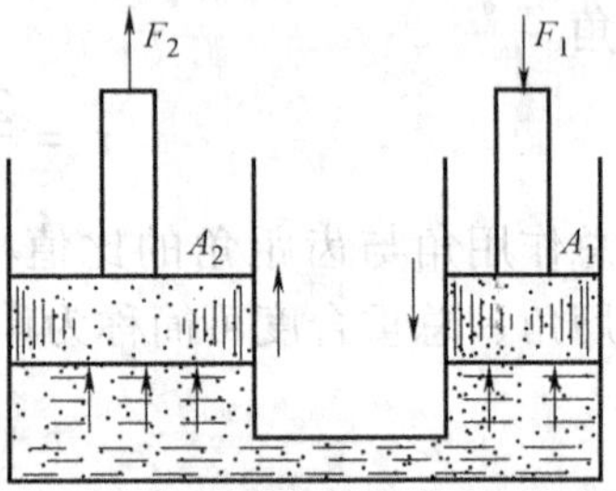

图 4-19　液压机械的工作原理

A_1—小活塞的面积

A_2—大活塞的面积

F_1—作用于小活塞上的外力

F_2—作用于大活塞上的外力

如在小活塞上作用一外力 F_1，则 F_1 所形成的压力为 F_1/A_1。根据帕斯卡定律，在大活塞底部也将作用有大小不变的压力 F_1/A_1，且 $F_2/A_2 = F_1/A_1$，则作用于大活塞上的力 $F_2 = F_1 \times (A_2/A_1)$。因此，$A_2$ 与 A_1 的比值越大，大活塞输出的力就越大。

二、液压传动的工作原理和液压系统的组成

1. 液压传动的工作原理

液压传动是靠密封容器内的液体压力能来进行能量转换、传递和控制的一种传动方式。

2. 液压系统的组成

如图4-20所示，液压系统是由具有各种功能的液压元件有机组合而成的。不论是简单的还是复杂的液压系统，都是由除了工作介质以外的四个主要部分组成：

（1）驱动元件　驱动元件即液压泵，是将原动机输入的机械能转换成液体压力能的装置。其作用是为液压系统提供压力油，它是液压系统的动力源。

（2）执行元件　执行元件是指液压缸和液压马达，是将液体压力能转换成机械能的装置。其作用是在液压油的推动下输出力和速度（或转矩和转速）。

（3）控制元件　控制元件用来控制液压系统中液压油的压力、流量和流动方向，以保证执行元件完成预期的工作，包括溢流阀、节流阀、换向阀，如图4-21所示为换向阀。

（4）辅助元件　油箱、滤清器、压力表、油管、管插头、流量表等是组成液压系统必不可少的辅助元件。

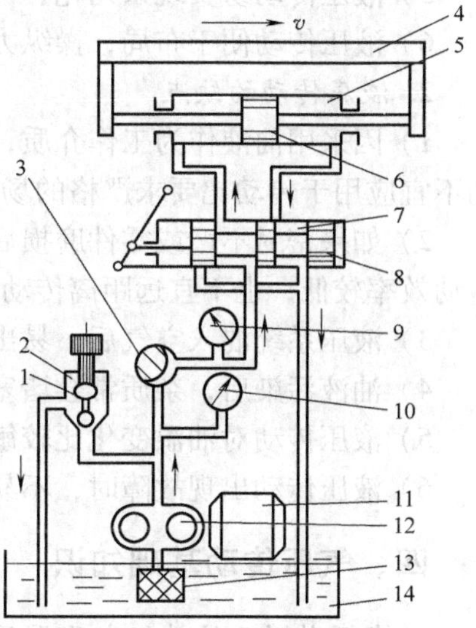

图4-20　液压系统的组成部分

1—溢流阀弹簧　2—溢流阀阀门　3—节流阀　4—工作台　5—液压缸　6—活塞　7—换向阀　8—换向滑阀　9、10—压力表　11—电动机　12—定量液压泵　13—滤油器　14—油箱

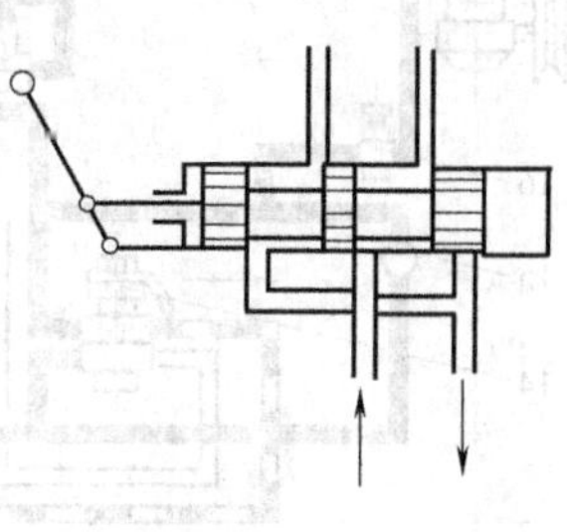

图4-21　换向阀

三、液压传动的特点及应用

1. 液压传动的优点

1）液压传动易获得很大的力或力矩，并且易于控制，调节简单，操作方便，当与电气控制相结合时，更易实现各种复杂的自动工作循环。

2）在输出同等功率的条件下，液压传动的体积小、质量轻、结构紧凑、动作灵敏，便于实现频繁的换向。

3）液压传动可实现无级调速，调速范围大，且能在系统运行过程中调速。

4）液压传动易实现过载保护，使用安全、可靠。液压元件能自行润滑，寿命长。

5）液压传动易实现系列化、标准化、通用化和自动化。

6）液压传动便于布局，操纵力较小。

2. 液压传动的缺点

1）因采用油液作为工作介质，由于渗漏和管件的弹性变形等原因，液压传动不宜应用于传动比要求严格的场合。

2）如果密封不严或零件磨损后产生渗漏，会影响机构运动的平稳性，系统传动效率较低，也不宜远距离传动。

3）液压系统混入空气后，易出现爬行和噪声等。

4）油液污染后，杂质常会堵塞小孔、缝隙，影响动作的可靠性。

5）液压传动对油温变化比较敏感，不宜在高温或低温的条件下工作。

6）液压传动出现故障时，不易查找原因。

四、气压传动基础知识

1. 气压传动系统的组成及原理

气压传动系统通常由气源装置、储气缸、气动控制阀以及辅助件组成。如图 4-22 所示为汽车气压制动装置系统图。

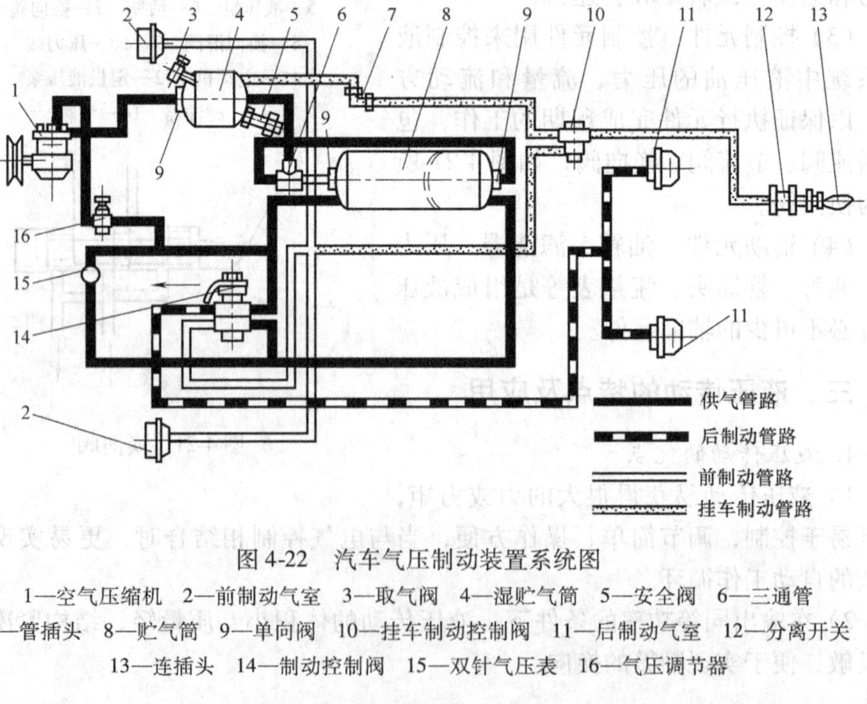

图 4-22　汽车气压制动装置系统图

1—空气压缩机　2—前制动气室　3—取气阀　4—湿贮气筒　5—安全阀　6—三通管　7—管插头　8—贮气筒　9—单向阀　10—挂车制动控制阀　11—后制动气室　12—分离开关　13—连插头　14—制动控制阀　15—双针气压表　16—气压调节器

气源装置通常为容积式空气压缩机，由汽车发动机带动空气压缩机产生压缩空气经输气管输出，经储气缸、制动控制阀（挂车制动控制）、单向阀、制动气室给车轮制动器施加压力来产生制动力。辅助元件包括分离开关、气压调节装置及安全阀、气动管插头等。

2. 气压传动的特点

（1）气压传动的优点

1）工作介质为空气，容易获取；用后的空气排到大气中，处理方便，不污染环境。

2）因空气的粘度小，流动阻力损失小，所以便于集中供气、远距离输送。

3）与液压传动相比，气压传动动作迅速、维护简单、工作介质清洁，不存在介质变质等问题。

4）工作环境适应性好，特别在易燃、易爆、多尘、强磁、辐射、振动等恶劣环境中，比液压、电气控制优越。

5）成本低，过载时能自动保护。

（2）气压传动的缺点

1）由于空气具有可压缩性，因此工作稳定性稍差。但采用气液联动装置会得到较满意的效果。

2）因工作压力低（一般为0.3~1.0MPa）且结构尺寸不宜过大，所以总输出力不大。

3）噪声较大，在高速排气时要加消声器。

4）气动装置中的气信号传递速度低，比电信号慢，因此，气动控制系统不宜用于元件级数过多的复杂回路中。

复习思考题

1. 带传动分为哪几种？
2. 为什么带传动要用张紧装置？常用的张紧装置有哪几种？
3. 简述带传动机构的工作原理。
4. 怎样安装V带？
5. V带失效的原因是什么？更换时须注意什么？
6. 什么叫链传动？其优缺点和用途是什么？
7. 链传动机构装配的技术要求有哪些？
8. 链条的插头形式有哪几种？各适用于哪种链条？
9. 机械和机构有什么关系？常见的机构有哪些？
10. 圆柱齿轮分为哪几种？试比较其优缺点。
11. 什么是模数？其大小对齿轮有何影响？

12. 什么叫压力角和标准压力角？什么叫啮合角？它们有什么关系？
13. 直齿锥齿轮具有哪些特点？其用途是什么？
14. 蜗杆传动的优缺点是什么？其用途是什么？
15. 带传动分为哪几种？
16. 为什么带传动要用张紧装置？常用的张紧装置有哪几种？
17. 什么是液压传动？其优缺点是什么？
18. 什么是液压控制阀？它分为哪几类？
19. 什么是螺旋机构？其特点和用途是什么？螺旋机构分为哪两种？
20. 汽车气压制动传动装置系统由哪几部分构成？

第五章

电学基础知识

一、电学的概念

电是物质的一种属性。构成物质的原子是由原子核和围绕原子核做旋转运动的数目不同的电子组成。通常，由于电子数量和核内质子数相等，物体一般不显电性。在特定的条件下，一种物质的电子因获得能量成为自由电子后转移到另一种物质上去，则该物质因失去电子而带正电，另一物质因获得电子而带负电，如图 5-1 所示。

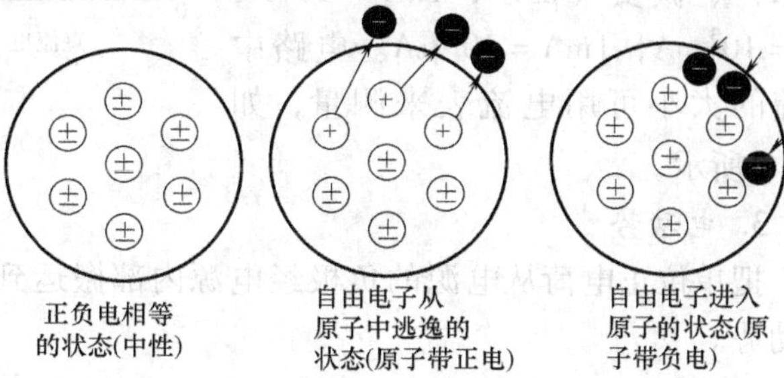

图 5-1　电的产生

二、电学基础

1. 电路图

用导线把电路中表示实物的符号连接起来的图叫做电路图。电路由电源、开关、负载和连接导线等组成，如图 5-2 所示。

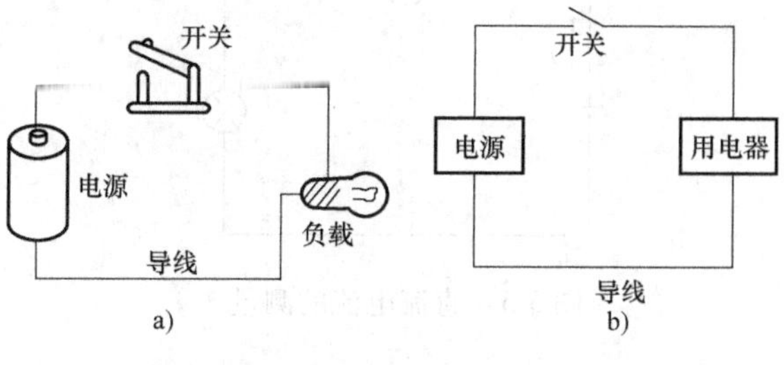

图 5-2　电路的组成

a）实物连线图　b）电路框图

2. 电流

电荷有规则的定向运动叫做电流。在金属导体内是电子有规则地移动，在电介质内是正、负离子的定向移动。习惯上规定正电荷运动的方向或负电荷运动的反方向为电流的方向（实际方向），如图 5-3 所示。

电流按其流动的方式区分，可分为直流电和交流电两大类，如图 5-4 所示。凡电流的方向和大小都不随时间变化的电流称为直流电，反之称为交流电。

产生电流具备的条件：一是有电位差，二是电路一定要闭合。

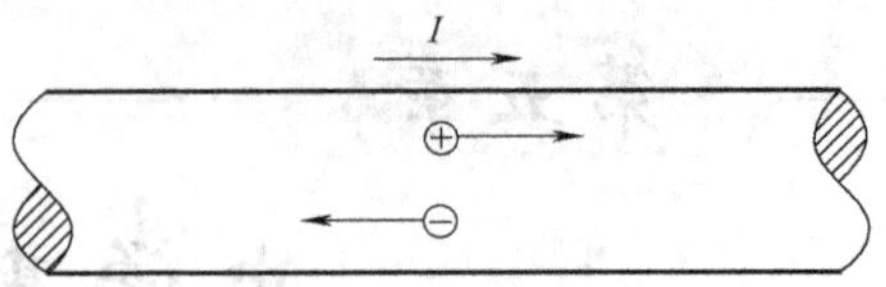

图 5-3　电流方向

电流的大小用电流强度表示，简称电流，其值等于单位时间内通过导体截面的电荷量，计算公式为 $I = \frac{Q}{t}$，其中 Q 为电荷量（C），t 为时间（s）；I 为电流强度，电流强度的单位是“安培”，用字母“A”表示，常用单位有千安（kA）、安（A）、毫安（mA）、微安（μA），$1\text{kA} = 10^3\text{A}$，$1\text{A} = 10^3\text{mA}$，$1\text{mA} = 10^3\mu\text{A}$。电路中电流的大小可用电流表来测量，如图 5-5所示。

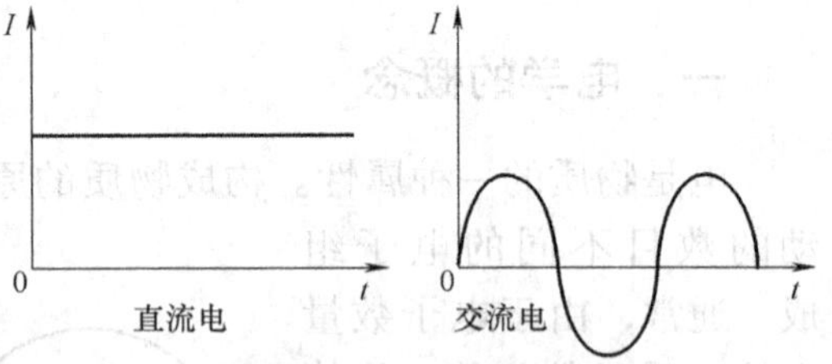

图 5-4　电流

3. 电动势

把单位正电荷从电源的负极经电源内部搬运到正极所做的功，叫做电源的电动势。

4. 电压

电场力把单位正电荷从正极经外电路移动到负极所做的功，叫做电源正负极两端的电压。电压的表示方法如图 5-6 所示。

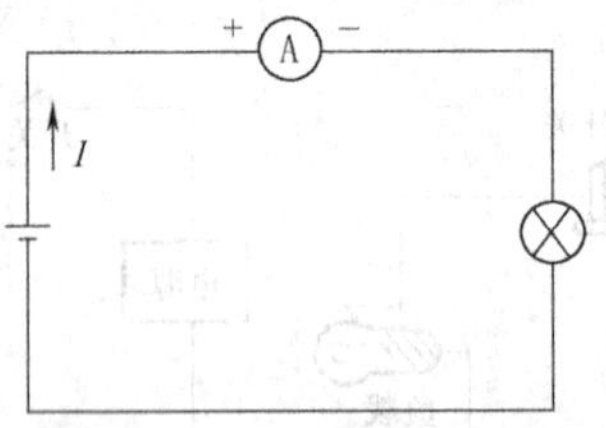

图 5-5　直流电流的测量

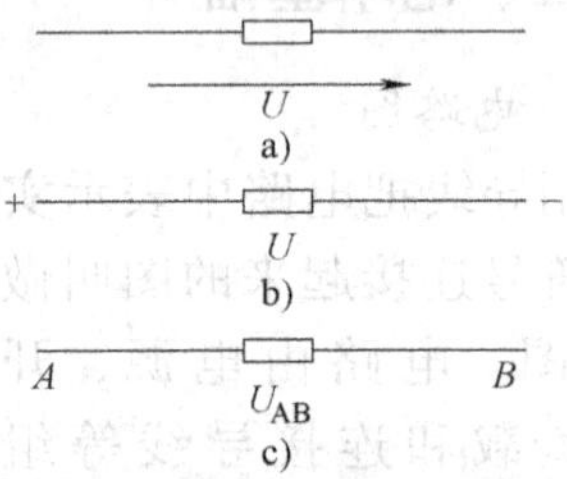

图 5-6　电压的表示方法
a）箭头表示法
b）正负极表示法　c）双下标表示法

5. 电位差

电源正极是高电位，电荷能量大；负极是低电位，电荷能量小。电流是从高电位流向低电位的，电路中两点间的电位之差叫做电位差。

6. 电阻

电流流过导体时，自由电子在物体中移动受到其他电子的阻碍，这种阻碍作用就叫电阻。电阻用 R 表示，单位是欧姆，用字母“Ω”表示，常用单位还有 kΩ，$1\mathrm{k}\Omega = 1000\Omega$。

电阻的计算方式为 $R = \rho \dfrac{l}{S}$，其中 l 为导体长度，S 为截面积，ρ 为材料电阻率，铜的电阻率为 0.017，铝的电阻率为 0.028。

7. 欧姆定律

电流强度与它两端的电压成正比，和这部分电路的电阻成反比，用公式表示为 $U = IR$，如图 5-7 所示。欧姆定律是表示电压、电流、电阻三者关系的基本定律。当电路两端电压为 1V，通过电流为 1A 时，则该段电路电阻为 1Ω。

8. 电阻的串联（如图 5-8 所示）

1）总电压等于各个电阻上电压降之和，即 $U = IR_1 + IR_2 + \cdots + IR_n$。

2）总电阻等于各个电阻的总和，即 $R = R_1 + R_2 + \cdots + R_n$。

3）总电流等于流过每个分电阻的电流，即 $I = I_1 = I_2 = \cdots = I_n$。

9. 电阻的并联（如图 5-9 所示）

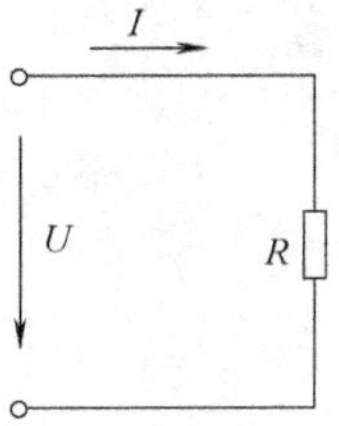

图 5-7　欧姆定律

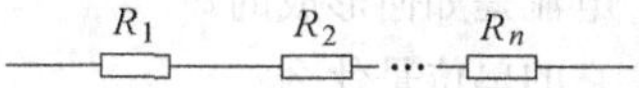

图 5-8　电阻的串联

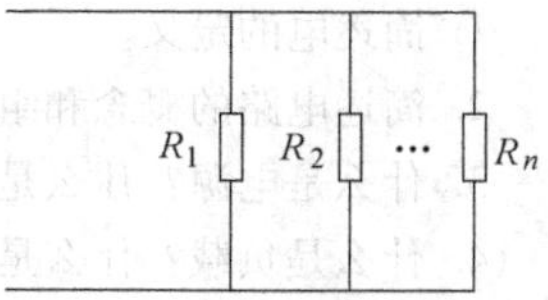

图 5-9　电阻的并联

1）总电压等于各个并联电阻两端电压，即 $U = U_1 = U_2 = \cdots = U_n$。

2）总电阻的倒数等于各电阻倒数总和，即

$$\frac{1}{R} = \frac{1}{R_1} + \frac{1}{R_2} + \cdots + \frac{1}{R_n}$$

3）总电流等于各个并联电阻中电流之和，即

$$I = I_1 + I_2 + \cdots + I_n$$

10. 电阻的混联

既有元件串联又有元件并联的电路称为混联电路。计算时应先求出各元件串联和并联的电阻值，再计算电路的总电阻值，由电路总电阻值和电路的端电压，根据欧姆定律计算出电路的总电流。根据元件串联的分压关系和元件并联的分流关系，逐步推算出各部分的电流和电压。

11. 电源的连接

（1）串联：前一单格电池负极和后一单格电池正极连接。串联电池总电动

势，等于各个单格电池电动势的总和。

（2）并联：各电池正极和正极相连，负极和负极相连。并联电池总电动势等于各个单格电池的电动势。

12. 电功和电功率

电功是电流所做的功，用符号“W”表示。电功的大小与电路中的电流、电压及通电时间成正比，计算公式为

$$W = UIt = I^2Rt$$

电功的单位是焦耳（J），生活中常用千瓦时（kW·h）表示，1kW·h = 3.6×10^6J。

电功率是电流在单位时间内所做的功，用符号“P”表示。计算公式为

$$P = \frac{W}{t} = UI = I^2R = \frac{U^2}{R}$$

电功率的单位是瓦（W）或千瓦（kW）。

复习思考题

1. 简述电的定义。
2. 简述电路的概念和组成。
3. 什么是电源？什么是电流？电流是如何形成的？
4. 什么是负载？什么是电压？它的单位是什么？
5. 简述电流的分类。电流强度的表示方法是什么？单位是什么？
6. 什么是电阻？电阻的计算方法是什么？它的单位是什么？
7. 欧姆定律是什么？
8. 电阻的串联和并联特性是什么？
9. 什么是电功率？它的单位是什么？

第六章

装配基础

第一节　装配的概念

任何一台机器（包括汽车）都是由许多零件组成的。把已加工好的并且检验合格的单个零件、组件和部件，按照装配图样、装配工艺规程和规定的技术要求，进行配合和连接，经过调整、检验、试车使之成为合格产品的过程，称为装配。把零件、组件装配成部件的过程称为部件装配，而将零件、组件和部件装配成最终产品的过程称为总装配。

1. 装配精度

装配精度是装配时实际达到的精度，它是装配工艺的质量指标，不仅关系到产品质量，也影响到产品制造的经济性。装配精度是制订装配工艺规程的主要依据，也是选择合理的装配方法和确定零件加工精度的依据。装配精度的内容包括零部件间的配合精度和接触精度、位置尺寸精度和位置精度、相对运动精度等。

2. 装配工艺

装配工艺是按照一定的技术要求，将若干零件装成一个组件或部件，或将若干零件、部件装成一个机械的工艺过程。装配过程是机械制造生产过程中重要的也是最后的一个环节。

3. 装配基础

机器（或汽车）通常由数千个零件组成。零件与零件的组成按其功用可分为合件、组合件、部件、总成等装配单元。这些装配单元各自具备一定的作用，它们之间具有一定的配合关系。装配就是将所有这些装配单元按照一定的技术要求与顺序组合起来，构成一台完整的机器（或汽车）。

（1）零件　零件是由一种材料或几种材料制成的最基本的单独件，是组成机器（或汽车）的基本单元。零件可分为标准零件（如普通螺栓、螺母、垫圈、销子等）和专用零件（如曲轴、活塞等）两类。

（2）基础零件　以该零件为基础进行装配，在其上装配有各种组合件与总成，并能保证各零件之间的相互位置关系，这样的零件称为基础零件，如气缸体、气缸盖、变速器壳体、后桥壳、油泵体等。

(3) 合件　两个或两个以上的零件装合为一体，但只能起着一个零件的作用，称为合件，如带盖的连杆、成对的轴瓦等。装配组合件、部件和总成时，从某一合件开始，这个合件称为基础合件，如镶有气缸套的气缸体等。

(4) 组合件　若干零件或合件装配为一体，且各零件之间具有相互运动关系，但尚不具备单独完整的机构作用，这样的装配单元称为组合件，如活塞连杆组、曲轴飞轮组等。

(5) 部件　部件是由若干个零件、合件、组合件或基础件装配而成的，具有一定功能和作用，如散热器排气管等。

(6) 总成　总成是部件、组合件、零件或基础件装配而成的，具有一定功能的机构。其零件与零件之间不仅有相互关系，而且能独立、完整地起一定的作用，如汽车发动机、变速器、油泵、分电器等。无论是合件、组合件、部件或总成的装配，都必须严格地按照一定的顺序和技术要求进行。产品在装配前主要的准备工作内容有熟悉产品装配图、工艺文件和技术要求，了解产品的结构、零件的作用以及相互连接关系。

4. 装配过程

包括装配前的准备、装配及装配后的调整、检验和试车。

(1) 装配前的准备

1) 所有零件在装配前都要进行认真的质量检查，研究和熟悉产品的图样，了解产品的结构以及零件作用和相互连接关系，掌握其技术要求，这是保证装配质量的重要环节。

2) 确定装配方法、顺序和所需的工具，备齐需装配的零件，并进行清洗和涂防护润滑油。

3) 清洁工作。零件装配前都要进行仔细的清洗，防止油污、尘粒、金属屑等进入相对运动零件之间，以免破坏配合关系，加速磨损。除指定清洗剂外，一般使用干净的柴油或汽油进行清洗，然后用压缩空气吹干。

4) 配合零件的选配：配合零件必须满足一定的配合要求，包括间隙配合、过渡配合及过盈配合，并做出相应标记，以保证零件装配的正确性，这就是装配前要做好的选配工作。

(2) 装配　装配包括组件装配、部件装配和总装配。

1) 组件装配：组件装配是将若干个零件安装在一个基础零件上而构成组件的过程，例如主轴箱内的各轴系组件。

2) 部件装配：部件装配是将若干个零件、组件安装在另一个基础件上而组合成独立部件的过程。部件具有独立的功用，也可以独立进行装配，如汽车的变速器轮系。

3) 总装配：总装配是将部件、组件和零件安装在另一个较大较重的基础零件上而组合成为整台机器及装配调整的过程。

(3) 装配后的调整、检验试车

1) 对装配后的部件、总成实验或对整车进行整体性能实验和运转实验，是检验其装配质量的重要内容，并需要检测其工作能力和性能等指标是否符合要求。

2) 运转中进行的调整。在汽车装配中，某些项目要通过运转实验才能完成最后的调整。例如，汽车底盘的制动、转向、减振等机构必须在路试中进行调整。

5. 装配注意事项

1) 必须明确配合性质和要求，掌握过盈配合及间隙配合的技术标准。对过盈配合和间隙配合的零件，应严格按照规定的装配工艺进行装合，如冷压、热装、预润滑等工艺要求。

2) 应检查零件与装配有关的形状和尺寸精度是否合格，检查有无变形、损坏等情况。

3) 严格按照规定的拧紧力矩和拧紧顺序进行螺纹联接件的紧固，例如按照连杆螺栓、主轴承螺栓、缸盖螺栓等重要螺栓的拧紧力矩以及生产厂对全车各个螺纹联接件的规定力矩进行紧固，螺栓组必须分次交叉均匀拧紧，缸盖螺栓应从中央到四周按对角线分次交叉均匀拧紧等。

4) 固定连接的零、部件，不允许有间隙。活动连接的零件，能在正常的间隙下，灵活地按规定方向运动。

5) 止动零件应牢固可靠。螺栓、螺母、锁片、开口销、锁丝等一次性零件，不能重复使用。锁片的制动爪和倒边应分别插入轴槽和贴近螺母边缘。弹簧垫圈的内径要与螺栓直径相符，力矩近似为垫圈厚度的两倍。

6) 各种运动部件的接触面，必须有足够的润滑，油路需畅通。各密封件在装配后不得有渗漏现象。

7) 高速运动构件的外面，不得有凸出的螺钉头或销钉头等。

6. 装配形式

(1) 固定装配　将产品或部件的全部装配工作安排在固定地点，由一个人、一组人或几组人来完成的装配形式称为固定装配。按其形式不同可分为集中装配和分散装配。

1) 集中装配是将零件装配成部件或产品的全部过程均由一个人或一组人来完成的装配形式。这种形式对工人技术水平要求较高，装配周期较长，适用于装配精度高的单件小批量生产。

2) 分散装配是把产品装配分为部装和总装，分配给个人或各小组来完成的装配形式。这种形式生产效率较高，装配周期较短，适用于成批生产。

(2) 移动装配　移动装配是工序分散进行的，被装配零、部件由传送工具传送，一个工人或一组工人只完成一定工序的装配形式，适用于大批大量生产。

按传送方式可分为两种：

1）零部件按节奏（自由节奏或按一定节奏）移动，周期性进行装配。

2）零部件按一定的速度连续移动进行装配。

第二节　装配方法及零件装配工艺

一、装配方法

在汽车、拖拉机制造中，常用的保证装配精度的方法有互换装配法、选择装配法、修配装配法和调整装配法。

1. 互换装配法

图6-1所示表明完全互换装配法配合公差等于轴、孔公差之和；配合精度取决于零件制造精度。

（1）完全互换装配法　在同类零件中，任取一个装配零件，不需修配、选择及其他辅助工作，装配完即可达到规定的装配要求，这种装配方法称为完全互换装配法。在采用完全互换装配法装配时，尺寸链中各环按规定公差加工后，不需经修理、选择和调整，就能保证其封闭环的预定精度。完全互换装配法的公差带如图6-1所示。

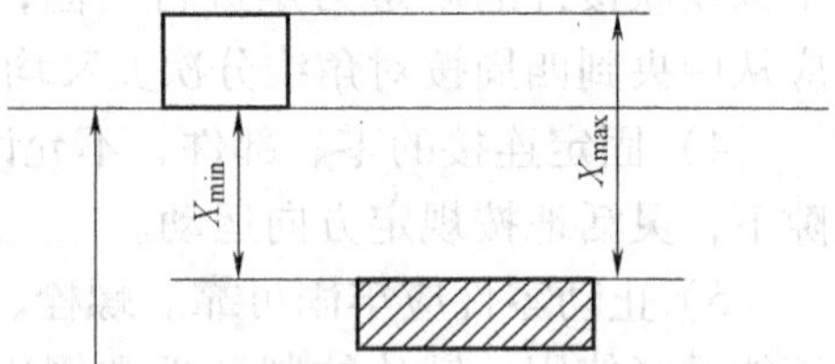

图6-1　完全互换装配法的公差带

完全互换装配法的特点是：

1）装配操作简单、质量稳定。

2）容易确定装配时间，便于组织流水作业，有利于专业化生产。

3）维修方便。

4）零件加工精度要求高，制造成本高，适用于零件数少、精度要求不高的场合或大批量生产中，如汽车发动机的装配等。

（2）不完全互换装配法　采用不完全互换装配法时，按经济精度加工，成本低，公差大，有装配精度超差。特点是可对超差进行退修或补偿偏差。适用于零件数多、批量大、加工精度不高的发动机部分装配零件。

2. 选择装配法

选择装配法可分为直接选配法、分组选配法和复合选配法三种。

（1）直接选配法　零件按经济公差制造，装配者直接从一批零件中选择“合适”的零件进行装配。这种方法简单，装配质量凭工人的经验和感觉来确定，效率不高。特点是时间长，对工人技术水平要求高。

（2）分组选配法　将一批零件事先做测量分组，对应组进行装配。按实际尺寸的大小分成若干级，然后将尺寸大的包容件（如孔）与尺寸大的被包容件（如轴）相配；将尺寸小的包容件与尺寸小的被包容件相配。特点是组内互换零件精度要求不高，装配精度高，增加了测量、保管运输的工作量。如图6-2所示为发动机的活塞销与销孔的装配。

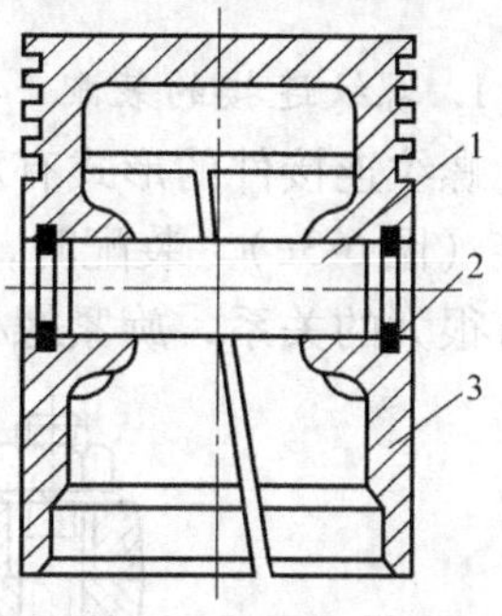

图6-2　活塞销与销孔的装配
1—活塞销　2—卡簧　3—活塞

（3）复合选配法　预先分组，凭技术工人的经验挑选装配，特点是组内互换，能够保证装配的节奏。常用于大批量生产且装配精度要求很高、组成环数较少的场合。如滚动轴承内外环与滚珠的配合。

3. 修配装配法

这种方法是装配时，修去指定零件上的预留修配量，用手工锉削的方法研修零件多余的部分材料，达到装配精度的装配方法。修配装配法仅适用于单件生产、小批量生产、装配精度高、不便于流水作业的场合，在零件多、装配复杂的场合也比较适用。

修配装配法的特点

1）通过修配达到装配精度，可降低零件的制造精度。

2）装配周期长，生产效率低，适用于单件和小批量生产以及装配精度要求较高的场合。

3）劳动量大，工人技术水平要求高。

4）修配只能与本装配精度有关，不能影响其他精度项目。

5）应考虑放松装置。

4. 调整装配法

调整装配法是用一个可调零件（补偿件）调整零件的位置（可动补偿），或增加一个定尺寸调整件（固定补偿件），起补偿装配累积误差的作用。按经济加工公差制造，装配时用调整的方法改变补偿件的实际尺寸或位置，通常以螺栓、斜面、挡圈、垫板或孔轴连接中的间隙等作为补偿。根据调整方法的不同，调整装配法可分为可动调整装配法、固定调整装配法和误差抵消调整装配法三种类型。

调整装配法的特点是：

1）零件可按经济精度确定加工公差，装配时通过调整达到装配精度。

2）使用中还可以定期调整，以保证配合度，便于维护及修理。

3）生产率低，对工人技术水平要求较高。

除必须采用分级装配的精密配件外，调整装配法一般可用于各种装配场合。

二、固定连接的装配知识

1. 螺纹连接的装配

螺纹连接件的形式有双头螺栓连接（图6-3a）、螺栓连接（图6-3b）和螺钉连接（图6-3c）。装配时，螺纹的旋紧程度和顺序与装配工作的精度和机器的寿命有很大的关系，旋紧螺栓时必须要采用正确的旋紧方法。

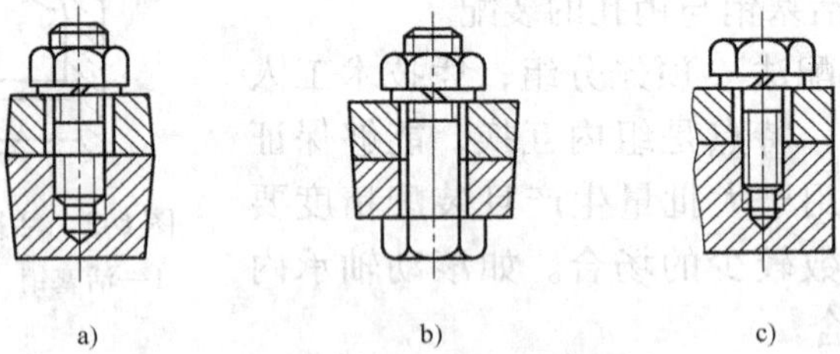

图6-3 螺纹连接件的形式

a）双头螺栓连接 b）螺栓连接 c）螺钉连接

（1）螺纹连接的预紧 螺纹连接是一种可拆的固定连接，螺纹连接为了达到紧固且可靠的目的，必须保证螺纹之间具有一定的摩擦力矩，此摩擦力矩是由施加拧紧力矩后产生的，即螺纹之间产生了一定的预紧力。对于重要的螺纹连接，则由设计人员确定力矩。

（2）螺纹连接的装配与防松 装配前要仔细清理工件表面，锐边倒角并检查是否与图样相符。

装配一组螺纹连接件时，应按如图6-4所示的顺序拧紧，以保证零件贴合面受力均匀，同时，对每个螺母应分2~3次拧紧，这样才能使各个螺钉承受均匀

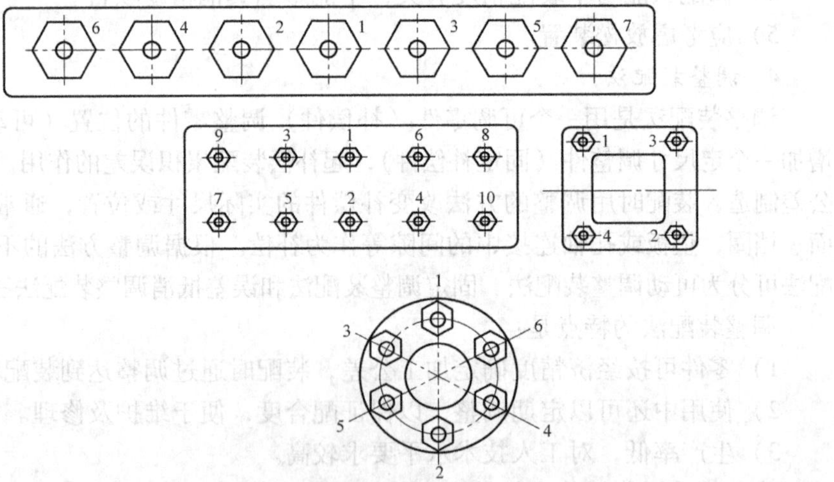

图6-4 螺栓或螺母的顺序

的负荷，过大的拧紧力矩常常造成螺杆断裂。一般情况下采用呆扳手来拧紧螺母，它的柄长与开口尺寸保持了恰当的比例，拧紧力矩不会超出过多。在装配流水线普遍采用了定速定力矩扳手。机器在工作中有振动或冲击时，为了防止螺栓和螺母回松，螺纹连接必须采用防松装置，见表6-1。

表6-1　螺纹连接常用防松装置

螺纹连接防松种类	螺纹连接防松的形式	防松内容说明
摩擦力防松	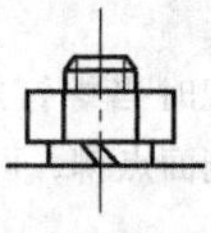 弹簧垫圈	依靠垫圈的弹力使螺母稍许偏斜，增加了螺纹之间的摩擦力，并且垫圈的尖角切入螺母的支撑面，阻止螺母松动
	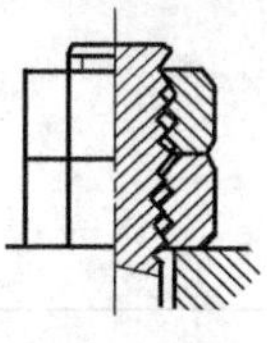 对顶螺母	依靠两螺母间产生的摩擦力来防松，这种方法会增加被连接件的重量和占用空间，在高速和振动时使用不够可靠
	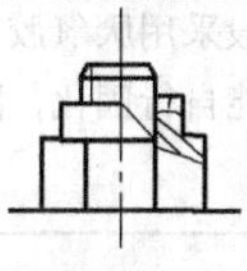 弹簧圈螺母	依靠弹簧圈的弹力增加摩擦防松
机械防松	 槽型螺母和开口销	在螺栓上钻孔，穿入开口销，把螺母直接锁紧在螺栓上，这种方法防松可靠，多用于受冲击、振动的地方
	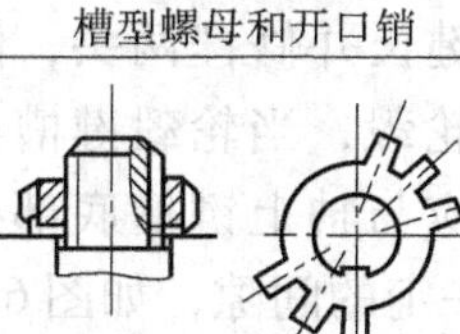 圆螺母用带翅垫片	应用于圆螺母的防松。垫圈内翅插入螺杆槽中，圆螺母拧紧后，再把一个外翅弯到圆螺母的一个槽中，这种方法多用于滚动轴承结构
	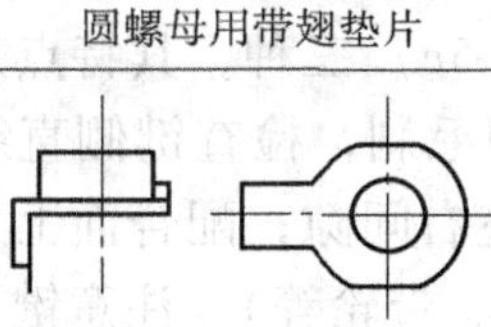 止动垫片	先将垫圈一耳边向下弯折，使之与被连接件的一边贴紧，当拧紧螺母后，再将垫圈的另一耳边向上弯折，与螺母的边缘贴紧而起到防松作用

（续）

螺纹连接防松种类	螺纹连接防松的形式	防松内容说明
冲击防松	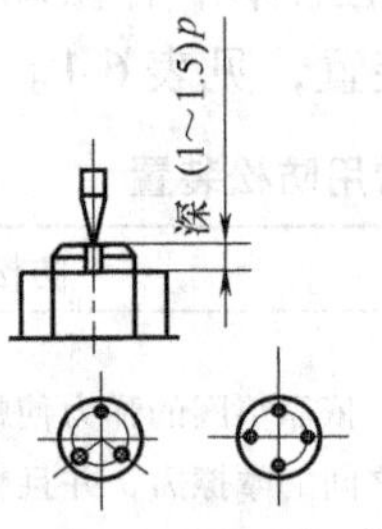 端面冲点	装配时当螺钉或螺母被拧紧后，用样冲在端面、侧面点铆，可防止回松
	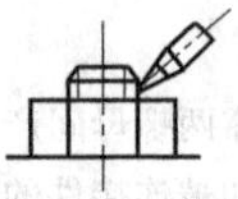 侧面冲点	
粘接防松	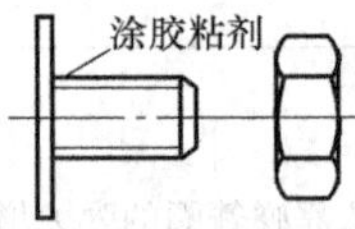	一般采用厌氧胶粘剂，涂于螺纹旋合表面，胶粘剂能自行固化，防松效果良好

2. 键连接的装配

键是用于连接轴与轴上零件并能传递转矩的一种标准件。按结构特点和用途不同，分为松键连接、紧键连接和花键连接三种，具有结构简单、连接可靠、装卸方便等特点，如图 6-5 所示。

在机器的传动轴上，往往要装上齿轮、带轮、蜗轮等零件，并需采用键连接来传递力矩。

装配时，先清除键槽锐边毛刺，选取键长并修锉两头，修配键侧使之与轴上键槽相配，将键配入键槽内，然后试装轮毂，当轮毂键槽与键配合太紧时可修键槽，但不允许松动。装配后，键底面应与轴上键槽底部接触。键的两侧应有一定过盈量，键顶面和轮毂间必须留有一定的间隙，如图 6-5 所示。

（1）松键连接的装配　松键连接应用最广泛，它又分为普通平键（图 6-5a）、半圆键（图 6-5b）、导向平键（图 6-5c）三种，其特点是只承受转矩而不能承受进给力。松键装配要清除键和键槽毛刺，检查键侧直线度、键槽对轴线的对称度；锉配键长和键头，留 0.1mm 左右间隙；配合面上加机油后，将键压入，使键与槽底接触，试装套件（如齿轮、带轮等）。注意键与键槽的非配合面应留有间隙等，直至完成装配。

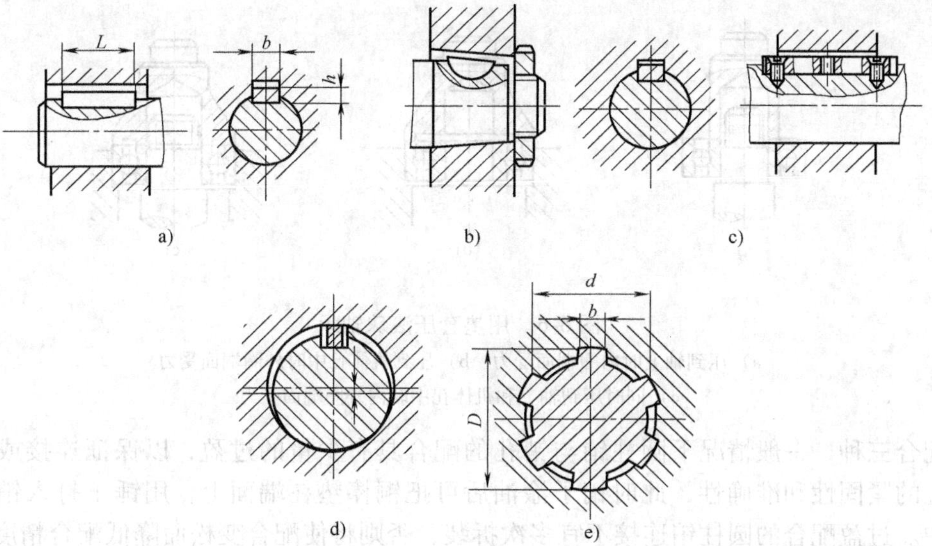

图 6-5　键连接
a）平键连接　b）半圆键连接　c）导向平键连接　d）紧键连接　e）花键连接

（2）紧键连接的装配　紧键又称楔键（图 6-5d），其上表面斜度一般为 1∶100。装配时要使键的上下工作表面和轴槽、轮毂槽的底部贴紧，而两侧面应有间隙。键的斜度一定要吻合，可用涂色法检查接触情况，若接触不好，可用锉刀或刮刀修整键槽。钩头键安装后，钩头和套件端面必须留有一定距离，供修理调整时拆卸用。

（3）花键连接的装配　花键连接如图 6-5e 所示。当需要传递较大的转矩时，可采用花键连接，花键的数目根据轴径和传递动力的大小而定，一般为六个、八个或十个以上。花键连接分为固定连接和滑动连接两种：固定连接稍有过盈，可用铜棒轻轻敲入，过盈量较大时，则应将套件加热至 80～120℃后进行热装；滑动连接应滑动自如，灵活无阻滞，在用于转动套件时不应感觉有间隙。

3. 滚珠轴承的装配

如图 6-6 所示为滚珠轴承的装配简图。

滚珠轴承的装配大多为较小的过盈配合，常用锤子或压力机压装。为了装入时施力均匀，采用垫套加压。

4. 销连接的类型及其装配

销连接在机构中除起到连接作用外，还可起定位作用和保险作用。按销子的结构形式，分为圆柱销、圆锥销、开口销等几种，其装配要点如下：

（1）圆柱销的装配　圆柱销按配合性质可分为间隙配合、过渡配合和过盈

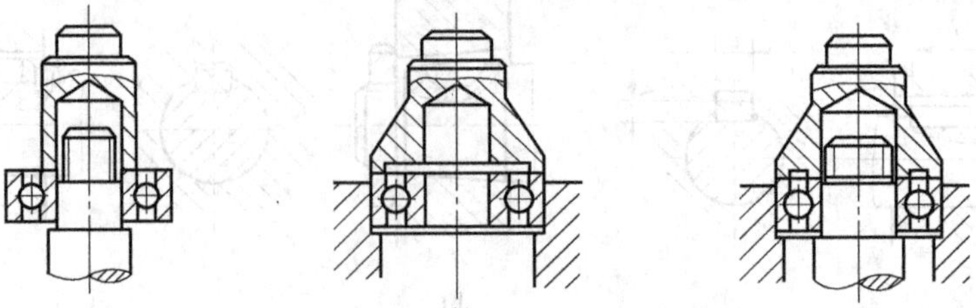

图 6-6　用垫套压滚珠轴承

a）压到轴上时内圈端面受力　b）压到机体孔中时外圈端面受力

c）同时压到轴上和机体孔中时内外圈端面受力

配合三种，一般情况下圆柱销与销孔的配合具有少量的过盈，以保证连接或定位的紧固性和准确性，此时销子涂油后可把铜棒垫在端面上，用锤子打入销孔中。过盈配合的圆柱销连接不宜多次拆装，否则将使配合变松而降低配合精度。

（2）圆锥销的装配　圆锥销具有 1∶50 的锥度。锥孔铰削时宜用销子试配，以手推入 80% ~85% 的锥销长度即可。锥销紧实后，销的大端应露出工件平面（一般为稍大于倒角尺寸）。

（3）开口销的装配　开口销打入孔中后，将小端开口扳开，防止振动时脱出。

5. 过盈连接的类型及其装配

（1）圆柱面过盈连接　圆柱面过盈连接时，为了便于装配和配合过程中容易对中及防止表面出现拉毛现象，包容件的孔端和被包容件的进入端应倒角，取 $\alpha=5° \sim 10°$，$A=1 \sim 3.5\text{mm}$，如图 6-7 所示。圆柱面过盈连接的应用十分广泛，如叶轮与主轴、轴套与轴承座的连接等。过盈量的大小决定于所需承受的力矩，过盈量太大会增加难度而使连接件承受过大的内应力，过盈量太小会使连接件松动打滑而损坏。

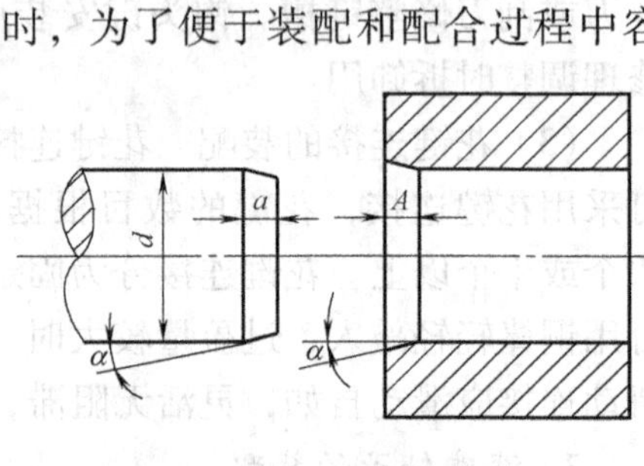

图 6-7　圆柱面过盈连接

（2）圆锥面过盈连接　圆锥面过盈连接是利用包容件和被包容件相对轴向位移后相互压紧而获得的过盈配合。如图 6-8 所示为靠螺纹拉紧的圆锥面过盈连接。圆锥面过盈连接的特点是压合距离短，适合

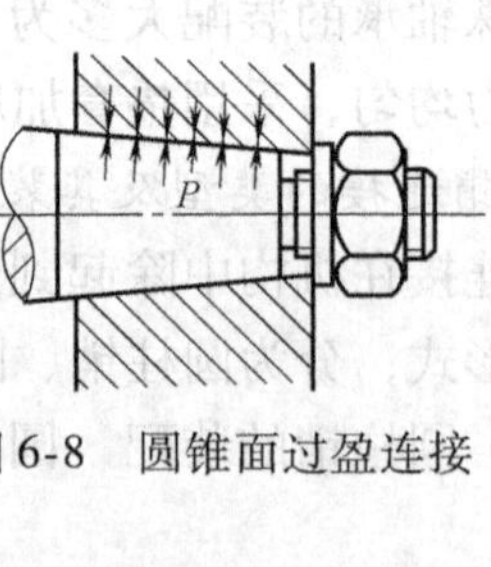

图 6-8　圆锥面过盈连接

多次拆装的场合。

（3）其他过盈连接的装配方法　过盈连接的装配方法很多，依据结构形式、过盈大小、材料、批量等因素有锤击、螺旋压力机装配、气动杠杆压力机装配、油压机装配等方法，还有热胀配合法和冷缩法。热胀配合法是加热包容件后使内孔胀大，套入被包容件，冷却收缩后，使两配合面获得要求的过盈量的装配方法。加热的方法有电炉加热，也可浸在油中加热，加热温度一般控制在 80～120℃，还可以利用感应加热或乙炔火焰加热等方法。冷缩法如小过盈量的小型连接件和薄壁衬套用干冰冷却至－78℃和内燃机主副连杆衬套装配，采用冷却到－195℃的液氮，时间短，效率高。

6. 轴承和轴的装配

（1）滑动轴承的装配

1）整体式滑动轴承的装配。图 6-9 所示为轴套式整体滑动轴承（俗称轴套），它是滑动轴承中最简单的一种。它大多采用压入和锤击的方法来装配，特殊场合采用热装法和冷缩法。当尺寸和过盈量较小时，可用锤子敲入；在尺寸或过盈量较大时，则宜用压力机压入。无论敲入或压入，都必须防止倾斜。装配后，油槽和油孔应处在所要求的位置上。

2）剖分式轴承的装配。图 6-10 所示为剖分式轴承的构成部分。在上、下轴瓦座上各镶一块轴瓦，其结合处配以适当的垫片以调整间隙。在装配时必须注意：

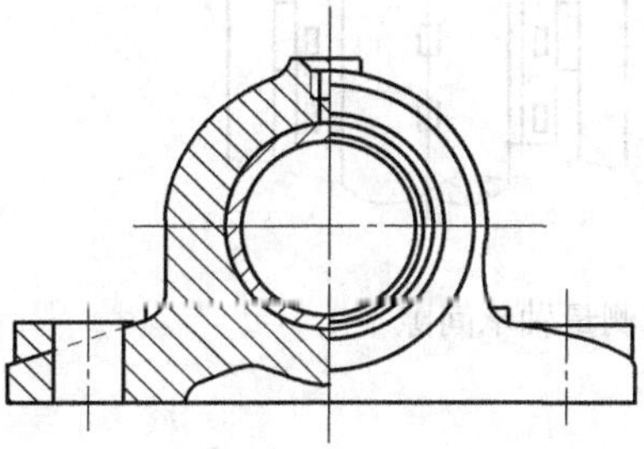

图 6-9　轴套式整体滑动轴承

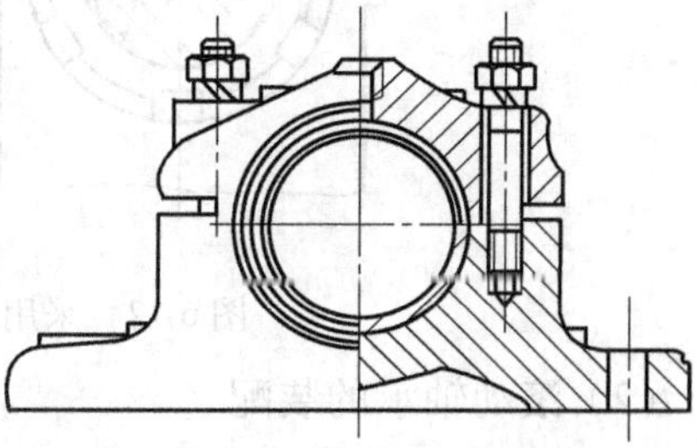

图 6-10　剖分式滑动轴承

① 轴瓦与轴承体（包括轴承座和轴承盖）的装配：上、下两轴瓦与轴承体内孔的接触必须良好。如不符合要求，对于厚壁轴瓦应以轴承体内孔为基准，刮研轴瓦背部，同时，应使轴瓦的台阶紧靠轴承体两端面，不符合要求时要进行修刮。对于薄壁轴瓦则不需修刮，只要使轴瓦的中分面比轴承体的中分面高出一定数值（Δh）即可。$\Delta h=\frac{\pi\delta}{4}$（$\delta$ 为轴瓦与轴承体内孔的过盈量），一般 $\Delta h=0.05\sim0.1\text{mm}$，如图 6-11 所示。

图 6-11　薄壁轴瓦中分面的高出量

② 轴瓦的定位：轴瓦安装在轴承体中，无论在圆周方向或轴向都不允许有位移，通常可用定位销和轴瓦两端的台阶来止动。

③ 轴瓦孔的配刮：对开式轴瓦一般都用与其相配的轴研点，通常先刮下轴瓦，然后再刮上轴瓦，松紧程度可随刮削次数的增加，通过改变垫片的厚度来调整。轴承盖紧固后，轴能轻松地转动而无明显间隙，接触点符合要求，即表示配刮完成。

④ 轴承间隙的测量：通常采用压铅丝法，根据铅丝的平均厚度差就可知道轴承的间隙，如图 6-12 所示。

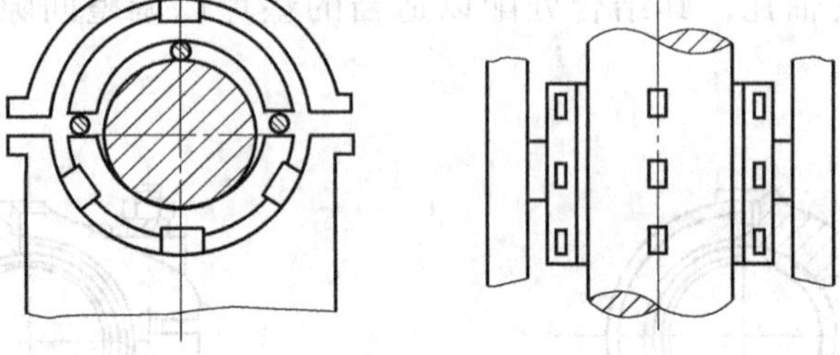

图 6-12　采用压铅丝法测量轴承间隙

（2）滚动轴承的装配

1）滚动轴承装配技术要求

① 滚动轴承上标有代号的端面应装在可见的方向，以便更换时查对。装配后的轴承，须运转灵活，噪声小，工作温度一般不宜超过 65℃。

② 轴颈或壳体孔台阶处的圆弧半径应小于轴承上相对应处的圆弧半径，如图 6-13 所示。

图 6-13　滚动轴承在台肩处的配合要求

③ 在同轴的两个轴承中，必须有一

个可以随轴热胀时产生轴向移动。

④ 装配滚动轴承时必须严格防止污物进入轴承内。比如，不要使用压缩空气吹轴承，尤其对于高速运行的轴承，空气中的微粒往往会拉伤轴承的滚珠。

2）装配方法。轴承的装配方法很多，有锤击法、压力装配法、热装法等，最常用的是锤击法。最基本的原则是要使施加的轴向压力直接作用在所装轴承的套圈的端面上，而尽量不影响滚动体。

① 锤击法是用锤子垫上套筒或纯铜棒等稍软一些的配件后再锤击。锤击点根据轴承装入轴或箱体孔面的不同，分为内环锤击点和外环锤击点。

② 对于过盈较大的轴承，可以用螺旋压力机或液压机进行装配。压装前要将轴和轴承放平、放正并在轴上涂少许润滑油。压入速度不要过快，轴承到位后应迅速撤去压力。

③ 当配合的过盈较大、装配批量大或受装配条件的限制不能用以上方法装配时，可以使用热装法。热装法是将轴承放在油中加热至 80～100℃，使轴承内孔胀大后套装到轴上。

（3）轴承间隙装配　圆锥滚子轴承装配时，轴承间隙是在装配后调整的。调整的方法有如下几种：用垫片调整（图 6-14a）；用螺钉调整（图 6-14b）；用螺母调整（图 6-14c）。

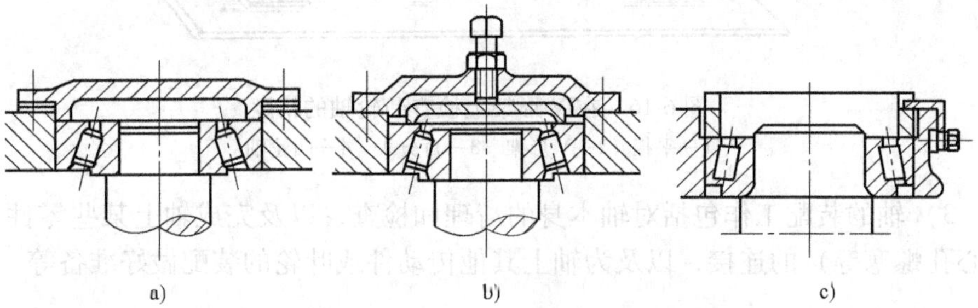

图 6-14　推力调心滚子轴承间隙的调整

推力球轴承装配时，应首先区分出紧环和松环。紧环的内孔直径比松环的略小，装配后的紧环与轴在工作时是保持相对静止的，所以它总是靠在轴的台阶孔端面处，否则轴承将失去滚动作用而加速磨损。图 6-15 所示为松环与紧环正确的安装位置，其轴承间隙可用圆螺母调整。

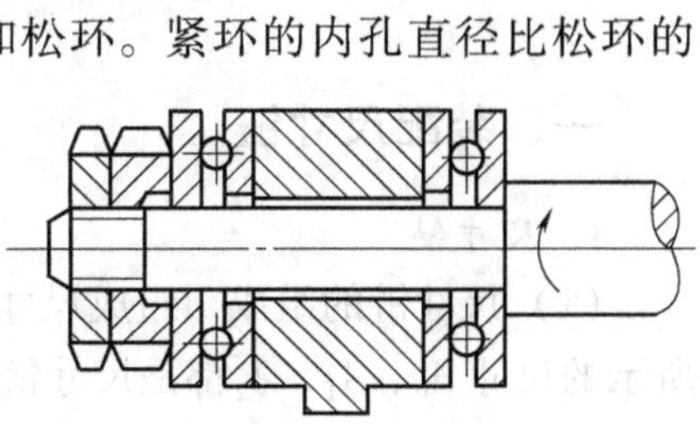

图 6-15　推力球轴承的装配

（4）轴的装配　轴的装配除要保证轴及其上面的零部件能正常运转之外，还要求轴本身具有足够的强度和刚度，并必须满足一定的加工精度要求。轴上零件装配后还应达到规定的装配精度要求。

1）轴本身的精度除重要的尺寸精度外，主要包括各轴颈的圆度、圆柱度和径向圆跳紧环的装配位置度，以及与轴上零件相配合的圆柱面对轴颈的径向圆跳动、轴上重要端面对轴颈的垂直度等。如轴颈圆度误差过大，在滑动轴承中运转时会引起跳动（振动）；轴颈圆柱度误差过大时，会使轴颈在轴承内引起油膜厚度不均等。

2）轴的圆度和圆柱度误差的检查方法是用千分尺对轴颈进行测量，通过测量径向或端面圆跳动，检查轴上各圆柱面对轴颈的径向圆跳动误差以及端面对轴颈的垂直度误差。可在V形架上检查，用百分表或千分表分别测量各外圆柱面及端面的跳动量，如图6-16所示。

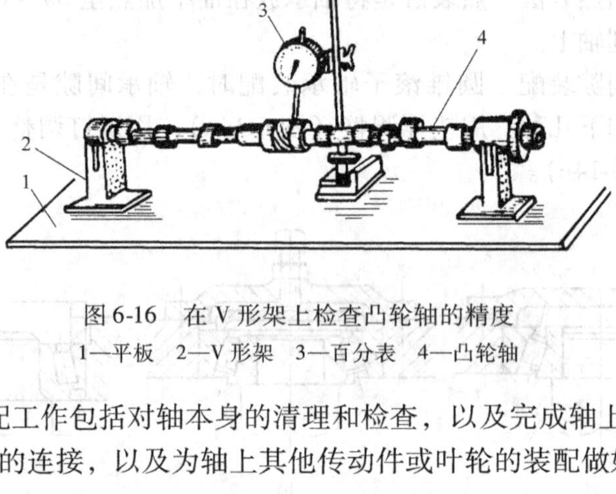

图6-16　在V形架上检查凸轮轴的精度

1—平板　2—V形架　3—百分表　4—凸轮轴

3）轴的装配工作包括对轴本身的清理和检查，以及完成轴上某些零件（如中心孔螺塞等）的连接，以及为轴上其他传动件或叶轮的装配做好准备等。

第三节　装配尺寸链和装配方法的选择

一、装配尺寸链

1. 尺寸链

（1）尺寸链的组成　组成尺寸链的每一个尺寸，称为尺寸链的环。图6-17a所示的尺寸A_0、A_1、A_2都是尺寸链的环。

（2）封闭环　在零件加工过程或机器装配过程中最终形成的尺寸环（或间接形成的环）称为封闭环。如图6-17b所示的尺寸A_0就是封闭环。每个尺寸链中只有一个封闭环，在装配尺寸链中，封闭环即为装配技术要求。

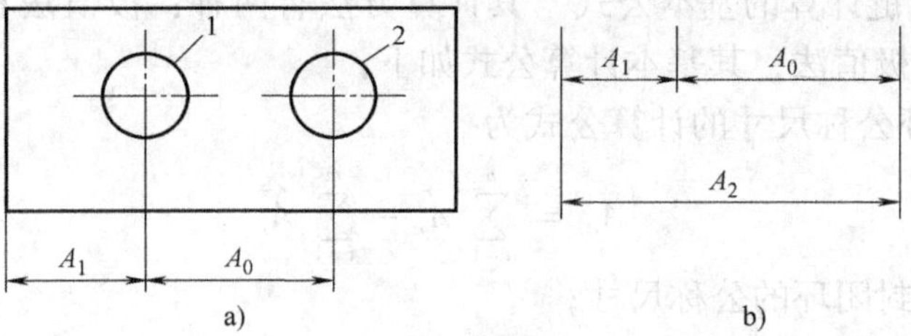

图 6-17　尺寸链图

（3）组成环　除封闭环之外的其他环都称为组成环。图 6-17b 中 A_1 和 A_2 均为组成环。一般来说，组成环的尺寸是由加工直接得到的，每个尺寸链中至少有两个或两个以上组成环。组成环有增环与减环两种。

（4）尺寸链中的增环、减环　在其他组成环不变的条件下，当某组成环增大时，封闭环随之增大，那么该组成环称为增环；在其他组成环不变的条件下，当某组成环增大时，封闭环随之减小，那么该组成环称为减环。在计算尺寸链前，应首先找出封闭环，查明与之有关的全部组成环，画出尺寸链图，然后按要求进行计算。

（5）画尺寸链图　根据装配图所注各个零部件之间的装配关系绘制尺寸链图。尺寸链图是用符号表示尺寸链中各环之间关系的图形。其画法是：首先分析工艺过程，结合设计图样（或工序图样）的要求，找出封闭环，然后从封闭环一端开始，按照尺寸之间的联系，首尾相连，依次画出对封闭环有影响的尺寸，找出最后一个组成环，回到封闭环的另一端，形成一个封闭图形。不必画出零件的具体结构，也不必按严格的比例，如图 6-17b 所示。

（6）判定增环和减环　在尺寸链图上，由封闭环的任一端出发，按照顺时针或逆时针方向旋转，最后从相反方向绕回到封闭环的另一端。在旋转时，依次将每一个组成环标出与旋转方向相同的箭头，每一个组成环与封闭环箭头相反的就是增环，相同的就是减环。

如图 6-18 所示，A_0 为封闭环，A_1、A_2、A_3 为减环，A_4 为增环。

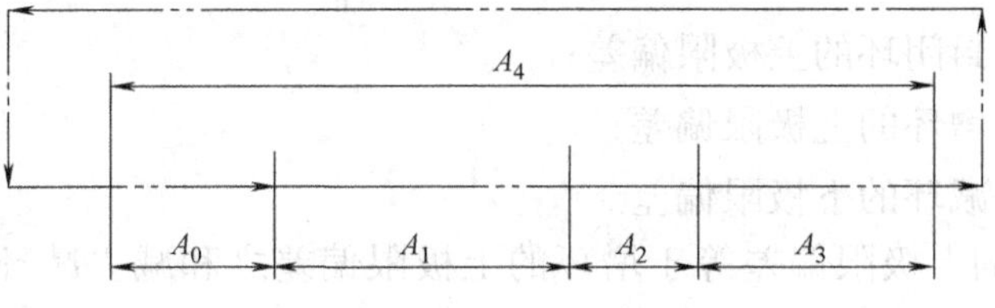

图 6-18　判定增环和减环

(7) 尺寸链计算的基本公式　其计算方法有两种：极值法和概率法。生产中一般多采用极值法，其基本计算公式如下：

1）封闭环公称尺寸的计算公式为

$$A_0 = \sum_{i=1}^{n} \overrightarrow{A_i} - \sum_{i=1}^{m} \overleftarrow{A_i} \tag{6-1}$$

式中　A_0——封闭环的公称尺寸；

$\overrightarrow{A_i}$——增环的公称尺寸；

$\overleftarrow{A_i}$——减环的公称尺寸；

n——增环的数目；

m——减环的数目。

即封闭环的公称尺寸等于增环的公称尺寸之和减去减环的公称尺寸之和。

2）封闭环极限尺寸的计算公式为

$$A_{0\max} = \sum_{i=1}^{n} \overrightarrow{A}_{i\max} - \sum_{i=1}^{m} \overleftarrow{A}_{i\min} \tag{6-2}$$

$$A_{0\min} = \sum_{i=1}^{n} \overrightarrow{A}_{i\min} - \sum_{i=1}^{m} \overleftarrow{A}_{i\max} \tag{6-3}$$

式中　$A_{0\max}$——封闭环的上极限尺寸；

$A_{0\min}$——封闭环的下极限尺寸；

$\overrightarrow{A}_{i\max}$——增环的上极限尺寸；

$\overleftarrow{A}_{i\max}$——减环的上极限尺寸；

$\overrightarrow{A}_{i\min}$——增环的下极限尺寸；

$\overleftarrow{A}_{i\min}$——减环的下极限尺寸。

即封闭环的上极限尺寸等于增环的上极限尺寸之和减去减环的下极限尺寸之和；封闭环的下极限尺寸等于增环的下极限尺寸之和减去减环的上极限尺寸之和。

3）封闭环上、下极限偏差的计算公式为

$$ES_0 = \sum_{i=1}^{n} \overrightarrow{ES_i} - \sum_{i=1}^{m} \overleftarrow{EI_i} \tag{6-4}$$

式中　ES_0——封闭环的上极限偏差；

$\overrightarrow{ES_i}$——增环的上极限偏差；

$\overleftarrow{EI_i}$——减环的下极限偏差。

即封闭环的上极限偏差等于增环的上极限偏差之和减去减环的下极限偏差之和。

$$EI_0 = \sum_{i=1}^{n} \overrightarrow{EI_i} - \sum_{i=1}^{m} \overleftarrow{ES_i} \tag{6-5}$$

式中　EI_0——封闭环的下极限偏差；

$\overrightarrow{EI_i}$——增环的下极限偏差；

$\overleftarrow{ES_i}$——减环的上极限偏差。

即封闭环的下极限偏差等于增环的下极限偏差之和减去减环的上极限偏差之和。

4）封闭环的公差为

$$T_0 = A_{0\max} - A_{0\min} = \sum_{i=1}^{n} \overrightarrow{T_i} + \sum_{i=1}^{m} \overleftarrow{T_i} = \sum_{i=1}^{n} T_i \tag{6-6}$$

式中　T_0——封闭环的公差；

$\overrightarrow{T_i}$——增环的公差；

$\overleftarrow{T_i}$——减环的公差；

T_i——组成环的公差。

即封闭环的公差等于各组成环的公差之和。

由此可知，封闭环的公差比任何组成环的公差都大，为了减小封闭环的公差，就应尽量减少组成环的数目。当封闭环的 T_0 一定时，组成环的环数少，其公差就可比环数多时增大，从而降低了加工的难度。这一原则称为“尺寸链最短原则”。

即封闭环的上极限尺寸等于增环的上极限尺寸之和减去减环的下极限尺寸之和；封闭环的下极限尺寸等于增环的下极限尺寸之和减去减环的上极限尺寸之和。

2. 装配尺寸链

把互相联系且影响某一部件装配精度的有关尺寸彼此顺序地连接排列起来，就能构成一个封闭的尺寸组合，称为装配尺寸链。

（1）装配尺寸链的两个特征

1）组件内各零件的有关尺寸连接排列起来构成封闭外形。

2）构成这个封闭外形的每个独立尺寸的偏差都影响着装配精度。

在机器的装配过程中，凡是装配后才形成的尺寸就称为装配尺寸链的封闭环，它是由两个零件上的表面（或中心线）构成的。

（2）建立装配尺寸链的方法　建立装配尺寸链是在完整的装配图或示意图上进行的。装配精度和相关零件精度之间的关系构成装配尺寸链。显然，最后形成的封闭环是装配精度，相关零件的设计尺寸是组成环。建立装配尺寸链就是根据封闭环的装配精度，查找组成环相关零件设计尺寸，并画出尺寸链图，判别组成环的性质（判别增、减环）。

在装配关系中，对装配精度有直接影响的零部件的尺寸和位置关系，都是装配尺寸链的组成环。装配尺寸链的组成环也分为增环和减环。

例如，图6-19所示为轴与孔配合的装配关系，装配后要求轴孔有一定的间隙。轴孔间的间隙A_0就是该尺寸链的封闭环，它是由孔尺寸A_1和轴尺寸A_2装配后形成的尺寸。此时，孔尺寸A_1增大，间隙A_0（封闭环）也随之增大，故A_1为增环，轴尺寸A_2为减环。其尺寸链方程为：$A_0=A_1-A_2$。

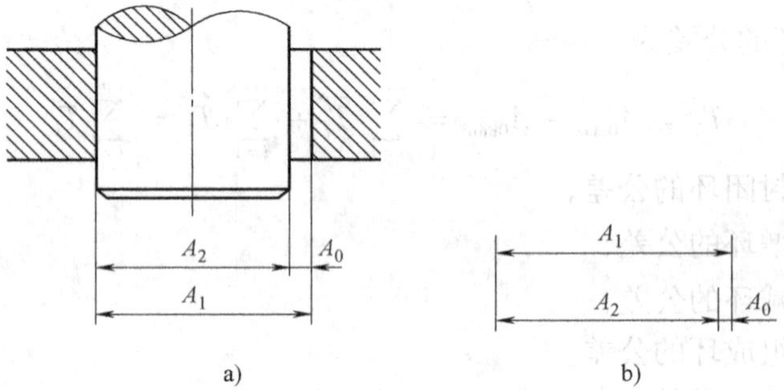

图6-19 轴与孔配合的装配尺寸链

3. 装配尺寸链的计算方法

装配方法与装配尺寸链的计算方法密切相关，同一项装配精度，采用不同的装配方法时，其装配尺寸链的计算方法也不相同。

1）装配尺寸链组成的“一件一环”原则。由尺寸链的基本理论可知，在装配精度既定的条件下，组成环数越少，则各组成环分配到的公差值就越大，零件加工越容易、越经济。

2）在查找装配尺寸链时，每个相关的零部件只应有一个尺寸作为组成环列入装配尺寸链，即将两个装配基准面间的位置尺寸直接标注在零件图上。这样组成环的数目就等于有关零部件的数目，即“一件一环”，这就是装配尺寸链的最短路线（环数最少）原则。

3）装配尺寸链的“方向性”。在同一装配结构中，在不同位置方向都有装配精度要求时，应按不同方向分别建立装配尺寸链。例如，蜗杆副传动结构为保证正常啮合，要同时保证蜗杆副两轴线间的距离精度、垂直度精度、蜗杆轴线与蜗轮中间平面的重合精度，这是三个不同位置方向的装配精度，因而需要在三个不同方向分别建立尺寸链。

4. 保证装配精度的装配方法

应根据产品的结构特点和装配精度要求，结合不同的生产条件来选择不同的保证装配精度的方法，以达到良好的技术、经济效果。在汽车、拖拉机制造中，常用的保证装配精度的方法有互换装配法、选择装配法、修配装配法和调整装配法。

二、装配方法的选择

1. 完全互换装配法的特点及应用场合

在采用完全互换装配法装配时，尺寸链中各环按规定公差加工后，不需经修理、选择和调整，就能保证其封闭环的预定精度。完全互换装配法具有装配质量稳定可靠，对工人的技术等级要求较低，装配工作简单、经济、生产率高等特点，易于组织流水装配和自动化装配，又可保证零部件的互换性，适用于汽车等制造中的专业化生产和协作生产。

在全部产品中，装配时各组成环不需挑选或改变其大小及位置，装入后即能达到封闭环的公差要求。

2. 尺寸链的计算方法

选择完全互换装配法时，采用极值公差公式计算。为保证装配精度要求，尺寸链中封闭环的极值公差应小于或等于封闭环的公差要求值。按完全互换装配法的要求解有关的装配尺寸链，称为完全互换法解尺寸链。装配精度由零件精度来保证。如图 6-20a 所示为齿轮箱部件，装配要求是轴向窜动量为 $A_0 = 0.3 \sim 0.8$mm。已知 $A_1 = 100$mm，$A_2 = 50$mm，$A_3 = A_5 = 8$mm，$A_4 = 134$mm，试用完全互换法解此尺寸链。

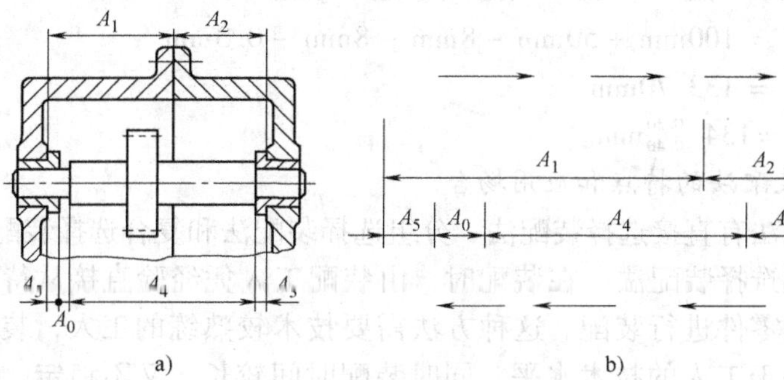

图 6-20 齿轮轴装配

(1) 绘制尺寸链图（图 6-20） 验证各环基本尺寸。其中 A_1、A_2 为增环，A_3、A_4、A_5 为减环，A_0 为封闭环。

根据式 (6-1) 可得：

$$
\begin{aligned}
A_0 &= (A_1 + A_2) - (A_3 + A_4 + A_5) \\
&= (1100 + 50)\text{mm} - (8 + 134 + 8)\text{mm} \\
&= 150\text{mm} - 150\text{mm} \\
&= 0
\end{aligned}
$$

由此可知各环的基本尺寸正确。

(2) 确定各组成环尺寸公差及极限尺寸　封闭环公差为

$$T_0 = 0.8\text{mm} - 0.3\text{mm} = 0.5\text{mm}$$

根据 $T_0 = \sum_{i=1}^{m+n} T_i = T_1 + T_2 + T_3 + T_4 + T_5 = 0.5\text{mm}$，考虑各组成环尺寸的大小和加工的难易程度，合理分配各组成环公差如下：

$$T_1 = 0.2\text{mm},\quad T_2 = 0.1\text{mm},\quad T_3 = T_5 = 0.05\text{mm},\quad T_4 = 0.1\text{mm}$$

按入体原则分配各组成环的偏差：

$$A_1 = 100^{+0.20}_{\ \ 0}\text{mm},\quad A_2 = 50^{+0.10}_{\ \ 0}\text{mm},\quad A_3 = A_5 = 8^{\ \ 0}_{-0.05}\text{mm}$$

本题中，为满足装配精度要求，应在各组成环中选择一个便于制造及可用通用量具测量的尺寸作为协调环，本题选 A_4 为协调环，其极限尺寸由封闭环极限尺寸方程式来确定。

$$A_{0\max} = (A_{1\max} - A_{2\max}) - (A_{3\min} + A_{4\min} + A_{5\min})$$

$$\begin{aligned} A_{4\min} &= A_{1\max} + A_{2\max} - A_{3\min} - A_{5\min} - A_{0\max} \\ &= 100.20\text{mm} + 50.10\text{mm} - 7.95\text{mm} - 7.95\text{mm} - 0.8\text{mm} \\ &= 133.60\text{mm} \end{aligned}$$

$$A_{0\min} = (A_{1\min} + A_{2\min}) - (A_{3\max} + A_{4\max} + A_{5\max})$$

$$\begin{aligned} A_{4\max} &= A_{1\min} + A_{2\min} - A_{3\max} - A_{5\max} - A_{0\min} \\ &= 100\text{mm} + 50\text{mm} - 8\text{mm} - 8\text{mm} - 0.3\text{mm} \\ &= 133.70\text{mm} \end{aligned}$$

所以　$A_4 = 134^{-0.30}_{-0.40}\text{mm}$。

3. 选择装配法的特点和应用场合

选择装配法有直接选择装配法、分组选择装配法和复合选择装配法三种。

(1) 直接选择装配法　在装配时，由装配工人凭经验直接从待装配的零件中挑选合适的零件进行装配。这种方法需要技术较熟练的工人，装配精度在很大程度上取决于工人的技术水平，同时装配时间较长，又不稳定，故这种装配方法适用于封闭环公差要求不太严的公差数组，装配时，选择相同组别的零件进行装配，保证同组零件具有互换性。

(2) 分组选择装配法　分组选择装配法适用于封闭精度（装配精度）要求很高，生产批量较大时，如连杆、活塞销的配合，若采用完全互换法解尺寸链，往往组成环公差很小，造成零件加工困难和成本提高，这时可将零件的公差适当放大，使加工较为容易，然后按零件的实际尺寸大小分成若干组，按相应组进行装配，分组选择装配法在汽车及汽车发动机装配中应用广泛，如活塞销与活塞销孔的装配。

分组选择装配法是将尺寸链中组成环的制造公差放大到经济精度的程度，然后分组装配，以保证装配精度。

例　有一批轴、孔配合件，轴的直径为32mm，轴与孔配合，要求轴和孔是基轴制过盈配合，有0.01～0.02mm的过盈量。试用分组选配法解尺寸链，并确定各组成环的偏差值。设孔、轴的经济公差为0.02mm。

解

1）先按完全互换法求出各组成环的公差和极限偏差。

$$T_0=(-0.01)\text{mm}-(-0.02)\text{mm}=0.01\text{mm}$$

根据等公差原则取 $T_1=T_2=\dfrac{0.01\text{mm}}{2}=0.005\text{mm}$。

按基轴制原则，销子的尺寸为 $A_1=32_{-0.005}^{\ 0}\text{mm}$。

根据配合要求可知孔的尺寸为 $A_2=32_{-0.020}^{-0.015}\text{mm}$。

画出销子与销孔的尺寸公差带，如图6-21a所示。

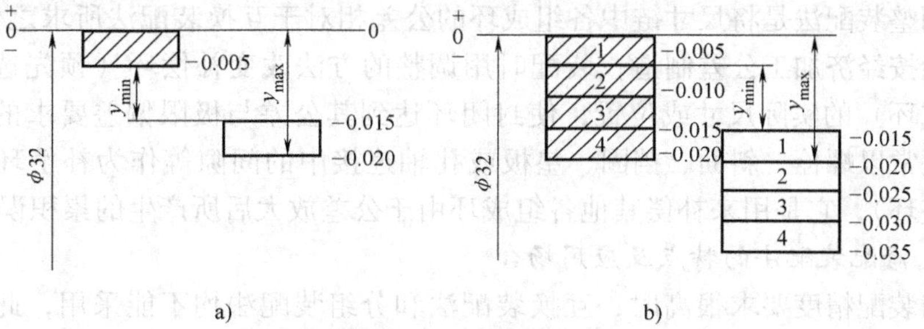

图6-21　公差带

a）原尺寸公差带　b）分组尺寸公差带

2）根据经济公差为0.02mm，可将组成环公差均扩大4倍，即0.005mm×4＝0.02mm。

3）按同方向扩大公差，得销子尺寸为 $\phi32_{-0.02}^{\ 0}\text{mm}$，孔尺寸为 $\phi32_{-0.035}^{-0.015}\text{mm}$。其尺寸公差带如图6-21b所示。

4）加工后，按实际尺寸分成四组如图6-21b所示，然后按组进行装配，活塞销和活塞销孔的分组尺寸见表6-2。

表6-2　活塞销和活塞销孔的分组尺寸　　（单位：mm）

组　别	活塞销直径	活塞销孔直径	配合情况	
			最小过盈	最大过盈
1	$\phi32_{-0.005}^{\ 0}$	$\phi32_{-0.020}^{-0.015}$	0.010	0.020
2	$\phi32_{-0.010}^{-0.005}$	$\phi32_{-0.025}^{-0.020}$		
3	$\phi32_{-0.015}^{-0.020}$	$\phi32_{-0.030}^{-0.025}$		
4	$\phi32_{-0.020}^{-0.015}$	$\phi32_{-0.035}^{-0.030}$		

(3) 复合选择装配法 它是选择装配法与分组互换装配法的复合，即零件加工后先检测分组。装配时，在各对应组内经工人进行适当的选配。这种装配法的特点是配合件公差可以不等，装配速度较快，质量高，能满足一定生产节拍的要求。如汽车发动机气缸与活塞的装配多采用此种装配方法。

上述几种装配方法，无论是完全互换法，还是分组互换法，其特点都是零件能够互换，这一点对于大批大量生产的装配来说，是非常重要的。

4. 调整装配法的特点和应用场合

在汽车、拖拉机中，常有封闭环公差要求严而组成环又很多的尺寸链。此时，若用完全互换法解装配尺寸链，组成环的加工将比较困难，很不经济。若用分组互换法，则因环数多，使零件分组选择非常复杂。对于这种情况，采用调整装配法能达到装配精度要求。

调整装配法是将尺寸链中各组成环的公差相对于互换装配法所求之值增大，使其能按经济加工公差制造，装配时用调整的方法改变补偿环（预先选定的某一组成环）的实际尺寸或位置，使封闭环达到其公差与极限偏差要求的装配方法。通常以螺栓、斜面、挡圈、垫板或孔轴连接中的间隙等作为补偿环（或称为调整环），它是用来补偿其他各组成环由于公差放大后所产生的累积误差的。

5. 修配装配法的特点及应用场合

当装配精度要求很高时，互换装配法和分组装配法均不能采用，此时可将各组成环按经济公差加工，并选定其中一个组成环预留修配量，在装配时，根据实际测量的结果，用修配的方法改变尺寸链中某一预定的组成环的尺寸，使封闭环达到规定的精度。通常选择容易加工、修配，并且对其他尺寸没有影响的零件作为修配环修配装配法可降低对组成环的加工要求，利用修配补偿环的方法可以获得较高的装配精度，尤其是尺寸链中环数较多时，其优点更为明显。因此，在大批大量生产中很少采用修配装配法，而在单件小批量生产中则广泛采用。在中批量生产中，一些封闭环要求较严的多环装配尺寸链大多采用修配装配法。在汽车制造中，有时个别要求很高的尺寸链也采用修配装配法，如汽车、拖拉机中主减速器的主、从动锥齿轮要求有较高的啮合要求，在用调整装配法保证轴向位置精度之前，应先把主、从动锥齿轮进行直接选配研磨，打上标记，然后成对地送去装配。这时的选配，不预先分组而是直接选择装配，选配后的研磨，实质上就是修配装配法。

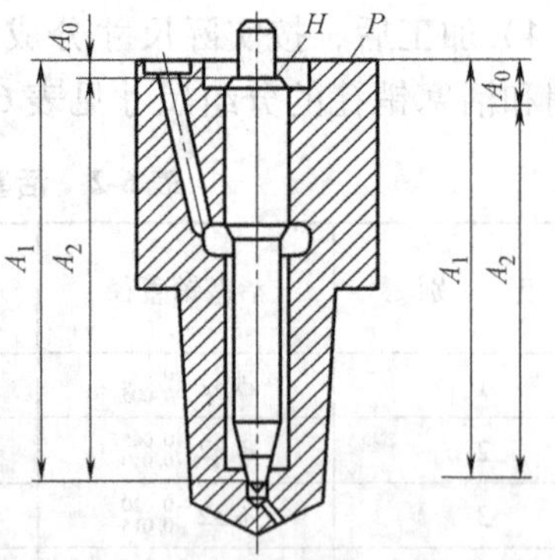

图 6-22 高压油泵喷油嘴与轴针偶件

如图 6-22 所示的结构是高压油泵喷

油嘴体与轴针偶件的装配尺寸链。选定轴针为补偿环，装配时通过修磨轴针轴肩面改变其尺寸，以保证间隙要求。

上述几种保证装配精度的方法，都是在加工与装配的矛盾中产生的，在不同的条件下，采用不同的方法来解决矛盾。一般来说，选择装配方法的原则如下：

1）装配精度要求不高时，尽量采用完全互换装配法。

2）当装配精度要求较高时，若采用完全互换装配法会使零件的加工比较困难或很不经济，就应采用其他装配方法。在成批大量生产时，组成环数少的尺寸链可采用分组互换装配法，环数多的尺寸链采用调整装配法或互换装配法。单件或成批生产时可采用修配装配法。当装配精度要求很高，不宜选择其他装配方法时，也可采用修配装配法。

第四节　装配工艺规程制订

装配工艺规程是规定产品或零部件装配工艺过程和操作方法的工艺文件，是指导装配生产的主要技术文件。

一、制订装配工艺规程的过程

1. 制订装配工艺规程的基本原则

1）保证产品装配质量，力求提高质量，以延长产品的使用寿命。

2）合理地安排装配顺序和工序，尽量减少钳工手工劳动量，缩短装配周期，提高装配效率。

3）尽量减少装配占地面积，提高单位面积的生产率。

4）要尽量减少装配工作所占的成本。

2. 制订装配工艺规程所依据的原始资料

（1）产品的装配图及验收技术的标准　产品的装配图包括产品的总装图和部件装配图，并能清楚地表示出：所有零件相互连接的结构视图及必要的剖视图；零件的编号；产品的结构特点和工作性能；产品中各零件的相互关系及作用；在装配时应保证的尺寸；配合件的配合性质及公差等级；装配的技术要求；零件及总成的明细表等。为了在装配时对某些零件进行补充机械加工和核算装配尺寸链，有时还需要某些零件图以及零件明细表中的名称、件数、材料等，这可以帮助进一步分析产品的结构和性能。产品的验收技术条件、检验内容和方法也是制订装配工艺规程的重要依据。

（2）产品的生产纲领　生产纲领决定了产品的生产类型，生产类型不同，装配的生产组织形式、工艺方法、工艺过程的划分、工艺装备的多少、手工劳动的比例等均有很大不同。像汽车这样大批量生产的产品，应尽量选择专用装配设备和工具，采用流水线装配方法，有的装配区段还要采用机器人，组成自动装配线。

(3) 生产条件　在现有条件下制订装配工艺规程时，应了解现有工厂的装配工艺装备、工人技术水平、装配车间面积等。如果是新建厂，则应适当选择先进的装备和工艺。

(4) 产品的生产类型　产品的生产类型基本上决定了装配生产的组织形式、产品装配的工艺装备、装配工具和装配方法。

3. 装配工艺规程的内容

装配工艺规程是装配工作的指导性文件，是工人进行装配工作的依据，它必须具备下列内容：

1）规定所有零件和部件的装配顺序。

2）对所有的装配单元和零件规定出既能保证装配精度，又能保证生产率和经济性的装配方法。

3）划分工序，决定工序内容。

4）决定必需的工人技术等级和工时定额。

5）选择完成装配工作所必需的装配用设备和工艺装备。

6）确定验收方法和装配技术条件。

4. 制订装配工艺规程的步骤

掌握了充分的原始资料以后，就可以着手制订装配工艺规程了，其步骤一般是：

1）分析装配图：了解产品的结构特点，确定装配的基本单元，规定合理的装配方法。

2）决定装配的组织形式：可根据工厂的生产设备、生产和产品的结构特点来决定。

3）确定装配顺序：装配顺序基本上是由产品的结构和装配组织形式决定的。产品的装配总是从基准件开始，从零件到组件，从组件到部件，从部件到产品。从内到外，从下到上，以不影响下道工序的进行为原则，按次序进行。

4）划分工序：在采用流水线装配形式时，整个装配工艺过程划分为多少道工序，必须取决于装配节奏的长短。对于重要部分，在装配工序完成后必须加以检查，以保证质量。在重要而又复杂的装配工序中，不易用文字明确表达时，还必须画出部件局部的指导性装配图。

5）选择工艺设备：根据产品结构特点和生产规模，应尽可能选用相应的最先进的装配工具和设备。

6）确定检查方法：检查方法应根据产品的结构特点和生产规模来选择，要尽可能选用先进的检查方法。

7）确定工人技术等级和工时定额：工人技术等级和工时定额一般都根据工厂的实际经验和统计资料及现场实际情况来确定。

8）编写工艺文件：装配工艺技术文件主要是装配工艺卡（有时需要编制更详细的装配工序卡），它包含着完成装配工艺过程所必需的一切资料。

5. 装配方法与装配组织形式的选择

装配方法与装配组织形式的选择主要取决于产品结构特点（如质量大小、尺寸及复杂程度）、生产纲领和现有生产条件。装配的组织形式主要分固定式和移动式两种。对于固定式装配，其全部装配工作在一个固定的地点进行，产品在装配过程中不移动，多用于单件小批量生产或重型产品的成批生产。移动式装配是将零部件用输送带或移动小车按装配顺序从一个装配地点移动至下一个装配地点，各装配点完成一部分工作，全部装配点的工作在一条生产线上完成，多用于大批量复杂机器设备的装配。

6. 工艺过程

工艺过程是由许多工序组成的，根据生产过程内容的繁简程度，工艺过程又划分为许多工序（在大的工序内，又可分为若干工步）。

（1）工序　在一个作业场地由一个工人（或一组工人）对一个零件（或一组零件）所连续完成的工艺过程的一部分叫工序。工序不但是工艺过程的基本组成部分，而且是生产计划的基本单元。计算设备负荷，决定必须的工人数和技术等级以及工具数等，都是以工序为依据的。

工序的特点是：工作地点、加工对象和工人不变，而且全部过程是连续进行的。

（2）工步　用同一工具，不改变工作方法，并在固定的位置上连续完成装配工作，称为装配工步。部件装配和总装配都是由若干个装配工序组成的，一个装配工序中可包括一个或几个装配工步。

二、工艺规程与工艺卡

一种生产对象的工艺过程有很多种方案，从许多不同方案中，通过对各种情况进行分析（如工效、质量、成本等）而选定某一具体生产条件下最合理的方案，将其内容用条文、图表等形式确定下来，并写成文件，这就是工艺规程。

根据工艺规程，分别将不同的作业范围（如清洗、检验、加工、装配）编写成工艺卡，送达车间，用以组织和指导生产，同时也作为编制生产计划的依据。装配工艺卡见表6-3。

表6-3　装配工艺卡

<table>
<tr><td rowspan="2"></td><td colspan="2" rowspan="2">公司</td><td colspan="3" rowspan="2">总装配工艺卡</td><td>产品型号</td><td></td><td>零(部)件图号</td><td></td><td colspan="2">文件编号</td></tr>
<tr><td>产品名称</td><td></td><td>零(部)件名称</td><td></td><td colspan="2"></td></tr>
<tr><td></td><td>装配车间</td><td></td><td>工序</td><td></td><td>工位</td><td>工作内容</td><td></td><td></td><td>工位定员</td><td colspan="2"></td></tr>
<tr><td rowspan="2"></td><td rowspan="2">工步号</td><td colspan="3" rowspan="2">操作内容</td><td rowspan="2">装配面</td><td colspan="3">相互配合零件或部件</td><td rowspan="2">工艺装备、设备及工具</td><td colspan="2" rowspan="2">工时定额/min</td></tr>
<tr><td>代号</td><td>名称</td><td>数量</td></tr>
<tr><td></td><td>3</td><td colspan="3"></td><td></td><td></td><td></td><td></td><td></td><td colspan="2"></td></tr>
<tr><td>描图</td><td></td><td colspan="3"></td><td></td><td></td><td></td><td></td><td></td><td colspan="2"></td></tr>
<tr><td>描校</td><td>4</td><td colspan="3"></td><td></td><td></td><td></td><td></td><td></td><td colspan="2"></td></tr>
<tr><td></td><td>5</td><td colspan="3"></td><td></td><td></td><td></td><td></td><td></td><td colspan="2"></td></tr>
<tr><td>旧底图号</td><td colspan="4" rowspan="4">主要技术要求</td><td rowspan="4">装配简图</td><td colspan="6" rowspan="4"></td></tr>
<tr><td>底图总号</td></tr>
<tr><td>签字</td></tr>
<tr><td>日期</td></tr>
</table>

<table>
<tr><td rowspan="3">装订号</td><td></td><td></td><td></td><td></td><td></td><td></td><td></td><td></td><td></td><td></td><td>编制</td><td></td><td>审定</td><td></td><td>共 页</td></tr>
<tr><td></td><td></td><td></td><td></td><td></td><td></td><td></td><td></td><td></td><td></td><td>校对</td><td></td><td>标准化</td><td></td><td rowspan="2">第 页</td></tr>
<tr><td>标记</td><td>处数</td><td>更改文件号</td><td>签字</td><td>日期</td><td>标记</td><td>处数</td><td>更改文件号</td><td>签字</td><td>日期</td><td>审核</td><td></td><td>批准</td><td></td></tr>
</table>

装配工艺卡是根据工艺规程所规定的内容，用简明的文字、表格和工作图等形式表达出来，作为具体安排和指导生产的依据。

工艺规程只提总的要求，并不具体写明每一工序如何操作，工艺卡要较详细地写明各工序技术要求、操作要点及步骤。工艺卡是工艺规程的具体化，是工艺规程进入生产的执行部分，而工艺规程是法定的技术性文件，一般保存在技术部门作为技术档案。

1. 确定工艺规程及工序的原则

(1) 确定工艺规程的原则　各地、各企业、各工厂应根据本地区、企业、工厂的实际情况、生产纲领及技术水平、设备情况，结合国家技术政策和方针，以及有关技术管理制度、技术标准、法规、文件，既考虑先进合理性，又全面考虑生产率，还要考虑修理质量、生产成本、安全及劳动条件，做出妥善的安排。具体要求如下：

1）技术上的先进性：应尽量采用新技术、新工艺、新设备，以提高劳动生产率，降低成本，保证质量。

2）经济上的合理性。

3）改善劳动和安全条件。

(2) 确定工序的原则

1）凡容易使工件变形的工序，应尽可能安排在前面，避免最后因变形而浪费工料。如热加工、冷压、镶套应尽量安排在前面。

2）加工表面精度要求高的工序，应尽量放在其他工序后，以免移动中碰伤精加工表面。

3）工件钻孔应在平面切削之后，尽量不要在斜面上钻孔，以免孔偏斜。

4）工件在工序之间的运输路程和次数应考虑为最短最少，这样可以减少运输工具和劳动强度。

5）工序之间的工人活动不能互相干扰。

6）流水工序应紧密配合流水节奏（时间节拍），如局部工作量过重，无法进行流水作业，相应工组（或工位）应进行调整。

2. 编写工艺卡

装配一般分为汽车的装配总成的装配和组合件（如活塞连杆组）的装配等。工艺卡的内容一般应包括以下几个方面：

1）工序号：按作业顺序编排的序号。

2）工作图：指明零件或总成的作业部位以便按照指明的部位工作。如检验图和装配图，应在图上引线处标明其耗损部位或配合件之间的公差、间距、角度及方位等。操作方法是用简图来表明在操作中工件对设备、夹具、工具、量具及仪器等的相互位置或操作方法。

3）技术要求。

① 操作工艺上的数据，切削加工的切削用量，零件清洗溶液的成分，热处理的温度及力学性能（指硬度、强度、冲击韧度、耐磨性、耐腐蚀性、耐疲劳等）。

② 标明技术规范，即零件的尺寸（如公称尺寸、允许磨损尺寸、极限磨损尺寸）、表面粗糙度及精度、配合副的公差等。

③ 装配中某部位的气压、真空度、力矩、弹力、工作性能等。

④ 应在每一作业项目（工序）中指明所用的设备、夹具、刀具、量具和仪器等的名称及必要的型号。

⑤ 指工件所用材质的型号、尺寸等。

⑥ 完成每一工序所需的连续作业时间。

此外，工艺卡一经确定，不能随意更改，如有必要修改，须经有关部门批准。因此，工艺卡下方一栏应填写批准单位签字、检验员签字以及执行日期等。

三、装配生产组织形式

1. 单件生产及其装配组织形式

制造单个不同结构的产品，并且很少重复，甚至完全不重复，这种生产方式称为单件生产。单件生产的装配工艺多在固定地点装配，由一个工人或一组工人，从开始到结束把产品的装配工作进行到底。这种组织形式的装配周期长，占地面积大，需要大量的工具和装备，修配和调整工作较多，互换件较少，故要求工人有较高的操作技能。在产品结构十分复杂的小批量生产中，也有采用这种组织形式的。

2. 大量生产及其装配组织形式

产品的装配量很庞大，每个工作地点重复地完成某一工序，并且有严格的节奏性，这种生产方式称为大量生产。在大量生产中，把产品的装配过程首先划分为主要部件、主要组件，并在此基础上再进一步划分为部件、组件的装配，使每一工序只由一个工人来完成。在这样的组织下，只有当从事装配工作的全体工人都按顺序完成了他们所担负的装配工序以后，才能装配出产品。装配对象（部件或组件）在装配过程中，有顺序地由一个工人转移给另一个工人，这种转移可以是装配对象的移动，也可以由工人移动，通常把这种装配组织形式叫做流水装配法。为了保证装配工作的连续性，在装配线所有工作位置上，完成工序的时间都应相等或互成倍数，如汽车、拖拉机的装配线就属于此类。在大量生产中，由于广泛采用零件互换法原则并且使装配工作工序化、机械化、自动化，因而装配质量好、装配效率高、占地面积小、生产周期短，是一种较先进的装配组织形式。

四、装配单元

可以单独进行装配的部件称为装配单元。任何一个制品，一般都能分成若干个装配单元。

机器中的部件装配或总装配都必须按一定顺序进行。要正确确定某一部件的装配顺序，先要研究该部件的结构及其在机器中与其他部件的相互关系，以及装配方面的工艺问题，以便将部件划分为若干装配单元。表示装配单元先后顺序的图称为装配单元系统图，如图 6-23 所示。

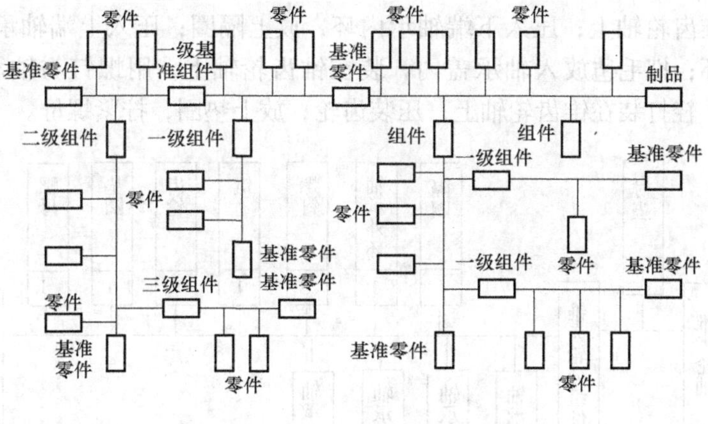

图 6-23 装配单元系统图

图 6-24 所示为减速箱轴承套组件的装配图及装配顺序图，以此为例说明其装配过程。

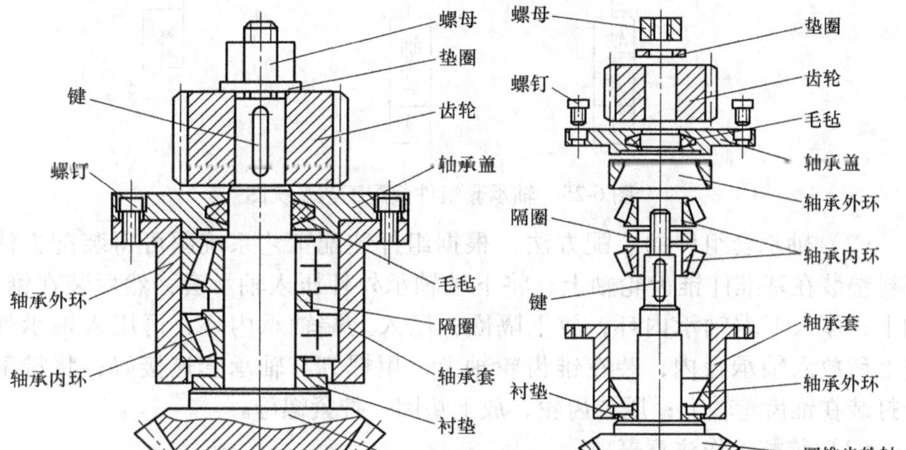

图 6-24 轴承套组件
a）装配图 b）装配顺序图

（1）制订装配工艺系统图　装配工艺系统图能简明直观地反映出产品的装配顺序，其制订方法是：先画一条横线，横线的左端画一个小长方格，代表基准零件，在长方格中注明零件名称、编号和数量，如图6-25所示；横线的右端画上代表产品的长方格，横线从左至右表示装配的顺序，直接进入装配的零件画在横线上面，将代表组件、部件的长方格画在横线的下面。下端轴承外环压入轴承套，然后装在锥齿轮轴上；压入下端轴承内环，放上隔圈；压入上端轴承内环，再压入轴承外环；把毛毡放入轴承盖内，装在锥齿轮轴上，用螺钉与轴承套连接好；将键配好，轻打装在锥齿轮轴上；压装齿轮，放上垫圈，拧紧螺母。

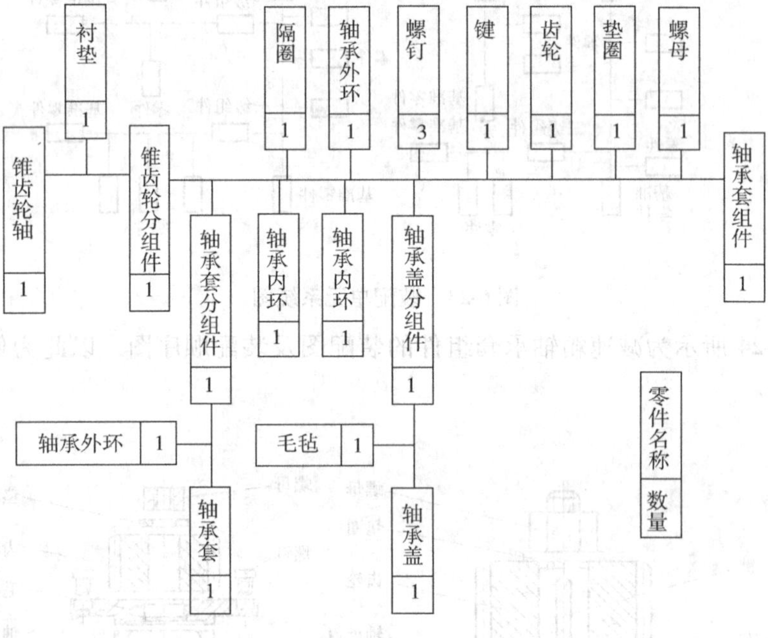

图6-25　轴承套组件装配工艺系统图

（2）轴承套组件的装配方法　根据组件装配工艺系统图可得装配方法为：将衬垫装在基准件锥齿轮轴上；将下端轴承外环压入轴承套，然后装在锥齿轮轴上；压入下端轴承内环，放上隔圈；压入上端轴承内环，再压入轴承外环；把毛毡放入轴承盖内，装在锥齿轮轴上，用螺钉与轴承套连接好；将键配好，轻打装在锥齿轮轴上；压装齿轮，放上垫圈，拧紧螺母。

（3）装配工作注意事项

1）应检查零件与装配有关的形状和尺寸精度是否合格，检查有无变形、损坏等情况。

2）固定连接的零部件，不允许有间隙。活动连接的零件，能在正常的间隙下，灵活地按规定方向运动。

3）各种运动部件的接触面，必须有足够的润滑，油路需畅通。

4）各密封件在装配后不得有渗漏现象。

5）高速运动构件的外面，不得有凸出的螺钉头或销钉头等。

6）装配完毕，应开机试车。试车前，先检查各运动部件的操纵机构是否灵活，手柄是否在合适位置上。试车时，先开慢车，再逐步加速。

第五节　典型机械装配工艺实例

下面以东风 EQ1090E 型汽车的蜗杆曲柄双销式转向器的装配工艺为例进行说明。

1. 装配结构、原理

东风 EQ1090E 型汽车的蜗杆曲柄双销式转向器如图 6-26 所示，它主要由转向器壳体、转向蜗杆、转向摇臂轴、曲柄和指销、上下盖、调整螺塞和螺钉、侧盖等组成。

转向器壳体固定在车架的转向器支架上。壳体内装有传动副，其主动件是转向蜗杆，从动件是装在摇臂曲柄端部的指销。具有梯形螺纹截面的转向蜗杆

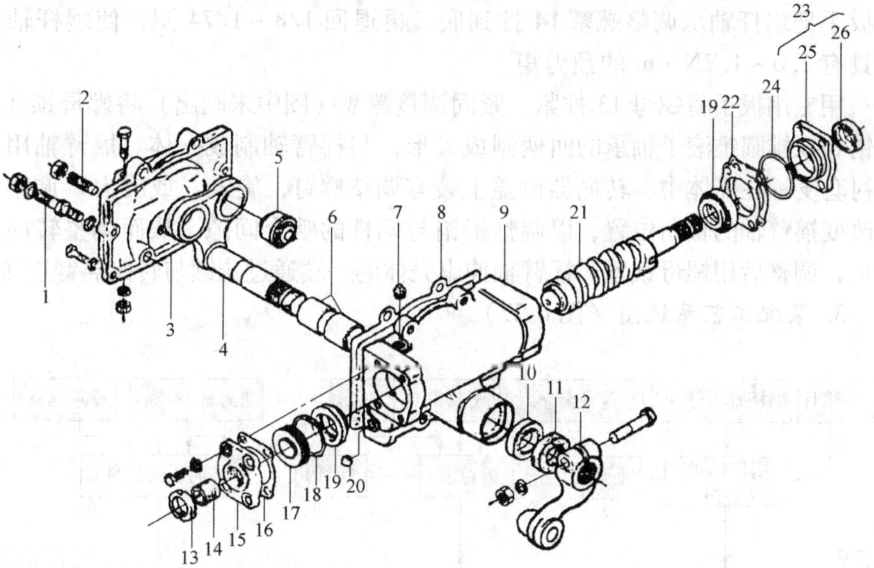

图 6-26　东风 EQ1090E 型汽车的蜗杆曲柄双销式转向器

1—螺栓、螺母　2—摇臂轴调整螺钉及螺母　3—侧盖　4—摇臂轴及曲柄　5—指销轴承总成　6—摇臂轴衬套　7—加油螺塞　8—侧盖衬垫　9—转向器壳体　10、11—油封　12—转向垂臂　13—螺母　14—蜗杆轴承调整螺塞　15—下盖　16—下盖衬垫　17—蜗杆轴承垫块　18—密封圈　19—蜗杆轴承　20—放油螺塞　21—蜗杆　22—调整垫片　23—上盖总成　24—密封圈　25—上盖　26—蜗杆油封

支承在转向器壳体两端的两个向心推力球轴承上。转向器下盖上装有调整螺塞，用于调整向心推力轴承的预紧度，调整后用螺母紧固。蜗杆与两个锥形的指销相啮合，构成传动副。两个指销均用双列圆锥滚子轴承支承在曲柄上，并可绕自身轴线转动，以减轻蜗杆与指销啮合传动时的磨损，提高传动效率。

销颈上的螺母用来调整轴承的预紧度，以使指销能自由转动而无明显轴向间隙为宜，调整后用锁片将螺母锁住。安装指销和双排圆锥滚子轴承的曲柄制成叉形，与摇臂轴制成一体。摇臂轴用粉末冶金衬套支承在壳体中。转向器侧盖上装有调整螺钉，旋入（或旋出）调整螺钉可以改变摇臂轴的轴向位置，以调整指销与蜗杆的啮合间隙，从而调整转向盘自由行程，调整后用螺母锁紧。摇臂轴伸出壳体的一端通过花键与转向摇臂连接。汽车转向时，驾驶员通过转向盘转动转向蜗杆（主动件），与其相啮合的指销（从动件）一边自转，一边以曲柄为半径绕摇臂轴轴线在蜗杆的螺纹槽内做圆弧运动，从而带动曲柄、转向摇臂摆动，实现汽车转向。

2. 调整方法

蜗杆轴承预紧度的检查和调整，应在摇臂轴未装入壳体之前进行。用内六角扳手把蜗杆轴承调整螺塞 14 拧到底，再退回 1/8 ~ 1/74 圈，使蜗杆轴在输入端具有 1.0 ~ 1.7N · m 的预力矩。

用专用扳手将螺母 13 拧紧，紧固调整螺塞（图中未画出）将螺母锁住。安装指销和双排圆锥滚子轴承的曲柄制成叉形，与摇臂轴制成一体。摇臂轴用粉末冶金衬套支承在壳体中。转向器侧盖上装有调整螺钉，旋入（或旋出）调整螺钉可以改变摇臂轴的轴向位置，以调整指销与蜗杆的啮合间隙，从而调整转向盘自由行程，调整后用螺母锁紧。摇臂轴伸出壳体的一端通过花键与转向摇臂连接。

3. 装配工艺系统图（图 6-27）

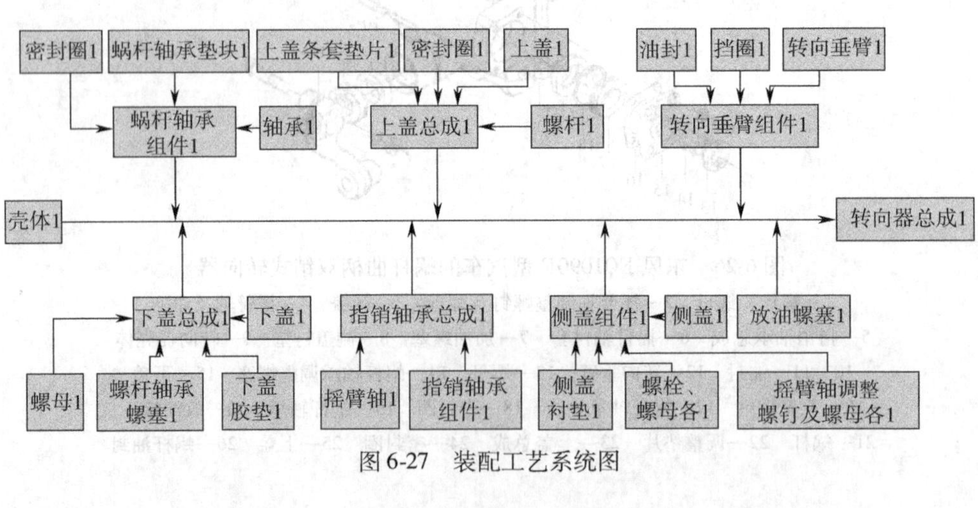

图 6-27　装配工艺系统图

4. 装配图

下面以东风 EQ1090E 型汽车曲柄双销式转向器（如图 6-28 所示）为例进行介绍，其装配图如图 6-28 所示。

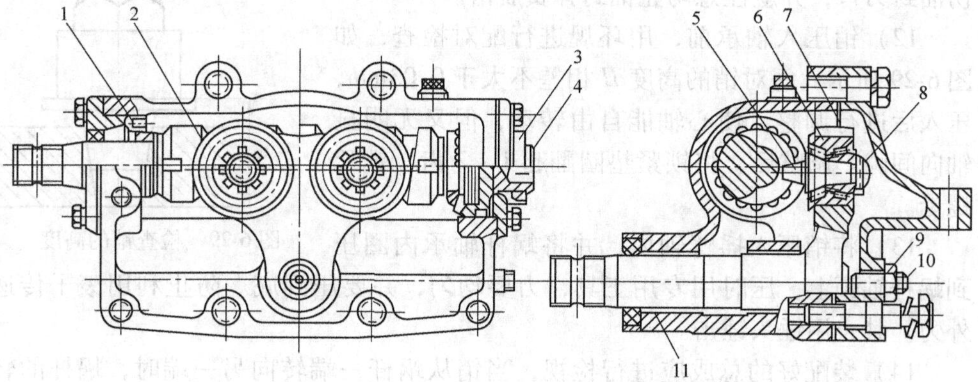

图 6-28　曲柄双销式转向器装配图

1—角接触球轴承　2—蜗杆　3、8、9—螺母　4—调整螺塞　5—销
6—双列圆锥滚子轴承　7—曲柄　10—调整螺钉　11—衬套

5. 装配过程及技术条件

1）装配前壳体、侧盖等零件必须进行清洗，进行装配的零件需修配完毕，并经检验合格。装配的零件不允许有铁屑、油污、锈蚀等。

2）装转向蜗杆后，将调整螺塞 4 拧到底，再退回少许，使蜗杆具有 1 ~ 1.7N · m 的预紧力矩（100% 检查），转动 180°后，允许有 0.6 ~ 1.7N · m 的力矩。

3）摇臂轴装入壳体后，转动蜗杆的力矩左、右较为均匀，无发卡现象。

4）装好侧盖后，调整摇臂轴调整螺钉，使摇臂轴在中间位置时无啮合间隙，转动蜗杆的力矩不大于 2.7N · m（100% 检查）。上盖处调整垫片总厚度一般为 1.2mm，若转动蜗杆的力矩不均匀或有发卡现象，可增加或减少调整垫片的数量并消除，每种垫片的数量应尽量均匀。

5）摇臂轴轴颈处，蜗杆轴承和销轴承的运动表面及蜗杆与销轴承的啮合表面应涂一层润滑脂（或润滑油）。

6）装配转向器侧盖时，须在衬垫处涂一层胶水（Q98—1 硝基胶液）。

7）转向器上、下盖的紧固螺栓须用 30 ~ 60N · m 力矩拧紧。

8）转向器侧盖紧固螺栓的拧紧力矩：M10 为 30 ~ 60N · m；M14 为 70 ~ 100N · m。

9）摇臂轴调整螺钉处为防止漏油，装配时在螺纹表面涂一层 80 号树脂胶。

10）蜗杆调整螺塞及摇臂轴调整螺钉的锁紧螺母须用不小于50N·m的力矩拧紧。

11）装配蜗杆及摇臂轴时，一定不要使花键刮伤油封刃口，并应注意防止油封弹簧脱落。

12）销压入轴承前，用环规进行配对检查，如图6-29所示，每对销的高度H相差不大于0.03mm，压入后进行调整，使心轴能自由转动，但又无明显轴向间隙。调整后，将锁紧垫圈翻起1~2齿，锁死螺母。

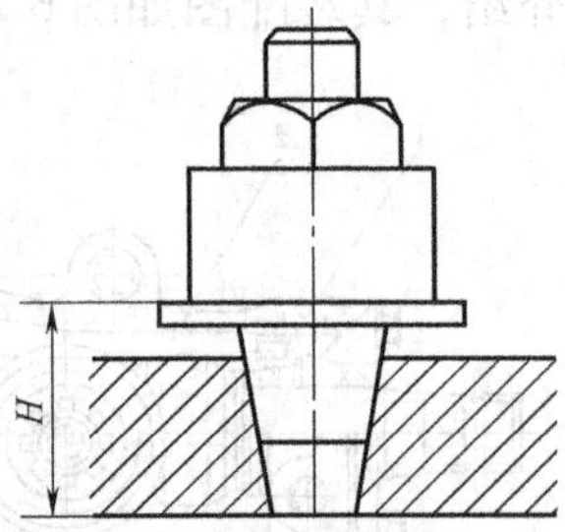

图6-29　检查销的高度

13）将销压入摇臂轴内，并将蜗杆轴承内圈压到蜗杆轴颈上，压时用专用工具，力要均匀，并要压到底。防止利用滚子传递外力。禁止用锤头锤击。

14）装配好的总成应进行检视，当销从蜗杆一端转向另一端时，蜗杆的转动应不少于6圈。

复习思考题

1. 什么叫汽车的总装配？什么叫装配工艺规程？
2. 编制装配工艺规程的基本原则有哪些？
3. 编制装配工艺规程所需的原始资料有哪些？
4. 试述产品装配的工艺过程。
5. 保证装配精度的方法有哪些？
6. 何谓过盈连接？过盈连接的特点是什么？
7. 何谓压装法？压装法分为哪几种？
8. 过盈连接采用压装时的要求有哪些？
9. 试述过盈连接的压装方法。
10. 什么是热装法？热装法的优点是什么？
11. 热装时，如何确定轴、孔间的过盈量？举例说明热装的方法。
12. 什么是冷装法？冷装法有哪些优点？
13. 冷装时，常用的冷却剂有哪些？如何选用？
14. 怎样选择过盈连接的装配方法？
15. 对螺纹连接的装配有哪些技术要求？
16. 螺纹连接装配的技术要点有哪些？
17. 螺纹连接的防松办法有哪些？
18. 何谓键连接？其特点和应用如何？怎样装配平键？
19. 楔键连接装配的技术要求有哪些？怎样装配楔键？
20. 怎样装配花键？

21. 销连接的作用是什么？为什么连接件的销孔要在装配时一起钻、铰？

22. 圆锥销的特点是什么？怎样进行装配？

23. 什么是封闭环、组成环？如何确定增环、减环？

24. 怎样绘制尺寸链简图？

25. 什么叫基准零件或基准部件？

26. 何谓组件？何谓一级分组件、二级分组件？

27. 根据锥齿轮轴装配图（图 6-30）：

1）列出本部件装配时可分成的组件。

2）画出本部件装配时的装配单元系统图。

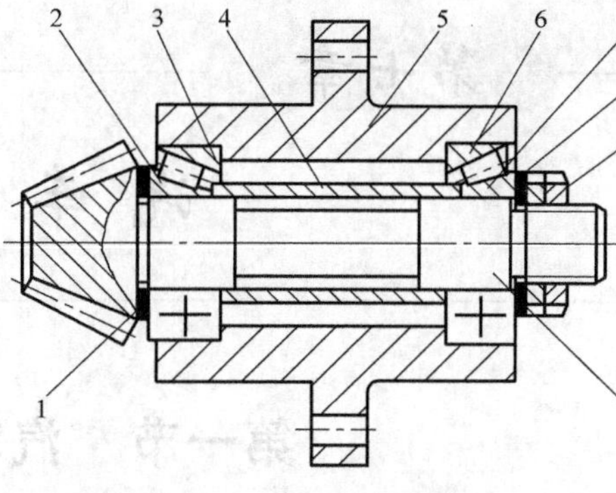

图 6-30　锥齿轮轴装配图

1、8—垫圈　2、7—内圈　3、6—外圈　4—衬套　5—轴承套　9—螺母　10—齿轮轴

28. 如图 6-31 所示为保证机体孔端面与齿轮端面具有一定的轴向间隙，画出其装配尺寸链简图，并指出其封闭环、增环和减环。

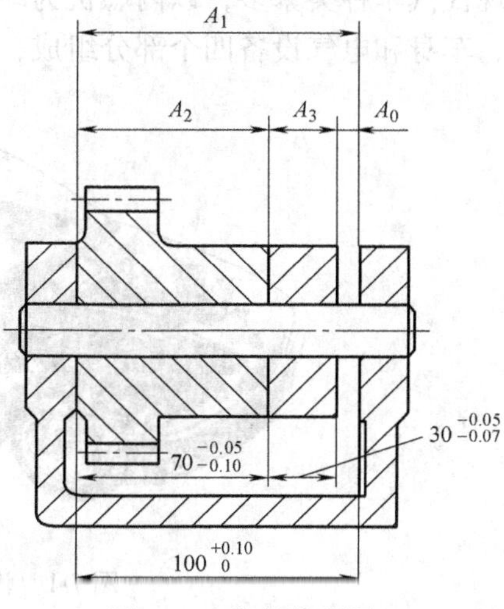

图 6-31　齿轮装配图

29. 试述产品装配的一般方法。如何选择合适的装配方法？

30. 什么是装配精度？装配精度与零件的加工精度有什么关系？

31. 什么是尺寸链最短原则？什么是“一件一环”原则？

32. 什么是尺寸链？什么是装配尺寸链？

33. 部件装配前的准备工作有哪些？

34. 什么是移动式装配？

35. 试述部件装配的工艺过程。

36. 对减速器装配的技术要求有哪些？

37. 试述减速器装配的工艺过程。

38. 轴组怎样装配？举例说明。

第七章

汽 车 构 造

第一节　汽车总体构造

一、汽车构造概述

现代汽车种类繁多，以内燃机为动力装置的汽车，基本结构都是由发动机、底盘、车身和电气设备四个部分组成，如图 7-1 所示。

图 7-1　汽车基本组成

1. 发动机

发动机是汽车的动力装置，其作用是将燃料燃烧产生的热能转变为机械能，并通过底盘驱动汽车行驶，或供汽车上的机电设备使用。汽车发动机外形如图 7-2 所示。

发动机由曲柄连杆机构、配气机构、燃料供给系统、冷却系、润滑系、起动系、点火系（汽油机应用）和电子控制系统组成。

2. 底盘

如图 7-3 所示，底盘主要用来支承、安装发动机、车身等总成部件，形成汽车整体造型，接受发动机输出的动力，使汽车产生运动并保证汽车正常行驶。底盘主要由传动系、行驶系、转向系和制动系四部分组成。

图 7-2　汽车发动机外形图

3. 车身

如图 7-4 所示，车身安装在底盘车架上，主要用于覆盖、包装、保护汽车的零部件，供驾驶员、乘客乘坐或装载货物。轿车和客车的车身一般为整体结构，货车车身通常由驾驶室和货箱两部分组成。车身附件是安装于车身上的附属设备，如座椅、空调、风窗刮水器、玻璃升降器、音响、通信设备等。

4. 电气设备

汽车的电气设备由电源、用电设备（主要包括汽油发动机的点火系、起动系以及照明、音响、信号、辅助电器设备）、电子控制装置、仪表及报警装置等组成。现代汽车的电气设备正逐渐向电子化、自动化、智能化方向发展。

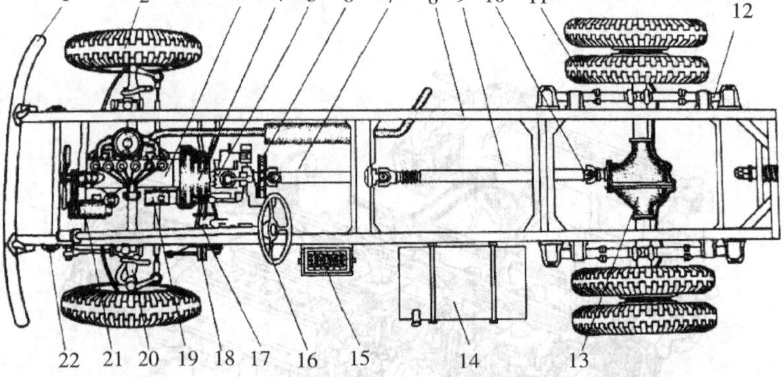

图 7-3　汽车底盘

1—前保险杠　2—转向轮　3—发动机　4—离合器　5—变速器　6—驻车制动器　7—前传动轴
8—车架　9—传动轴　10—万向节　11—驱动车轮　12—后悬架　13—后驱动车轮　14—油箱
15—蓄电池　16—转向盘　17—制动踏板　18—离合器踏板
19—起动机　20—前桥　21—发电机　22—前悬架

二、汽车行驶的基本原理

1. 汽车驱动力

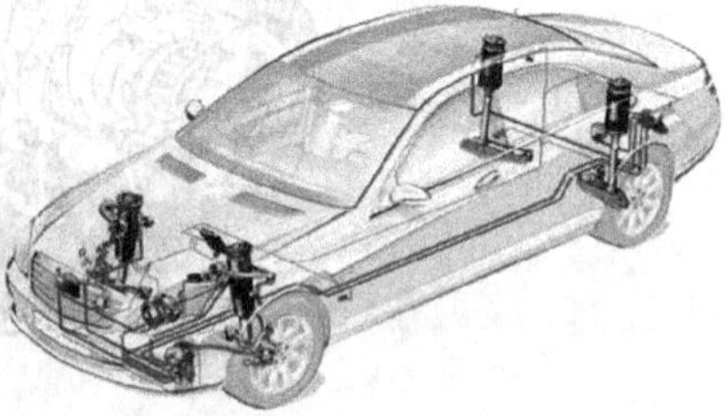

图 7-4　车身外形

汽车行驶需由外界对汽车施加一推力，此力称为汽车行驶的驱动力。汽车行驶时，发动机输出的转矩 M_e 通过传动系传给驱动车轮，作用在驱动轮上的 M_t 产生一个对地面的圆周力 F_0，如图 7-5 所示。根据作用力与反作用原理，地面对驱动车轮产生一个反作用力 F_t，F_t 即是驱动汽车的驱动力，其大小为

$$F_t = \frac{M_t}{r} \tag{7-1}$$

式中　M_t——作用在驱动轮上的转矩（N · m）；

r——车轮半径（m）。

2. 汽车的行驶阻力

汽车行驶中会遇到各种行驶阻力，包括滚动阻力 F_f、空气阻力 F_w、上坡阻力 F_i 及加速阻力 F_j。

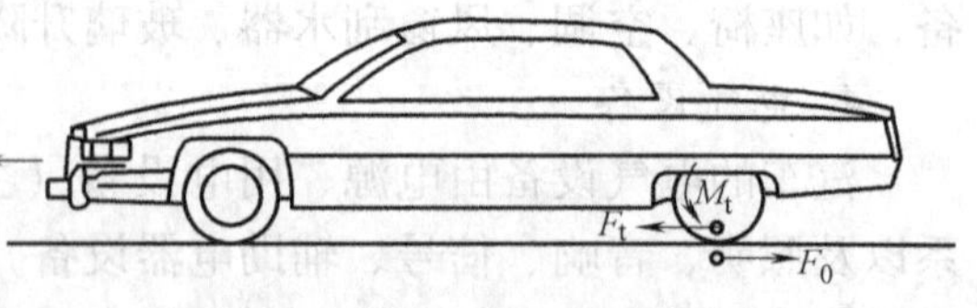

图 7-5　汽车行驶原理

3. 汽车行驶的驱动条件

汽车匀速行驶时驱动力必然与各种行驶阻力平衡，即

$$F_t = F_f + F_w + F_i + F_j \quad (7\text{-}2)$$

汽车加速行驶时 $F_t > F_f + F_w + F_i + F_j$ (7-3)

汽车的驱动条件为 $F_t \geqslant F_f + F_w + F_i + F_j$ (7-4)

4. 汽车行驶的附着条件

路面对轮胎的切向反作用力的极限值称为附着力 F_Φ，驱动力的最大值等于驱动轮与路面间的附着力。驱动力大于附着力时驱动轮就打滑。$F_t \leqslant F_\Phi$ 称为汽车的附着条件。

所以汽车的驱动附着条件为 $F_f + F_w + F_i + F_j \leqslant F_t \leqslant F_\Phi$，即附着力≥驱动力≥外界总阻力。

三、汽车的使用性能指标

汽车的使用性能主要有动力性、燃油经济性、制动性、操纵稳定性、舒适性、通过性等。

1. 动力性

动力性是指汽车在行驶中能够达到的最高车速、加速能力和爬坡能力。它表示汽车克服行驶阻力，达到高的平均车速的能力。

2. 汽车的燃油经济性

汽车的燃油经济性表示汽车以尽量少的燃料消耗完成单位运输工作量的能力。

3. 汽车的制动性

汽车的制动性是指汽车行驶中能强制地降低行驶速度，根据需要停车，或在下坡时维持一定行驶速度的能力。

4. 汽车的操纵稳定性

汽车的操纵稳定性包括两个内容：一是操纵性，表示汽车能够及时准确地按照驾驶员的指令行驶的能力；另一个是稳定性，表示汽车抵抗外界干扰保持稳定行驶的能力。

5. 汽车的通过性

汽车的通过性是指汽车能以足够高的平均技术速度通过各种路面和无路地带（如松软的地面、凹凸不平的路面等）及各种障碍（如陡坡、侧坡、壕沟、台阶、灌木丛、水障等）的能力。

6. 汽车的平顺性

汽车的平顺性是指汽车行驶时对不平路面的隔振特性。

第二节　汽车发动机的总体构造

发动机是汽车的动力源，除电动汽车外，汽车发动机都是热机，借助工质的状态变化将燃料燃烧产生的热能转变为机械能。

一、发动机的类型

汽车发动机种类繁多，按以下不同特征分类如下：

1）按活塞运动方式的不同，发动机分为往复活塞式（图7-6a）和旋转活塞式（图7-6b）两种。

2）根据所用燃料的不同，发动机分为汽油机、柴油机和气体燃料发动机三类。

3）按冷却方式的不同，发动机分为水冷式（图7-6c）和风冷式（图7-6d）两种。

4）按在一个工作循环期间活塞往复运动的行程数进行分类，一个工作循环中活塞往复四个行程的发动机称作四冲程发动机（图7-6e），而活塞往复两个行程便完成一个工作循环的则称作二冲程发动机（图7-6f）。

5）按照气缸数不同可分为单缸发动机和多缸发动机。

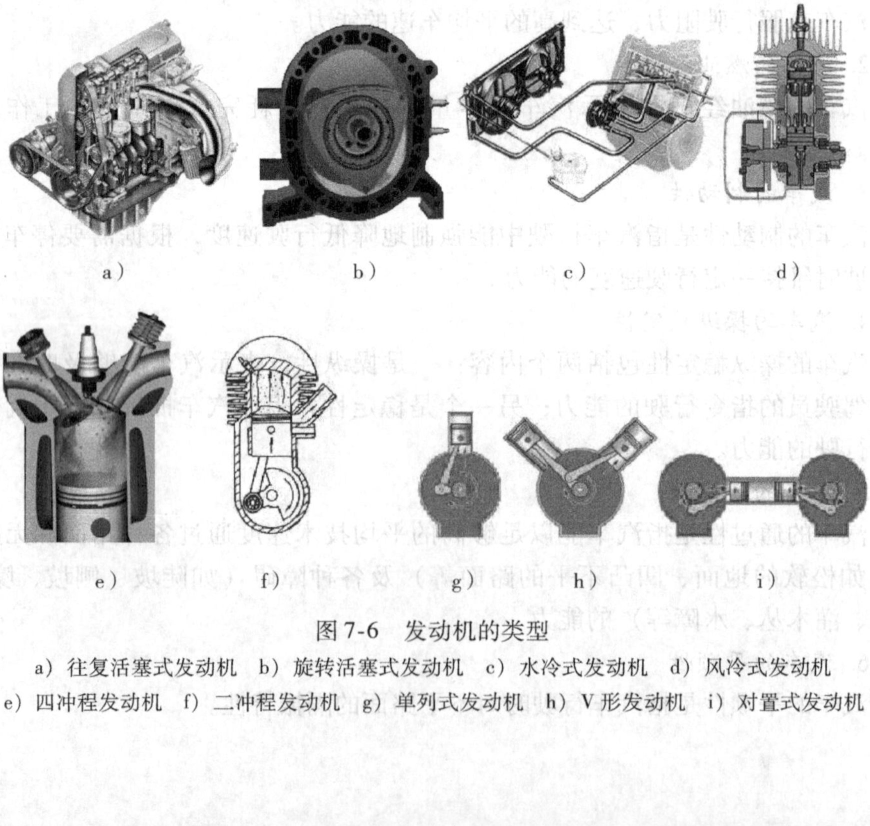

图7-6　发动机的类型

a）往复活塞式发动机　b）旋转活塞式发动机　c）水冷式发动机　d）风冷式发动机

e）四冲程发动机　f）二冲程发动机　g）单列式发动机　h）V形发动机　i）对置式发动机

6）发动机按照气缸排列方式不同可以分为单列式（图7-6g）和双列式。单列式发动机的各个气缸排成一列；双列式发动机把气缸排成两列，两列之间的夹角小于180°（一般为90°）时称为V形发动机（图7-6h）；当两列之间的夹角等于180°时称为对置式发动机（图7-6i）。

7）按进气状态不同，发动机还可分为增压和非增压两类。

目前，汽车发动机广泛采用水冷、四冲程往复活塞式发动机，其中汽油机用于轿车和轻型客、货车上，而大客车和中、重型货车发动机多为柴油机，少数轿车和轻型客、货车发动机也有用柴油机的。以风冷或二行程活塞式发动机为动力的汽车为数不多。

二、汽车发动机的基本构造

如图7-7所示为四冲程发动机的基本结构。

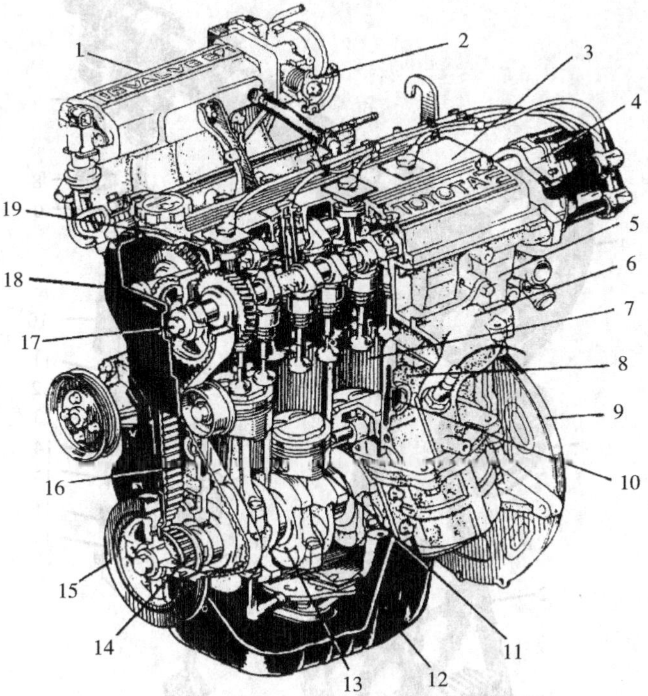

图7-7 发动机的基本结构

1—进气管 2—节气门 3—气缸盖罩盖 4—分电器 5—气缸盖 6—排气管 7—气缸 8—气缸体 9—飞轮 10—水套 11—活塞 12—油底壳 13—曲轴 14—曲轴正时齿形带轮 15—曲轴带轮 16—正时齿形带 17—凸轮轴 18—正时传动室盖 19—火花塞

汽油机由两大机构和六大系统组成，即由曲柄连杆机构、配气机构、燃料供给系统、润滑系、冷却系、点火系、起动系和电子控制系统组成。柴油机由以上两大机构和五大系统组成，即由曲柄连杆机构、配气机构、燃料供给系统、润滑系、冷却系、起动系和电子控制系统组成，柴油机是压燃的，不需要点火系。

1. 曲柄连杆机构

曲柄连杆机构是发动机实现工作循环，完成能量转换的主要运动零件。它由机体组、活塞连杆组和曲轴飞轮组等组成，如图 7-7 所示。

2. 配气机构

配气机构的功用是根据发动机的工作顺序和工作过程，定时开启和关闭进气门和排气门，使可燃混合气或空气进入气缸，并使废气从气缸内排出，实现换气过程。配气机构的构成如图 7-8 所示。

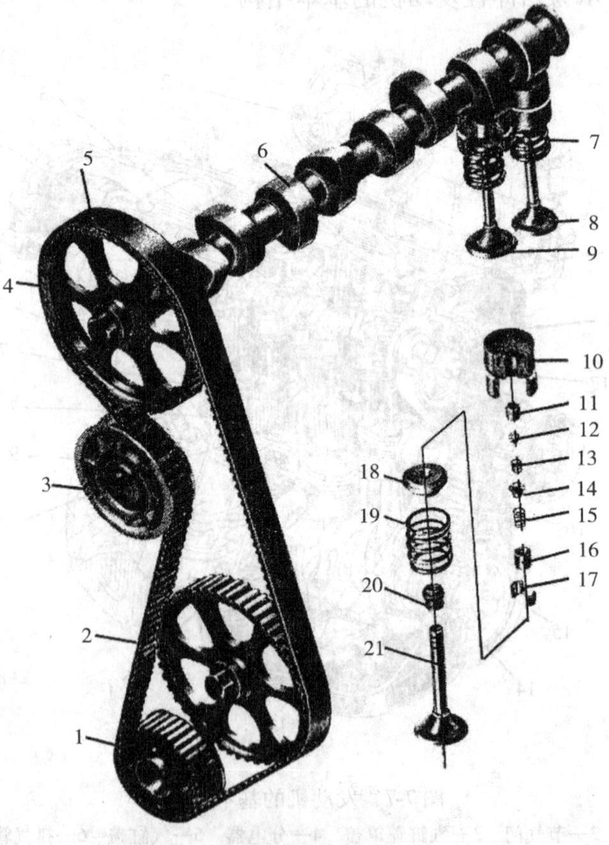

图 7-8　配气机构

1—曲轴齿带轮　2—中间轴齿轮　3—张紧轮　4—凸轮轴齿带轮　5—齿形带　6—凸轮轴　7—液压挺柱　8—排气门　9—进气门　10—挺柱体　11—柱塞　12—单向球阀　13—单向阀弹簧　14—托架　15—回位弹簧　16—油缸　17—锁片　18—座圈　19—气门弹簧　20—密封圈　21—气门

3. 燃料供给系统

汽油机燃料供给系统（图 7-9）的功用是根据发动机的要求，配制出一定数量和浓度的混合气，供入气缸，并将燃烧后的废气从气缸内排出到大气中去；柴油机燃料供给系的功用是把柴油和空气分别供入气缸，在燃烧室内形成混合气并燃烧，最后将燃烧后的废气排出。

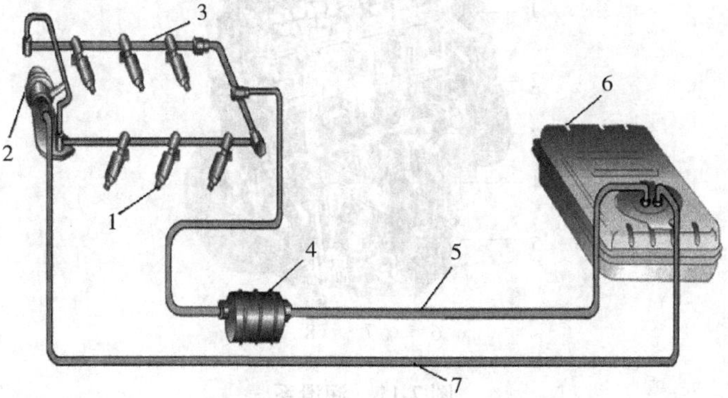

图 7-9　燃料供给系统

1—喷油器　2—油压调节器　3—油轨

4—燃油滤清器　5—进油管　6—燃油箱　7—回油管

4. 冷却系

冷却系是将受热零件吸收的部分热量及时散发出去，保证发动机在最适宜的温度状态下工作。如图 7-10 所示，水冷发动机的冷却系通常由冷却水套、水泵、风扇、散热器等组成。

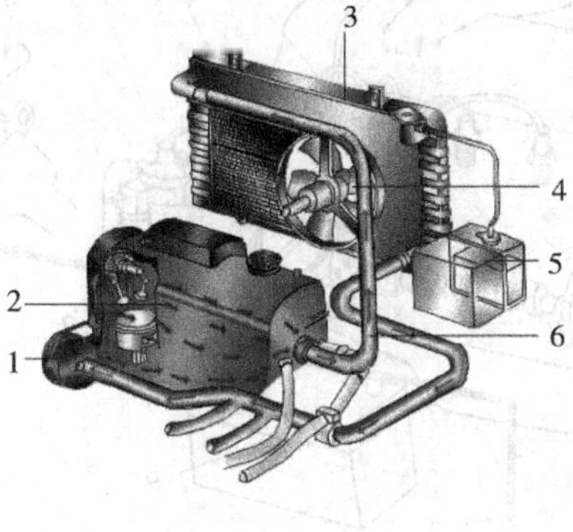

图 7-10　冷却系

1—水泵　2—冷却水套　3—散热器　4—风扇　5—储散热器　6—水管

5. 润滑系

润滑系的功用是向做相对运动的零件表面输送清洁的润滑油，以实现液体摩擦，减小摩擦阻力，减轻机件的磨损，并对零件表面进行清洗和冷却。如图7-11所示，润滑系通常由润滑油道、机油泵、机油滤清器和一些阀等组成。

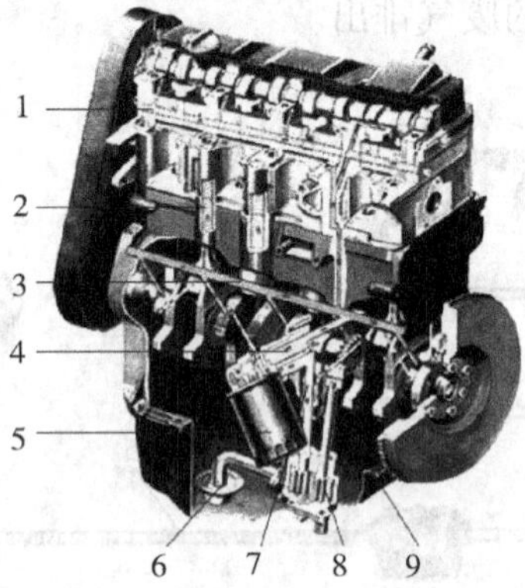

图7-11 润滑系

1—气缸盖油道 2—回油孔 3—主油道 4—滤清器出油道 5—滤清器 6—集滤器 7—滤清器进油道 8—机油泵 9—油底壳

6. 点火系

在汽油机中，气缸内的可燃混合气是靠电火花点燃的，气缸盖上装有火花塞，火花塞头部伸入燃烧室内。能够按时在火花塞电极间产生电火花的全部设备称为点火系，图7-12所示点火系通常由蓄电池、发电机、分电器、点火线圈、

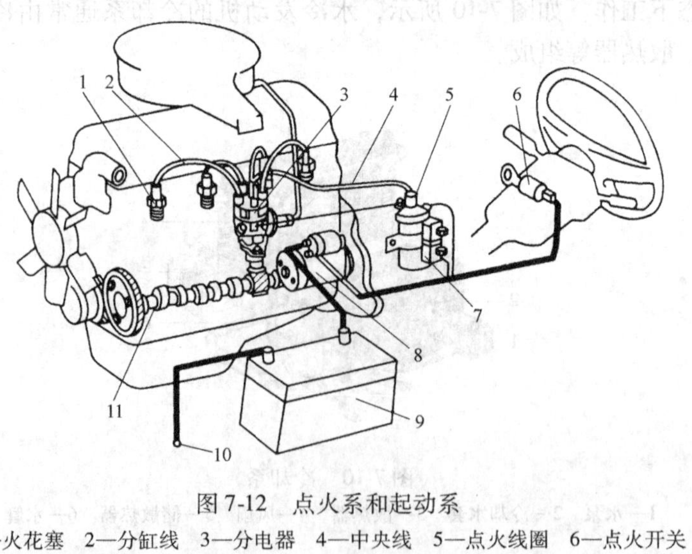

图7-12 点火系和起动系

1—火花塞 2—分缸线 3—分电器 4—中央线 5—点火线圈 6—点火开关 7—附加电阻 8—起动机 9—蓄电池 10—搭铁 11—凸轮轴

火花塞和高压线等组成。

7. 起动系

曲轴在外力作用下转动到发动机开始自动地怠速运转的全过程，称为发动机的起动。完成起动过程所需的装置，称为发动机的起动系，起动机是起动系的主要部件，如图7-12所示。

8. 电子控制系统

电子控制系统的主要组成可分为信号输入装置、电子控制单元（ECU）和执行元件三部分，如图7-13所示。信号输入装置包括各种传感器，采集控制系统的信号，并转换成电信号输送给ECU。电子控制单元给各传感器提供参考电压，接受传感器信号，进行存储、计算和分析处理后向执行器发出指令。执行元件是由ECU控制，执行某项控制功能的装置。

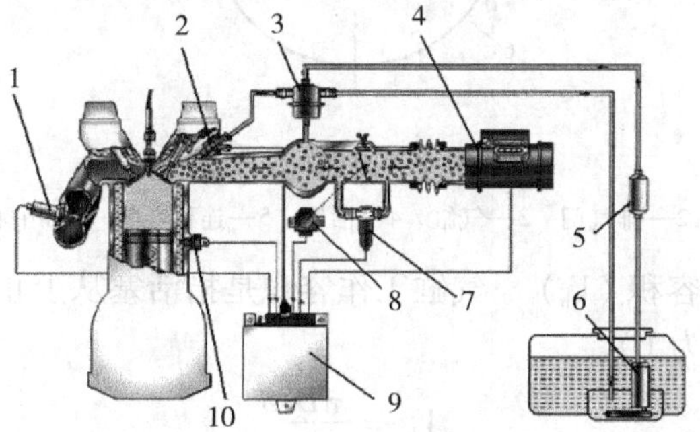

图7-13　电子控制系统

1—氧传感器　2—喷油器　3—油压调节器　4—热线式空气流量计　5—燃油滤清器　6—电动燃油泵　7—怠速执行器　8—节气门位置传感器　9—电子控制单元　10—水温传感器

三、发动机的基本术语

如图7-14所示，活塞装在气缸中，活塞可在气缸内做往复直线运动，活塞通过连杆和曲轴相连，曲轴可绕其轴线旋转。

（1）上止点　上止点是指活塞离曲轴回转中心最远处，通常指活塞上行到最高位置。

（2）下止点　下止点是指活塞离曲轴回转中心最近处，通常指活塞下行到最低位置。

（3）活塞行程（S）　活塞行程是指上、下两止点间的距离。

（4）曲柄半径（R）　曲柄半径是指与连杆下端（即连杆大头）相连的曲柄轴径中心到曲轴回转中心的距离。显然，$S=2R$。曲轴每转一转，活塞移动两个行程。

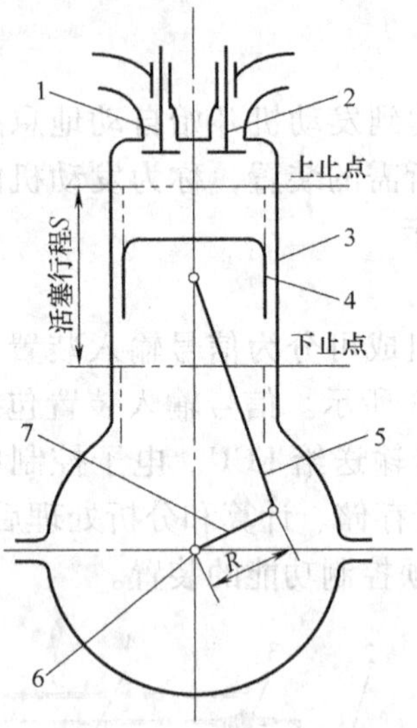

图 7-14　内燃机示意图

1—进气门　2—排气门　3—气缸　4—活塞　5—连杆　6—曲轴中心　7—曲柄

(5) 气缸工作容积 (V_h)　气缸工作容积是指活塞从上止点到下止点所让出的空间容积（单位为 L）。

$$V_h = \frac{\pi D^2 S}{4} \tag{7-5}$$

式中　D——气缸直径（mm）。

(6) 发动机排量 (V_L)　发动机排量是指多缸发动机所有气缸工作容积之和。设发动机的气缸数为 i，则

$$V_L = V_h i \tag{7-6}$$

(7) 燃烧室容积 (V_c)　活塞在上止点时，活塞顶上方的空间叫燃烧室，它的容积叫燃烧室容积（单位为 L）。

(8) 气缸总容积 (V_a)　活塞在下止点时，活塞顶上方的容积称为气缸总容积（单位为 L）。它等于气缸工作容积与燃烧室容积之和，即

$$V_a = V_h + V_c \tag{7-7}$$

(9) 压缩比 (ε)　气缸总容积与燃烧室容积的比值称为压缩比，即

$$\varepsilon = V_a/V_c = (V_h + V_c)/\ V_c = 1 + V_h/V_c \tag{7-8}$$

它表示活塞由下止点运动到上止点时，气缸内气体被压缩的程度。压缩比越大，压缩终了时气缸内的气体压力和温度就越高。一般车用汽油机的压缩比为 6 ~ 11，柴油机的压缩比为 15 ~ 22。

(10) 工作循环　活塞式内燃机的工作循环是由进气、压缩、做功和排气四

个工作过程组成的封闭过程。周而复始地进行这些过程，内燃机才能持续地做功。

四、四冲程发动机工作原理

1. 四冲程汽油机工作原理

四冲程汽油机是由进气、压缩、做功和排气四个行程完成一个工作循环，其工作过程如图 7-15 所示。

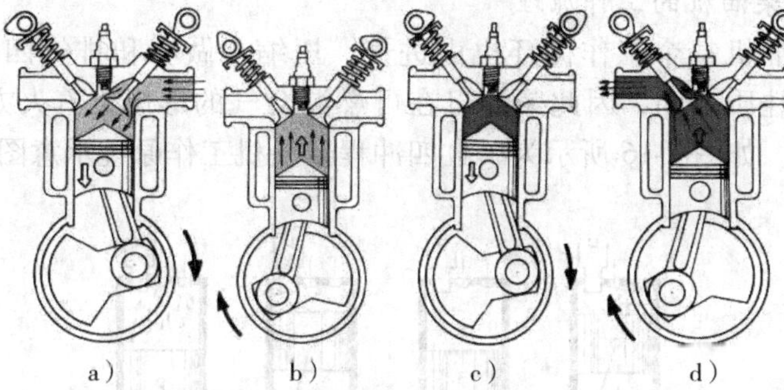

图 7-15　四冲程汽油机工作原理

a）进气行程　b）压缩行程　c）做功行程　d）排气行程

（1）进气行程　活塞在曲轴的带动下从上止点向下止点运动，此时排气门关闭，进气门开启。气缸容积逐渐增大，气缸内形成一定的真空度，空气和汽油的混合物通过进气门被吸入气缸，在气缸内进一步混合形成可燃混合气，活塞运动到下止点，进气门关闭。进气终了时气缸内压力为 0.075 ~ 0.09MPa，温度为 370 ~ 440K。

（2）压缩行程　进气行程结束后，曲轴继续带动活塞由下止点移至上止点，这时进、排气门均关闭。随活塞运动，气缸容积不断减小，气缸内混合气被压缩，压力和温度同时升高。压缩终了时，气缸内气体的压力约为 0.8 ~ 1.5MPa，温度约为 600 ~ 750K。

（3）做功行程　压缩行程结束时，安装在气缸盖上的火花塞产生电火花，将气缸内的可燃混合气点燃，火焰迅速传遍整个燃烧室，同时放出大量的热能。气缸内压力和温度迅速升高，在气体压力作用下，活塞由上止点移至下止点，通过连杆推动曲轴旋转做功。这时进、排气门仍旧关闭。气缸内压力可达 3 ~ 5MPa，温度达 2200 ~ 2800K。

（4）排气行程　排气门开启，进气门仍然关闭，曲轴通过连杆带动活塞由下止点移至上止点，燃烧产生的废气在其自身剩余压力和活塞的推动下，经排气门、排气管排出气缸。当活塞到达上止点时，排气行程结束，排气门关闭。此时压力约为 0.105 ~ 0.115MPa，温度约为 900 ~ 1200K。

四冲程汽油机经过进气、压缩、做功和排气四个行程完成一个工作循环。期间活塞在上、下止点间往复运动四个行程，曲轴旋转两周，即每一个行程占180°的曲轴转角。

实际进气过程中，进气门早于上止点开启，迟于下止点关闭；在排气过程中，排气门早于下止点开启，迟于上止点关闭，即进、排气过程所占的曲轴转角均超过180°。

2. 四冲程柴油机的工作原理

四冲程柴油机每个工作循环也由进气、压缩、做功和排气四个行程组成。但柴油和汽油性质不同，因此柴油机在可燃混合气的形成、着火方式上与汽油机有较大区别。如图7-16所示为单缸四冲程柴油机工作原理示意图。

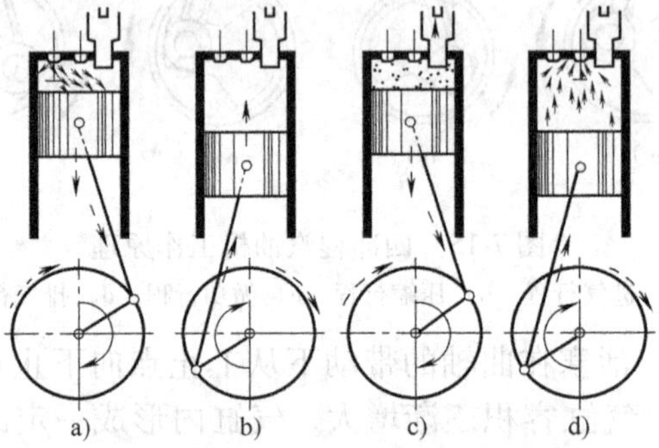

图7-16　单缸四冲程柴油机工作原理示意图
a）进气行程　b）压缩行程　c）做功行程　d）排气行程

（1）进气行程　进气行程如图7-16a所示，它不同于汽油机，进入气缸的是纯空气。进气终了压力和温度与汽油机稍有不同，压力约为800～900kPa，温度约为320～350K。

（2）压缩行程　压缩行程如图7-16b所示，柴油机压缩的是纯空气，由于柴油机压缩比大，压缩终了的温度和压力都比汽油机高，压力可达3～5MPa，温度可达800～1000K。

（3）做功行程　做功行程如图7-16c所示。此行程与汽油机有很大不同，压缩行程终了，喷油泵将高压柴油经喷油器呈雾状喷入气缸内的高温空气中，迅速汽化并与空气形成可燃混合气。此时气缸内温度远高于柴油的自燃温度（约500K左右）而自行着火燃烧，以后的一段时间内边喷边燃烧，缸内的温度、压力急剧升高，推动活塞下行做功。

（4）排气行程　排气行程如图7-16d所示。排气终了，气缸压力约为105～125kPa，温度约为800～1000K。

第三节　底盘的构造

一、底盘的作用及组成

汽车底盘主要用于支承、安装汽车发动机及其各部件、总成，形成汽车的整体造型，传递发动机发出的动力，使汽车产生运动，保证正常行驶。底盘主要由传动系、行驶系、转向系和制动系四部分组成。

二、传动系

传动系是将发动机经飞轮输出的动力传递给驱动车轮，并改变力矩的大小，以适应行驶条件的需要，保证汽车正常行驶。此外，还具有改变车速、倒向行驶、切断动力、差速等功用。

按结构和传动介质的不同，汽车上传动系的形式分为机械式、液力机械式、静液式和电动式等，目前广泛采用机械式和液力机械式传动系。

如图 7-17 所示，机械式传动系主要由离合器、手动变速器、万向传动装置和驱动桥组成。其中万向传动装置由万向节和传动轴组成，驱动桥由主减速器和差速器组成。

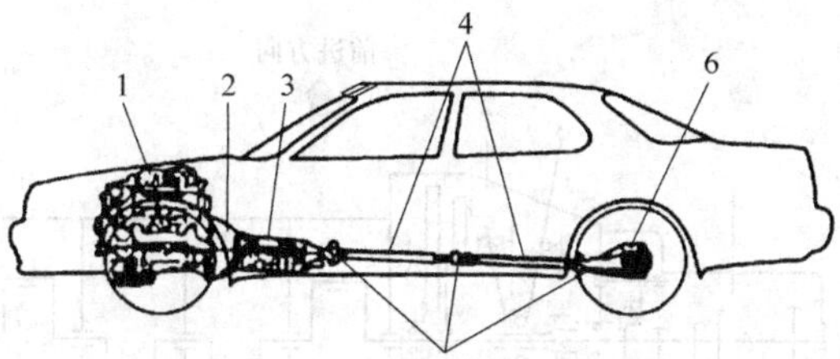

图 7-17　机械式传动系

1—发动机　2—离合器　3—变速器　4—传动轴　5—万向节　6—驱动桥

液力机械式传动系统主要由液力变矩器、自动变速器、万向传动装置和驱动桥组成。

发动机的安装位置有前置、中置和后置。汽车的驱动形式用“汽车车轮总数×驱动车轮总数”表示。常见的有 4×2、4×4、6×6。

1. 前置、后轮驱动（FR 型）

如图 7-18 所示，发动机前置、后轮驱动主要用于货车、部分客车和部分高级轿车。

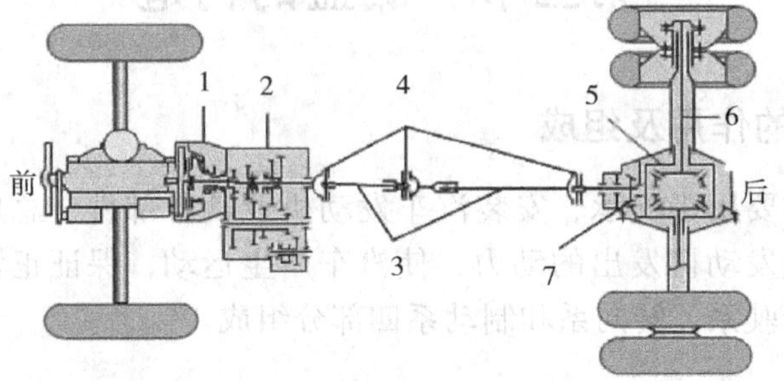

图 7-18 发动机前置、后轮驱动

1—离合器 2—变速器 3—传动轴 4—万向节 5—差速器 6—半轴 7—主减速器

2. 前置、前轮驱动（FF 型）

这种布置形式结构紧凑，降低了地板高度，驾驶室宽敞；但在加速时，因前轴载荷减小，驱动力不能增大，制动时，前轴载荷增加，主要用于轿车和微型、轻型客车等。根据发动机布置的不同，可分为发动机前横置（图 7-19）和发动机前纵置（图 7-20）两种驱动形式。

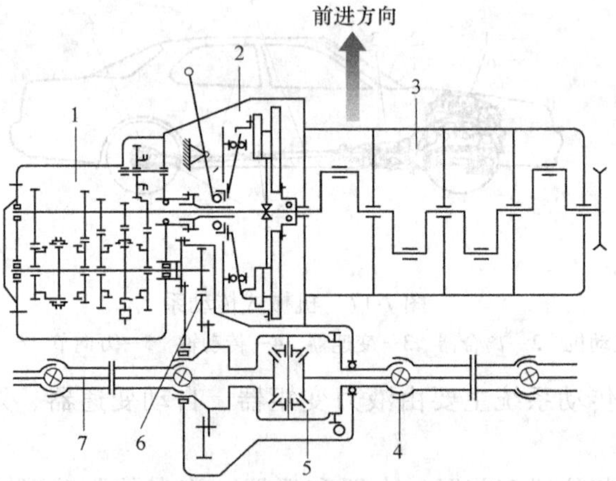

图 7-19 发动机前横置前驱动

1—变速器 2—离合器 3—发动机 4—万向节 5—主减速器与差速器 6—等速万向节 7—传动轴

3. 后置后驱动（RR 型）

如图 7-21 所示，这种布置形式主要用于大中型客车和少数跑车。

图 7-20 发动机前纵置前驱动

1—发动机 2—离合器 3—前轮 4—变速器

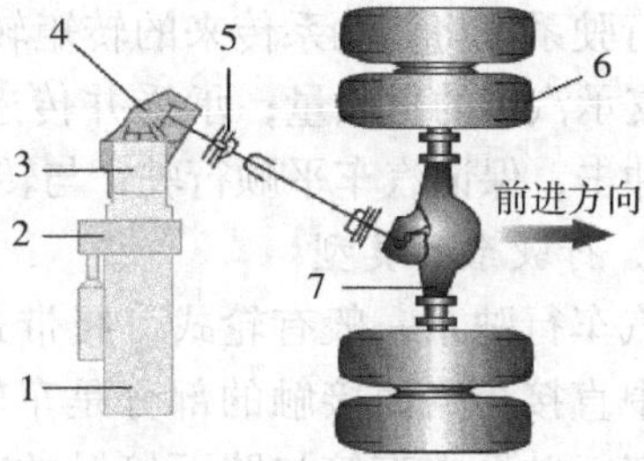

图 7-21 后置后驱动

1—发动机 2—离合器 3—变速器 4—角传动装置 5—万向传动装置 6—后轮 7—驱动桥

4. 中置后轮驱动（MR）

发动机布置在前后轴之间，用后轮驱动。中置后轮驱动用于跑车、少数大中型客车、方程式赛车上。

5. 全轮驱动（4WD）

如图 7-22 所示，传动系统增加了分动器，动力可以同时传给全部车轮。全轮驱动主要用于跑车、SUV、越野车及重型货车。常用的车型有三菱帕杰罗、长丰猎豹、宝马 X5、奔驰 ML 等。

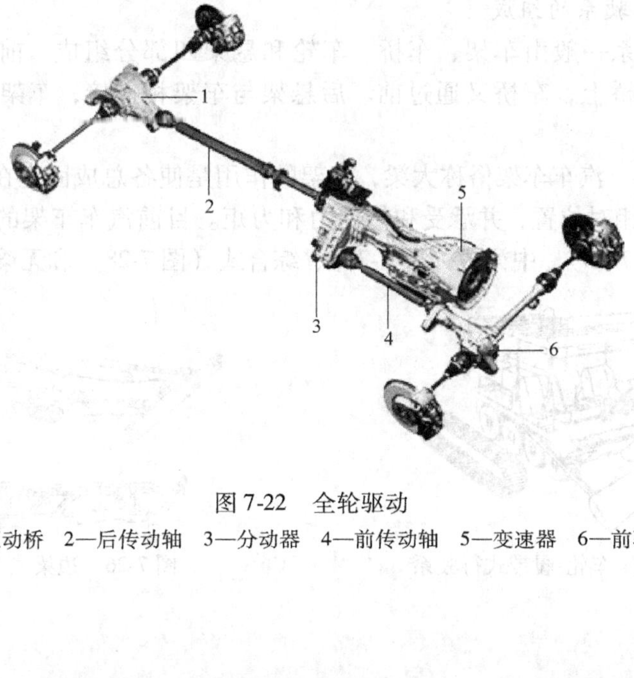

图 7-22 全轮驱动

1—后驱动桥 2—后传动轴 3—分动器 4—前传动轴 5—变速器 6—前驱动桥

三、行驶系

1. 行驶系的作用

行驶系可将传动系传来的转矩转化为汽车行驶的驱动力；将汽车构成一个整体；支承汽车的总质量；承受并传递路面作用于车轮上的力和力矩；减小振动、缓和冲击，保证汽车平顺行驶；与转向系配合，以正确控制汽车的行驶方向。

2. 行驶系的类型

汽车行驶系一般有轮式、履带式、车轮-履带式等几种。绝大多数的汽车行驶系中直接与路面接触的部分是车轮，称之为轮式行驶系，如图 7-23 所示。有的汽车行驶系中直接与路面接触的部分是履带，则称之为履带式，如图 7-24 所示。行驶系中直接与路面接触的部分既有车轮又有履带的汽车称为半履带式汽车或车轮-履带式汽车，如图 7-25 所示。

图 7-23　轮式行驶系

图 7-24　履带式行驶系

3. 轮式行驶系的组成

轮式行驶系一般由车架、车桥、车轮和悬架四部分组成，前、后车轮分别安装在前后车桥上，车桥又通过前、后悬架与车架相连接，车架是整个汽车的装配基体。

（1）车架　汽车车架俗称大梁，车架的作用是使各总成固定在它的上面，使之保持正确的相对位置，并承受和传递力和力矩。目前汽车车架的结构形式可分成边梁式（图 7-26）、中梁式（图 7-27）、综合式（图 7-28）和无梁式（图 7-29）。

图 7-25　车轮-履带式行驶系

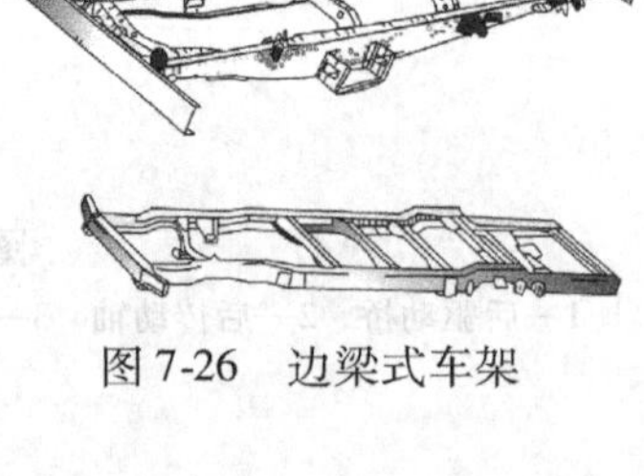

图 7-26　边梁式车架

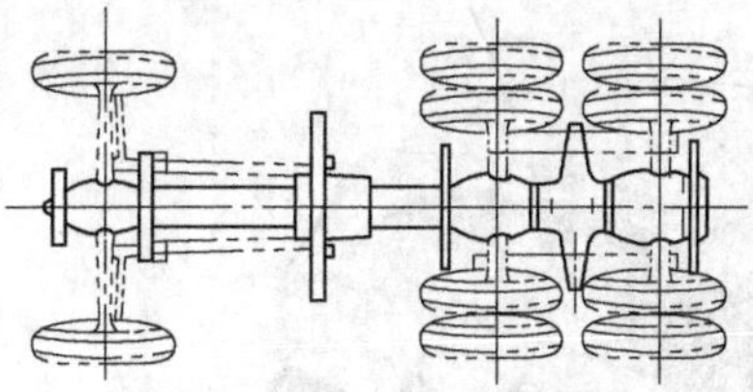

图 7-27　中梁式车架

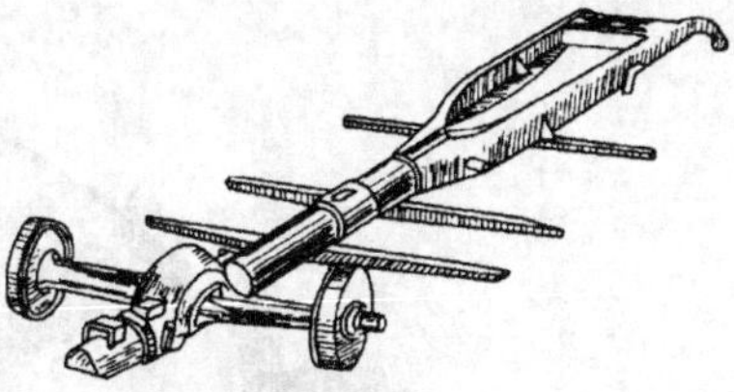

图 7-28　综合式车架

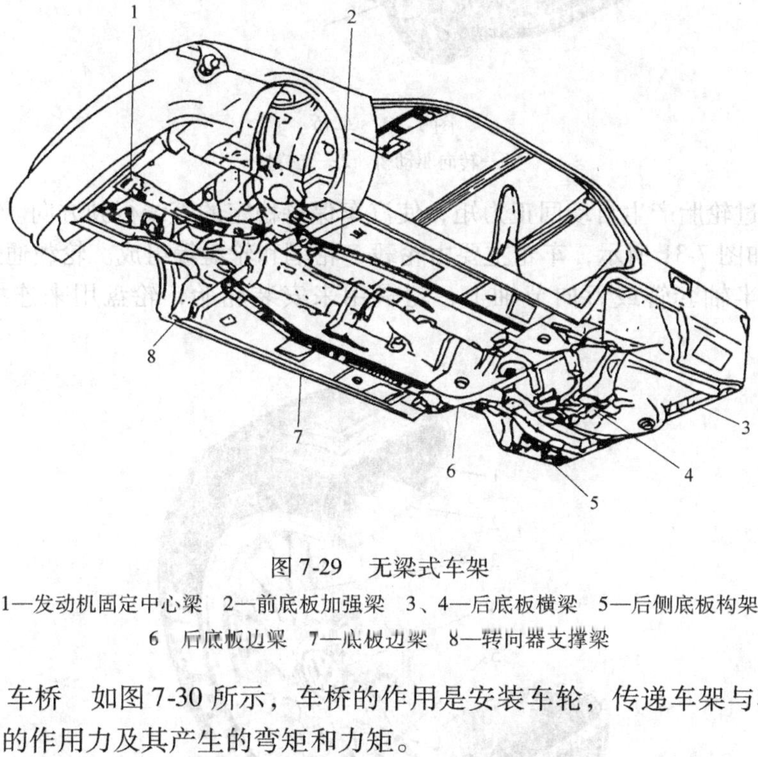

图 7-29　无梁式车架

1—发动机固定中心梁　2—前底板加强梁　3、4—后底板横梁　5—后侧底板构架
6—后底板边梁　7—底板边梁　8—转向器支撑梁

（2）车桥　如图 7-30 所示，车桥的作用是安装车轮，传递车架与车轮之间各个方向的作用力及其产生的弯矩和力矩。

车桥根据悬架结构形式分为非断开式和断开式两种。非断开式与非独立悬架配合使用；断开式与独立悬架配合使用。车桥可分为转向桥、驱动桥、转向驱动桥和支持桥四种类型。

转向桥和支持桥都属于从动桥，一般货车前桥多为转向桥，后桥或中、后两桥为驱动桥，越野汽车、家庭轿车的前桥为转向驱动桥，挂车的车桥为支持桥。

（3）车轮　车轮和轮胎支承全车的重量，吸收、缓和由路面传来的冲击力；通过轮胎同路面间的附着力来产生驱动力和制动力；保证汽车正常转向行驶的

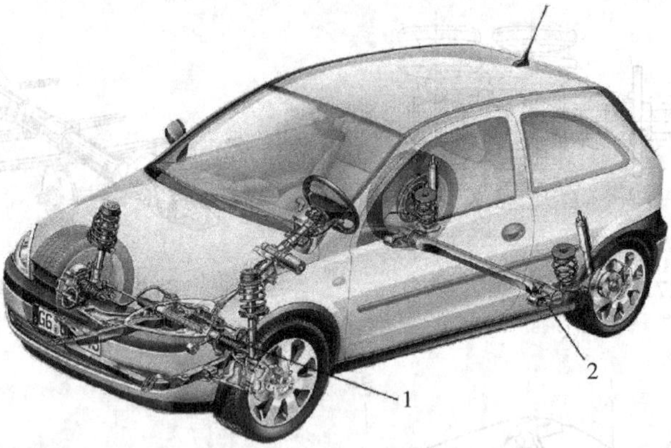

图 7-30　车桥

1—转向驱动桥　2—支持桥

同时，通过轮胎产生自动回正力矩，使汽车保持稳定的直线行驶方向。

1）如图 7-31 所示，车轮主要由轮毂、轮辋和轮盘等组成。轮毂通过滚柱轴承支承在半轴套管或万向节轴上，轮辋用来安装轮胎，轮盘用来连接轮毂和轮辋。

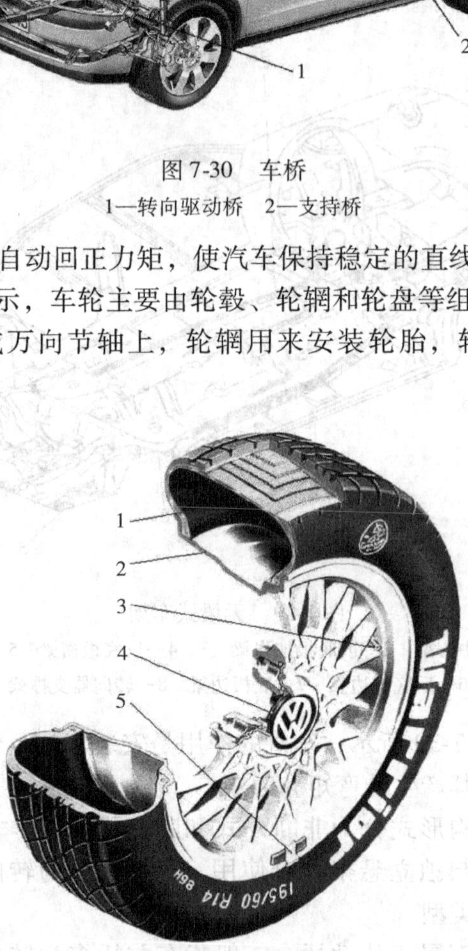

图 7-31　车轮

1—子午线轮胎　2—轮辋　3—气门嘴　4—车轮饰板　5—平衡块

2）轮胎主要用来支承汽车的总重量，传递驱动力和制动力，吸收和缓和汽车行驶时所受到的部分冲击和振动；保证汽车有良好的乘坐舒适性和行驶平顺性，保证轮胎与路面的良好附着，以提高汽车的动力性、制动性和通过性。

汽车轮胎按胎体结构不同，可分为充气轮胎和实心轮胎。现代汽车都采用充气轮胎，如图 7-32 所示。充气轮胎按组成结构可分为有内胎和无内胎；按其胎内工作气压分为高压胎、低压胎和超低压胎。

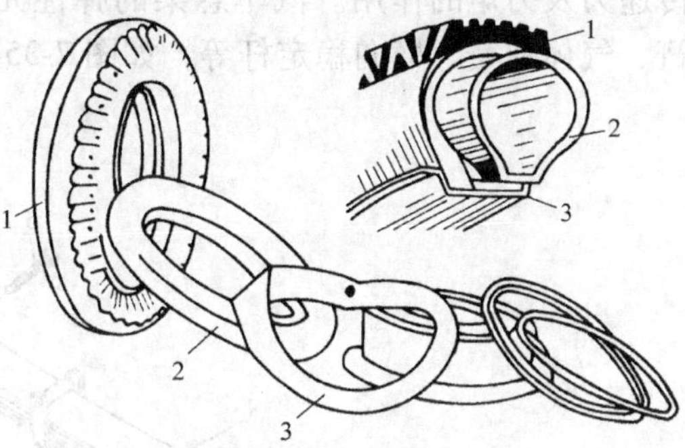

图 7-32 充气轮胎

1—外胎 2—内胎 3—垫带

按轮胎胎面花纹不同，可分为普通花纹轮胎、越野花纹轮胎和混合花纹轮胎，如图 7-33 所示。

图 7-33 轮胎胎面花纹

按胎体内帘线排列方向的不同，又可分为普通斜交轮胎和子午线轮胎，如图 7-34 所示。

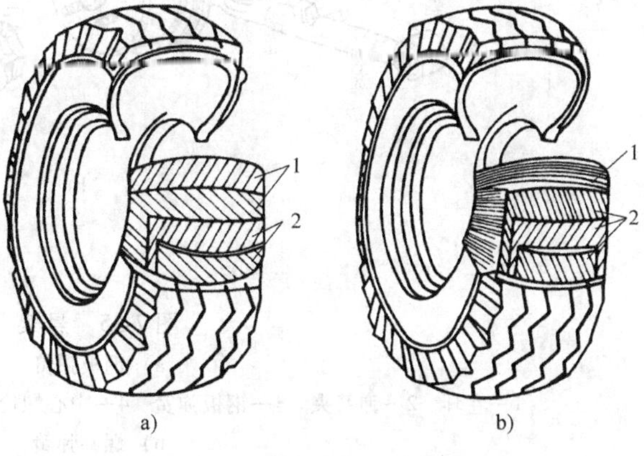

图 7-34 轮胎胎体内帘线排列

a）普通斜交轮胎 b）子午线轮胎

1—帘布层 2—缓冲层

（4）悬架 悬架把车桥和车架弹性地连接起来，并用来吸收和缓和行驶中因路面不平引起的车轮跳动而传给车架的冲击和振动，传递路面作用于车轮的支持力、驱动力、制动力和侧向力及其产生的力矩。

悬架一般都由弹性元件、减振器和导向机构三部分组成，分别起着缓冲、减振、导向和传递力及力矩的作用。汽车悬架的弹性元件包括钢板弹簧、螺旋弹簧、扭杆弹簧、气体弹簧、横向稳定杆等，如图 7-35 所示。

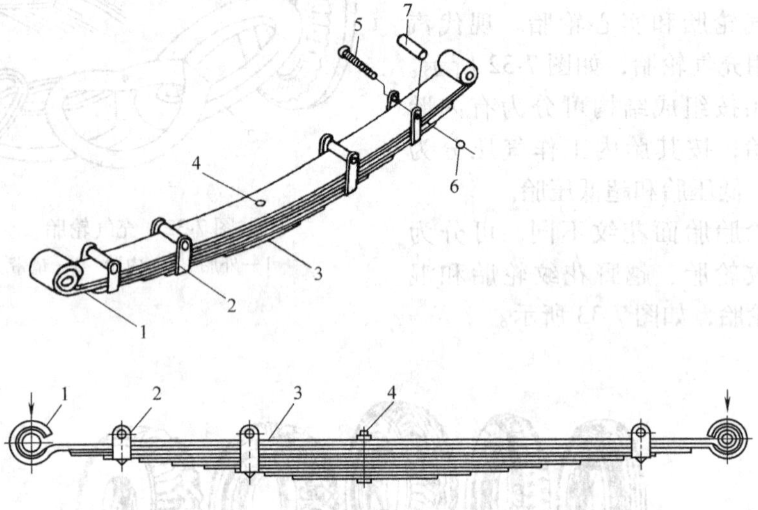

a)

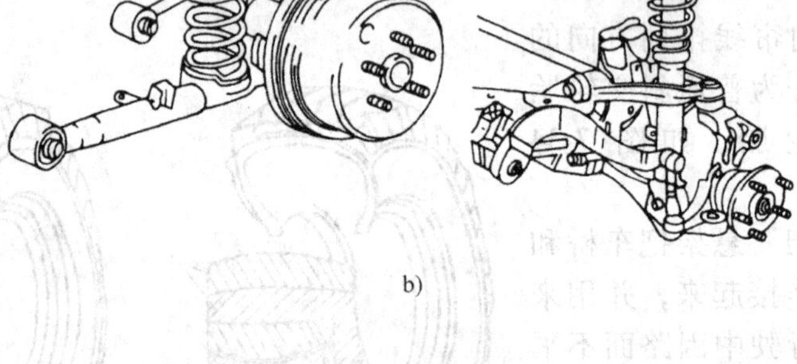

b)

图 7-35　悬架

a）钢板弹簧

1—卷耳　2—弹簧夹　3—钢板弹簧　4—中心螺栓　5—螺栓　6—螺母　7—套管

b）螺旋弹簧

1—等螺距螺旋弹簧　2—不等螺距螺旋弹簧

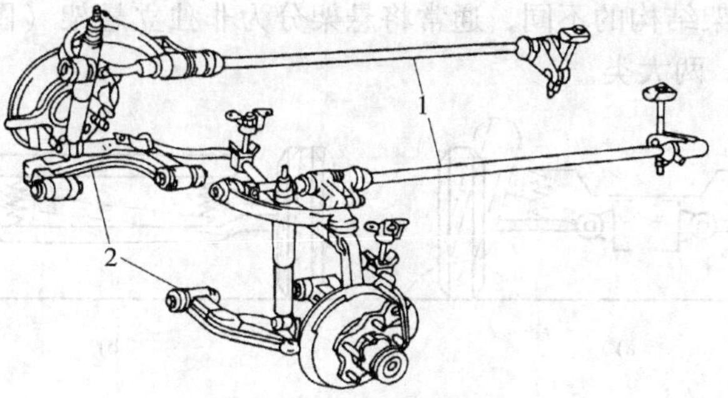

c)

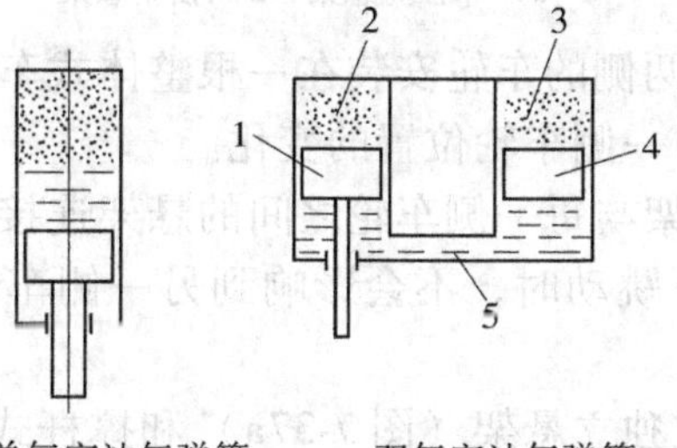

d)

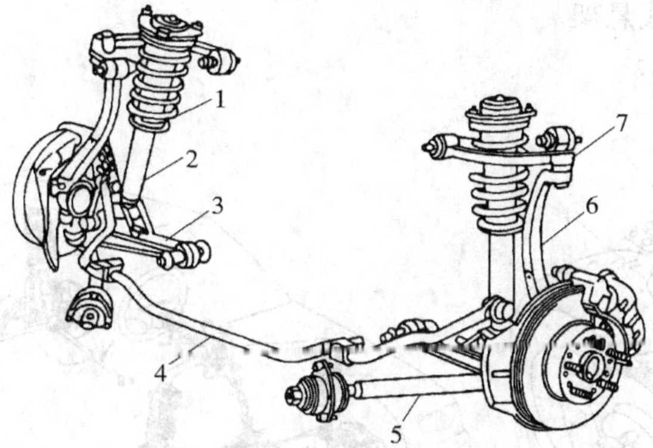

图 7-35　悬架（续）

c）扭杆弹簧

1—扭力杆　2—悬架

d）油气弹簧

1—主活塞　2—主气室　3—通道　4—反压气室　5—浮动气室

e）稳定杆

1—螺旋弹簧　2—减振器　3—下控制臂　4—稳定杆　5—支撑杆　6—万向节　7—上控制臂

根据汽车悬架结构的不同，通常将悬架分为非独立悬架（图 7-36a）和独立悬架（图 7-36b）两大类。

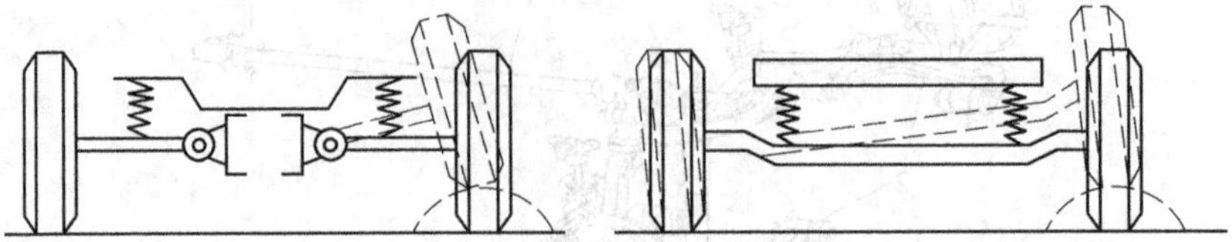

a)　　b)

图 7-36　悬架

a）非独立悬架　b）独立悬架

1）非独立悬架：两侧的车轮安装在一根整体式车桥上，若一侧车轮因路面不平而跳动，会影响另一侧车轮位置的变化。

2）独立悬架：车架与每一侧车轮之间的悬架连接是独立的，它的车桥为断开式，当一侧车轮上下跳动时，不会影响到另一侧车轮位置的变化，主要应用在轿车上。

独立悬架有双叉式独立悬架（图 7-37a）和撑杆式独立悬架（图 7-37b）两种。撑杆式独立悬架用于前轮时称为麦弗逊式撑杆式悬架，而用于后轮时被称为查普曼式撑杆式悬架。

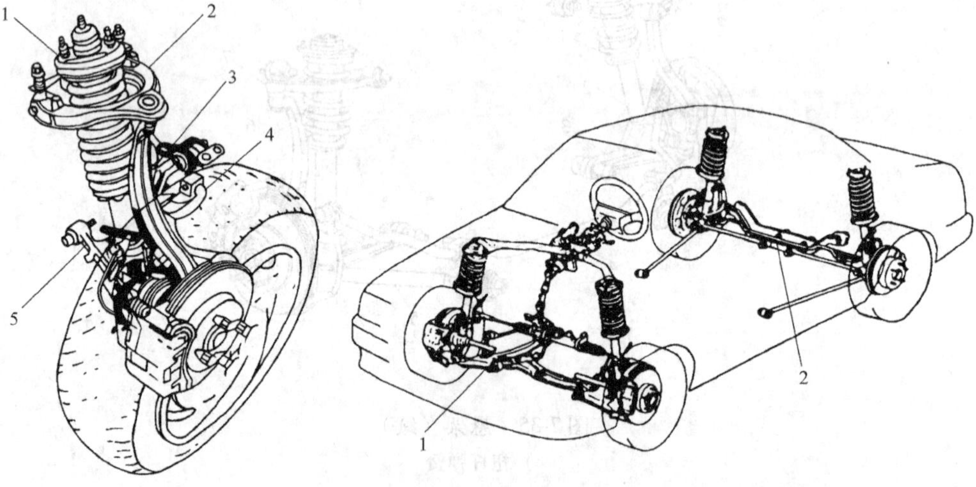

a)　　b)

图 7-37　独立悬架

a）双叉式独立悬架

1—减振器总成　2—上控制臂　3—万向节　4—稳定杆　5—下控制臂

b）撑杆式独立悬架

1—麦弗逊式撑杆悬架　2—查普曼式撑杆悬架

四、转向系

转向系的作用就是通过驾驶员转动转向盘，根据需要保持或改变汽车行驶方向。汽车转向系按其转向能源的不同，可分为机械转向系、液压式动力转向系和电控式动力转向系。

1. 机械转向系

机械转向系如图7-38a所示，由转向器、转向传动机构和转向操纵机构三部分组成。汽车转弯时，驾驶员作用在转向盘上的力经过转向柱传到转向器，转向器将转向力放大后，通过转向传动机构推动转向轮偏转，使汽车行驶方向发生改变。

当汽车发生碰撞时，现代汽车转向系中均考虑了各种安全措施，如可伸缩的转向柱和转向盘退让系统，如图7-38b所示。

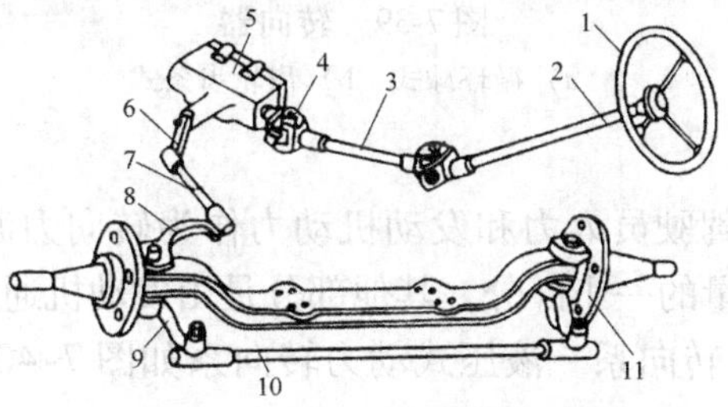

a)

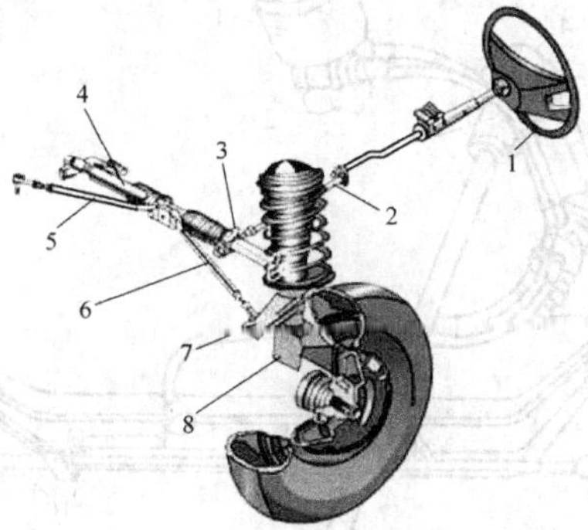

b)

图7-38 机械式转向系

a）货车转向系

1—转向盘 2—转向轴 3—转向传动轴 4—转向万向节 5—转向器 6—转向摇臂

7、10—转向横拉杆 8—万向节臂 9—梯形臂 11—万向节

b）轿车转向系

1—转向盘 2—转向轴 3—转向器 4—转向减振器 5—右横拉杆

6—左横拉杆 7—转向臂 8—万向节

转向器的作用是增大由转向盘传到万向节的力，并改变传递方向，获得所要求的摆动速度和角度。转向器按其结构形式不同，可分为蜗杆指销式、循环球式（图7-39a）和齿轮齿条式（图7-39b）三种；按其作用力的传递情况不同，可分为可逆式、不可逆式和极限式三种。

a)

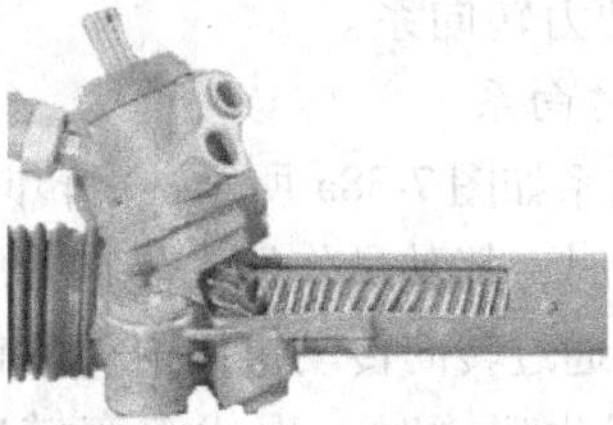
b)

图7-39 转向器

a）循环球式 b）齿轮齿条式

2. 动力转向系

动力转向系兼用驾驶员人力和发动机动力作为转向力源，在正常情况下驾驶员只需要提供所需能量的一小部分，其他部分是由发动机通过转向加力装置提供。

（1）液压式动力转向系 液压式动力转向系如图7-40所示，它是在机械式

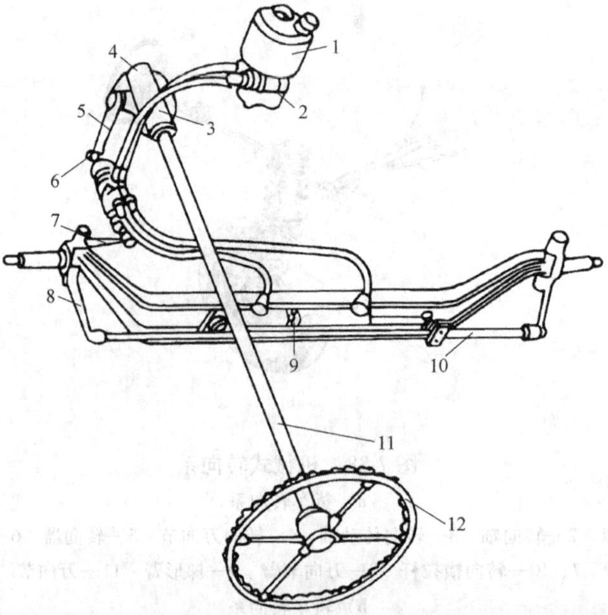

图7-40 液压式动力转向系

1—转向油罐 2—转向油泵 3—转向控制阀 4—机械转向器 5—转向摇臂 6—转向直拉杆 7—万向节臂 8—梯形臂 9—转向动力缸 10—转向横拉杆 11—转向轴 12—转向盘

转向系的基础上增加了一套液压助力装置。液压式动力转向系通常由转向盘、转向柱、动力转向器、转向油泵、转向控制阀、储油罐和油管组成。

（2）电控式动力转向系 电控式动力转向系是最新形式的转向装置，如图7-41所示为利用电能为转向系提供动力的系统，一般的油压动力转向系是直接用发动机驱动转向油泵。电动转向是利用电动机作为动力源，不直接使用发动机的动力。

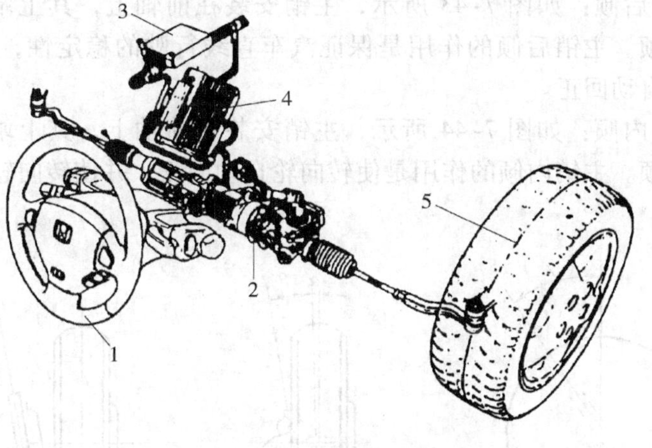

图7-41 电控式动力转向系

1—转向盘 2—电动机 3—控制装置 4—动力装置 5—转向轮

3. 四轮转向

汽车的四轮转向（简称4WS）是指汽车在转向时，4个车轮都可相对车身主动偏转，使之起到转向作用，以改善汽车的转向机动性能。

按照后轮转向机构控制和驱动方式的不同，四轮转向可分为机械式、液压式、电控机械式、电控液压式和电控电动式等几种类型。目前使用最广泛的4WS系统为电控液压式，主要用于前轮采用液压式动力转向系的高级和新型轿车上，如图7-42所示。

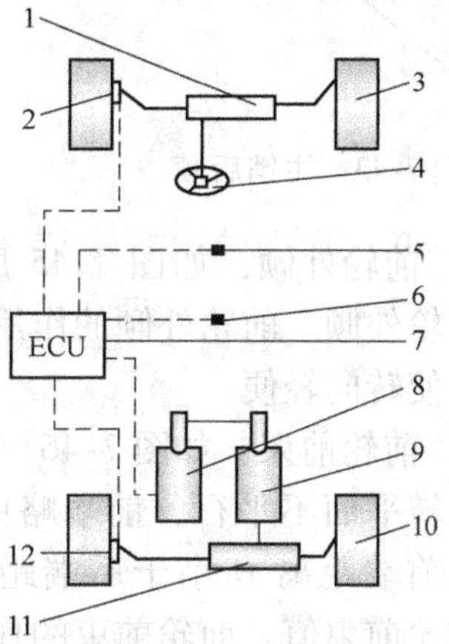

图7-42 四轮转向

1—前轮转向机构 2—前轮转角传感器 3—前车轮 4—转向盘 5—车速传感器 6—横摆角速度传感器 7—电控单元 8—步进电动机 9—减速机构 10—后车轮 11—后轮转向机构 12—后轮转角传感器

4. 车轮定位

车轮定位包括前轮定位和后轮定位，也就是常说的四轮定位。车轮定位的作用是使汽车保持稳定的直线行驶和转向轻便，并减少汽车在行驶中轮胎和转向机件的磨损。

（1）前轮定位（转向轮定位）为了保证汽车直线行驶的稳定性、转向轻便性，减小轮胎和机件的磨损，转向轮、万向节和前轴三者之间在安装上具有一定的相对位置，这种具有一定相对位置的安装形式，称为转向轮定位。它包括主销后倾、主销内倾、前轮外倾和前轮前束四项内容。

1）主销后倾：如图 7-43 所示，主销安装在前轴上，其上端略向后倾斜，称为主销后倾。主销后倾的作用是保证汽车直线行驶的稳定性，并力图使转弯后的转向轮自动回正。

2）主销内倾：如图 7-44 所示，主销安装在前轴上，其上端略向内倾斜，称为主销内倾。主销内倾的作用是使转向轮自动回正，并使转向轻便。

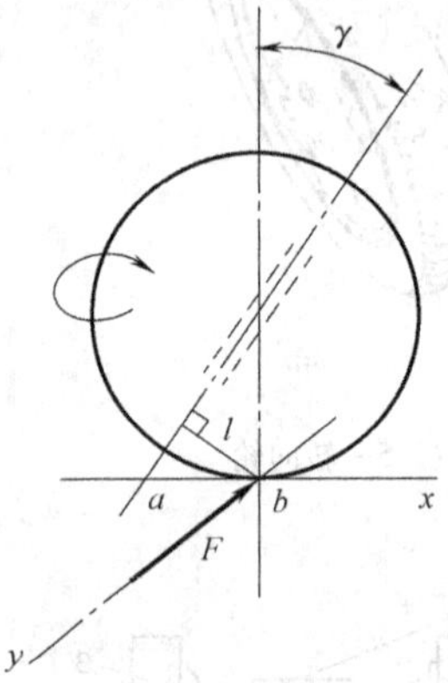

图 7-43　主销后倾

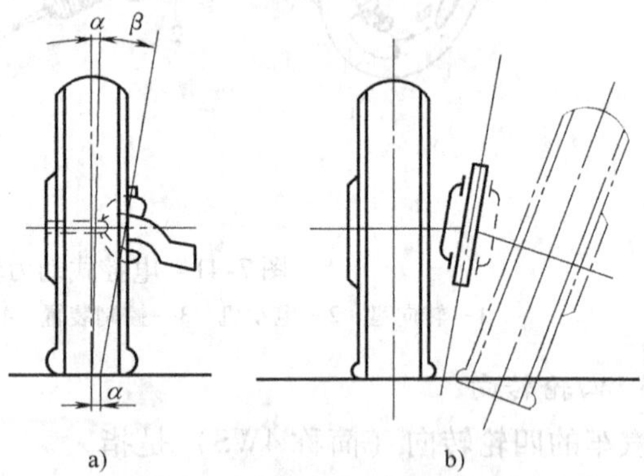

图 7-44　主销内倾

3）前轮外倾：如图 7-45 所示，前轮安装在车桥上，其上端略向外倾斜，称为前轮外倾。前轮外倾的作用在于提高前轮工作的安全性，使转向轻便。

4）前轮前束：如图 7-46 所示，前轮安装后，两前轮的旋转平面不平行，前端略向内束，称为前轮前束。两前轮前端距离 B 小于后端距离 A，其差值 $(A-B)$ 称为前轮前束值。前轮前束的作用是消除因前轮外倾使汽车行驶时向外张开的趋势，减小轮胎磨损和燃料消耗。前束可通过改变横拉杆的长度来调整。

（2）后轮定位　如今广泛采用独立悬架结构的汽车，除设置转向轮定位外，非转向的后轮也设置了定位，称为后轮定位。后轮定位主要包括后轮外倾和后轮

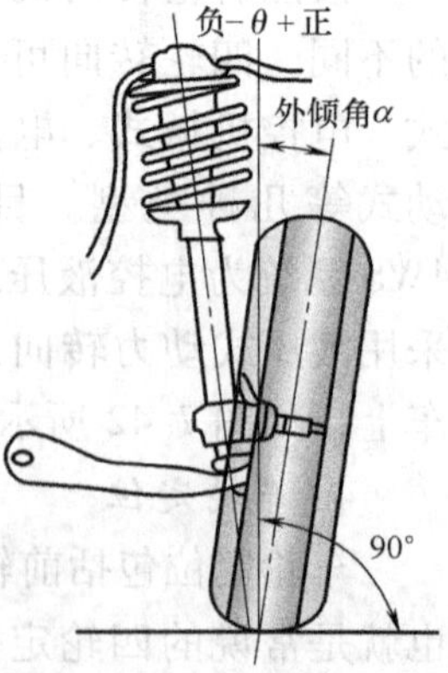

图 7-45　前轮外倾

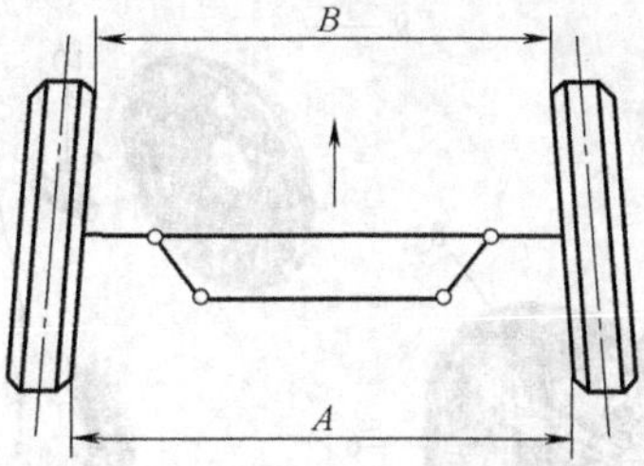

图 7-46　前轮前束

前束。后轮外倾与前轮外倾一样，保护外轴承和外锁紧螺母，避免后轮飞脱的危险。

五、制动系

1. 制动系的功用与组成

汽车制动系的作用是根据需要使汽车减速或在最短的距离内停车，并保证汽车停放可靠，不致自动滑溜。图 7-47 所示汽车制动系由两部分组成：制动器和制动操纵机构。

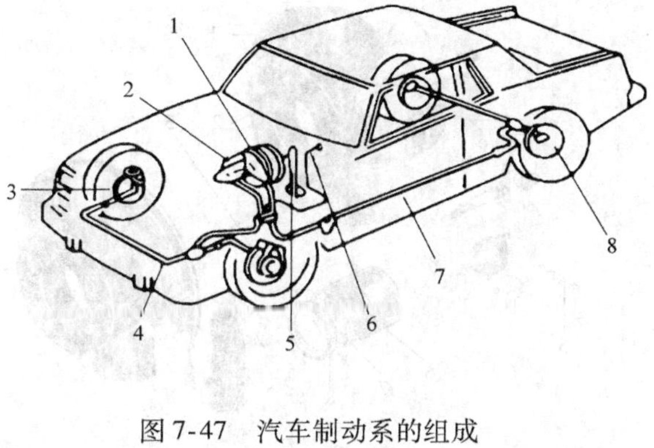

图 7-47　汽车制动系的组成

1—真空增压器　2—制动主缸　3—前轮盘式制动器　4—前制动管路　5—制动踏板
6—驻车制动杆　7—后制动管路　8—后轮鼓式制动器

1）制动器按结构分为鼓式制动器（图 7-48）和盘式制动器（图 7-49）；按安装位置的不同分为车轮制动器和中央制动器。车轮制动器可用于行车制动和驻车制动，中央制动器只用于驻车制动和缓速制动。

2）操纵机构是将驾驶员踏板力传递到制动器的一系列部件，如液压制动系统操纵机构包括制动主缸、真空助力装置、液压管路等。

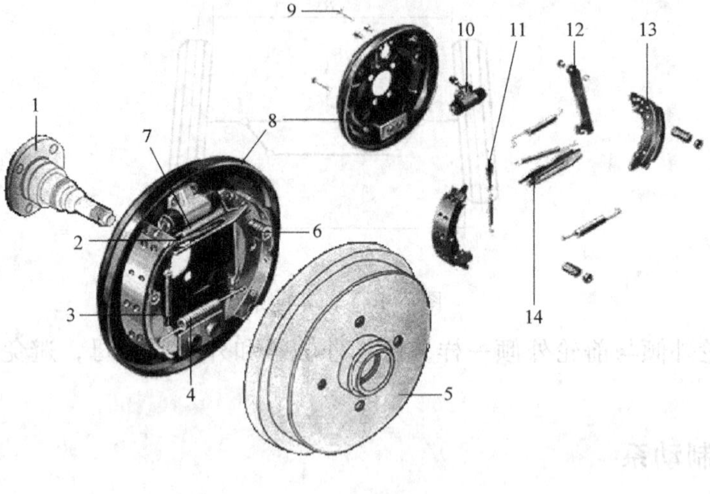

图 7-48　鼓式制动器

1—后轮轴　2—驻车制动推杆弹簧　3—制动间隙调节弹簧　4—下回位弹簧　5—制动鼓　6—限位杆　7—上回位弹簧　8—制动底板　9—限位杆　10—制动轮缸　11—驻车制动杠杆　12—楔形调节块　13—驻车制动推杆　14—制动蹄

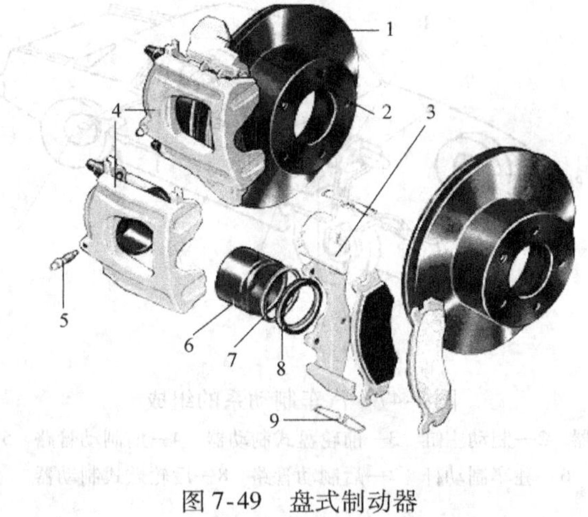

图 7-49　盘式制动器

1—制动盘　2—制动钳支架　3—制动钳　4—放气螺钉　5—活塞　6—油封　7—防尘罩　8—夹子　9—制动块

2. 制动系的类型

1）按制动系的功用分为行车制动系、驻车制动系、辅助制动系。

2）按制动系的制动能源分为人力制动系 、动力制动系和伺服制动系。

3）按照制动能量的传输方式，制动系统又可分为机械式、液压式（图 7-50）、气压式（图 7-51）和电磁式等。同时采用两种传能方式的制动系统可称为组合式制动系统，如气顶液制动系统（图 7-52）。

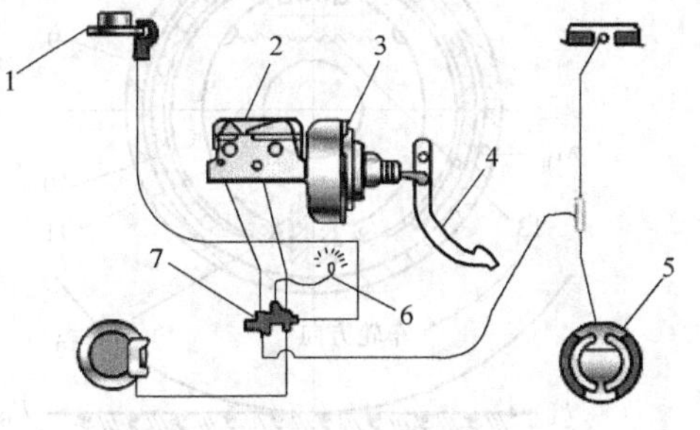

图 7-50　轿车液压式制动管路

1—前轮盘式制动器　2—制动主缸

3—真空助力器　4—制动踏板机构

5—后轮鼓式制动器　6—制动警告灯　7—制动组合阀

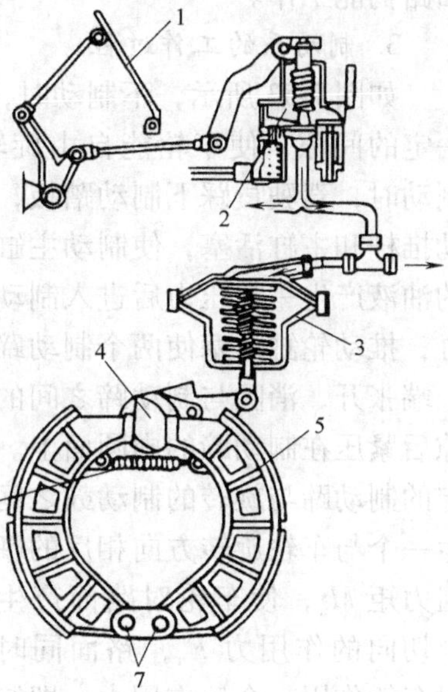

图 7-51　气压式制动系统

1—制动踏板　2—制动控制阀

3—制动气室　4—凸轮

5—制动蹄片　6—回位弹簧　7—支撑销

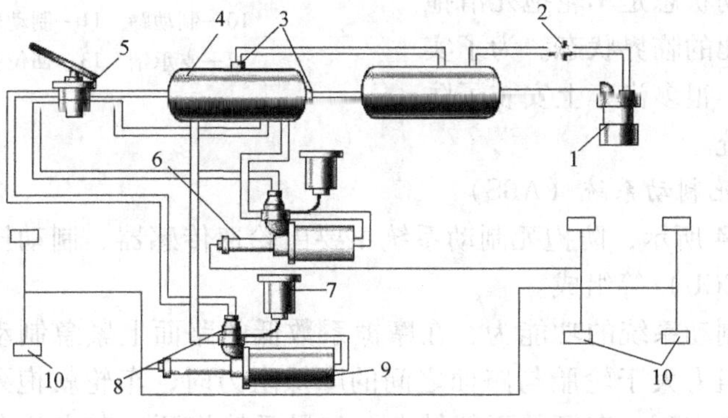

图 7-52　气顶液制动系统

1—空气压缩机　2—气压调节阀　3—单向阀　4—储气罐　5—串列双腔气制动阀

6—液压主缸　7—储液罐　8—气压继动阀　9—制动气室　10—制动轮缸

目前所有汽车都采用双回路制动系统，如轿车的左前轮和右后轮共用一条制动回路、右前轮和左后轮共用另一条制动回路，当一个回路失效时，另一个回路仍能工作。

3. 制动系的工作过程

如图 7-53 所示，不制动时，制动蹄摩擦片的外圆面与制动鼓的内圆面保持一定的间隙，使车轮能自由旋转。制动时，驾驶员踩下制动踏板，推动推杆和主缸活塞，使制动主缸内的油液产生一定压力后进入制动轮缸，推动轮缸活塞使两个制动蹄的上端张开，消除与制动蹄之间的间隙后紧压在制动蹄的内圆面上。固定的制动蹄与旋转的制动鼓之间产生一个与车轮旋转方向相反的摩擦阻力矩 M_u，使车轮对路面产生一个切向的作用力 F_u，路面同时会对车轮作用一个反作用力，即制动力 F_B，制动力迫使汽车迅速减速甚至停车。放松制动踏板后，在制动蹄回位弹簧的作用下，解除了制动。

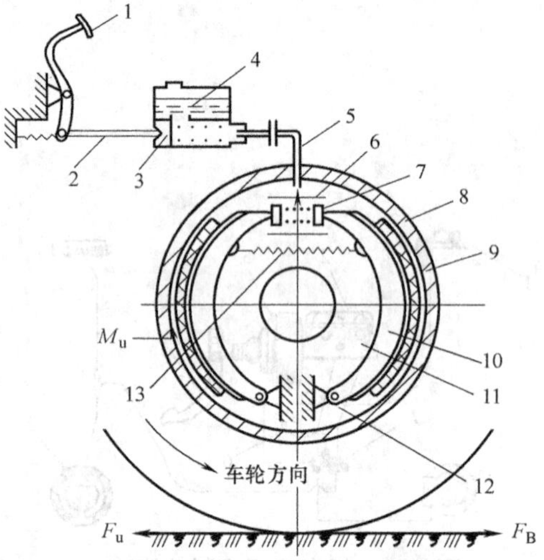

图 7-53　制动系工作过程

1—制动踏板　2—推杆　3—主缸活塞
4—制动主缸　5—油管　6—制动轮缸
7—轮缸活塞　8—制动鼓　9—摩擦片
10—制动蹄　11—制动底板
12—支承销　13—回位弹簧

最佳制动状态是车轮抱死滑拖而又尚未抱死的临界状态。为了实现最佳状态，很多汽车上安装了防抱死制动系统。

4. 防抱死制动系统（ABS）

如图 7-54 所示，防抱死制动系统主要由轮速传感器、制动压力调节器和电子控制器（ECU）等组成。

防抱死制动系统的功能为：在摩擦系数低的路面上紧急制动时，当制动系统内的摩擦阻力大于轮胎与路面之间的摩擦阻力时，车轮就抱死，车辆就会打滑。如果前轮抱死，车辆就不能转向；如果后轮抱死，左右侧车轮与路面摩擦系数的差别就会导致车尾偏摆。制动力在打滑率是 10% ~20% 之间时最大，ABS 总使打滑率保持在这个范围内，使制动安全性能最佳。

5. 驱动防滑控制系统

汽车防滑控制系统是防止汽车在制动过程中车轮被抱死滑移和汽车在驱动

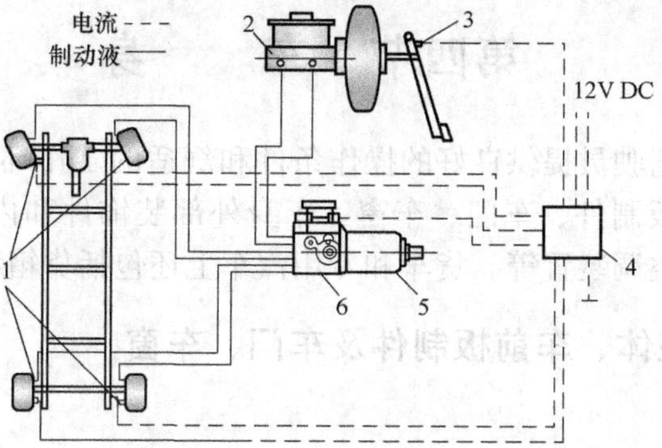

图 7-54　防抱死制动系统

1—轮速传感器　2—制动主缸　3—制动灯开关　4—电子控制器　5—电动机　6—制动压力调节器

过程中（特别是起步、加速、转弯等）驱动轮发生滑转现象的控制系统。

驱动防滑控制系统（ASR）和 ABS 一样，主要由电子控制器、传感器、制动压力调节器三部分组成。ASR 中电子控制器可以是独立的，也可与 ABS 共用，轮速传感器可与 ABS 共用，ASR 与 ABS 的制动压力调节器可共用。通常将 ASR 和 ABS 组合在一起，如图 7-55 所示。

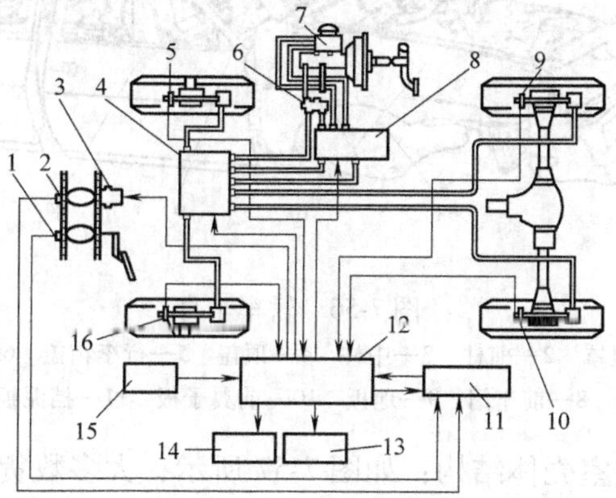

图 7-55　驱动防滑控制系统

1—主节气门位置传感器　2—副节气门位置传感器　3—副节气门步进电动机
4—ABS 制动压力调节器　5—右前车轮速度传感器　6—比例阀和差压阀
7—制动主缸　8—ASR 制动压力调节器　9—右后轮速传感器
10—左后轮速传感器　11—发动机电子控制器　12—ABS/ASR 电子控制器
13—ASR 关闭指示灯　14—ASR 工作指示灯　15—ASR 选择开关　16—左前轮速度传感器

第四节　车　　身

汽车车身为驾驶员提供良好的操作条件和舒适的工作环境。车身结构包括：车身壳体、车前板制件、车门、车窗、车身外部装饰件和内部覆饰件、座椅以及通风、暖气、空调装置等。货车和专用汽车上还包括货箱和其他装备。

一、车身壳体、车前板制件及车门、车窗

1. 车身壳体

1）车身壳体按受力不同可分为非承载式车身、半承载式车身和承载式车身。

2）车身壳体结构：如图7-56所示，轿车车身都采用承载式结构。其特点是车身没有明显的骨架，车身是由外部覆盖件和内部板件焊合而成的空间结构。

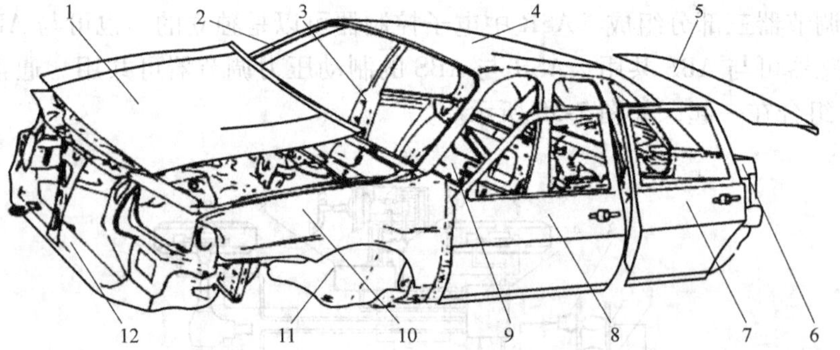

图7-56　轿车车身

1—发动机罩　2—前柱　3—中柱　4—顶盖　5—行李箱盖　6—后翼子板
7—后车门　8—前车门　9—地板　10—前翼子板　11—挡泥板　12—前围

3）典型的驾驶室壳体结构：如图7-57所示，大多数货车驾驶室都是非承载式的结构，驾驶室无明显的骨架，由外部覆盖件和内部板件焊合成壳体，通过3点或4点弹性悬置与车架连接。

4）客车车身的壳体结构：按结构的不同可分为半承载式车身的壳体结构（图7-58）和承载式客车车身结构（图7-59）。

2. 车前板制件

长头式汽车车身都有若干车前板制件，如图7-60所示。

3. 车门、车窗及其附件和密封

（1）车门　如图7-61所示，车门是车身的重要组成部件之一。按其开启方

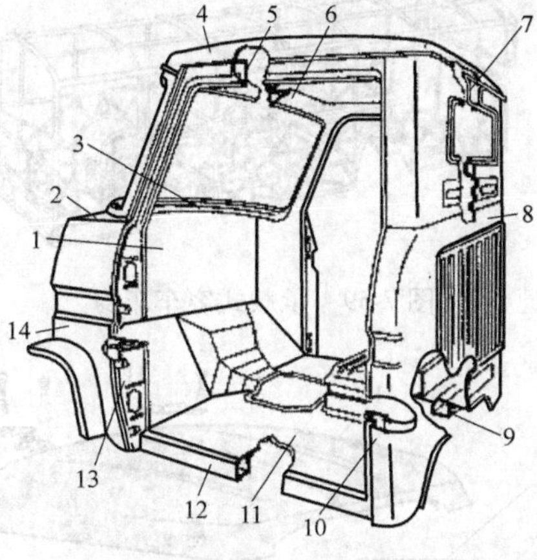

图 7-57 货车驾驶室

1—前围板 2—前围上盖板 3—前风窗框下横梁 4—顶盖 5—上边梁 6—前风窗框上横梁 7—后围上横梁 8—后围板 9—地板后横梁 10—左后立柱 11—地板 12—左门槛 13—左前立柱 14—前围左侧盖板

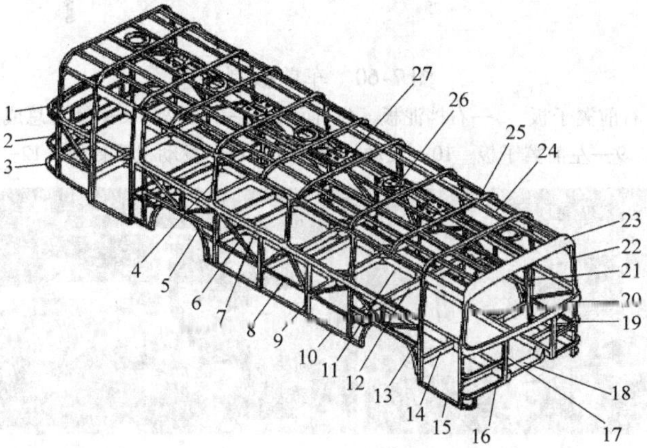

图 7-58 半承载式车身

1—后风窗框下横梁 2—后卫横梁 3—后围裙边梁 4—侧围窗立柱 5—车轮拱 6—斜撑 7—腰梁 8—侧围横梁 9—侧围立柱 10—侧围裙边梁 11—上边梁 12—车架横梁 13—门立柱 14—车架悬臂梁 15—门槛 16—车架纵梁 17—前围立柱 18—车架前横梁 19—前围搁梁 20—前风窗框下横梁 21—前风窗中立柱 22—前风窗立柱 23—前风窗框上横梁 24—顶盖纵梁 25—顶盖横梁 26—换气窗框 27—顶灯底板

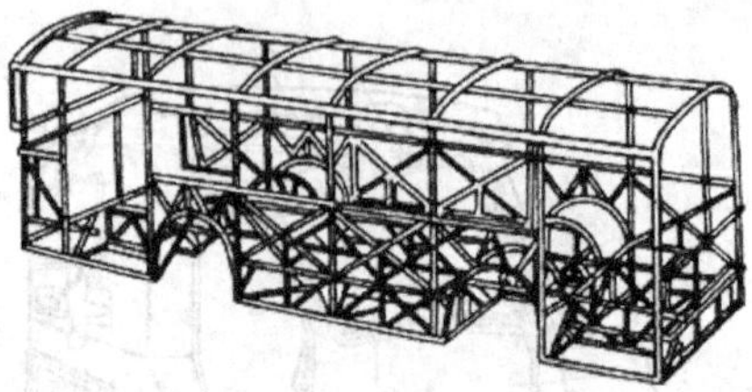

图 7-59　承载式客车车身

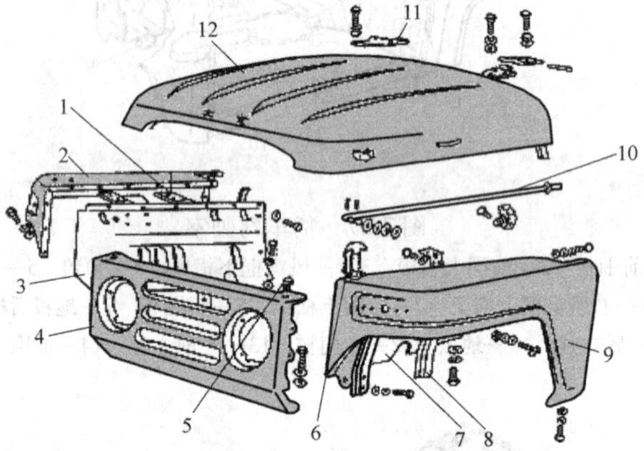

图 7-60　车前板制件

1—托架　2—右前翼子板　3—右挡泥板　4—面罩　5—缓冲架　6—锁扣总成　7—左挡泥板
8—托架　9—左前翼子板　10—发动机罩撑杆　11—发动机罩铰链　12—发动机罩

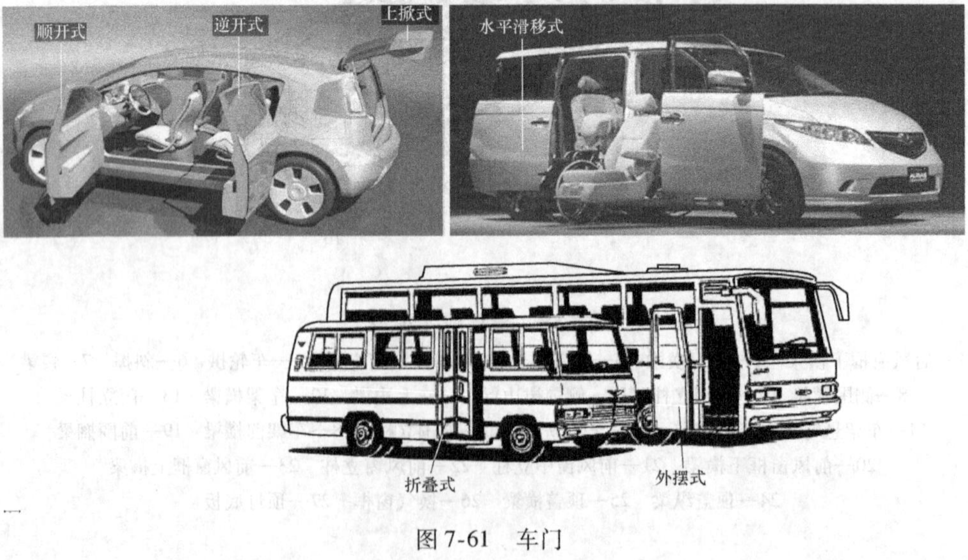

图 7-61　车门

式可分为顺开式、逆开式、水平滑移式、上掀式、折叠式和外摆式等。

(2) 车窗 汽车的前、后车窗采用有利于视野又美观的曲面玻璃，轿车的前后车窗又称为前后风窗玻璃。为便于自然通风，某些汽车在车门上设有三角通风窗，三角通风窗可绕垂直轴旋转，使空气在其附近形成涡流并绕车窗循环流动。

现代轿车采用齿轮齿扇交叉臂式和钢丝绳式两种玻璃升降器，如图 7-62 所示。

客车侧窗可设计成上下开启式或水平移动式。

(3) 轿车的遮阳顶窗 如图 7-63 所示，遮阳顶窗（也称天窗）及其他车窗开启时可使汽车室内与外界连通，接近敞篷车的性能，以便乘员在风和日丽的季节里充分享受明媚的阳光和新鲜的空气。

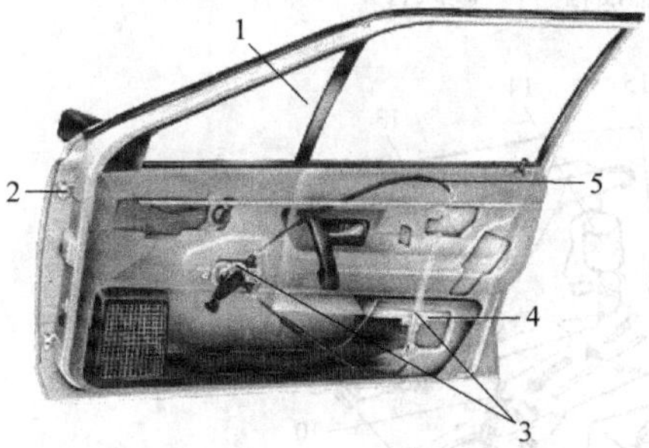

图 7-62 车窗及玻璃升降器

1—前车门三角窗 2—车门铰链

3—前车门玻璃升降器总成

4—车门玻璃托槽 5—钢丝绳

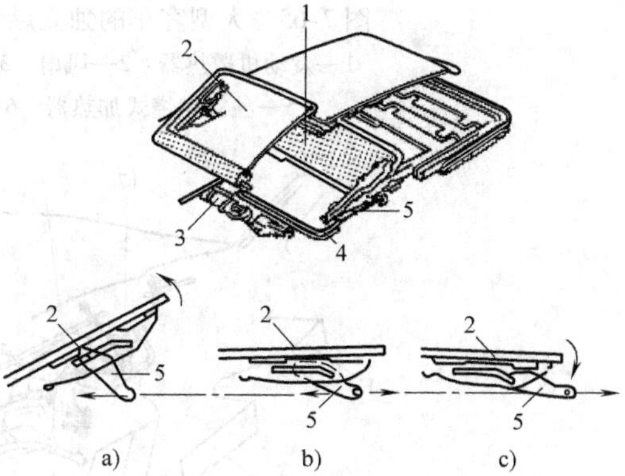

图 7-63 轿车的遮阳顶窗

a) 玻璃翻开 b) 正常关闭 c) 玻璃向后滑动

1—遮阳板 2—玻璃 3—驱动电动机

4—驱动钢索 5—撑杆

二、车身附属装置

1. 通风装置

(1) 自然通风 如图 7-64 所示，自然通风依靠车身上的进、出风口以及打开的侧窗、顶窗、车门上的升降玻璃和三角通风窗实现。

(2) 大型客车的独立燃烧式通风与暖气联合装置，如图 7-65 所示。

(3) 通风、暖气、冷气联合装置 如图 7-66 所示，现代汽车上都装有通风、暖气、冷气联合装置，或称四季空调系统。

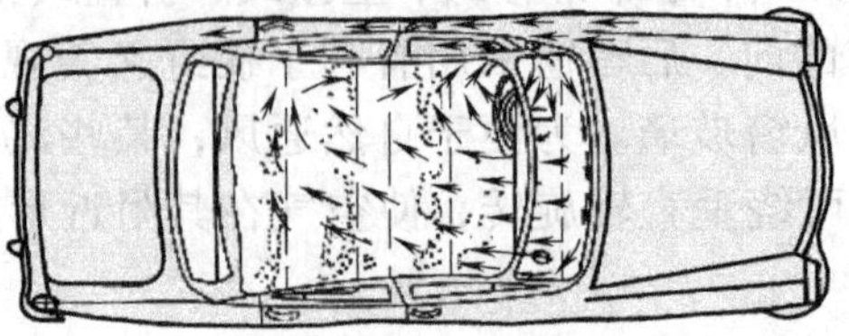

图 7-64　汽车三角窗通风装置

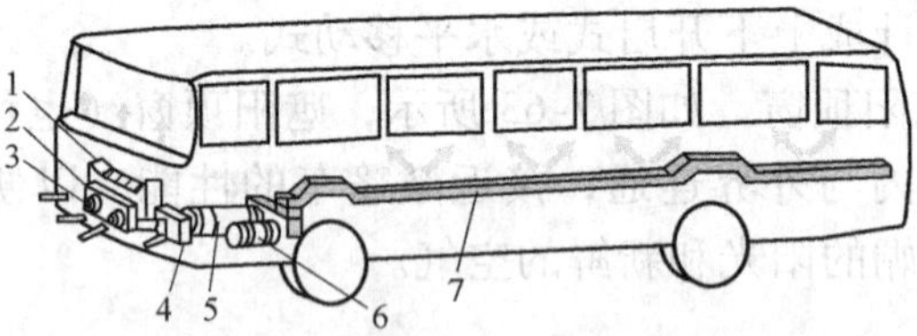

图 7-65　大型客车的独立燃烧式通风与暖气联合装置

1—发动机散热器　2—风扇　3—电动机　4—空气滤清器

5—独立燃烧式加热器　6—燃油箱　7—暖风管

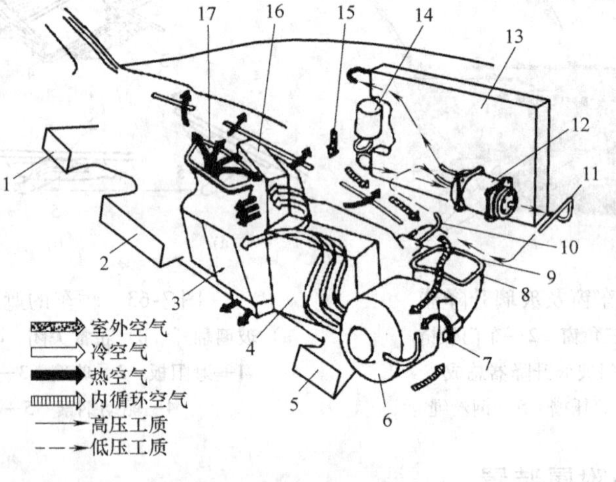

图 7-66　四季空调系统

1—左出风口　2—中出风口　3—分配箱　4—蒸发器　5—右出风口　6—风机

7—内部循环空气进口　8—空气过滤进口　9—膨胀阀　10—吸入管道

11—高压管道　12—压缩机　13—冷凝器　14—储液器

15—外部空气进口　16—散热器　17—除霜热空气出口

2. 座椅

座椅的作用是支承人体，使驾驶操作方便和乘坐舒适。座椅由骨架、坐垫、靠背、头枕和调节机构等部分组成，如图 7-67 所示。

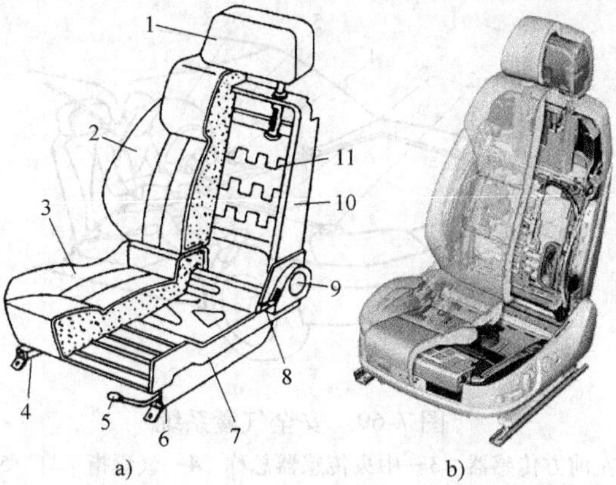

图 7-67 座椅

a）驾驶员手动调节座椅 b）驾驶员电动调节座椅

1—头枕 2—靠背芯子及蒙皮 3—座垫芯子及蒙皮 4—右滑轨 5—行程调节手柄 6—左滑轨 7—坐垫骨架 8—调角手柄 9—靠背角度调节器 10—靠背骨架 11—S 形弹簧

3. 安全防护装置

（1）车外防护装置 汽车最前端和最后端都有保险杠，许多轿车左右两侧还有纵贯前后的护条。轿车正面都用大块聚氨酯泡沫塑料制成，将发动机罩顶面用软材料包垫，提高安全性。

（2）车内防护装置

1）安全带和安全气囊是避免人体与车内构件相撞的两种常用的防护装置，如图 7-68 和图 7-69 所示。

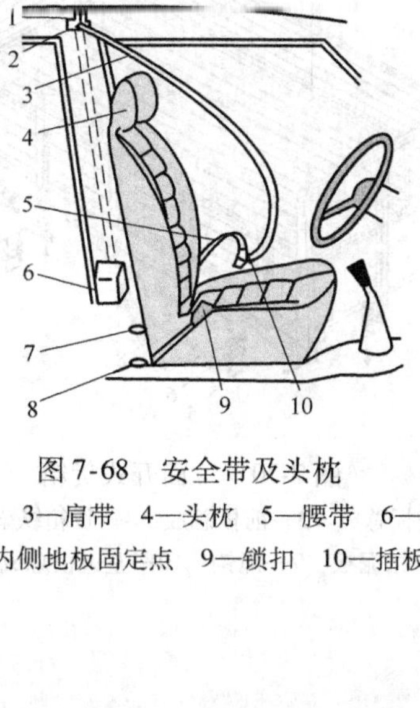

图 7-68 安全带及头枕

1—外侧上方固定点 2—导向板 3—肩带 4—头枕 5—腰带 6—收卷器 7—外侧地板固定点 8—内侧地板固定点 9—锁扣 10—插板

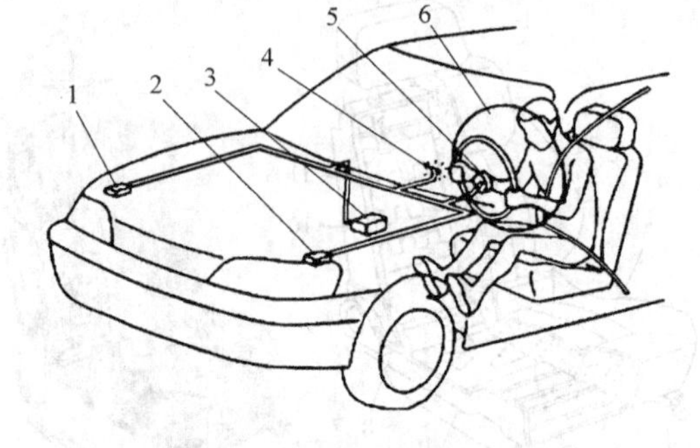

图 7-69　安全气囊系统

1—右前方传感器　2—左前方传感器　3—中央传感器总称　4—气囊指示灯　5—气体发生器　6—气囊

2）安全玻璃：汽车上广泛应用的安全玻璃有钢化玻璃和夹层玻璃两种。钢化玻璃受冲击损坏时，整块玻璃出现网状裂纹，脱落后分成许多无锐边的碎片。夹层玻璃受冲击损坏时，内、外层玻璃碎片仍粘附在中间层上。夹层玻璃安全性优于钢化玻璃。

3）门锁与门铰链：汽车的门锁与门铰链应有足够的强度，能同时承受纵、横两个方向的冲击载荷而不致使车门开启，避免乘员被甩出车外而受重伤或死亡的危险。

三、货箱

按结构形式的不同可分为三面开式货箱（图 7-70）、一面开式货箱（图 7-71）、万能式货箱、专用货箱（图 7-72）、集装箱（图 7-73）。

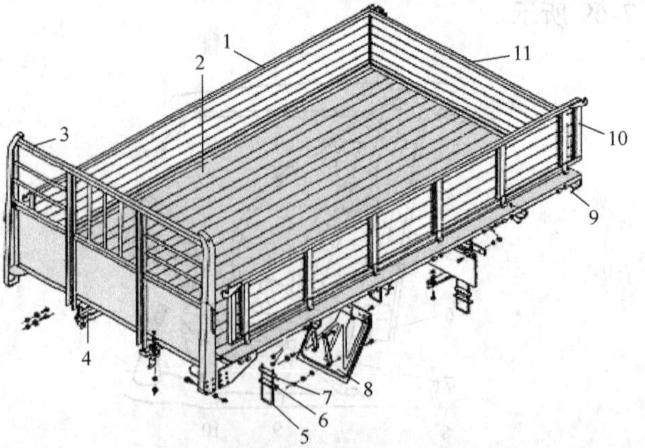

图 7-70　三面开式货箱

1—右边板总成　2—底板总成　3—前板总成　4—货箱纵梁　5—U 形螺栓　6—垫板
7—压板　8—挡泥板　9—绳钩　10—左边板总成　11—后板总成

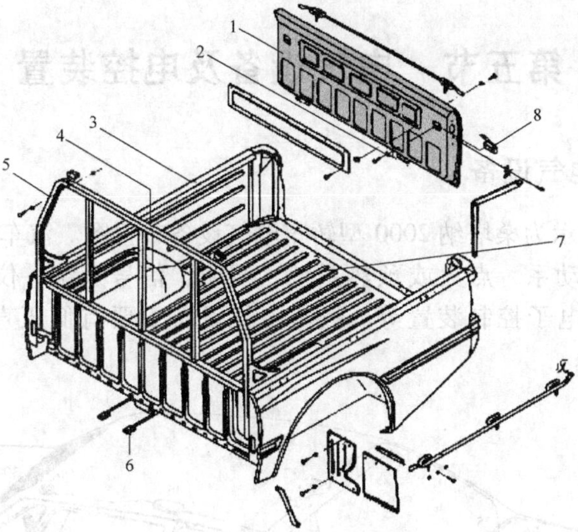

图 7-71 一面开式货箱

1—后板 2—铰链 3—边板 4—轮罩 5—货架 6—货箱与车身连接板 7—底板 8—后板锁

图 7-72 专用货箱

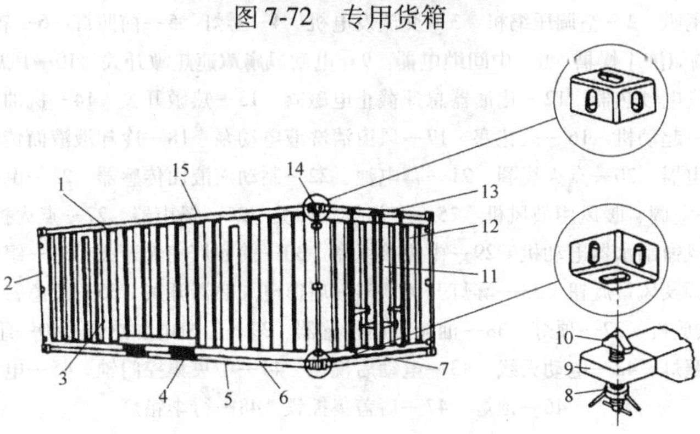

图 7-73 集装箱

1—上侧梁 2—角柱 3—侧壁 4—叉槽 5—底板 6—下侧梁 7—下端梁 8—锁紧螺母 9—汽车车架 10—转锁 11—门 12—端壁 13—上端梁 14—角件 15—顶板

第五节　电气设备及电控装置

一、汽车电气设备

如图 7-74 所示为桑塔纳 2000 型轿车电气设备布置图。汽车电气设备可以分为电源系统、起动系、点火或预热系统、照明、信号系统、仪表和警报装置、辅助电气系统、电子控制装置等。汽车电气设备主要有低压直流、单线并联、负极搭铁的特点。

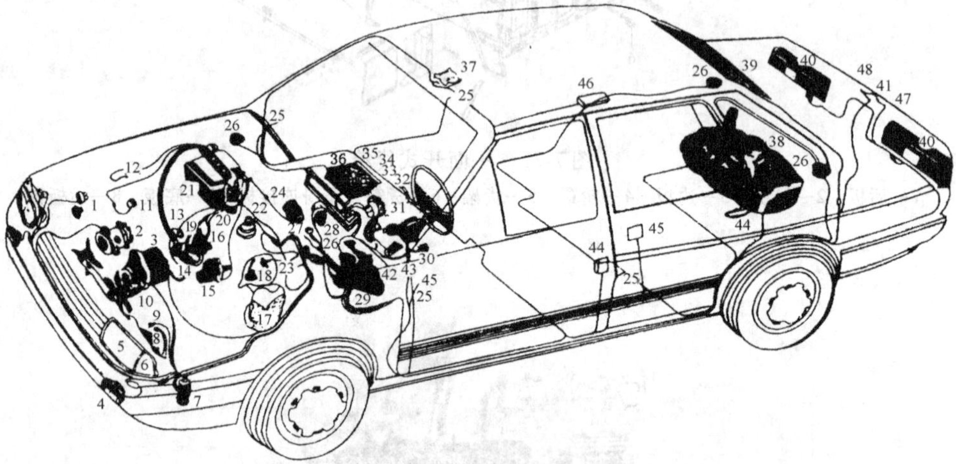

图 7-74　桑塔纳 2000 型轿车电气设备布置图

1—双音喇叭　2—空调压缩机　3—交流发电机　4—雾灯　5—前照灯　6—转向指示灯　7—空调储液干燥器　8—中间继电器　9—电动风扇双速热敏开关　10—风扇电动机　11—进气电预热器　12—化油器怠速截止电磁阀　13—热敏开关　14—机油油压开关　15—起动机　16—火花塞　17—风窗清洗液电动泵　18—冷却液液面传感器　19—分电器　20—点火线圈　21—蓄电池　22—制动液液面传感器　23—倒车灯开关　24—空调、暖风用鼓风机　25—车门接触开关　26—扬声器　27—点火控制器　28—风窗刮水器电动机　29—中央接线盒　30—前照灯变光开关　31—组合开关　32—空调及风量旋钮　33—雾灯开关　34—后窗电加热器开关　35—危急警告灯开关　36—收放机　37—顶灯　38—油箱油面传感器　39—后窗电加热器　40—组合后灯　41—牌照灯　42—电动天线　43—电动后视镜　44—中央集控门锁　45—电动摇窗机　46—顶灯　47—后盖集控锁　48—行李箱灯

二、汽车电源系统

如图 7-75 所示，汽车上的电源系统由蓄电池、发电机及其调节器组成。

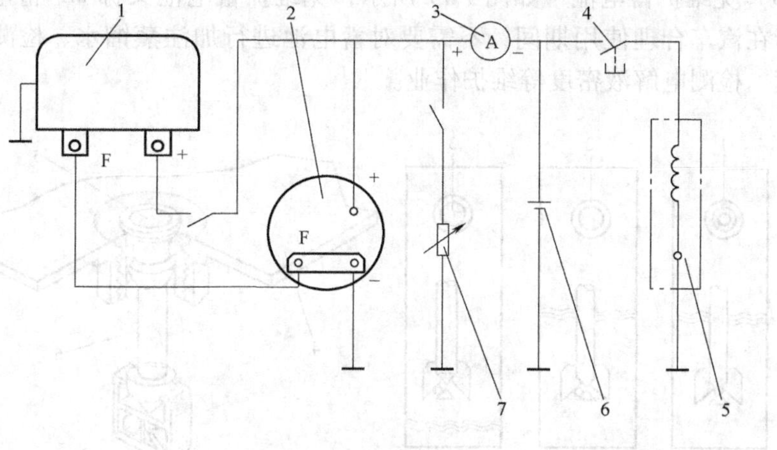

图 7-75　汽车电源系统

1—调节器　2—发电机　3—用电设备　4—电流表　5—起动按钮　6—蓄电池　7—起动机

1. 蓄电池

汽车用铅蓄电池又分为普通蓄电池、干式荷电铅蓄电池、湿式荷电型和免维护蓄电池。

（1）普通蓄电池的结构　普通蓄电池结构如图 7-76 所示，铅酸蓄电池是由正负极板、隔板、壳体、电解液和接线桩头等组成的，一般由 3 个或 6 个单格电池串联而成。

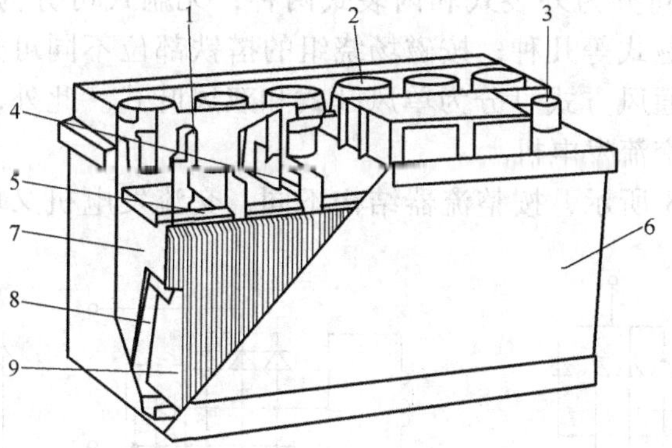

图 7-76　蓄电池的结构

1—负极柱　2—加液孔盖　3—正极柱　4—穿壁连接　5—汇流条
6—外壳　7—负极板　8—隔板　9—正极板

（2）干式荷电铅蓄电池　该电池主要是负极板的制造工艺与普通电池不同，干式荷电铅蓄电池在负极板铅膏中加入了松香、油酸、硬脂酸等防化剂。

(3) 免维护蓄电池　如图 7-77 所示，免维护蓄电池又称 MF 蓄电池，免维护是指在汽车合理使用期间，不需要对蓄电池进行加注蒸馏水、检测电解液液面高度、检测电解液密度等维护作业。

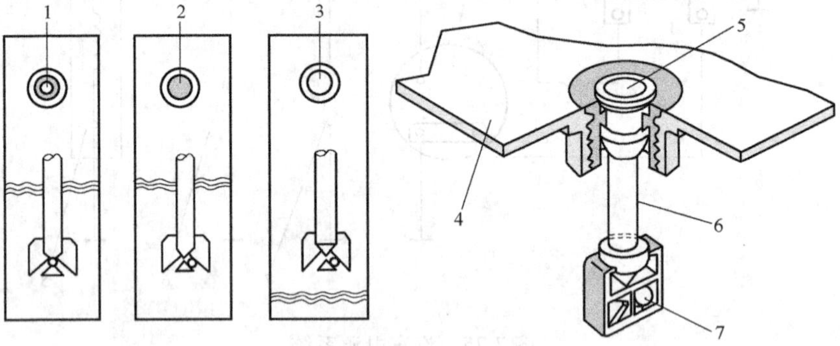

图 7-77　免维护蓄电池

1—绿色（充电程度为 65% 或更高）　2—黑色（充电程度低于 65%）　3—浅黄色（蓄电池有故障）
4—蓄电池盖　5—观察窗　6—光学的荷电状况指示器　7—绿色小球

2. 发电机及电压调节器

(1) 发电机　发电机担负着向起动系统之外所有用电设备供电的任务，并向蓄电池充电。汽车用发电机采用硅整流交流发电机，使其输出直流电。

1）交流发电机按有无电刷可分为有刷式和无刷式两大类，有刷式根据电刷架安装方式的不同分为外装式和内装式两种，无刷式可分为爪极式、感应式、带励磁机式和永磁式等几种；按磁场绕组的搭铁部位不同可分为内搭铁式和外搭铁式两种；按通风方式可分为单风叶式和双风叶式。此外，还有整体式交流发电机和带泵式交流发电机。

2）如图 7-78 所示，按整流器结构不同，交流发电机又可分为：六管、八

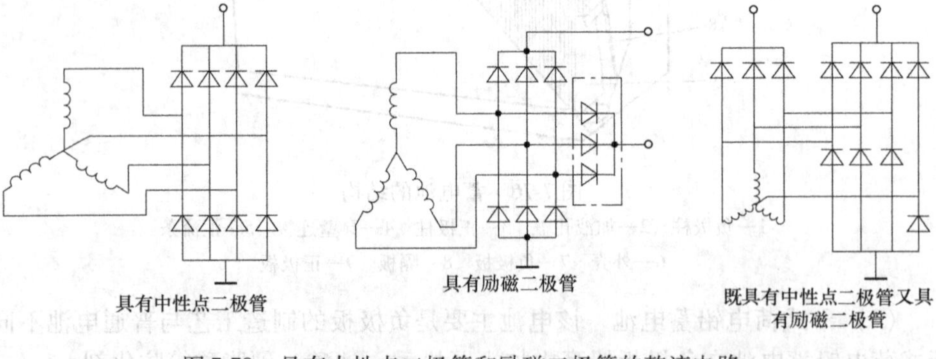

图 7-78　具有中性点二极管和励磁二极管的整流电路

管、九管、二极管交流发电机。

3）按励磁绕组搭铁方式的不同，交流发电机可分为内搭铁型交流发电机（图 7-79a）和外搭铁型交流发电机（图 7-79b）。

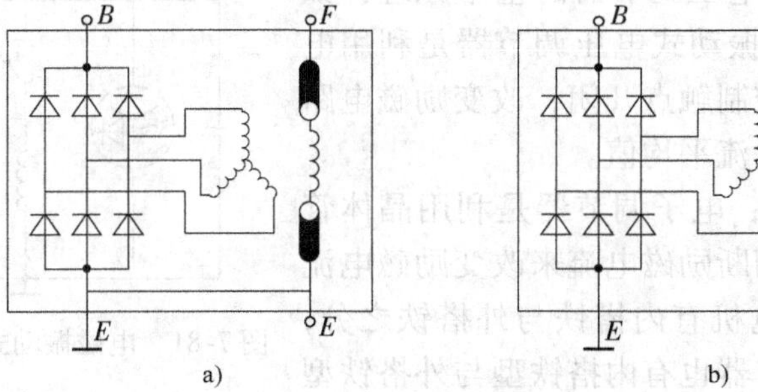

图 7-79 交流发电机的搭铁形式

a）内搭铁型交流发电机 b）外搭铁型交流发电机

4）硅整流交流发电机的结构：硅整流交流发电机由一台三相同步交流发电机和硅二极管整流器组成。发电机工作时产生的三相交流电通过整流器进行三相桥式全波整流后转变为直流电。硅整流交流发电机由转子总成、定子总成、整流器、前后端盖、风扇叶轮等组成。如图 7-80 所示为 JF132 型普通交流发电机分解图。

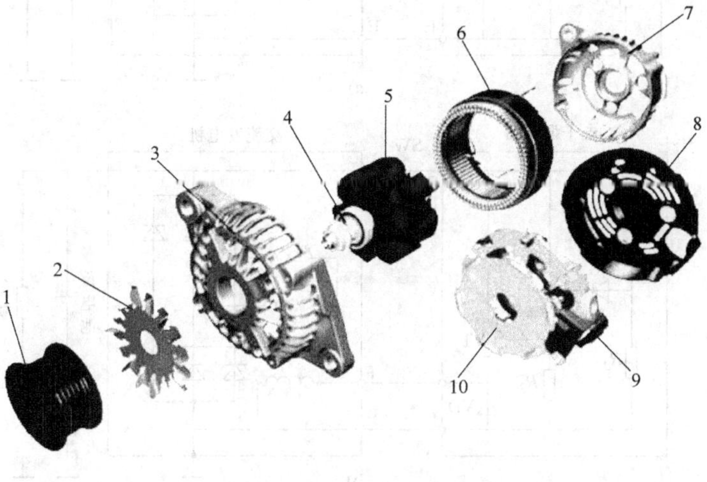

图 7-80 JF132 型普通交流发电机分解图

1—带轮 2—风扇 3—前端盖 4—前后轴承 5—转子 6—定子总成 7—后端盖 8—后端盖罩 9—电刷架 10—整流器

（2）电压调节器 通过调节励磁电流平均值的大小使发电机端电压平均值

在不同的转速和负载情况下基本保持恒定，调节器就是利用这一原理工作的。

1）调节器的种类：调节器可分为电磁振动式电压调节器和电子调节器两类。

2）电磁振动式电压调节器的基本原理：如图 7-81 所示，电磁振动式电压调节器是利用电磁力和弹力的平衡控制触点开闭，改变励磁电路的电阻来改变励磁电流平均值。

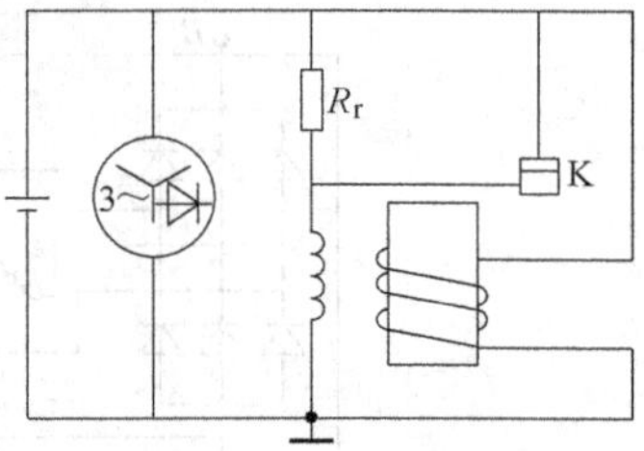

图 7-81　电磁振动式电压调节器

3）电子调节器：电子调节器是利用晶体管的开关特性接通与切断励磁电流来改变励磁电流平均值的。交流发电机有内搭铁与外搭铁之分，与之匹配的电子调节器也有内搭铁型与外搭铁型两类，如图 7-82 所示。

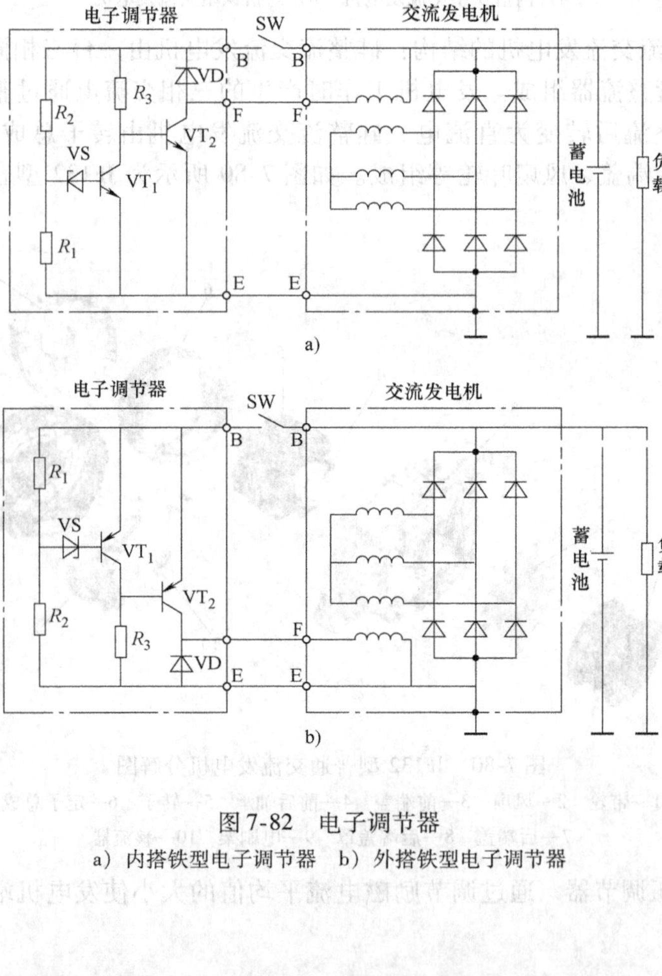

图 7-82　电子调节器

a）内搭铁型电子调节器　b）外搭铁型电子调节器

4）轿车采用整体式交流发电机与集成电路电压调节器，交流发电机接线图如图7-83所示。

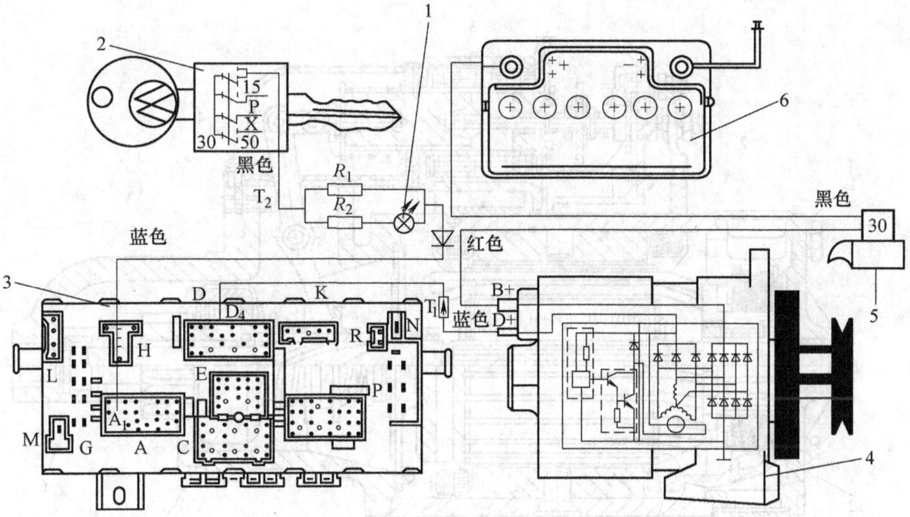

图7-83 交流发电机接线图

1—起动开关 2—光电指示灯 3—中央线路板 4—交流发电机 5—起动机 6—蓄电池

三、起动系

发动机由静止状态过渡到能自行稳定运转状态的过程，称为发动机的起动。

1. 起动方式

发动机的起动方式主要有人力起动、辅助汽油机起动和电力起动（又称起动机起动）三种。电力起动主要由蓄电池、起动机、起动开关和起动电路等组成。

2. 起动机分类

按控制装置操纵方式的不同分为机械操纵起动机和电磁操纵起动机；按直流电动机磁场产生的方式分为永磁起动机和励磁起动机；按传动机构有无减速装置分为减速起动机和非减速起动机（普通起动机）；按驱动齿轮的啮入方式分为惯性啮合式起动机、电枢移动式起动机、齿轮移动式起动机和强制啮合式起动机。

3. 起动机的组成及原理

电力起动机简称起动机，如图 7-84 所示，它由直流电动机、传动机构、控制机构等组成。

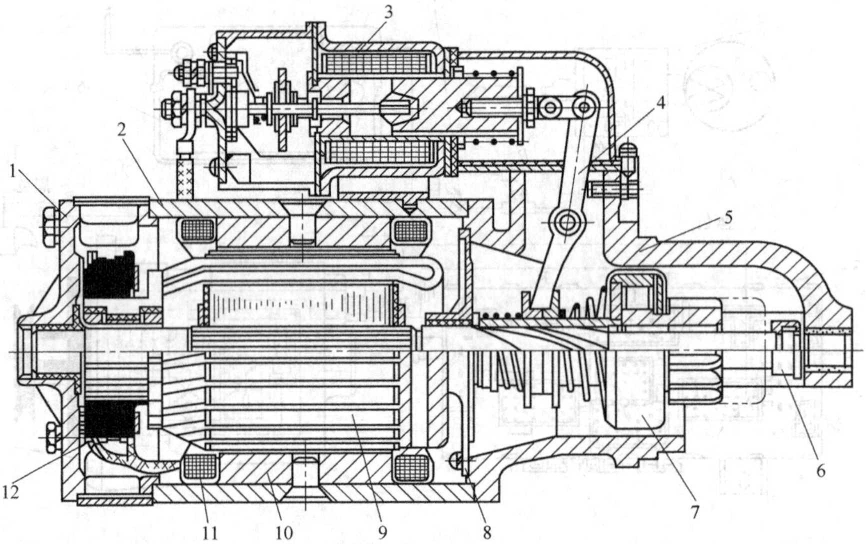

图 7-84　起动机

1—前端盖　2—机壳　3—电磁开关　4—拨叉　5—后端盖　6—限位螺母　7—单向离合器　8—中间支撑板　9—电枢　10—磁极　11—磁场绕组　12—电刷

当接通起动开关起动发动机时，直流电动机在直流电压的作用下，将电能转变成机械能，产生旋转力矩，并通过驱动齿轮和飞轮的环齿驱动发动机曲轴旋转，从而起动发动机。每次起动时间不得超过 5s，每次使用间隔不小于 10 ~ 15s，连续使用不得超过 3 次。连续起动时间过长，将造成蓄电池大量放电和起动机线圈过热冒烟，极易损坏机件。

4. 起动机的传动机构

起动机的传动机构安装在电动机电枢的延长轴上，用来在起动发动机时，将驱动齿轮与电枢轴连成一体，使发动机起动。起动机的传动机构中必须具有超速保护装置。

车用起动机的传动机构也称为啮合机构，有惯性啮合式、强制啮合式、电枢移动式三种类型。超速保护装置是起动机驱动齿轮与电枢轴之间的离合机构，也称为单向离合器。如图 7-85 所示，常用的单向离合器有滚柱式、弹簧式、摩擦片式等多种形式。

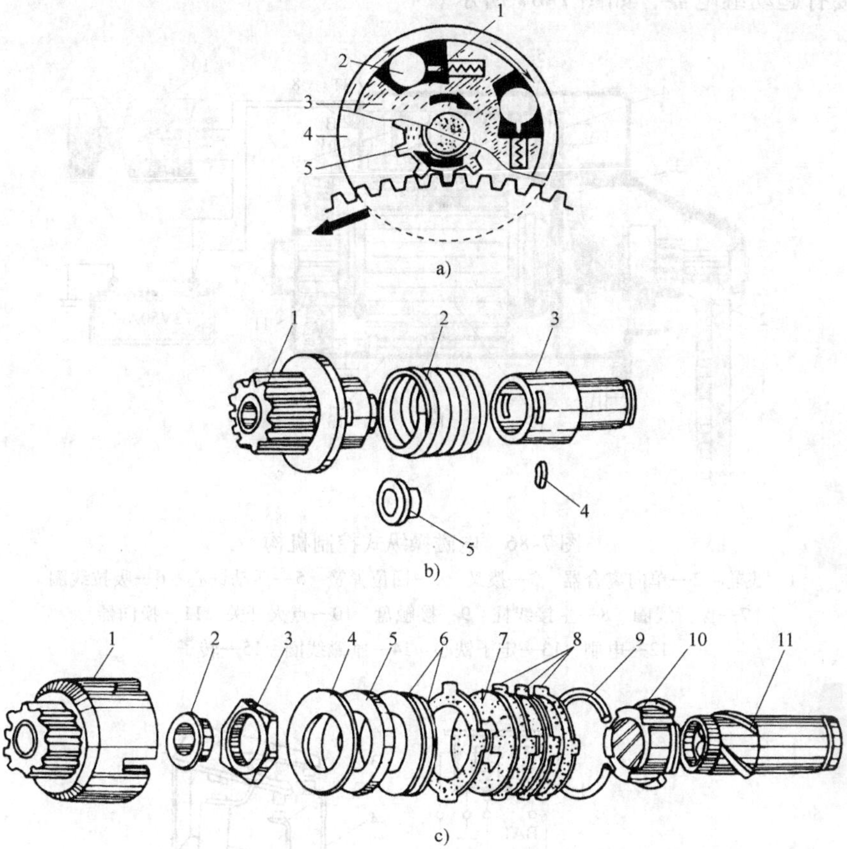

图 7-85　超速保护装置

a）滚柱式

1—压冒与弹簧　2—滚柱　3—十字块　4—外壳　5—驱动齿轮

b）弹簧式

1—驱动齿轮　2—扭力弹簧　3—螺旋花键套筒　4—定位键　5—止推套筒

c）摩擦片式

1—驱动齿轮套筒　2—止推套筒　3—调整螺母　4—弹性圈　5—压环　6—调整垫片

7—主动片　8—从动片　9—卡簧　10—内接合鼓　11—螺旋花键套筒

5. 起动机的控制机构

起动机控制机构用来控制起动机主电路的通、断和驱动齿轮的移出和退回，分为直接操纵式和电磁操纵式两种。

如图 7-86 所示，电磁操纵式控制机构的起动开关通常与点火开关制成一体，为减小流过点火开关的电流，防止点火开关的早期损坏，有些起动机的控制电路中接有起动继电器，如图 7-87 所示。

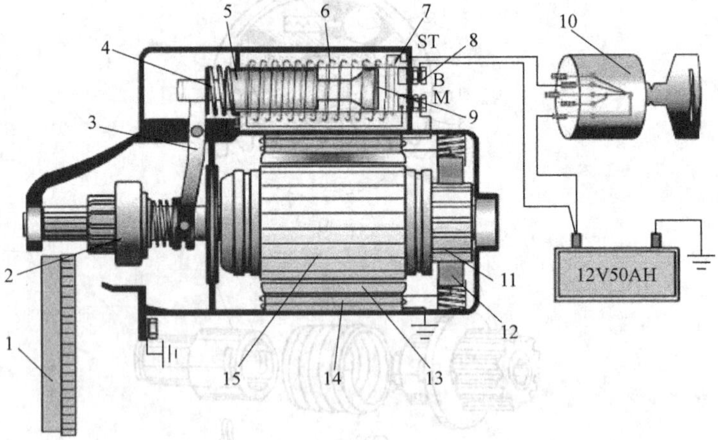

图 7-86 电磁操纵式控制机构

1—飞轮 2—单向离合器 3—拨叉 4—回位弹簧 5—活动铁心 6—吸拉线圈 7—保持线圈 8—主接线柱 9—接触盘 10—点火开关 11—换向器 12—电刷 13—定子铁心 14—励磁线圈 15—转子

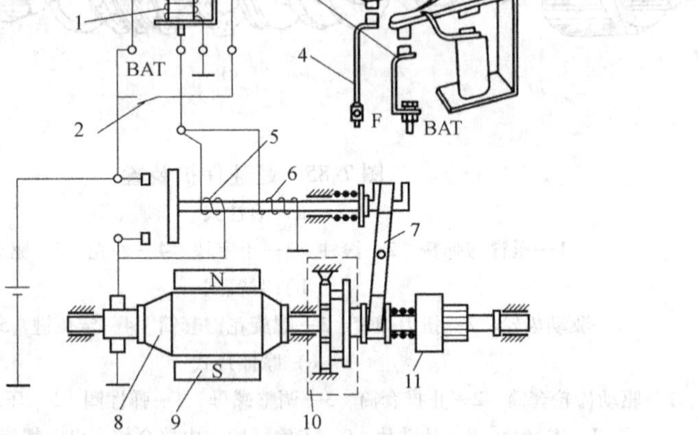

图 7-87 具有起动继电器的起动电路

1—起动继电器 2—点火开关 3—短路开关 4—热变电阻 5—吸拉线圈 6—保持线圈 7—拨叉 8—电枢 9—永久磁铁 10—行星齿轮减速装置 11—滚柱式单向离合器

6. 减速起动机

在起动机的电枢轴与驱动齿轮之间装有齿轮减速器的起动机，称为减速起动机。减速起动机的齿轮减速器有外啮合式、内啮合式、行星齿轮式三种不同形式，如图7-88所示。

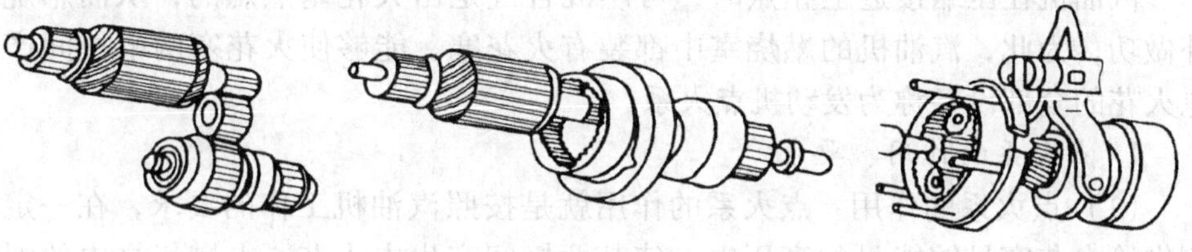

图7-88 减速起动机的三种不同形式

a）外啮合式 b）内啮合式 c）行星齿轮式

7. 永磁起动机

以永磁材料作为磁极的起动机，称为永磁起动机，如图7-89所示。

图7-89 永磁起动机

8. 永磁减速起动机

如图7-90所示，采用高速低转矩的永磁电动机，并在驱动齿轮与电枢轴之间安装齿轮减速器的起动机，称为永磁减速起动机。

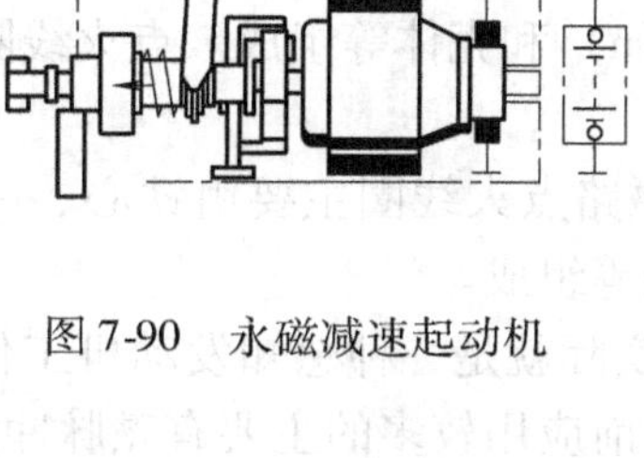

图7-90 永磁减速起动机

四、汽油机点火系

汽油机在压缩接近上止点时，可燃混合气是由火花塞点燃的，从而燃烧对外做功，为此，汽油机的燃烧室中都装有火花塞。能够使火花塞两电极间产生电火花的全部设备称为发动机点火系。

1. 点火系的作用、要求

(1) 点火系的作用　点火系的作用就是按照汽油机工作的要求，在一定时刻供给火花塞足够能量的高压电，使其两极间产生电火花，点燃气缸内的混合气，使发动机做功。

(2) 发动机对点火系的基本要求　发动机有效工作必须保证三个条件，即要有足够高的压缩压力；正确的点火时刻及强大的火花；适当浓度的空气-燃油混合气。

点火提前角是指火花塞跳火开始到活塞到达上止点为止这一段时间曲轴转过的角度。能使发动机发出最大功率，油耗最低的点火提前角称为最佳点火提前角。当发动机转速提高时，最佳的点火提前角应加大。当发动机转速一定时，节气门的开度增大，进入气缸的混合气增多，混合气的质量提高。燃烧的速度加快，点火提前角应减小。

2. 汽车点火系的分类

点火系先后经历了传统触点式点火系、晶体管式点火系和计算机控制的点火系三个阶段，计算机控制点火系又可分为有分电器式和无分电器式两个阶段。

晶体管点火系具有高速性能好、点火时间精确、结构简单、质量轻、体积小等优点。

(1) 晶体管点火系的组成　如图 7-91 所示，晶体管点火系由蓄电池、点火开关、点火信号发生器、点火控制器、分电器、点火线圈、高压线、火花塞等组成。

1) 点火开关的作用是接通或切断提供给点火系的一次电流。

2) 点火线圈是将汽车电源的低电压变为高电压。点火线圈实质上是一个升压变压器，是利用电磁感应原理制成的，主要由铁心（硅钢片叠加而成）、一次绕组（200～300 匝，导线直径为 0.6～0.8mm）、二次绕组（11000～23000 匝，导线直径为 0.06～0.08mm）和壳体等组成。点火线圈按磁路结构特点可分为开磁路和闭磁路两种类型。

如图 7-92 所示，闭磁路点火线圈主要由铁心、一次线圈、二次线圈、胶木盖、瓷座、接线柱和外壳等组成。

3) 点火信号发生器实际就是一种感知发动机工作状况，发出点火信号的传感器。它的类型很多，目前应用较多的主要有磁脉冲式（图 7-93）、霍尔效应式

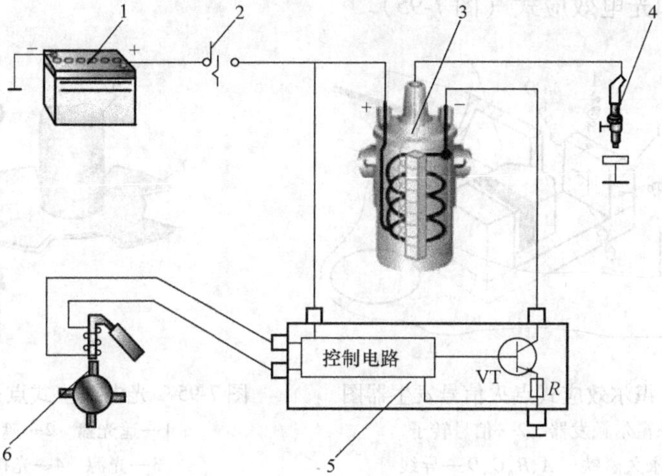

图 7-91　晶体管点火系的组成
1—蓄电池　2—点火开关　3—点火线圈　4—火花塞　5—点火控制器　6—信号发生器

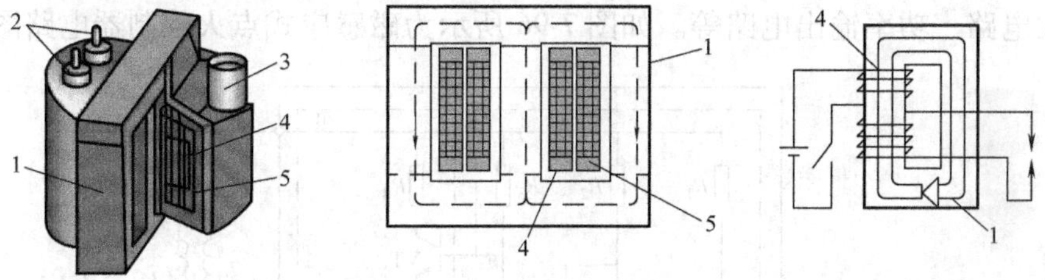

图 7-92　闭磁路点火线圈
1—铁心　2—低压电路接线柱　3—高压接线插孔　4—一次线圈　5—二次线圈

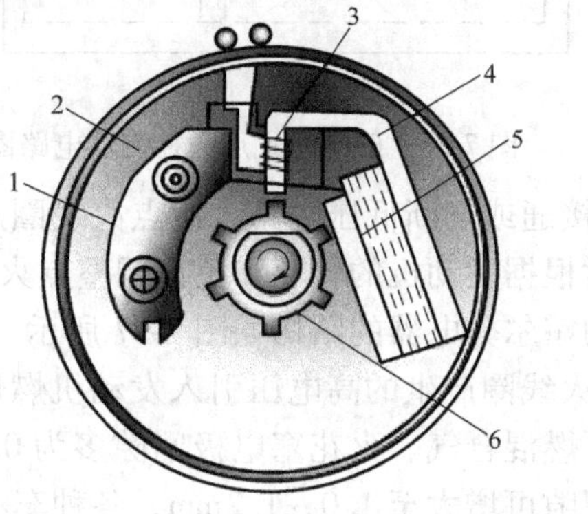

图 7-93　磁脉冲式点火信号发生器
1—底板　2—活动底板　3—传感线圈　4—铁心　5—永久磁铁　6—信号转子

（图 7-94）和光电效应式（图 7-95）。

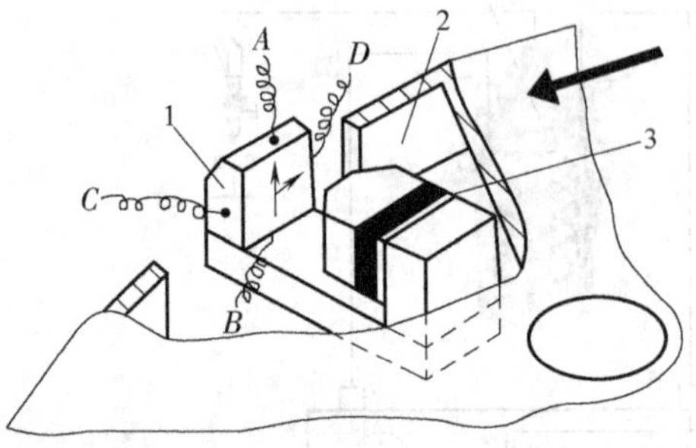

图 7-94　霍尔效应式点火信号发生器图
1—霍尔触发器　2—信号转子
3—永久磁铁　A、B、C、D—导线

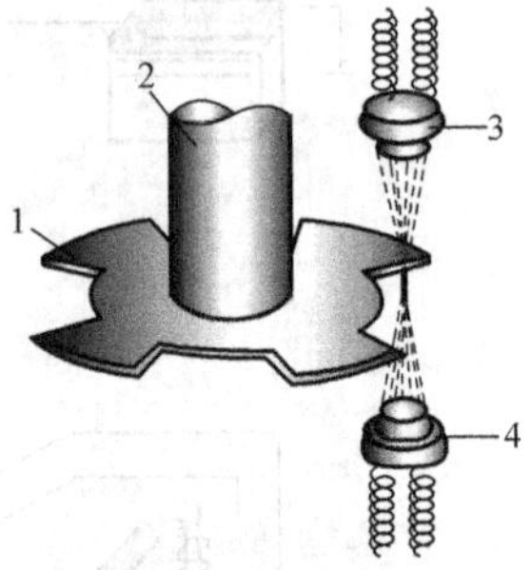

图 7-95　光电效应式点火信号发生器
1—遮光盘　2—遮光盘轴
3—光源　4—光接收器

4）点火控制器将点火信号发生器输出的点火信号整形、放大，转变为点火控制信号，控制点火线圈一次绕组中电流的通、断，以便在二次线圈的绕组中产生高压电，供火花塞点火。点火控制器的基本电路包括整形电路、开关信号放大电路、功率输出电路等。如图 7-96 所示为磁感应式点火控制器电路图。

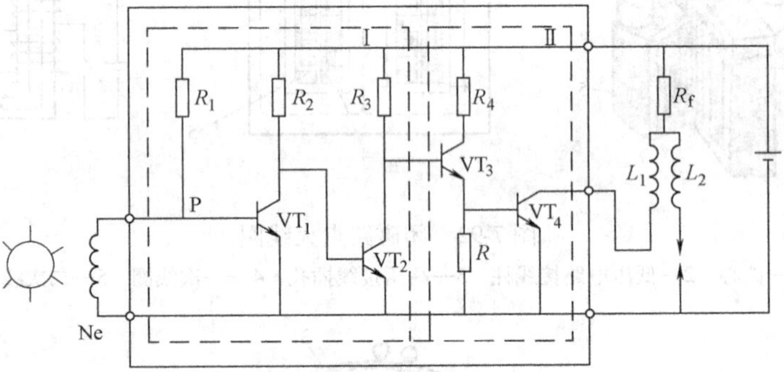

图 7-96　磁感应式点火控制器电路图

5）分电器用来接通或切断低压电路，使点火线圈及时产生高压电，并分配到各缸高压线，同时根据发动机的转速和负荷调整点火时间（提前或推迟）。电子点火系统中所用的霍尔分电器的结构如图 7-97 所示。

6）火花塞将点火线圈产生的高电压引入发动机燃烧室内，并在其两电极间产生电火花，点燃可燃混合气。火花塞电极间隙多为 0.6～0.8mm。采用稀混合气燃烧，火花塞的间隙可增大至 1.0～1.2mm，各种车型差异较大。

火花塞的结构如图 7-98 所示。火花塞主要由中心电极、侧电极、绝缘瓷体、壳体、导电玻璃、导电金属杆、纯铜垫圈和密封垫圈等组成。

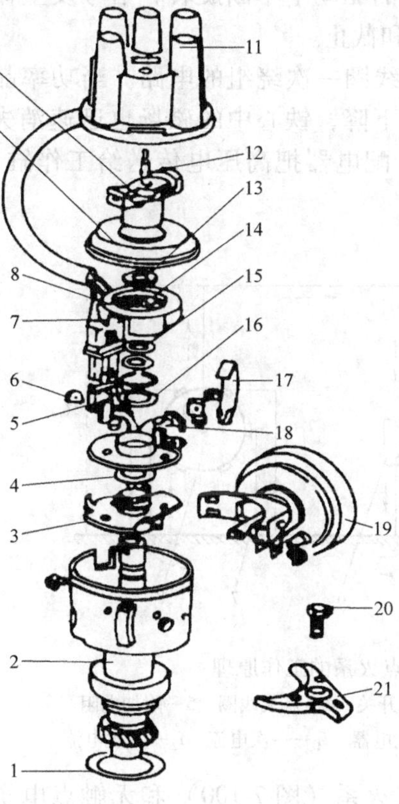

图 7-97 桑塔纳轿车分电器

1、4、15、16—垫片 2—分电器壳 3—底板
5—插座 6、14 定位销 7—插头
8—叶轮 9—防尘罩 10—分火头
11—分电器盖 12—电刷 13—挡圈
17—固定夹 18—霍尔信号发生器
19—真空调节器 20—固定螺栓 21—压板

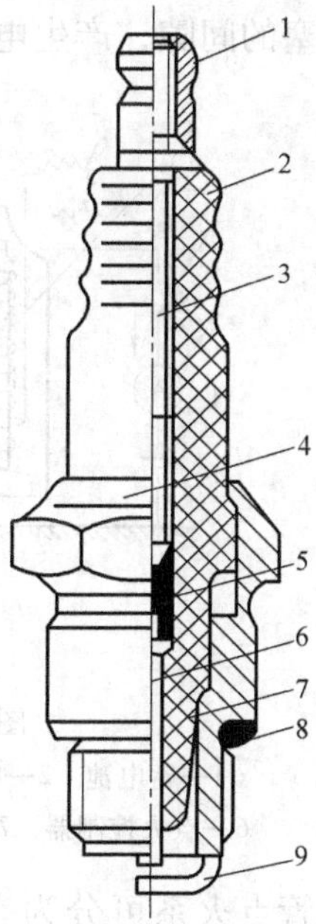

图 7-98 火花塞

1—接线螺母 2—绝缘瓷体
3—导电金属杆 4—壳体
5—导电玻璃 6—中心电极
7—纯铜垫圈 8—密封垫圈
9—侧电极

火花塞绝缘体裙部保持在 500 ~ 700℃时，落在绝缘体上的油滴能立刻烧掉，不致形成积炭，这个温度称为火花塞的自净温度。火花塞的热特性主要决定于火花塞绝缘体裙部的长度，裙部长的火花塞，其受热面积大，传热距离长，散热困难，因此裙部温度高，称为“热型”火花塞；反之，则称为“冷型”火花塞。

7）为减轻无线电干扰，电子点火系统采用的高压线为有一定电阻的高压阻尼线，阻值一般在几千欧至几十千欧不等。

（2）晶体管点火系的工作原理　如图 7-99 所示，接通点火开关，起动发动机。信号发生器的转子在发动机凸轮轴的驱动下不断旋转，信号发生器产生的信号使点火控制器功率晶体管交替导通和截止。

当功率晶体管导通时，接通了点火线圈一次绕组的电路。当功率晶体管截止时，一次电路被切断，一次电流迅速下降，铁心中的磁场也迅速消失，点火线圈的一次绕组中感应出高压电动势。配电器把高压电传送给工作缸火花塞，击穿火花塞的间隙，产生电火花。

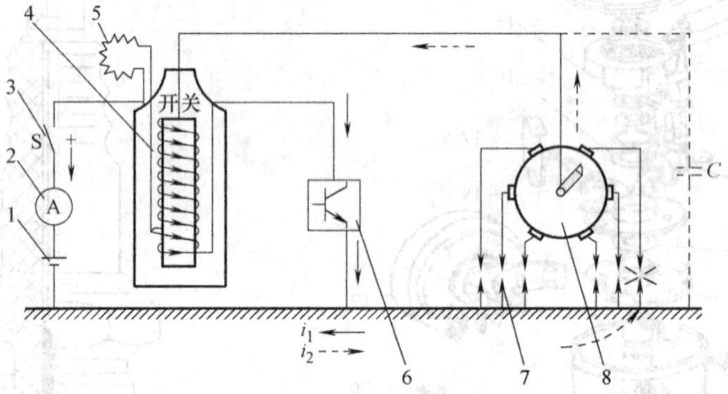

图 7-99　晶体管点火系的工作原理

1—蓄电池　2—电流表　3—点火开关　4—点火线圈　5—附加电阻
6—点火控制器　7—火花塞　8—配电器　i_1—一次电流　i_2—二次电流

晶体管点火系可分为有触点电子点火系（图 7-100）和无触点电子点火系（图 7-101）。

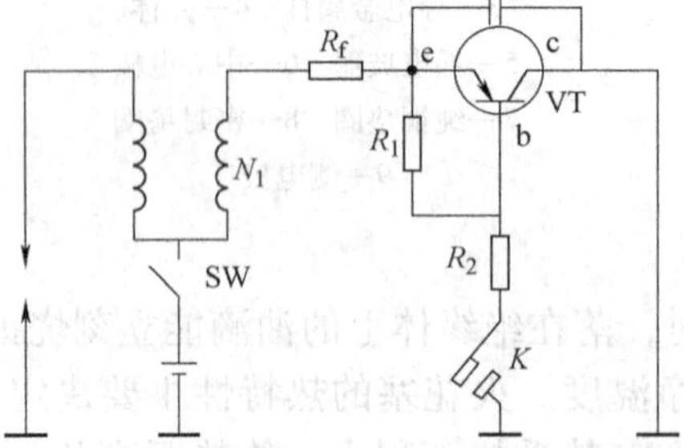

图 7-100　有触点电子点火系

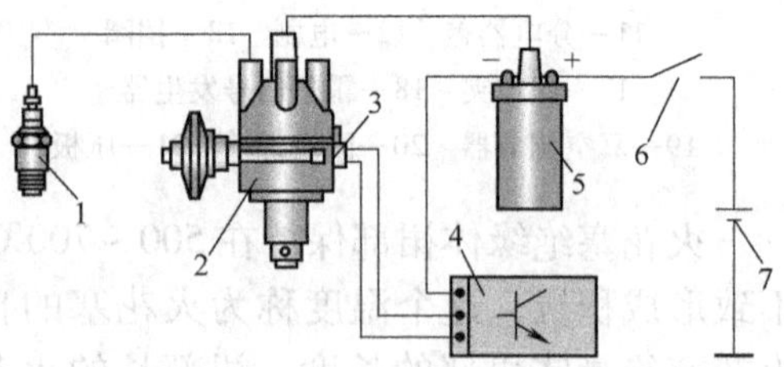

图 7-101　无触点电子点火系

1—火花塞　2—分电器　3—点火信号发生器
4—点火控制器　5—点火线圈　6—点火开关　7—蓄电池

3. 计算机控制点火系

计算机控制点火系是指计算机根据各种传感器输入的信号，经过数学运算和逻辑判断控制一次电路通断的点火系。计算机控制点火系消除了机械式提前角装置，点火时间控制更精确，应用越来越广。如图 7-102 所示为计算机控制点火系在发动机上的位置。

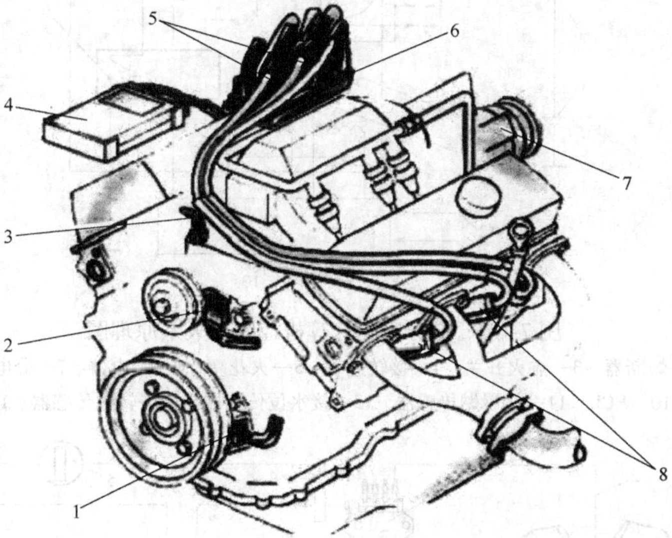

图 7-102 计算机控制点火系

1—曲轴位置传感器 2—凸轮轴位置传感器 3—水温传感器 4—ECU
5—高压线 6—点火模块 7—节气门位置传感器 8—氧传感器

计算机控制点火系，按是否配有分电器分为有分电器计算机控制点火系和无分电器计算机控制点火系两种。

(1) 有分电器计算机控制点火系 如图 7-103 所示，有分电器计算机控制点火系由低压电源、点火开关、计算机控制单元（ECU）、点火控制器、点火线圈、分电器、火花塞、高压线和各种传感器等组成。

(2) 无分电器计算机控制点火系 如图 7-104 所示，无分电器点火系由低压电源、点火开关、计算机控制单元（ECU）、点火控制器、点火线圈、火花塞、高压线和各种传感器等组成。

无分电器微机控制点火系根据高压配电方式的不同分为独立点火方式和同时点火方式两种，其工作原理也各不相同。

如图 7-105 所示，独立点火方式是一个缸的火花塞配一个点火线圈，各个独立的点火线圈直接安装在火花塞上，独立向火花塞提供高压电，各缸直接点火。

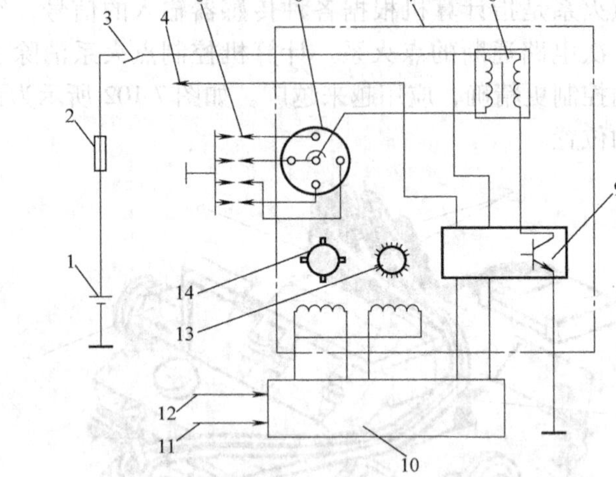

图 7-103 有分电器计算机控制点火系原理图

1—蓄电池 2—熔断器 3—点火开关 4—接转速表 5—火花塞 6—配电器 7—分电器 8—点火线圈 9—点火控制器 10—ECU 11—接爆燃传感器 12—接水位传感器 13—转速传感器 14—曲轴位置传感器

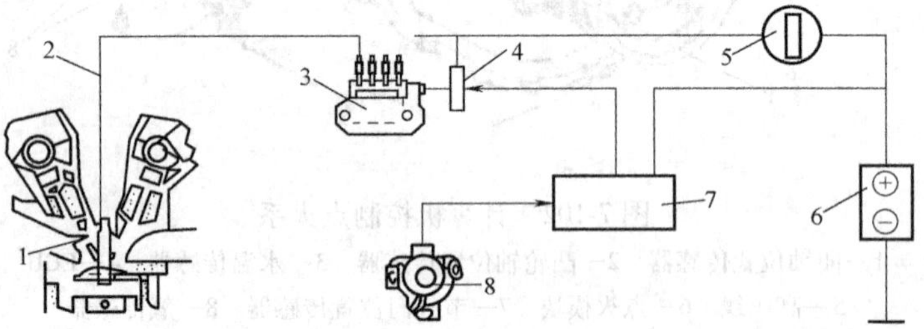

图 7-104 无分电器计算机控制点火系

1—火花塞 2—高压线 3—点火线圈 4—点火控制器 5—点火开关 6—蓄电池 7—ECU 8—传感器

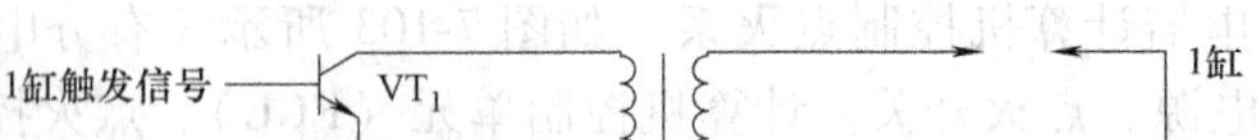

图 7-105 独立点火方式

同时点火方式是利用一个点火线圈对活塞接近压缩上止点和排气上止点的两个气缸同时进行点火的高压配电方法。同时点火方式又分为点火线圈配电方式（图7-106）和二极管配电方式（图7-107）。前者是应用最广泛的一种无分电器计算机控制点火系。

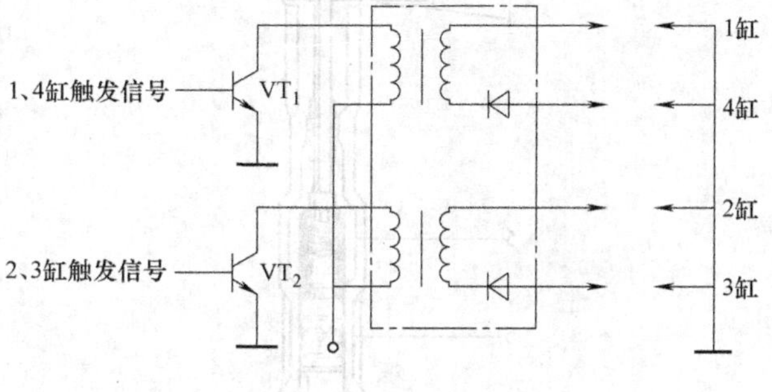

图7-106　点火线圈配电方式

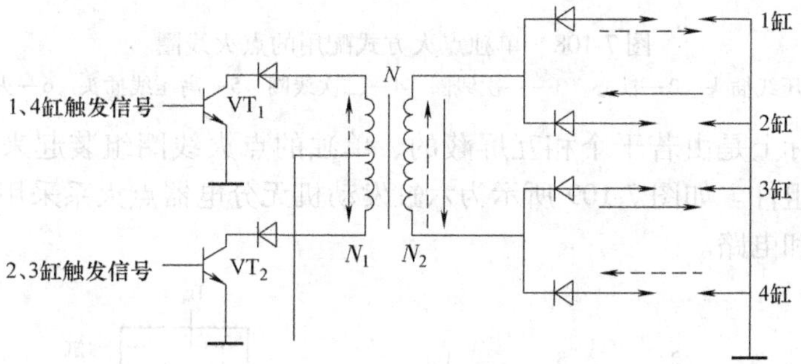

图7-107　二极管配电方式

（3）无分电器点火系主要元件的结构　无分电器点火系与有分电器计算机控制点火系相比，火花塞、高压线和主要传感器的结构和原理基本相同，但是在微机控制单元、点火控制器、点火线圈的结构和原理方面存在差异。

1）微机控制单元：无分电器点火系统的微机控制单元不只是控制一个点火线圈的一次绕组，还要根据曲轴的不同位置，按一定顺序控制两个或多个点火线圈的一次绕组，以实现电子式高压配电。

2）点火控制器：点火控制器一般除了具有自动断电功能、导通角控制、恒流控制等电路外，还有判断电路和相应的控制电路等。

3）点火线圈。

① 单独点火方式配用的点火线圈：如图7-108所示，采用单独点火方式时，发动机有几个气缸就有几个点火线圈，每个点火线圈的结构完全相同。

② 点火线圈配电方式配用的点火线圈：采用点火线圈配电方式时，配用的

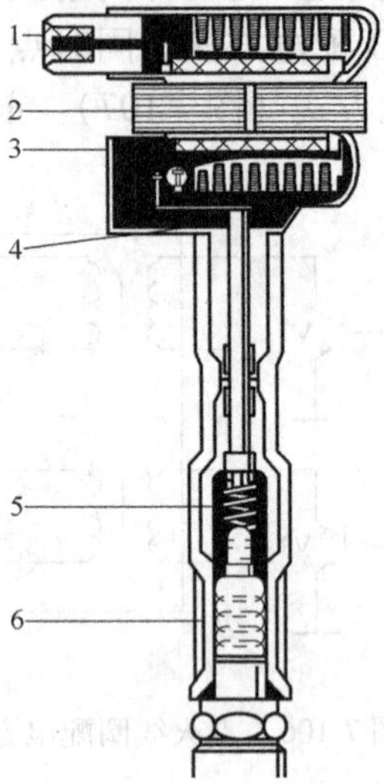

图 7-108　单独点火方式配用的点火线圈

1—低压线插头　2—铁心　3——次线圈　4—二次线圈　5—高压线插头　6—火花塞

点火线圈实际上是由若干个相互屏蔽的、单独的点火线圈组装起来且相称的一个点火线圈组件。如图 7-109 所示为六缸发动机无分电器点火系采用的点火线圈组件的外形和电路。

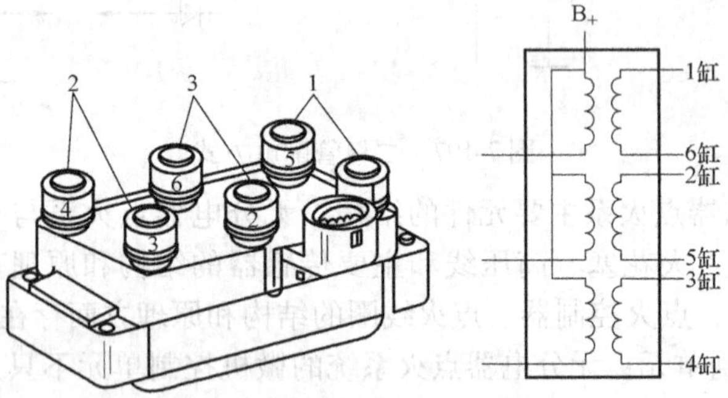

图 7-109　点火线圈配电方式配用的点火线圈

1、2、3—接线端子

③ 二极管配电方式配用的点火线圈：二极管配电方式配用的点火线圈有两个一次绕组，一个二次绕组。二次绕组有两个输出端，每个输出端分别接两个方向相反的高压二极管，这样二次线圈通过四个高压二极管与火花塞构成回路；两个一次绕组的电路由点火控制器中的大功率晶体管控制轮流接通和断开。

点火线圈有两种形式：一种是点火线圈只包含一次绕组和二次绕组，不包含高压二极管，高压二极管装在火花塞上方，点火线圈有两个高压插座，如图 7-110所示。

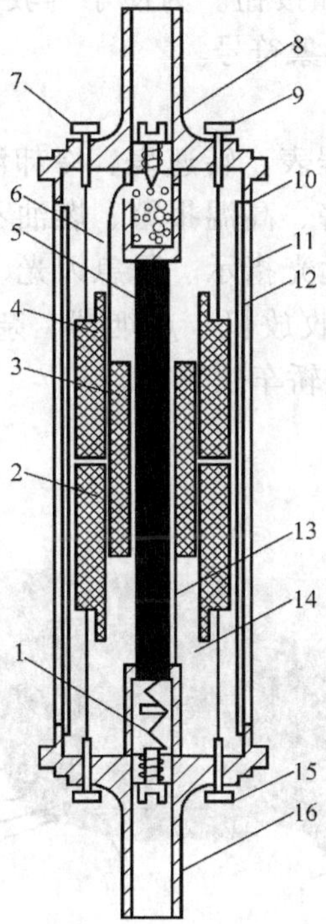

图 7-110　二极管配电方式配用的点火线圈

1—弹簧　2、4—一次绕组　3—二次绕组　5—铁心　6—高压导线　7、15—电源接柱　8、16—高压插座
9—组件接柱　10—外壳　11—导磁板　12—衬纸　13—高压导线　14—变压器油

另一种是点火线圈既包含一次绕组和二次绕组，又包含四个高压二极管，点火线圈有四个高压插座，原理和外形如图 7-111 所示：

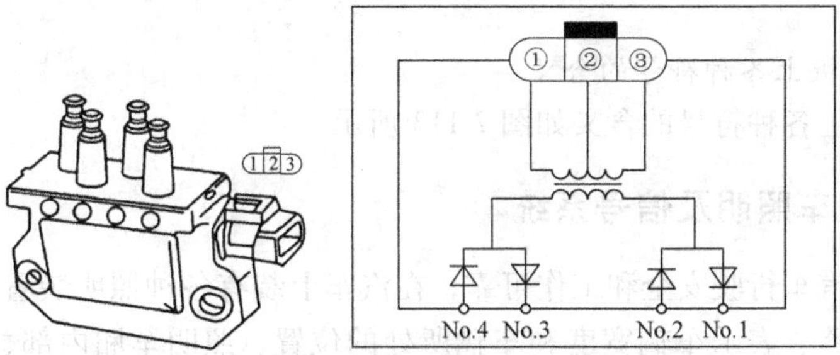

图 7-111　二极管配电方式配用的点火线圈

五、汽车仪表板

汽车驾驶室的仪表板上装有指示汽车、发动机运行工况的各种仪表、警告灯、指示灯、各种控制开关和按钮。为便于驾驶员识别和控制，在各指示灯、开关的相应位置标有醒目的形象符号。

1. 仪表板的结构

仪表板上主要有车速里程表、转速表、冷却液温度表、燃油表、时钟、动态油压报警、防冻液液位报警、高温报警、燃油不足报警、驻车制动作用、充电、后风窗玻璃加热除霜、远光指示、紧急闪光、ABS 报警等二十几种仪表或显示装置。仪表台上还布置收放机、点烟器、杂物箱以及空调出风口等。如图 7-112所示为桑塔纳 2000 型轿车仪表板。

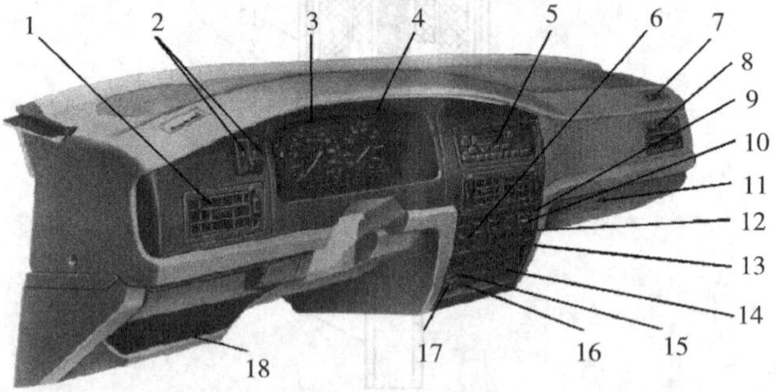

图 7-112 桑塔纳 2000 型轿车仪表板外观

1、8—通风口 2—灯光及仪表照明开关 3—车速里程表 4—发动机转速表 5—收放机 6—雾灯开关 7—除霜风口 9—ABS 指示灯 10—危险警告灯开关 11—杂物箱 12—防盗器指示灯 13—后风窗电加热器开关 14—除霜风门控制键 15—通风方向控制键 16—温度调节控制键 17—空调开关及风量旋钮 18—小杂物箱

2. 仪表板上各种符号的含义

仪表板上各种符号的含义如图 7-113 所示。

六、汽车照明及信号系统

为保证汽车行驶安全和工作可靠，在汽车上装有各种照明装置和信号系统，用以照明道路、表示车辆宽度和车辆所处的位置、照明车厢内部、指示仪表以及夜间车辆检修等。在转弯、制动、会车、停车、倒车等工况下，还应发出光

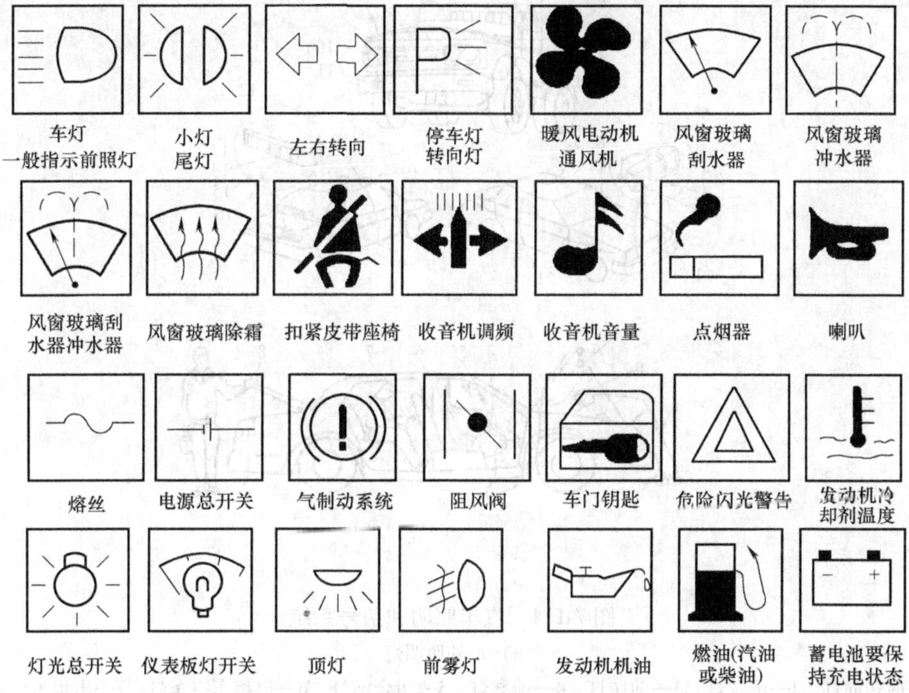

图 7-113　仪表板上的常用标识

亮或音响信号，以警示行人和其他车辆，如图 7-114 所示。

1. 照明装置

汽车照明系统主要由照明设备、电源、开关和线路等组成。主要用于夜间行车照明，车厢、仪表及检修照明。汽车上所采用的照明装置包括车外照明装置和车内照明装置。

车外照明装置包括前照灯、雾灯、尾灯、牌照灯等。

如图 7-115 所示，轿车常将示宽灯、前照灯和前雾灯组装在一起，称为组合前灯，如图 7-116 所示；将后转向灯、制动灯、尾灯、后雾灯和倒车灯等组装在一起，称为组合后灯。

车内照明装置包括顶灯、仪表灯、车门灯、阅读灯和工作灯。顶灯用于车内照明，灯光为白色，由灯光总开关和顶灯开关共同控制，有的车辆顶灯还有门灯的作用，当车门关闭不严时灯亮，提醒驾驶员注意，这时，顶灯还受门柱开关控制。

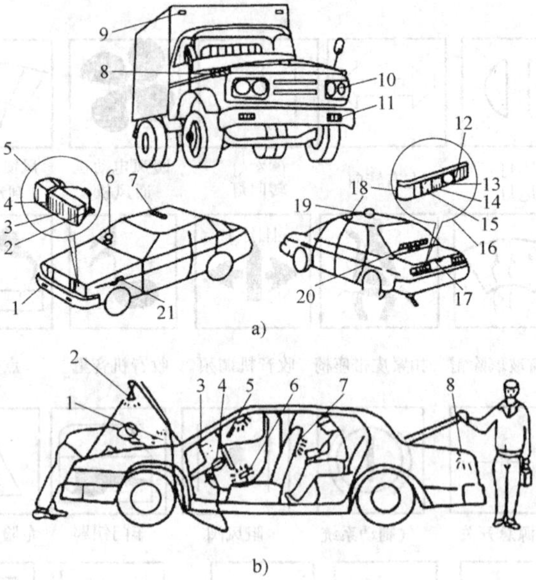

图 7-114　汽车照明和信号系统

a）车外照明灯

1—前转向灯　2—示宽灯　3—前照灯　4—前雾灯　5—组合前灯　6—出租车空车灯　7—出租车标志灯　8—转向示位组合灯　9—标高灯　10—前照灯　11—前雾灯　12—倒车灯　13—后雾灯　14—后尾灯　15—制动灯　16—组合后灯　17—牌照灯　18—后转向灯　19—警告灯　20—高位制动灯　21—侧转向灯

b）车内照明灯

1—发动机罩下灯　2—工作灯　3—仪表及开关照明灯、指示灯、警告灯　4—点烟器、收音机照明灯　5—顶灯　6—门开警告灯　7—阅读灯　8—行李箱灯

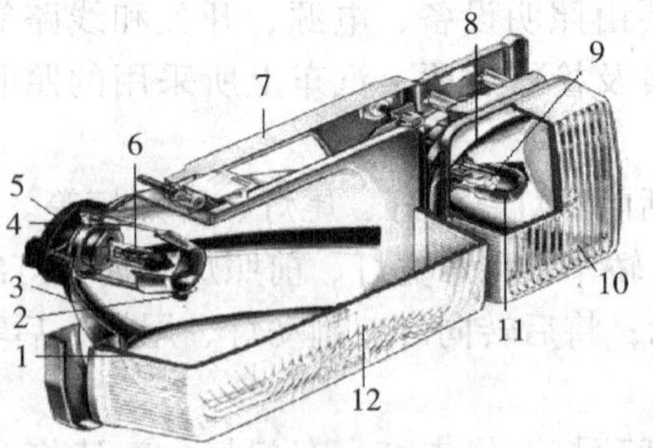

图 7-115　汽车组合前灯

1—前照灯配光镜　2、3—反射镜　4、11—遮光罩　5—密封套　6—前照灯灯泡　7—灯架　8—雾灯反射镜　9—雾灯灯泡　10—雾灯　12—前照灯

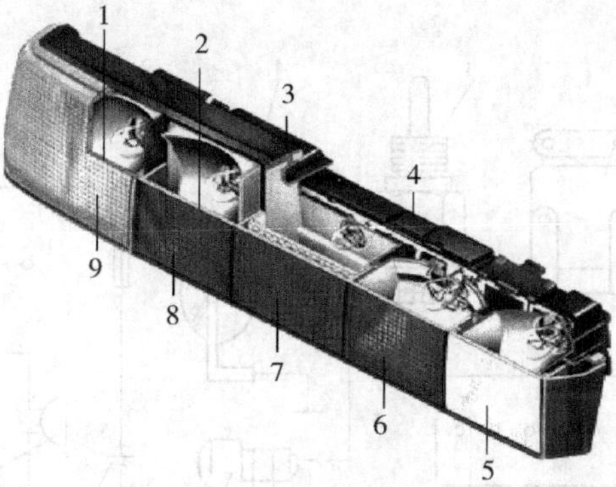

图 7-116 桑塔纳轿车组合后灯

1—后转向灯配光镜 2—后制动灯配光镜 3—灯体 4—后盖 5—倒车灯
6—后雾灯 7—带反射器的尾灯 8—制动灯 9—后转向灯

2. 信号装置

汽车信号装置通过声、光信号向其他车辆的驾驶员和行人发出有关车辆运行状况或状态的信息，以引起有关人员注意，确保行车安全。

（1）转向信号装置 转向信号装置由转向信号灯、转向信号闪光器和转向信号灯开关等组成。

（2）制动信号装置 制动信号装置主要由制动信号灯和制动信号灯开关组成，如图 7-117 所示。

制动信号灯安装在汽车的尾部，制动信号灯开关安装在汽车制动回路中，按制动系统结构形式的不同，有液压式和气压式两种。

（3）倒车信号装置 倒车信号装置由倒车信号灯、倒车信号灯开关以及倒车报警器等组成。

如图 7-118 所示，倒车信号灯和倒车报警器由倒车灯开关控制。倒车信号灯点亮的同时，倒车报警器的电喇叭也发出断续的声响或语言报警，以警告后车的驾驶员和行人。

（4）故障停车信号装置 在汽车运行中如果出现故障而停驻，故障停车信号灯点亮，以引起其他车辆和行人的注意。故障停车信号灯常与转向信号灯共用一组灯泡，分别由转向信号灯开关、故障停车灯开关控制。

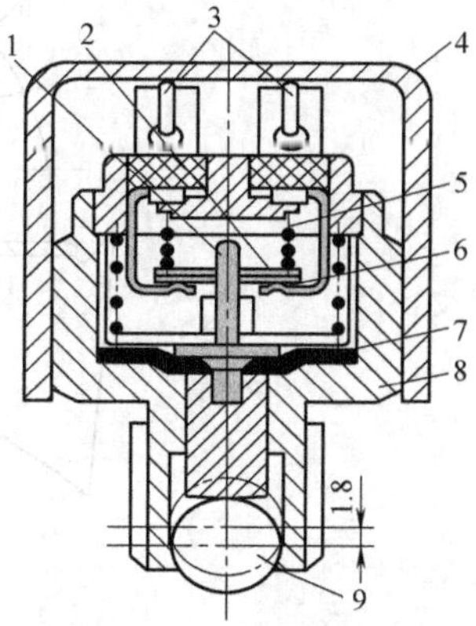

图 7-117 制动信号装置

1—推杆 2—金属盘 3—引出线
4—保护罩 5—弹簧 6—固定触点
7—膜片 8—壳体 9—钢球

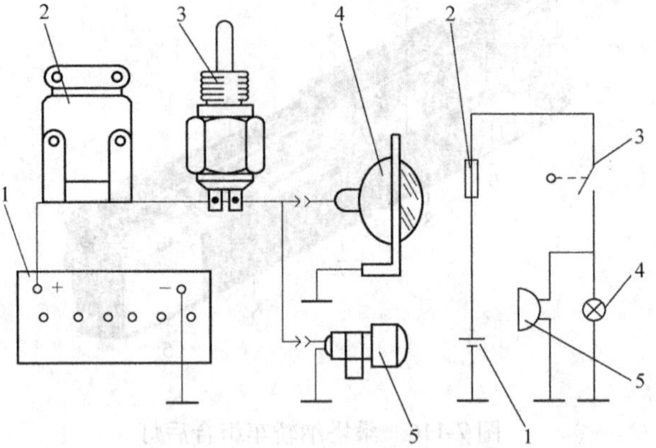

图 7-118　倒车信号装置

1—蓄电池　2—熔丝　3—开关　4—倒车灯　5—蜂鸣器

（5）汽车喇叭　汽车喇叭是用来在汽车运行中警示行人和其他车辆注意交通安全的声响信号装置。按使用能源的不同，汽车喇叭分为电喇叭（图 7-119、图 7-120）和气喇叭（图 7-121）两种。

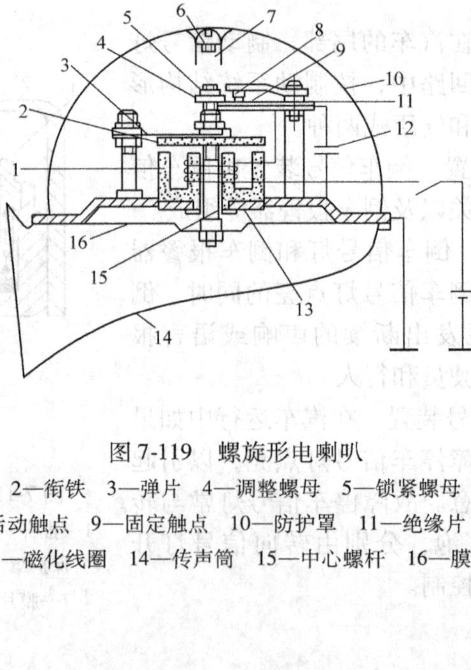

图 7-119　螺旋形电喇叭

1—铁心　2—衔铁　3—弹片　4—调整螺母　5—锁紧螺母　6—螺钉
7—支架　8—活动触点　9—固定触点　10—防护罩　11—绝缘片　12—灭弧电容
13—磁化线圈　14—传声筒　15—中心螺杆　16—膜片

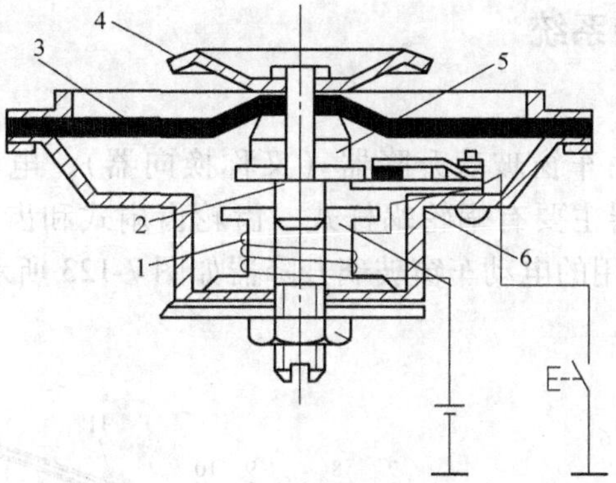

图 7-120 盆形电喇叭

1—磁化线圈 2—活动铁心 3—膜片 4—共鸣片 5—振动块 6—外壳

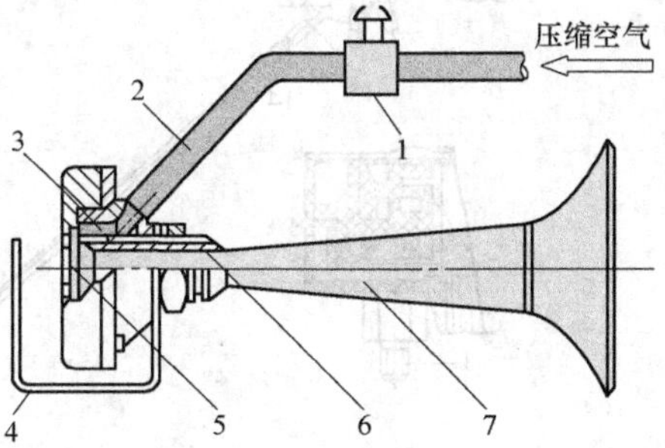

图 7-121 气喇叭

1—气阀 2—耐压胶管 3—气室 4—安装支架 5—膜片 6—筒颈 7—扬声器

为了减小流过喇叭按钮的电流，在其电路中一般装有喇叭继电器，如图 7-122所示。

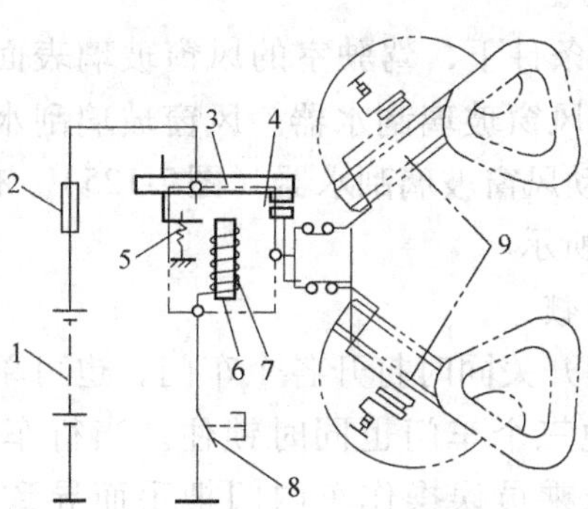

图 7-122 喇叭继电器

1—蓄电池 2—熔断器 3—喇叭继电器 4—触点 5—弹簧 6—铁心 7—线圈 8—喇叭按钮 9—喇叭

七、辅助电器系统

1. 电动车窗

电动车窗主要由车窗玻璃升降器（又称换向器）、电动机、控制电路等组成。车窗玻璃升降器主要有蜗轮蜗杆式、齿轮齿扇式和齿轮齿条式等类型。桑塔纳2000型轿车所用的电动车窗玻璃升降器如图7-123所示。

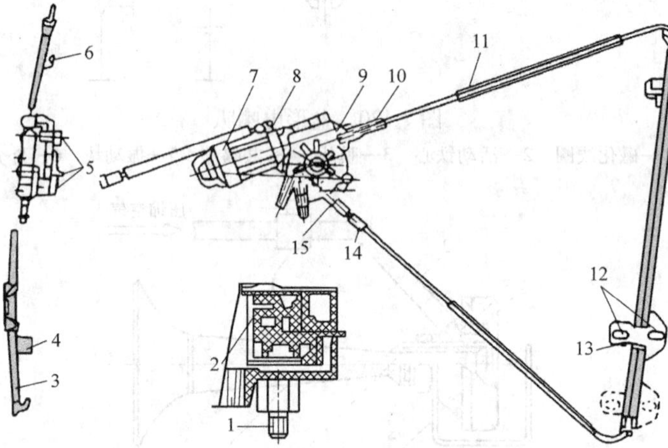

图7-123　电动车窗玻璃升降器

1—卷丝筒　2—联轴缓冲器　3—支孔　4、6—支架安装位置　5—电动机安装位置　7—固定架　8—电动机　9—盖板　10—调整弹簧　11—钢丝绳　12—玻璃安装位置　13—滑动支架　14—弹簧套筒　15—安装缓冲器

2. 风窗玻璃清洁装置

为保证在各种使用条件下，驾驶室的风窗玻璃表面干净、清洁，汽车上都装有风窗玻璃洗涤器和风窗玻璃刮水器。风窗玻璃刮水器分为电动风窗玻璃刮水器（图7-124）和气动风窗玻璃刮水器（图7-125）。有些汽车还装有风窗玻璃除霜装置，如图7-126所示。

3. 中央控制电动门锁

驾驶员可通过门锁开关同时打开各个车门，也可单独打开某个车门，当驾驶员车门锁住时，其他三个车门也同时锁住。当行车速度达到一定时，各个车门能自行锁定，防止乘员误操作车内门把手而导致车门打开。驾驶员车门以外的三个车门设置有单独的弹簧锁开关，可以独立地控制一个车门的打开和锁住。

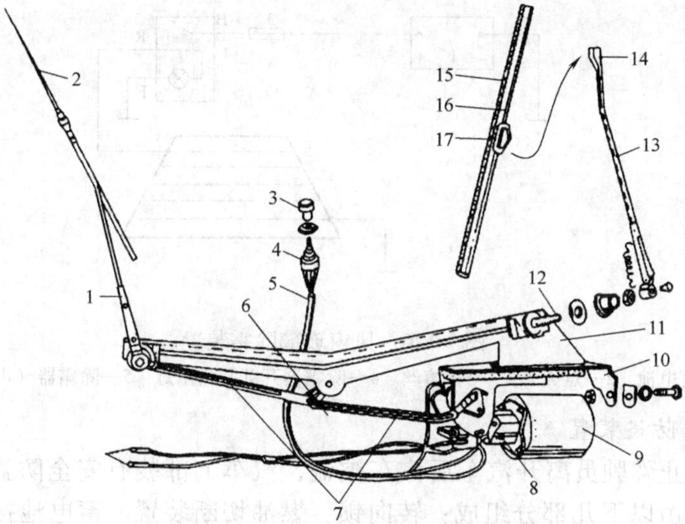

图 7-124 电动风窗玻璃刮水器

1—刮水刷臂 2—刮水刷片总成 3—刮水器开关按钮 4—刮水器开关 5—电线束 6—驱动杆铰链 7—驱动杆 8—减速机构 9—减速电动机 10—电动机安装架 11—刮水器底板 12—刮水器臂心轴 13—刮水刷臂 14—刷片支持器 15—橡胶刮片 16—刷片架 17—刷片支座

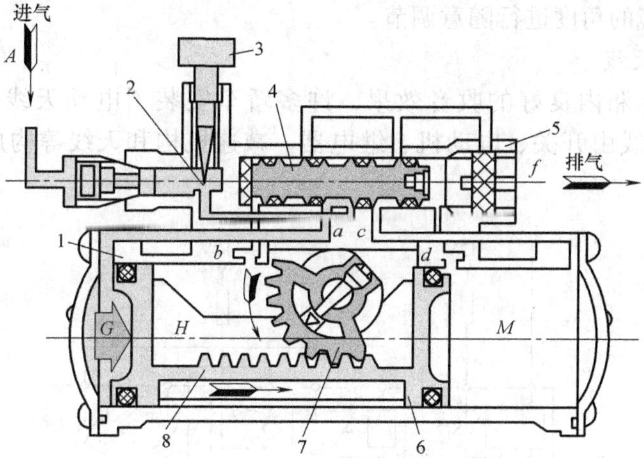

图 7-125 气动风窗玻璃刮水器

1—刮水器壳体 2—进气量调节阀 3—进气量调节手柄 4—换向活塞 5—换向阀阀体 6—大活塞 7—齿扇 8—齿条

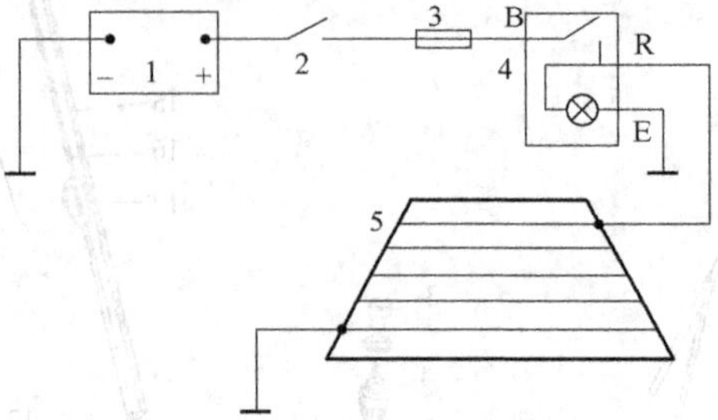

图 7-126　风窗玻璃除霜装置

1—蓄电池　2—点火开关　3—熔丝　4—除霜器开关及指示灯　5—除霜器（电热丝）

4. 汽车防盗装置

为了防止驾驶员离开汽车后汽车被盗，汽车上都装有安全防盗装置。常用的防盗装置由以下几部分组成：转向锁、燃油切断装置、蓄电池接线柱断路装置、点火系统关断装置、各种电子报警器、各种外用机械防盗锁以及电子控制防盗系统等。

5. 电动后视镜

为了方便驾驶员调整后视镜的角度，许多轿车安装了电动后视镜（又称自动后视镜），驾驶员坐在座椅上直接操纵旋钮式开关，通过电动机就可以方便地对左右后视镜的角度进行随意调节。

6. 电动天线

为保证车厢内良好的收音效果，许多轿车安装了电动天线（又称自动天线）。电动天线由开关、电动机、继电器、减速机构和天线等构成，如图 7-127 所示。

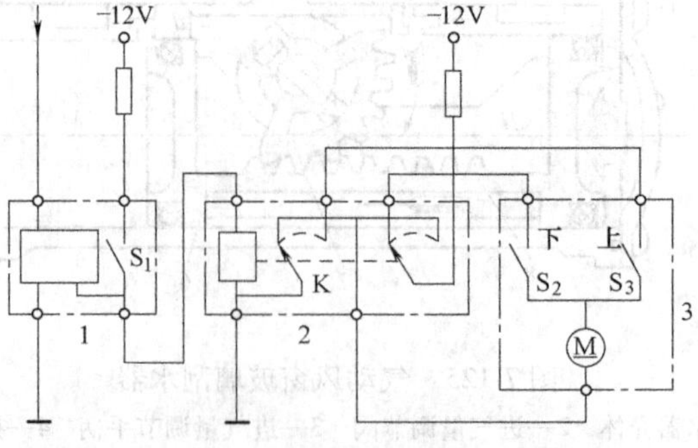

图 7-127　电动天线

复习思考题

1. 现代汽车的基本结构由哪四个基本部分组成?
2. 发动机一般由哪些机构和系统组成?
3. 底盘主要由哪几个系统组成?
4. 汽车行驶中会遇到的阻力包括哪些?
5. 汽车正常行驶时的驱动附着条件是什么?
6. 汽车的使用性能主要有哪些?
7. 什么是发动机排量?什么是压缩比?
8. 活塞式内燃机的工作循环由哪几个工作过程组成?
9. 传动系的布置形式有哪几种?传动系起什么作用?
10. 汽车行驶系一般有几种?轮式行驶系一般由哪些部件组成?
11. 汽车轮胎按胎体结构不同,可分为哪几种?悬架一般都是由哪些部分组成的?
12. 汽车悬架的弹性元件包括哪些部件?
13. 什么是独立悬架、非独立悬架?
14. 汽车转向系按其转向能源的不同,可分为哪几种?
15. 转向器按其结构形式不同可分为哪几种形式?
16. 什么是转向轮定位?车轮定位的作用是什么?
17. 汽车制动系一般由哪几部分组成?什么是驻车制动系?
18. 什么是制动防抱死系统?ASR 的作用是什么?
19. 车身结构包括哪些部件?
20. 车门按其开启方式可分为哪几种?
21. 座椅的作用是什么?座椅由哪些部件组成?
22. 车外防护装置、车内防护装置分别包括哪些部件?
23. 什么是安全气囊(Safe Air Bag)系统?
24. 汽车电气设备包括哪些系统?汽车电气设备的特点是什么?
25. 汽车用铅蓄电池分为哪些类型?普通蓄电池结构由哪些部件组成?
26. 按整流器结构不同,交流发电机可分为哪些类型?
27. 硅整流交流发电机由哪些部件组成?调节器有哪几种类型?
28. 起动机分哪几类?由哪些部件组成?
29. 车用起动机的传动机构有哪些类型?
30. 汽车点火系主要由哪些部件组成?
31. 点火系的一次电路和二次电路主要由哪些器件组成?
32. 点火系如何工作?点火信号发生器主要有哪几种?
33. 汽车照明系统主要由哪些部件组成?汽车信号装置的作用是什么?
34. 电喇叭的特点是什么?按其外部形状的不同分为哪几种?

第八章

汽车发动机装配工艺

汽车发动机有两种装配作业方法，一种是固定装配法，一般在汽车修理企业中使用；另外一种是移动装配法，适用于大批量生产的汽车制造企业。

第一节　汽车发动机装配基本知识

一、汽车发动机装配的技术要求

1）在装配前提上，要遵循“整理、清洁”的原则。各组装件应清洁干净，无油垢，平整无破损。

2）在装配目的上，遵循“质量第一”的原则。对所装配的零件按照拆卸顺序、位置进行安装，对准装配记号。

3）在装配顺序上，遵循“循序渐进”的原则。按照质量标准，在不损坏发动机的情况下，保证装配质量。

4）在装配根本上，遵循“安全”的原则，装配发动机要高度注意，不能马虎大意。

二、汽车发动机装配的基本知识

（1）装配前的准备工作

1）工作场地应平整、整洁、干净，湿度适中，光线充足。

2）准备好装配工作台、分隔盒、工作车。

3）装配工具、设备齐全，如有专业工具最好用专业工具、设备。摆放合理，拿取方便。

4）准备好各种化学用油及各种液体。

5）举升机检查完好。

6）用三角木将汽车前轮和后轮分别掩实，防止汽车移动。

（2）装配过程中的要求

1）有专人负责，统一协调。

2）做好装配过程中的记录。

3）在装配过程中要做到“四不”，即工件不落地，工具不落地、检测量具不落地、各种专用液体和油渍不落地。

4）在装配过程中严禁用锤子击打零件，如必须使用应垫上铜棒等。

5）准备装配的零件、部件及总成都要经过检测和实验合格后方可装配。

6）装配前，应在零件配合表面、摩擦表面等要求预润滑表面涂抹发动机油或油脂。

第二节　汽车发动机的吊装

发动机是汽车的动力源，因此对发动机的吊装要额外谨慎，首先要打开发动机舱盖，观察发动机舱内主要零件的位置及固定点，区分不同类型发动机的零部件及总成的固定方法，并保持拆装过程中的现场管理和安全规定。下面以桑塔纳 AJR 型发动机为例进行介绍，如图 8-1 所示。

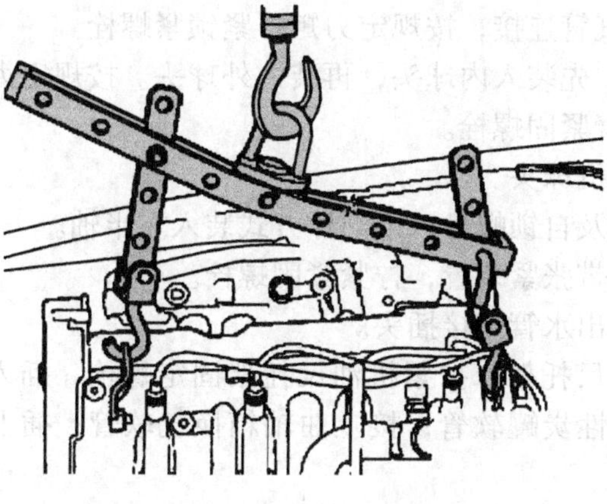

图 8-1　桑塔纳 AJR 型发动机的吊装

一、发动机的吊装步骤

在装配前要先装好悬架、制动盘、转向机以及变速器等，并清理好发动机舱。

1. 吊装前的准备

1）使用举升机将发动机和变速器整体放入发动机舱内，理清发动机周围散件。

2）装入排气歧管衬垫。

3）拧紧机脚螺母，用工具按规定力矩拧紧机架固定螺栓。

4）从举升机上取下铁链，并移走举升机，从发动机吊架下取下铁链。

2. 安装发动机外围附件及关联件

1）连接发动机相关线束。插入相配合的插接器（水温、曲轴、爆震、空气压力等传感器）；插入点火模块插头；插上喷油器插头；插入发动机 ECU 插头。

2）装入发电机，连接发电机线束。将发电机推入发电机安装架，插入发电机紧固螺栓；按规定力矩拧紧紧固螺栓，拧紧发电机线束固定螺母；插入发电机调节器插头，连接发电机搭铁线。

3）装入新的进气歧管垫，装入进气总管，将各孔一一对准，拧上紧固螺栓。

4）装入空调压缩机，插入紧固螺栓，按规定力矩拧紧紧固螺栓。

5）装入方向助力泵，拧紧紧固螺栓，拧紧油管固定螺栓。装上方向助力泵轮盘，按规定力矩拧紧紧固螺栓。

6）装入节气门体，按规定力矩拧紧紧固螺栓。

7）将前后排气管连接，按规定力矩拧紧锁紧螺栓。

8）装入半轴：先装入内球头，再装入外球头。按规定力矩拧紧紧固螺栓。

9）拧紧下摆臂紧固螺栓。

10）装入方向机球头。

11）装入垫片及自锁螺母，以同样方式装入左半轴。

12）装入多楔带张紧装置，拧紧紧固螺栓。

13）装入缸盖出水管连接插头。

14）装好机油尺托架，拧紧机油尺托架固定螺栓，插入机油尺；插上节气门体插头；接上活性炭罐软管；接上曲轴箱换气软管；插上活性炭罐电磁阀插头，套上卡箍。

15）接上进出燃油管，套上卡箍，拧紧。

16）装入空调冷凝器，装入发电机散热器，接上上水管、下水管，卡上卡箍，拧紧。

17）安装散热器风扇，拧紧风扇固定螺栓。

18）装暖风管：先在管口涂上润滑油，在装暖风管接口处涂上润滑油，装上暖风管，夹紧卡箍。

19）装复风扇控制器，拧紧紧固螺栓。

20）装复副散热器，拧上副散热器紧固螺栓，加注冷却液。

21）装复蓄电池固定夹，拧上蓄电池固定螺栓，接上电源盒插头，装好蓄电池，接上蓄电池正极线，拧紧，蓄电池负极待紧。

二、注意事项

1）装蓄电池电源线时，一定要先安装蓄电池正极。

2）检查发动机和变速器之间的定位销是否都装好。

3）插接发动机线束插头时一定要插入到位。

4）更换所有已经按照拧紧力矩紧固的螺栓。螺栓的紧固一定要按顺序分几次拧到规定力矩，并最后再旋转1/4圈。

5）更换所有密封圈和衬垫。

6）安装发动机时，注意所有管路（如活性炭罐软管、燃油软管、上、下水管、制冷液软管、曲轴箱通风管等）以及所有的导线必须恢复到位。

7）调整节气门拉索。

8）吊装过程中，注意安全，操作过程中不可将手脚伸入易被挤压的部位。

第三节　汽车发动机总成的装配工艺

汽车发动机的装配质量决定汽车发动机的寿命，是安全行车的重要保证，目前汽车维修厂采用的都是固定装配法装配汽车发动机，下面以桑塔纳 AJR 型发动机为例介绍发动机装配基本工艺，如图 8-2 所示。

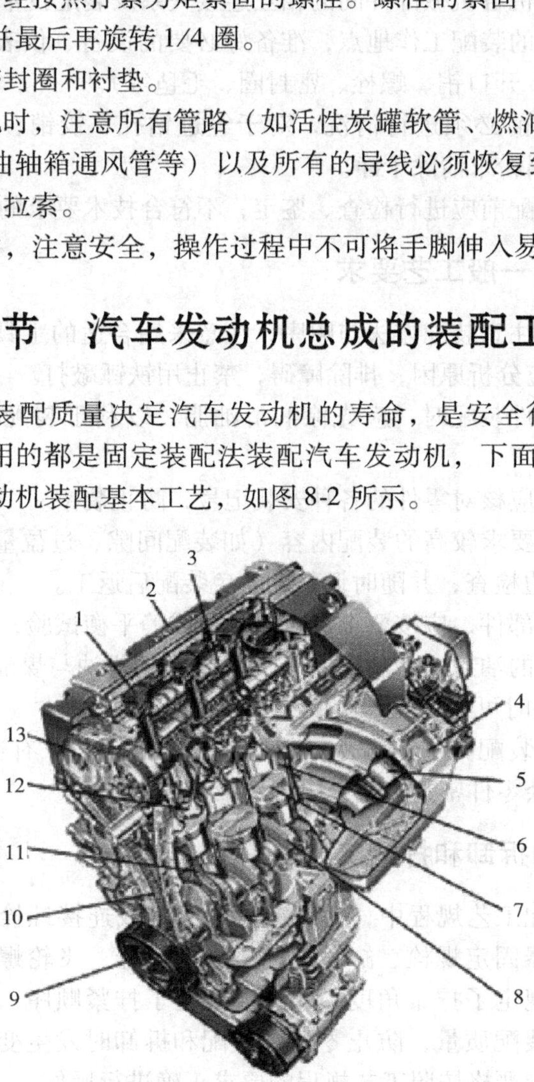

图 8-2　桑塔纳 AJR 型发动机

1—火花塞　2—气缸盖　3—凸轮轴　4—机体　5—进气道　6—气缸　7—活塞　8—曲轴　9—曲轴带轮　10—传动链轮　11—连杆　12—气门　13—凸轮轴正时齿轮

一、发动机装配的准备工作

1）发动机装配前的工件准备：主要包括发动机各零部件和易损件的检测，总成的准备、装配环境的准备、装配台架和工、卡、量具的准备等。只有做好了装配前的准备工作，才能顺利可靠地装配发动机。

2）熟悉发动机各机械部件间的相互连接关系及装配技术要求。

3）确定适当的装配工作地点，准备好必要的设备、仪表、工具和装配时的辅助材料（垫圈、开口销、螺栓、密封圈、毛毡等）。

4）零件装配前必须进行清洗，对于经过钻孔、铰销、镗销等机加工的零件，一定要把金属粉末清除干净。

5）零部件装配前应进行检查、鉴定，不符合技术要求的零部件不能装配。

二、装配的一般工艺要求

1）装配时应注意装配方法与顺序，注意采用合适的工具及设备，遇到有装配困难的情况，应分析原因，排除障碍，禁止用铁锤敲打。

2）过盈配合件装配时，应先涂润滑油脂，以利于装配和减少配合表面的磨损。

3）装配时，应核对零件的各种安装记号，防止装错。

4）对于某些要求较高的装配内容（如装配间隙、过盈量、灵活度、啮合印记等）应边安装边检查，并随时调整，避免装配后返工。

5）对于旋转部件，应按要求进行动平衡或静平衡试验，合格后才能装配。

6）所有皮质的油封，在装配前应浸入60℃的机油与煤油各占一半的混合液中5～8min，安装时可在铁壳外围或座圈内涂以新白漆。

7）每一部件装配完毕，必须仔细检查和清理，防止有遗漏和未装的零件，防止将工具、多余零件密封在箱壳之中造成事故。

三、螺栓的拆卸和拧紧工艺知识

在发动机装配工艺规程中，对各部位的固定或连接螺栓螺母大多有拧紧力矩要求，如喷油器固定螺栓、缸盖螺栓、连杆螺栓、飞轮螺栓等，有些规定了拧紧力矩，有些规定了拧紧角度，同时还规定了拧紧顺序，这样做的目的是为了保证发动机的装配质量，防止零件在装配和拆卸时发生变形损坏。因此在发动机装配过程中应严格按照工艺规程的要求正确进行操作。

拧紧螺栓和螺母若不按规定的顺序和拧紧力矩进行操作，会直接影响发动机的装配质量，严重时甚至会损坏发动机。当拧紧力矩不足时，螺栓和螺母易发生松脱，导致零部件松动、漏油、漏气等故障的发生；力矩过大时，螺栓易拉伸变形，甚至断裂，有时还会损坏机体和螺纹孔；拧紧顺序和拧紧次数不对时，会引起零件平面翘曲变形，影响密封效果。

因此在拧紧气缸盖、机油底壳、正时前罩、曲轴轴承盖、连杆轴承盖等连接螺栓时，应严格按照工艺规程的具体要求分 2 ~ 3 次逐步拧紧到规定的力矩，并按先中间、后两边、对角交叉的原则进行。拆卸时也应按规定顺序分 2 ~ 3 次逐步拧松。

注意事项：在装配工序中，所有螺栓的拧紧力矩都有标定（此标定为实际生产的数值），但在实习中，为延长实习教具的使用寿命，拧紧力矩应控制在标定数值的60%以内。

四、发动机翻转支架

发动机翻转支架是固定式装配法主要的装配设备。

在装配过程中为了尽可能地符合装配工艺规程的要求，规范地进行操作并保证操作者的安全，采用了与之配套的发动机翻转支架作为工作支架，发动机安装在翻转支架上，利用支架上的蜗杆减速器，可以将发动机旋转到任意合适的角度进行装配操作。因蜗杆减速器具有自锁功能，只要摇动旋转手柄，就可以方便地使发动机停在所需的角度，并且不会反转回去，非常方便实用。

注意事项：不允许将支架与发动机连接的螺栓螺母随意拧松，以免发生危险。

五、零件摆放工作台

零件摆放工作台用来摆放装配时的零部件，装配过程中应严格按照工艺规程的要求将装配的零部件按顺序摆放在规定的位置上，以防止装配时错装或漏装，同时装配中应注意保持零件摆放工作台的清洁。

六、工具车（架）

发动机装配过程中需要使用各种类型和规格的常用工具和专用工具，为了方便选择和使用，工作现场设置有工具车（架），工具箱放置在工具车（架）上，根据装配需要可以方便地取用，在使用过程中，应将暂时不用的工量具随时放回工具箱，以免遗失和损坏。

七、发动机总成的装配及工艺

（1）备齐所有零件和各大总成　包括气缸体、气缸盖总成、活塞连杆组、曲轴、机油泵、水泵、燃油泵、节气门体等。

（2）装配现场和装配工具要求清洁。工作服、手套、机油滤清器、正时齿轮和中间轴等均应彻底清洗干净。无脏物进入发动机，才能保证发动机清洁。按技术要求组装并测试合格。

（3）合理使用工、卡、量具。

（4）严格按照装配技术要求进行装配。

（5）装配时，气缸盖、螺栓、轴瓦上的螺母、油底壳螺母要按规定的次数和力矩校正到标准力矩。

1）安装活塞连杆组。将事先标记好的同一气缸活塞、连杆用活塞销组装起来，活塞上的箭头标记和连杆上的浇铸标记必须朝向一个方向。

活塞销一般用热装法，即将活塞置于水中加热至60～80℃，取出后迅速擦净座孔，将活塞销推入座孔，随即在连杆小头端衬套内涂上一层润滑油并把小头伸入活塞内，迅速使活塞销通过连杆小头直至活塞另一端销孔边缘，再装入锁环。

安装环时，首先检查气缸中的开口间隙及环的侧隙。将活塞环装入气缸，用一个活塞将环推到气缸中活塞行程底部，用塞尺测量活塞环开口间隙，应符合要求，如不符合，则应更换活塞环，不允许加工。用活塞环钳子将活塞环装到各缸活塞环槽上，使活塞环朝上配到相应的各缸活塞环槽上。用活塞环钳子依次装上油环、第二道气环、第一道气环，加少量润滑油，三道活塞环的端面互相交错120°，以防开口重叠时，混合气从开口处串入曲轴箱内，影响发动机的动力性能和润滑油的质量。

2）安装气缸盖总成。如图8-3所示，将气缸垫放在气缸体上平面上，然后装上气缸盖，用缸盖螺栓按规定力矩和顺序均匀地拧紧，再放入气门推杆，最后压紧气门摇臂，并调整气门间隙。

3）安装曲轴。将发动机机油涂抹在主轴承上，然后将曲轴安装到气缸体上。将气缸体洗净倒置在工作台上，安装曲轴前先将正时齿轮装上。发动机正时齿轮用键连接，为保证对中性，采用过渡配合。安装曲轴时，擦净各道轴承和曲轴轴颈，并涂上一层薄薄的机油，然后，将已装好正时齿轮及飞轮的曲轴组合件安放在轴承内，各轴承盖按记号装到各轴颈上。在5道曲轴主轴承上涂上少许润滑油放在轴承座上。把擦净的曲轴平放在轴承上，扣上对应的下轴承及轴承盖，1、2、3、5号下轴承无油槽，4号下轴承有油槽，要与有油槽的4号轴承盖配用。3号上、下轴承为翻边推力轴承，两边设有半圆止推环。安装时开口必须朝向轴承。用过的轴承都不能互换。按规定力矩依次将主轴承螺栓拧紧，力矩为65N·m。轴承全部装好后，能用手自由转动曲轴。

4）检查朝前标记，检测曲轴轴向间隙和径向间隙。用百分表触杆顶在曲轴平衡铁上，前后撬动曲轴，观察百分表表针摆动数值，或用塞尺在3号推力轴承处检查。轴承间隙过大或过小都应更换止推垫圈进行调整。

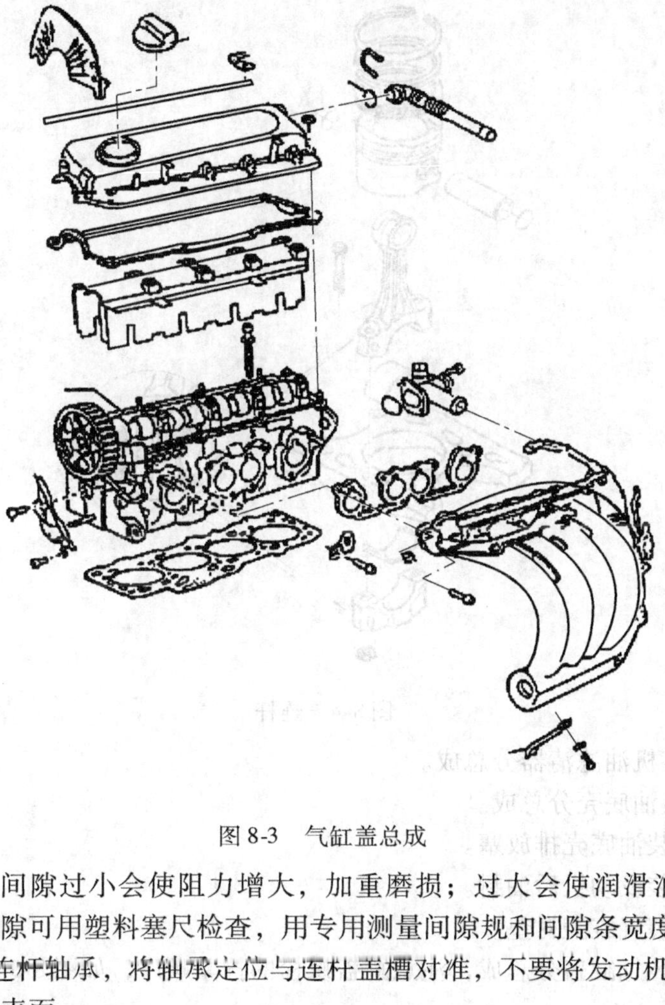

图 8-3　气缸盖总成

曲轴径向间隙过小会使阻力增大，加重磨损；过大会使润滑油压力降低。曲轴的径向间隙可用塑料塞尺检查，用专用测量间隙规和间隙条宽度相对照。

5）安装连杆轴承，将轴承定位与连杆盖槽对准，不要将发动机机油涂抹在轴承或其接触表面。

6）安装带连杆的活塞分总成。检查活塞是否偏缸时，将未装活塞环的活塞连杆组装入相应各缸，按规定用 30N·m 的力矩拧紧各道连杆轴承螺母。首先检查连杆小头每边与活塞销座端面之间的距离，一般不小于 1.00mm，如果小于 1.00mm，多为气缸中心线偏移所致。然后转动曲轴，查看活塞在气缸内运动，活塞在上、下止点和气缸中部三个位置时，间隙差应不得超过 0.1mm，否则，应查明原因并予以校正。注意在活塞连杆上标上记号，不要弄混。不要把各缸连杆轴瓦混用。安装连杆轴承盖时要注意方向，如图 8-4 中的 A、B 所示。

7）安装机油泵总成。机油泵装入泵座内，按规定力矩拧紧螺栓，并在机油泵滤网上涂上机油。最后把油底壳用螺栓固定在气缸体上。

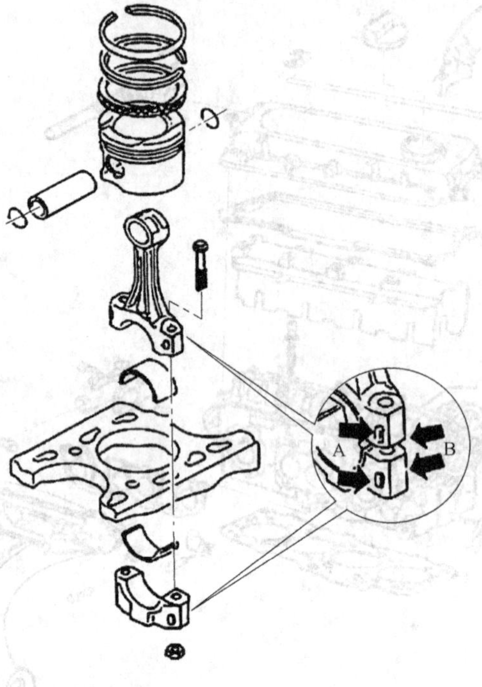

图 8-4　连杆

8）安装机油滤清器分总成。

9）安装油底壳分总成。

10）安装油底壳排放塞。

11）安装发动机后油封。

12）安装气缸盖衬垫。

13）安装气缸盖分总成，注意缸盖螺栓的拧紧顺序，如图 8-5 所示。

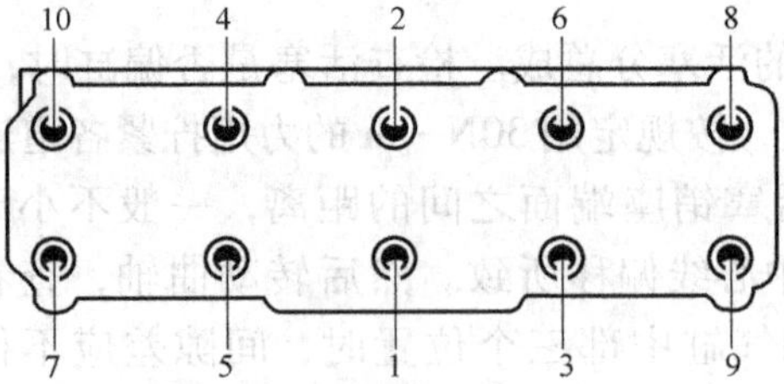

图 8-5　气缸盖螺栓拧紧顺序

14）安装机油控制阀滤清器。

15）安装凸轮轴正时齿轮总成。

16）安装凸轮轴，如图 8-6 所示。安装凸轮轴时，将各道轴颈涂上机油，装入凸轮轴轴承中，同时对准正时记号。拧紧固定螺栓，检查凸轮轴轴向间隙和正时齿轮啮合间隙。

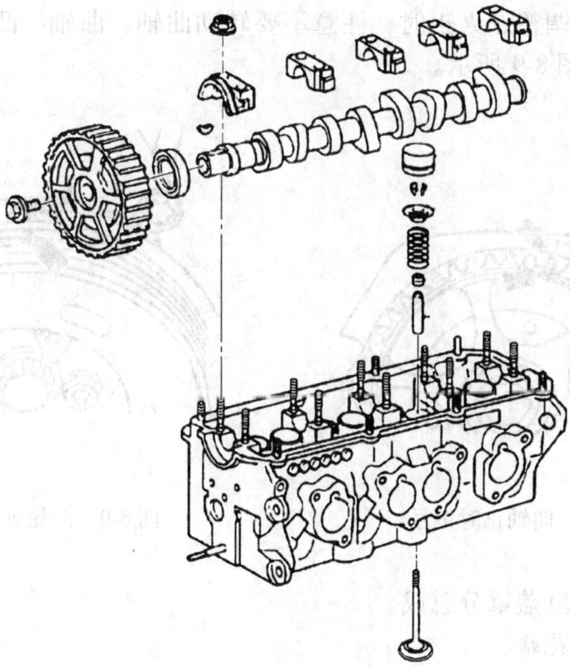

图 8-6　凸轮轴总成

17）安装驱动带。

18）安装集滤器与机油泵总成，如图 8-7 所示。

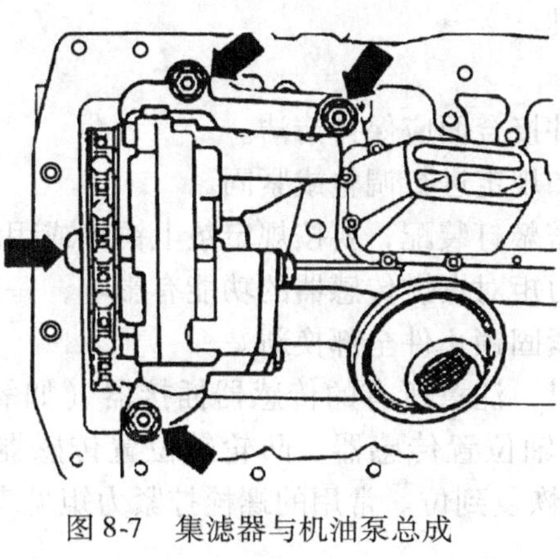

图 8-7　集滤器与机油泵总成

19）安装正时齿轮盖油封。

20）安装曲轴带轮。

21）安装水泵总成。

22）安装横置发动机支架。

23）检查、调整点火正时，注意不要转动曲轴，曲轴、凸轮轴正时都要对齐，如图 8-8、图 8-9 所示。

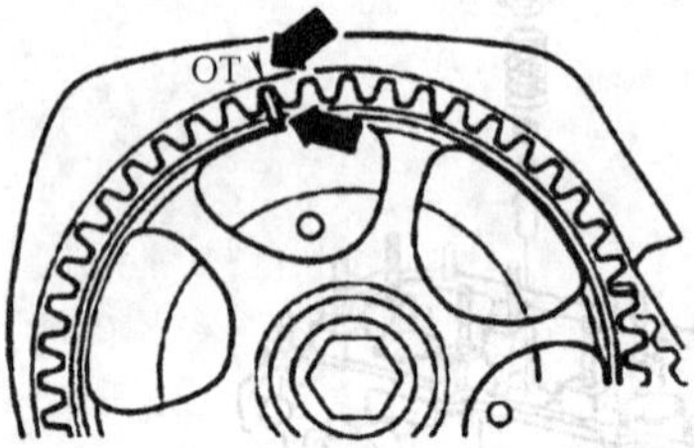

图 8-8　曲轴正时记号

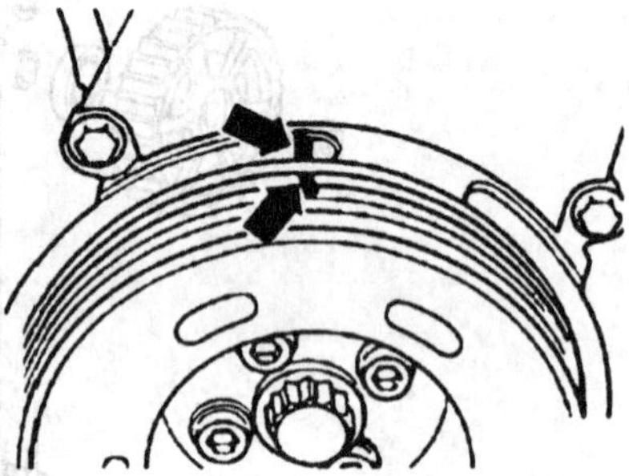

图 8-9　凸轮轴正时标记

24）安装气缸盖罩分总成。

25）安装火花塞。

26）安装机油加注口盖。

27）清理工作台和工具。

八、注意事项

1）正确使用工具。

2）按顺序装配。

3）装配前各机件接合面应保持清洁。

4）按技术规范和规定进行调整或紧固。

5）有些部件如需敲打装配，要按规定垫上铜棒或用胶皮锤。

6）螺栓的拧紧力矩对爆燃传感器的功能有影响，一定要按规定拧紧。

7）易损零件、紧固锁止件全部换新。

8）安装发动机时，注意所有的传感器插接器（如氧传感器、水温传感器、进气压力传感器、曲轴位置传感器、凸轮轴位置传感器、节气门位置传感器、爆燃传感器等）必须恢复到位。常用的螺栓拧紧力矩见表 8-1。

表 8-1　常用的螺栓拧紧力矩

螺栓连接		拧紧力矩/（N·m）
螺栓、螺母	M6	10
	M7	15
	M8	20
	M10	45
	M12	65
举例		
缸盖螺栓（冷态）		第一次 40°；第二次 60°；第三次 75°；第四次用扳手拧 90°（$\frac{1}{4}$圈）
发动机支撑到副梁		40 ±5
发动机支架到发动机支撑		40 ±5
前排气管到排气歧管		23 ±2.5
发动机扭力臂		23 ±3
管子支撑到车头		65 ±6
散热风扇热敏开关		25
油底壳放油螺塞		30

第四节　发动机装配流水线作业

汽油机各项指标（动力性、经济性、排放、噪声等）的好坏是在零件符合设计要求的基础上由生产厂装配来保障的。因此，零部件的分装和总装及整机出厂试验过程将直接影响产品质量。

一般汽油机的装配及出厂试验过程称为装试过程，包括清洗、装配、检验、试验调整等工序。任何机器都是由许多零件和部件所组成的，按照规定的技术要求，将若干个零件接合成组件，并进一步接合成部件以至整台机器的装配过程，分别称为组装、部装和总装。汽油机的装试是汽油机制造过程的重要阶段，装试过程控制对产品质量有很大影响。即使零件是合格品，但零件与零件之间、零件与机构之间、机构与机构之间的相对位置不正确，也就不能连接或者使有关零件不能正常工作，影响汽油机的动力性，并且导致使用寿命降低。汽油机装试过程是保证产品质量的一个重要阶段，而装试技术水平的高低更是保证产品质量的有效手段。下面以桑塔纳 AJR 型发动机装配流水线作业为例说明汽油机的装试工艺及装配、装试质量的检验等。

一、发动机流水线装配工序

发动机装配线分为缸盖分装、内装线、外装线和试验线。

1. 缸盖分装主要过程

气缸盖总成如图 8-10 所示。

图 8-10 气缸盖总成

1）缸盖搬运助力吊车。将缸盖吊入分装线。

2）清洗缸盖。

3）安装钢球，轴盖分解。

4）安装气门组组件（装配气门油封、装配气门、装配气门弹簧组、装配气门保持座及锁片）。

5）安装火花塞导管。

6）缸盖泄漏检查。

7）安装液压挺柱。

8）安装凸轮轴。

9）安装凸轮轴瓦。

10）安装齿形板和凸轮轴位置传感器支架。

11）安装凸轮轴位置传感器。

12）安装双头螺柱。

13）安装凸轮轴油封。

14）缸盖上线。

2. 内装线主要过程

（1）活塞连杆装配 活塞连杆组如图 8-11 所示。

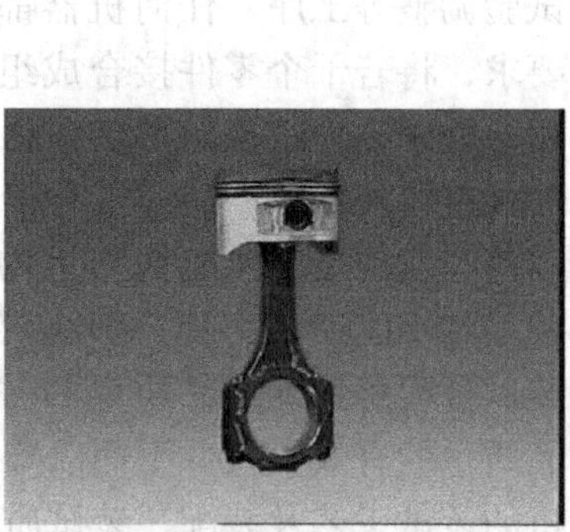

图 8-11 活塞连杆组

1）连杆杆身定位。

2）安装活塞环。

3）连杆活塞装配机。

4）压装活塞销。

5）连杆活塞检查装置。

6）活塞连杆组上线。

（2）缸体装配　气缸体曲轴箱组如图 8-12 所示。

1）缸体搬运助力吊车。将缸盖吊入分装线。

图 8-12　气缸体曲轴箱组

2）缸体打号。

3）缸体清洗。

4）缸孔曲轴尺寸传递系统。

5）曲轴安装。

6）曲轴防轴向移动片安装。

7）曲轴轴瓦安装。

8）活塞连杆组安装。

9）曲轴后油封安装。

10）安装机油集滤器及机油泵。

11）安装油底壳。

12）缸体翻转。

13）缸盖吊运，缸体缸盖配合。

14）上缸盖螺栓。

15）机器二次校紧缸盖螺栓至规定力矩。

3. 外装线主要过程

1）安装火花塞。

2）安装气门室罩盖。

3）安装水泵。

4）安装正时轮。

5）安装正时带。

6）安装发动机正时盒盖。

7）长缸油路试漏机（气缸密封试验）。

8）加注发动机机油。

9）长缸性能试验机，测量项目（ 正时机构、配气机构、点火系统、润滑系统等）。

10）进气歧管安装。

11）排气歧管安装。

12）安装氧传感器。

13）正时盖涂胶，密封发动机前盖。

14）安火花塞高压线。

15）安工艺飞轮。

16）发动机出厂试验，如图 8-13 所示。

图 8-13　发动机台架试验

4. 试验线主要过程

（1）发动机出厂试验准备　燃油、机油、水自动对接，线束通过插头快速对接。

（2）试验前预装　包括：水管、油管、排气管等的安装，汽油、水、润滑油等的充注。

（3）检测目的　检测三漏（漏水、漏气和漏油）和异响。

（4）检测方法　试车。

（5）检验后的步骤

1）抽水，二次抽水。

2）拆下试验前预装的水管、油管和真空管等。

3）安装机油尺。

4）做水套内部防锈。

5）抽水套内部防冻液，拧紧防水堵。

6）拆下工艺飞轮。

7）安装后盖板。

8）安装飞轮、压盘。

至此，发动机在流水线上的装配结束。

二、发动机装配框架图

图 8-14 所示为发动机装配工序框架图。

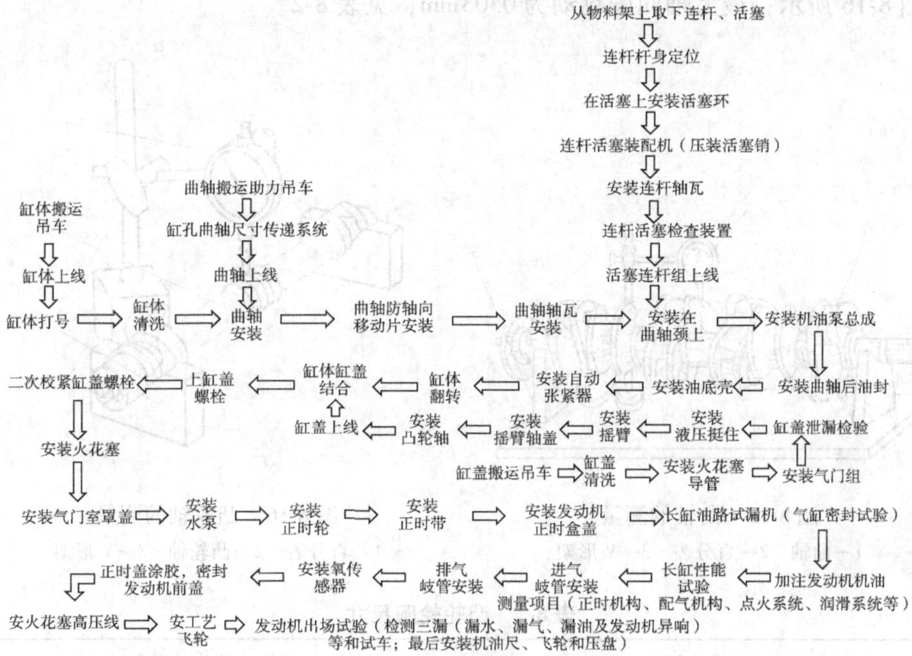

图 8-14　发动机装配工序框架图

第五节　发动机的调整、验收和检测

一、发动机的调整

下面以丰田 8A 型发动机为例进行介绍。

1. 调整曲轴和主轴承

1）仔细检验轴承的高出量、弹开量、轴承间隙的项目。

2）调整曲轴轴向间隙为 0.04 ~ 0.24mm，最大轴向间隙为 0.30mm。

3）检测曲轴轴向圆跳动、圆度、圆柱度及同轴度。如图 8-15 所示，最大轴向圆跳动为 0.03mm；最大锥度和圆度为 0.02mm；主轴颈直径为 47.988 ~ 48.000mm。

4）止推垫圈厚度为 2.430 ~ 2.480mm。

2. 调整凸轮轴和轴承

1）正确选择止推突缘及隔圈厚度，调整凸轮轴轴向间隙为 0.040 ~ 0.095mm，最大轴向间隙为 0.11mm。

2）检测凸轮轴凸轮升程、圆度、圆柱度及同轴度，测量方法与曲轴类似，如图 8-16 所示；最大轴向圆跳动为 0.03mm，见表 8-2。

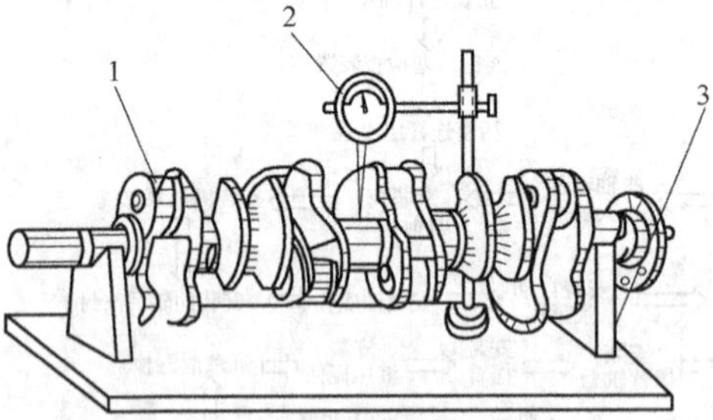

图 8-15　曲轴的测量

1—曲轴　2—百分表　3—V 形架

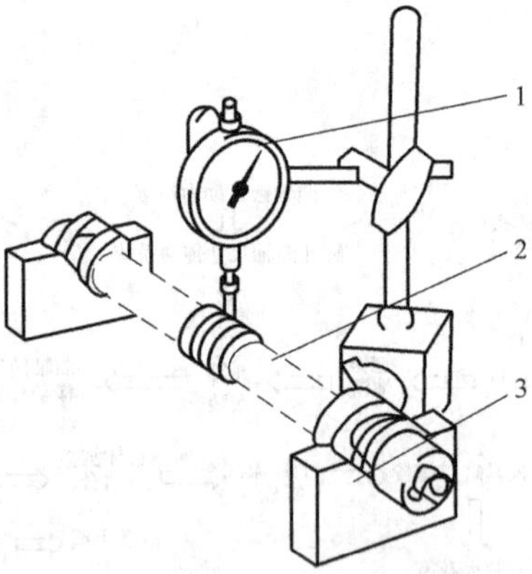

图 8-16　凸轮轴的测量

1—百分表　2—凸轮轴　3—V 形架

表 8-2　凸轮轮廓尺寸

进气凸轮凸部高度		排气凸轮凸部高度	
标准	最小	标准	最小
44.333 ~ 44.433	43.761 ~ 43.861	44.18	43.61

3. 安装带总成

（1）安装正时带　前提条件是活塞不能处于上止点位置，防止转动凸轮轴时，气门碰到活塞。

让凸轮轴带轮上的记号与扇形挡板上的记号对齐，如图 8-17 所示。

把正时带装到曲轴正时带轮上，安装正时带下护罩，拧紧力矩为 10N·m。安装曲轴带轮（要注意安装位置和方向）。转动曲轴，使曲轴上的正时记号与正时带下护罩上的记号对齐。将正时带挂在曲轴正时带轮和凸轮轴带轮上。

（2）安装正时带张紧轮　用专用工具按图 8-18所示的方向转动凸轮，使指针与基准点对齐。

拧紧张紧轮的固定螺栓，拧紧力矩为45N·m。

（3）安装驱动带　安装时一定要注意驱动带的安装位置及方向（对于已经用过的驱动带，要

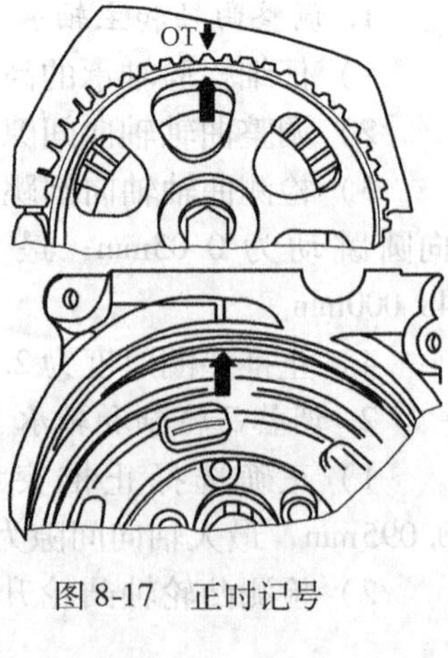

图 8-17　正时记号

与拆前的方向一致)，安装步骤为：

1）压紧张紧器，挂上驱动带。

2）松开张紧器。

3）检查驱动带安装情况。

4. 检测气缸盖

1）气缸盖紧固螺栓标准螺栓长度为156.0 ~159.0mm，最大螺栓长度为159.5mm，如图8-19所示。

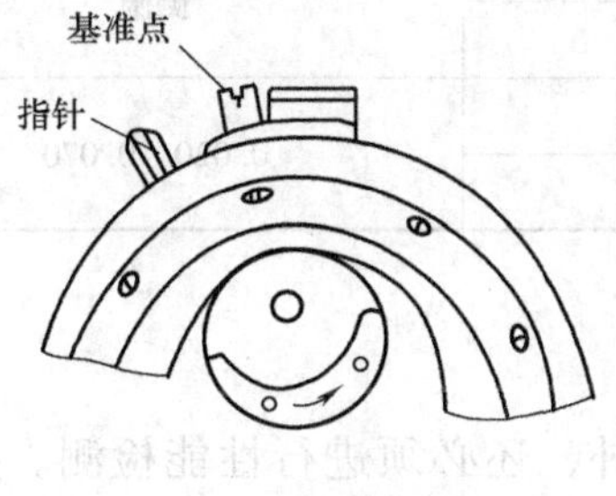

图 8-18　张紧轮标记

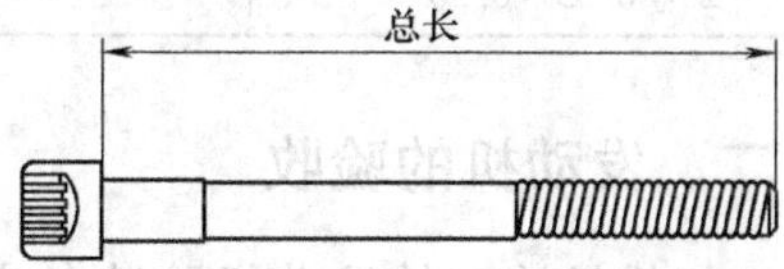

图 8-19　缸盖螺栓的测量

2）气缸盖平面度见表8-3。

表 8-3　气缸盖平面度

气缸体侧	0.05mm
进气歧管侧	0.10mm
排气歧管侧	0.10mm

3）气缸盖裂纹：使用着色探伤器检查燃烧室、进气口、排气口和气缸体表面是否有裂纹。

5. 检测活塞连杆组

(1) 检查活塞偏缸　将不装活塞环的活塞连杆组装在曲轴上，用塞尺测量活塞头部在上、下止点及行程中部三个位置与气缸的间隙，若间隙差大于0.10mm，则称为活塞偏缸。活塞偏缸会引起气缸的异常磨损，这是产生拉缸的重要原因。活塞偏缸误差过大的形式有以下三种：

1）在活塞运动的全行程内始终偏于一个方向，主要原因有连杆弯曲、气缸轴心距误差过大、活塞销公共轴线与活塞轴线的垂直度误差过大、活塞销衬套加工偏斜等。

2）在行程中部换向及活塞在上行和下行的行程中，经过中部时，各偏向一个方向。常见的原因是连杆扭曲、曲轴主轴颈及连杆轴颈的切向平行度误差过大等。

3）在上、下止点各偏于一个方向，即在上下止点换向，主要原因有气缸轴线垂直度误差过大、曲轴主轴颈与连杆轴颈在法向上的平面度误差过大等。

（2）检测连杆轴向间隙　标准轴向间隙为0.160～0.342mm，最大轴向间隙为0.342mm。

（3）活塞直径　活塞直径为78.925～78.935mm。

（4）检测活塞环三隙　活塞环三隙见表8-4。

表8-4　活塞环三隙　（单位：mm）

端隙		侧隙
标准端隙	最大端隙	
1号0.25～0.35	0.74	0.020～0.070
2号0.35～0.50	0.89	

二、发动机的验收

二级维护竣工的发动机除装备齐全有效外，还必须进行性能检测。要求能正常起动，低、中、高速运转均匀、稳定；冷却液温度正常；加速性能好；无断火、放炮等现象；发动机运转无异响；无负荷功率不小于额定值的80%。

竣工验收具体内容为：

1）检查并加足冷却液、机油和燃油。

2）用检视法检验发动机装备状况，要求装备齐全、有效。

3）起动发动机，检查其起动性能。

4）燃油压力检查，标准值为（250±20）kPa，否则，应检查原因。

5）检查发动机运转工况，起动发动机运转至正常工作温度93～105℃。

6）检查发动机运转时有无异响，要求不得有异响。

7）检视发动机机油压力、冷却液温度和机油温度。

8）检查气缸压力：用气缸压力表检测，应符合原厂规定的1000～1300kPa。

9）检查发动机进气歧管的真空度。用转速表、真空表，要求在怠速时为57～70kPa。

10）检查发动机功率和力矩：在正常工作状况下，最大功率和力矩不低于原厂设计值的90%。

11）检查发动机燃油消耗率：用油耗计、测功机按规定测量，要求发动机最低燃料消耗不大于原设计要求。

12）检查发动机排放：要求符合国家标准规定。

13）检查润滑油质量：用检视法或润滑油油质分析仪检查，要求符合规定。

14）检视“四漏”。

15）发动机涂漆或银粉，表面不得有漏涂现象。

16）竣工验收完毕。

三、发动机的检测

1. 发动机综合性能分析仪

（1）发动机综合性能分析仪的功能

1）电控燃油喷射电子控制系统的检测：检测各种传感器（如转速、空气流量、水温、进气管真空度、节气门位置、爆燃、氧传感器）及执行器（如喷油器）的信号。

2）发动机各项性能检测分析：如无负荷测功、动平衡分析、转速稳定分析、起动机与发电机检测、点火系统检测等。

3）数字式万用表的功能。

4）故障分析仪：进行故障分析和故障查询。

5）参数设定。

6）示波器的功能。

（2）特点

1）具有普遍性和通用性：发动机综合性能分析仪的测试和分析只针对发电机基本结构和工作原理的实际情况进行，不依据被测发动机的数据卡，因此，检测结果具有良好的普遍性，检测方法具有良好的通用性。

2）具有动态实时检测功能：发动机综合性能分析仪对信号的采集能迅速、准确捕获发动机运转中瞬态变化的参数随时间变化的函数曲线。

3）能模拟发动机故障。

（3）基本结构和工作原理　发动机综合性能分析仪一般由信号提取系统、信号处理系统和采控显示系统三部分组成。如图 8-20 所示为元征 EA—1000 型发动机综合性能分析仪。

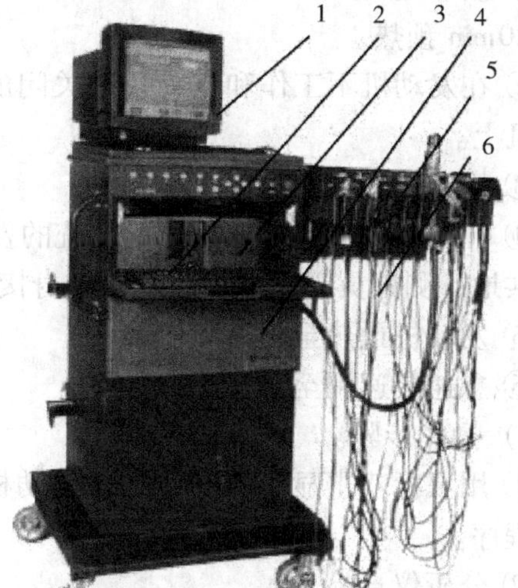

图 8-20　元征 EA—1000 型发动机综合性能分析仪

1—显示器　2—热键板　3—电脑主机

4—打印机　5—前端处理器　6—传感器及信号电缆

元征 EA—1000 型发动机综合性能分析仪主要性能指标

见表8-5。

表8-5　元征EA—1000型发动机综合性能分析仪主要性能指标

参　数	量　程	精　度
转速/（r/min）	0～8000	1%
点火提前角（°）	0～60	±1%
点火电压/kV	0～40	5%
火花电压/V	0～4000	5%
点火持续时间/ms	0.04～9.99	0.04
进气管真空度/kPa	0～105	5%
温度/℃	-20～+120	3%
电流/A	0～4	2%
电压/V	0～400	2%
充电电流/A	0～40	1%
起动电流/A	0～900	1%
电阻/MΩ	0～40	1%

（4）使用方法　以元征EA—1000型综合性能分析仪为例。

1）使用前的准备。

① 接通电源（220V，50Hz），打开总开关、电脑主机开关、显示器开关，暖机20min预热。

② 在发动机不工作和点火系统关闭的情况下，将信号提取系统连接到被测发动机上。

③ 检查接地。

④ 在测试电子控制燃油喷射系统的发动机控制单元ECU时，地线必须与发动机共地，测试员必须随时与汽车车身接触。

⑤ 发动机预热至正常工作温度。

⑥ 怠速转速调至规定值。

2）操作步骤。

① 用鼠标双击显示器上“元征发动机分析仪”图标，起动分析仪综合性能检测程序。

② 分析仪自检。

③ 显示“用户资料录入”，录入资料进入菜单。

④ 在主菜单上选择要测试的内容（如汽油机、柴油机、故障分析等相关项），单击进入下一级目录。

⑤ 按所测试的机器号一一对应进入到检测界面。

⑥ 按相关要求进行操作，读取相关信息（发动机故障码、发动机编码、数据流等）、打印、存储，并能清除测试数据（按 F2 热键或单击屏幕下方的清除数据按钮）。

2. 废气分析仪

（1）废气分析的目的及分类

1）发动机工作时排出的废气，主要有一氧化碳（CO）、碳氢化合物、氮氧化合物、二氧化硫（SO_2）、炭黑及其他一些有害物质，为有效控制排放物的污染，必须定期对汽车尾气进行检测。

2）汽车尾气检测分为汽油机尾气检测和柴油机尾气检测。在相同工况下，汽油机的一氧化碳、碳氢化合物、氮氧化合物排放量比柴油机大，因此，国家标准主要对此进行限制。而柴油机的炭黑比汽油机大，国家标准主要限制烟度。

（2）汽车尾气分析仪

1）不分光红外线气体分析仪。CO 和碳氢化合物分别具有吸收一定波长范围红外线的性质，而且红外线被吸收的程度与废气中 CO 和碳氢化合物的浓度有关，浓度越高，吸收的红外线越多，并且在各种气体混合在一起的情况下，测量值不会受到影响。

不分光红外线气体分析仪由废气取样装置、废气分析装置、废气浓度指示装置和标准装置等组成。

2）滤纸式烟度计。滤纸式烟度计是用抽气泵从柴油机排气管中抽取一定容积的废气，通过一张一定面积的白色滤纸，废气中的炭黑存留在滤纸上，使其染黑，然后通过检测装置中的光源发光照射被染黑的滤纸。滤纸的染黑度不同，其反射光的强度也不同，光电元件产生的电流强度也不同，从而指示出滤纸的染黑度，即代表柴油机的排放烟度。

滤纸式烟度计有手动、半自动和全自动三种类型。由废气取样装置、染黑度检测与指示装置和控制装置等组成。我国规定取样软管的内径为 4mm，长度为 5m。

3）汽油机尾气检测。汽油机尾气的检测依据 GB 17691—2005《车用压燃式、气体燃料点燃式发动机与汽车排气污染物排放限值及测量方法（中国Ⅲ、Ⅳ、Ⅴ阶段）》的规定，注意要测量汽油机在怠速工况下排气中 CO 和碳氢化合物的浓度。

① 测量前的准备。

a. 检查仪表指针是否在机械零点。

b. 检查取样探头和导管有无压坏、破裂、堵塞和脏污。

c. 检查各连接导线。

d. 接通电源，预热 30min 以上。

e. 调校仪表。

f. 车辆应装有空气滤清器和排气消声器，不得有泄漏。

g. 发动机应达到正常工作状态，怠速和点火最佳。

② 检测。

a. 插入取样探头，并保证插入深度不小于300mm。

b. 发动机怠速加速至0.7倍的额定转速，维持60s以上，再降至怠速状态。

c. 把指示仪表的量程开关置于最高挡位，选择适当量程挡位，待指针稳定后，读取数值。

d. 检测结束后，把取样探头取出，置于空气中继续运行5min，待指针回零后关掉电源。

③ 注意事项。

a. 检测时导管不得弯折。

b. 检测时发动机怠速和挡位控制在规定范围内。

c. 取样探头不用时要垂直吊挂，不要平放，以防管内积水腐蚀探头。

d. 检测时要注意周围环境，不要在有油或有机溶剂的地方。

e. 多辆汽车检测时，一定要待仪表指针回零后再进行下一辆的检测。

f. 检测地点要通风良好。

④ 检测标准。汽油机尾气排放检测值应符合GB 17691—2005《车用压燃式、气体燃料点燃式发动机与汽车排气污染物排放限值及测量方法（中国Ⅲ、Ⅳ、Ⅴ阶段）》的规定。

4）柴油车自由加速烟度的检测。柴油车自由加速烟度的检测应在自由加速工况下，采用滤纸式烟度计按测量规程进行测量。自由加速工况是指发动机处于怠速工况，将加速踏板迅速踩到底，维持4s后松开。

检测步骤如下：

① 仪表、仪器检验。

a. 检查仪表指针是否在机械零点。

b. 检查取样探头和导管有无压坏、破裂、堵塞。

c. 接通电源，预热5min以上。

d. 用标准烟样校准仪器。

e. 检查抽气泵控制开关与抽气泵动作是否同步。

f. 检测压缩空气的压力值。

g. 装好滤纸，检查滤纸是否洁白、无污染。

② 受检车辆准备。

a. 检查受检车辆排气系统。

b. 检查所用燃料和机油是否符合厂家规定。

c. 发动机预热至规定状态。

d. 将取样探头逆气流固定于排气管内，并使其中心线与排气管轴线平行。

e. 将踏板开关引入汽车驾驶室。

f. 把抽气泵活塞推至最前端，并装入滤纸。

g. 取样探头插入排气管深度不小于 300mm。

③ 测量操作。

a. 按自由加速烟度的方法检测，由怠速工况将加速踏板踩到底 4s 后随即松开，如此重复 3 次，以便把排气管内的炭渣吹掉。

b. 发动机怠速运转 15s，使空气压缩机送来的空气达到规定压力。

c. 把踏板开关固定在加速踏板上，开始检测，迅速将加速踏板踩到底，停留 15s 迅速松开，读取数据。

d. 下一次距前一次间隔不少于 30s，重复 4 次。

e. 取后 3 次读数的算术平均值即为所测烟度值。

④ 注意事项。

a. 从取样探头至抽气泵的取样软管最好能逐渐上斜，以防冷凝水流入抽气泵。

b. 取样软管不能随便代替。

c. 测取滤纸染黑度时，要注意光电传感器与滤纸紧贴。

d. 光电传感器不用时，应套上测头盖或避开强光放置。

e. 指示装置不用时，应将测量开关按到“关”的位置，以免在移动或运输时损坏电表。

f. 定期检验。

复习思考题

1. 简述桑塔纳汽车发动机气缸盖螺栓的拧紧顺序及方法。
2. 发动机整机出厂装试工序有哪些？
3. 发动机装配线分为几部分？
4. 发动机装配出厂前的试验目的是什么？
5. 安装曲轴应该注意哪些问题？
6. 发动机装复后有哪些检验内容？
7. 安装连杆组应该注意哪些问题？
8. 简述柴油车自由加速烟度的检测步骤。
9. 如何检测汽油发动机尾气？
10. 发动机装配流水线主要内容有哪些？
11. 发动机的“四漏”是什么？

12. 简述发动机综合性能分析仪的功能。
13. 元征 EA—1000 型综合性能分析仪使用前的准备有哪些？
14. 为什么要检测发动机废气？
15. 汽车尾气的检测方法分哪几种？

第九章

底盘的装配工艺

汽车底盘的装配就是应用各种装配手段将汽车底盘零部件、合件或总成按规定的技术条件和质量要求连接组合成完整产品的生产过程，常用装配连接有螺纹联接、键联接、销联接、过盈连接、管连接等。装配中有带传动机构的装配、齿轮传动机构的装配、万向节的装配、链传动装配、蜗杆传动的装配、轴承和轴的装配等。

在底盘装配的过程中，必须达到下列技术要求：

1. 装配的完整性

必须按工艺规定，将所有零部件、总成全部装上，不得有漏装、少装现象，不要忽视小零件，如螺钉、平垫圈、弹簧垫圈、开口销。

2. 装配的统一性

按着生产计划和工艺要求装配，不得误装、错装和漏装，装配方法必须遵照工艺要求。

3. 装配的紧固性

凡是螺栓、螺母、螺钉等件必须达到规定的力矩要求。应交叉紧固的必须交叉紧固，否则会造成螺栓或螺母松动现象，带来安全隐患。螺纹联接严禁松动现象，不过，过紧会造成螺纹变形、螺栓或螺母卸不下来。

4. 装配的润滑性

按工艺要求，凡润滑部位必须加注定量的润滑油和润滑脂。对变速器来说，如果润滑油过少或漏加，运转起来很快会造成齿轮磨损现象，直到整机损坏；加注过多，变速器运转时阻力增加；因此油量必须按工艺要求加注。

5. 装配的密封性

1）制动系统的密封性：各插头不得漏油。

2）各油封装配密封性：装油封时，将零件擦拭干净，涂好机油，轻轻装入，油封不得碰到刃口，否则会产生漏油。

3）空气管路装配密封性：要求空气管路里连接处必须均匀涂上一层密封胶，锥管插头要涂在螺纹上，管路连接胶管要涂在管箍接触面上，管路不得变形或歪斜。

第一节　离合器、变速器装配

离合器的结构如图 9-1 所示。

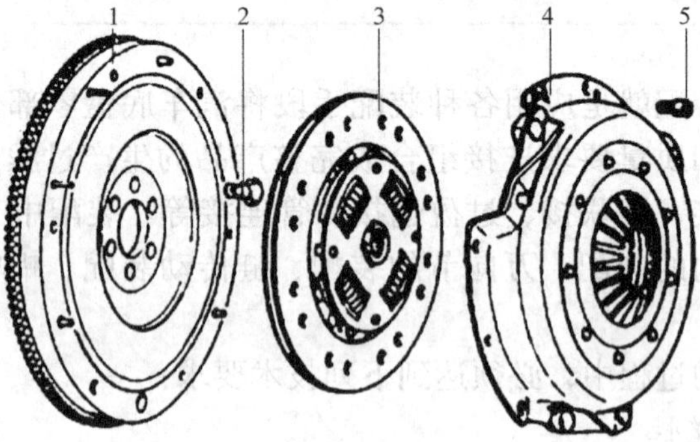

图 9-1　离合器结构示意图

1—大飞轮　2—大飞轮紧固螺栓　3—从动盘（离合器片）　4—压盘　5—压板紧固螺栓

一、离合器的装配与调整

1. 离合器的装配

离合器装配质量的好坏将直接影响离合器的工作性能，应按照下述步骤进行：

1）按对应安装记号装复压盘总成。

2）向飞轮中心上的变速器输入轴轴承内加入润滑脂润滑。

3）从动盘花键毂加润滑脂润滑并用细砂布打磨压盘、飞轮及从动盘的工作表面（去污垢），并装复原位，注意有扭转减振器弹簧保持架一面向后对着压盘安装。

4）用专用心棒飞轮中心轴承，保证从动盘与压盘、飞轮同心，对正压盘和飞轮的装配标记，装上压板组件，装上并紧固压盘螺钉，如图 9-2 所示。用扭力扳手按对角交叉顺序分几次拧紧螺栓到规定的力矩（桑塔纳轿车为 25N · m）。

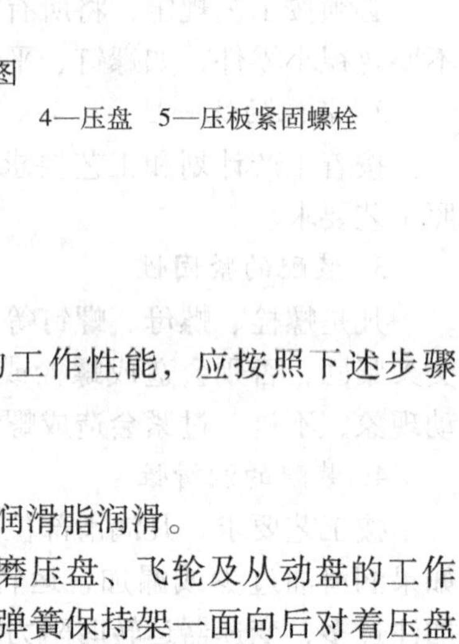

图 9-2　组装离合器

5）用专用工具将分离叉轴套压入变速器

支撑套筒上。

6）将分离叉轴的左端装上回位弹簧，先穿入变速器壳左边的孔中，再将分离叉轴的右端装入右边的衬套孔中，然后装入左边的分离叉轴衬套及衬套座，将衬垫及导向套涂上密封胶装到变速器壳前面，紧固联接螺栓，力矩为15N·m。

7）安装分离轴承，安装变速器并紧固螺栓。

8）连接变速器与车身连接的线路、杆件、传动轴和螺栓，连接好蓄电池负极电缆。

2. 离合器的调整

离合器在使用、保养与维护中，必须进行调整，桑塔纳2000型轿车调整数据如下：离合器踏板自由行程为15～25mm；分离轴承与分离杠杆间隙为2.5mm。

（1）踏板自由行程的调整　踏板自由行程是指踏板完全放松时的高度与踩下踏板感到有阻力时的高度之差。自由行程过大，离合器不能完全分离；反之，离合器接合不彻底，容易打滑。

1）机械绳索式。以桑塔纳2000型轿车为例，通过转动调整螺母来调整离合器踏板自由行程。

2）机械杆件式。通过调节拉杆调节叉来改变踏板的自由行程，如图9-3所示。

（2）离合器分离杠杆高度的调整　离合器分离杠杆外端面到压盘工作面之间的距离应符合要求，如图9-4所示为东风EQ1092型汽车单片离合器，通过旋转分离杠杆调整螺母24来改变分离杠杆25的高度。标准高度为35.4mm（新机构为32.4mm），且各杆高度差不超过0.20mm。

（3）液压式操纵机构的调整　对于液压式操纵机构，离合器踏板的自由行程由两个间隙构成：一个是主缸活塞与补偿孔的距离；另一个是分离轴承与膜片弹簧指端的间隙。如

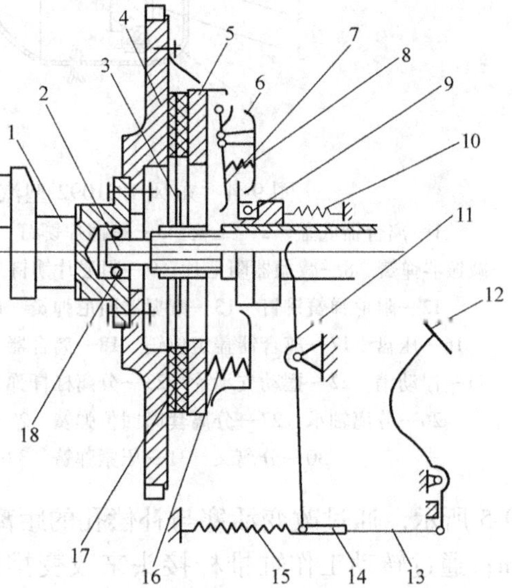

图9-3　摩擦式离合器的基本组成

1—曲轴　2—变速器第一轴　3—从动盘　4—飞轮　5—压盘　6—离合器盖　7—分离杠杆　8—弹簧　9—分离轴承　10、15—回位弹簧　11—分离叉　12—踏板　13—拉杆　14—拉杆调节叉　16—压紧弹簧　17—从动盘摩擦衬片　18—轴承

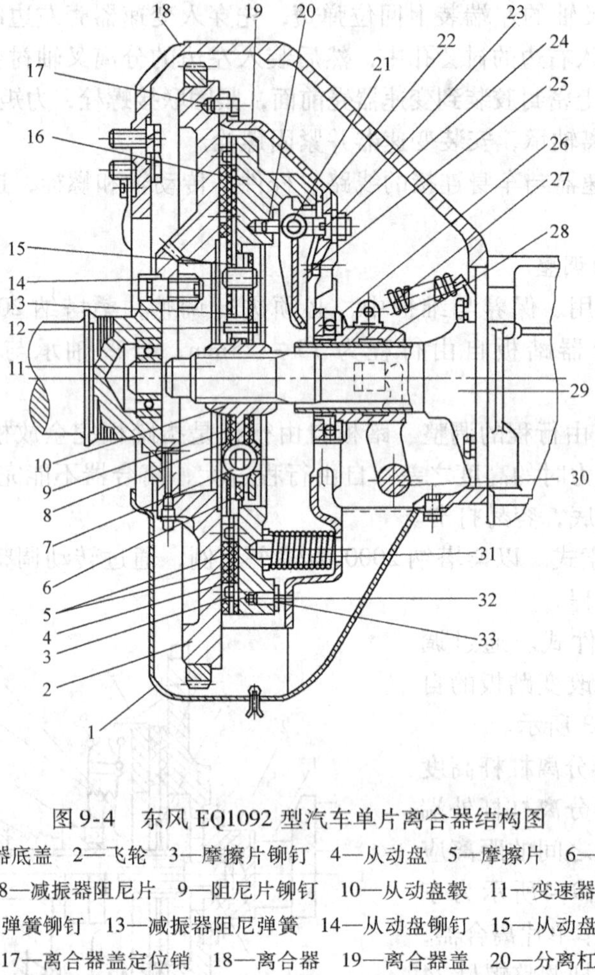

图 9-4　东风 EQ1092 型汽车单片离合器结构图

1—离合器底盖　2—飞轮　3—摩擦片铆钉　4—从动盘　5—摩擦片　6—减振器盘　7—减振器弹簧　8—减振器阻尼片　9—阻尼片铆钉　10—从动盘毂　11—变速器第一轴（从动轴）　12—阻尼弹簧铆钉　13—减振器阻尼弹簧　14—从动盘铆钉　15—从动盘铆钉隔套　16—压盘　17—离合器盖定位销　18—离合器　19—离合器盖　20—分离杠杆支承螺柱　21—浮动销　22—摆动支承片　23—分离杠杆弹簧　24—分离杠杆调整螺母　25—分离杠杆　26—分离轴承　27—分离套筒回位弹簧　28—分离套筒　29—变速器第一轴轴承盖　30—分离叉　31—压紧弹簧　32—传动片铆钉　33—传动片

图 9-5 所示，通过改变活塞与补偿孔的距离，反映到踏板上的自由行程约为 3 ~ 6mm；通过转动工作缸推杆接头来改变推杆长度，调整分离轴承与膜片指端的间隙，标准值约为 2.5mm。最后踏板上的总自由行程为15 ~ 25mm。

3. 离合器操纵检验

（1）驻车挂挡试验　起动发动机，运行到工作温度，检验离合器分离状态：踩下离合器踏板，做挂挡试验，应顺畅，无齿轮撞击声。检验离合器结合状态：挂入三挡，驻车制动器保持起作用状态，松开离合器踏板，发动机应熄火。

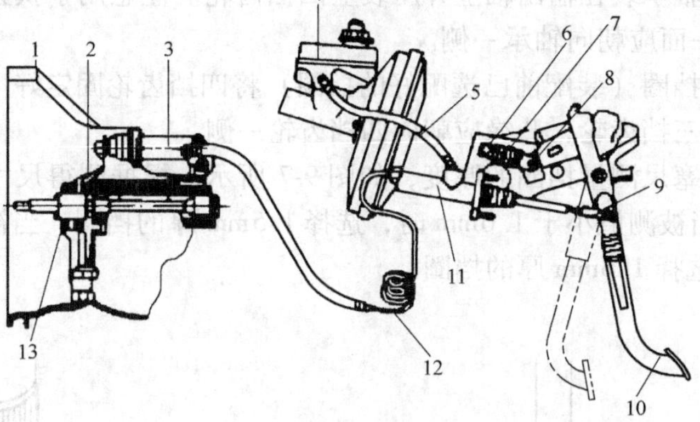

图 9-5　离合器液压操纵系统

1—变速器壳体　2—分离板　3—工作缸　4—储液罐　5—进油软管　6—踏板助力器销轴　7—助力弹簧　8—销轴　9—推杆　10—离合器踏板　11—离合器主缸　12—油管总成　13—分离轴承

（2）车辆运行中的检验　车辆挂挡起步后，改变车速，行进中做挡位切换，应无齿轮撞击声；在某一挡位做急加速或爬坡，发动机应无丢转现象。

二、手动变速器

1. 手动变速器的装配

在装配变速器前应对零部件做必要的检查，确认合格后再进行装配。

（1）注意事项

1）每次修理必须更换密封垫圈和 O 形圈。

2）密封胶应涂均匀，不要太厚，通气孔应畅通。

3）油封在装入前，其外径上应涂一薄层齿轮油，其内部唇形密封圈之间的空隙内应填满润滑脂。

4）更换自锁螺栓和螺母，并按规定力矩拧紧。

5）加注齿轮油时，油面应与侧面加注口下边缘平齐或到油尺规定的刻度线。

（2）输入轴齿轮组件的装配

1）用压床安装中间轴承的内圈。

2）润滑三挡齿轮滚针轴承并装在输入轴上，有油槽一面朝向二挡齿轮。

3）组装三、四挡同步器，并连同三挡齿轮安装在输入轴上，用挡圈定位。

4）安装同步环、滚针轴承和四挡齿轮及有齿的锁圈。

5）用 2kN 的力将三挡齿轮、同步器和四挡齿轮压装在有齿的锁圈上，将总成固定好，如图 9-6 所示。

(3) 输出轴的装配

1) 将前轴承装在输出轴上并压装上四挡齿轮。注意用手扶正前轴承且齿轮上有凸缘的一面应朝向轴承一侧。

2) 利用挡圈(装配前已选配好的挡圈)将四挡齿轮固定好。

3) 安装三挡齿轮,凸缘应朝向四挡齿轮一侧。

4) 利用塞尺测量挡圈的厚度,如图9-7所示,根据测得尺寸,选择适当的挡圈装上。当被测值小于1.6mm时,选择1.5mm厚的挡圈;当被测值大于等于1.6mm时,选择1.6mm厚的挡圈。

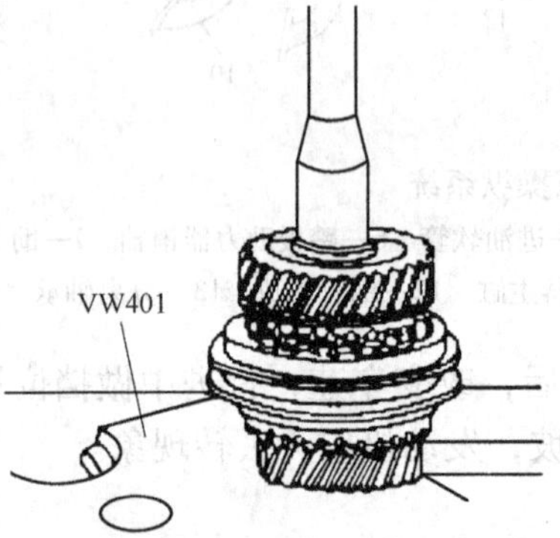

图9-6 安装三挡齿轮、同步器和四挡齿轮

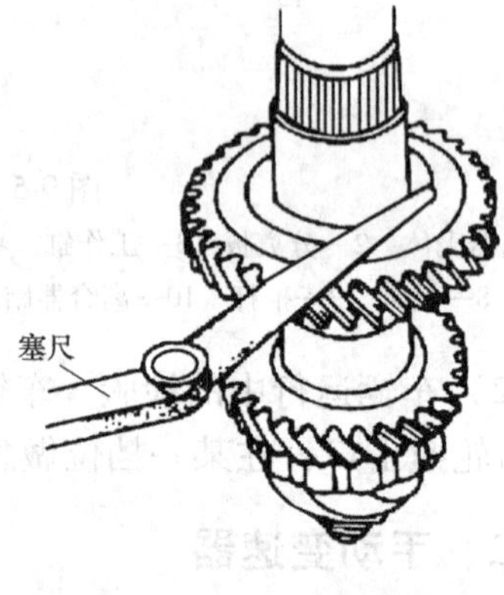

图9-7 测量挡圈的厚度

5) 安装滚针轴承、二挡齿轮及二挡同步环。

6) 组装一、二挡同步器。注意:齿轮毂的细槽应朝向接合套拨叉槽的对面一侧(图9-8);同步器壳体上有3个凹口(图9-9),接合套上有3个凹陷的内齿(图9-10),在安装时,3个凹口和3个凹陷内齿应吻合,这样再安装滑块、同步环,最后安装止动弹簧,弯的一端应嵌入同步环中的1个槽内(如图9-11中的箭头所示)。

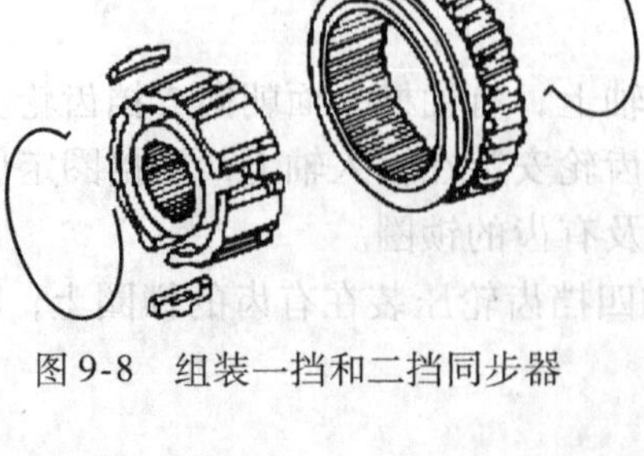
图9-8 组装一挡和二挡同步器

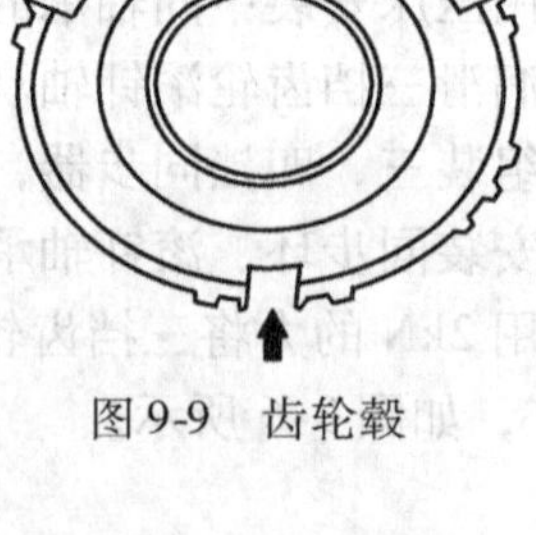
图9-9 齿轮毂

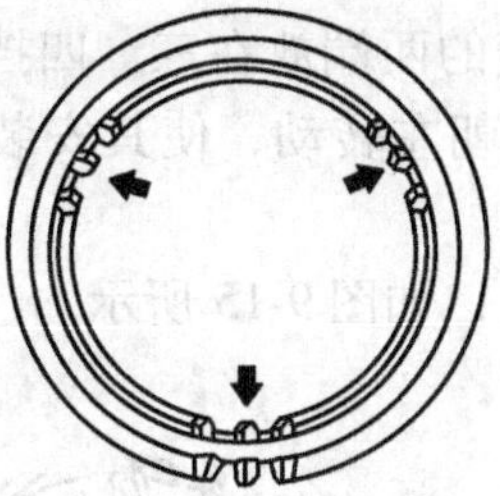

图 9-10　接合

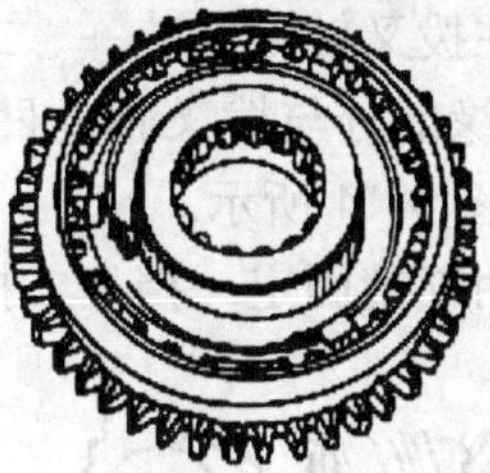

图 9-11　安装同步环、止动弹簧

7）安装一、二挡同步器，齿轮毂上的槽应朝一挡齿轮一侧，如图 9-12 所示。

8）利用专用工具压入一挡滚针轴承内圈。

9）安装一挡齿轮一侧的同步环，再装一挡齿轮的滚针轴承及一挡齿轮。

10）安装调整垫片（如果更换以下任何一个零件，就应重新计算调整垫片的厚度：①轴承支座；②输出轴的后轴承；③一挡齿轮的滚针轴承内圈；④主减速器从动锥齿轮和主动齿轮总成）。

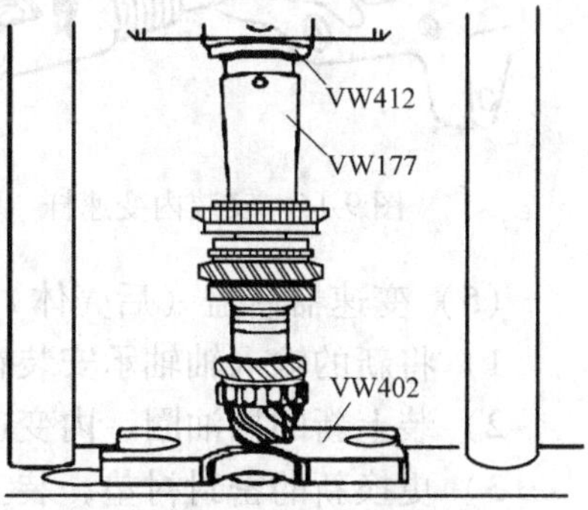

图 9-12　安装一挡和二挡同步器

（4）齿轮箱体的装配

1）装上倒挡齿轮、轴及传动臂。并用 35N · m 的力矩将螺栓旋紧（挂倒挡数次，要求操作灵活可靠），然后装上倒挡自锁装置。

2）取下倒挡轴和齿轮，将带有拨叉的一、二挡拨叉轴及输出轴装在轴承支座上，重新装复倒挡轴和齿轮。

3）安装带有三、四挡拨叉的输入轴，并将输出轴的外后轴承装复在轴承支座上。

4）用锁销安装三、四挡拨叉轴及拨叉并固定。

5）装上固定垫圈及五挡滚针轴承内圈并用专用工具将其放到适当的位置。

6）将五挡齿轮及同步器总成、五挡拨叉和五挡齿环装在输入轴上，并用 25N · m 的力矩拧紧连接螺栓，如图 9-13 所示。

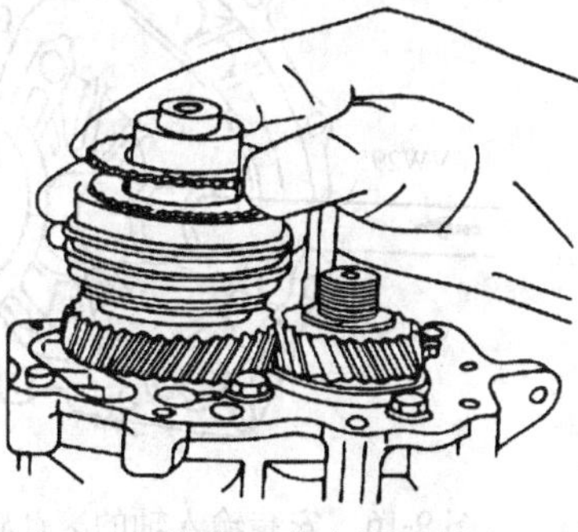

图 9-13　将齿环装在输入轴上

7）挂上一挡锁止输入轴，把五挡齿轮安

装在输出轴上并用100N·m的力矩拧紧。

8）在拨叉轴上安装一、二挡拨叉，并将弹簧的两端放在三、四挡的拨叉轴上，使凸缘部分与拨叉轴的凹槽对齐。内变速杆朝左转动，使其安装在轴承支座上，如图9-14所示。

9）用锁销固定一挡、二挡的拨叉和五挡拨叉，如图9-15所示。

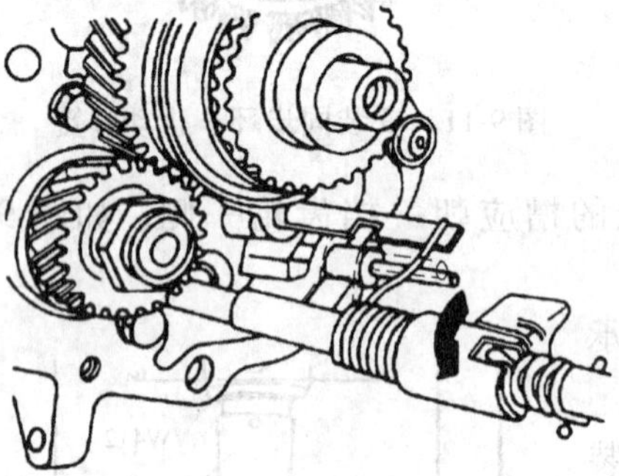

图9-14　安装内变速杆

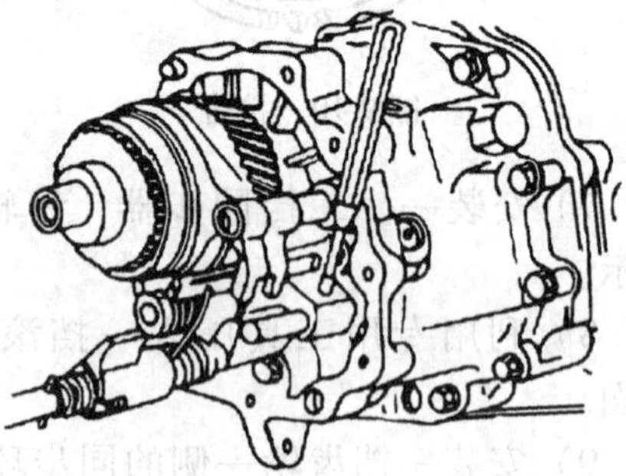

图9-15　用锁销固定一挡和二挡拨叉

（5）变速器后盖（后壳体）的装配

1）将新的输入轴轴承安装在后盖上，并用挡圈定位。

2）装上新的挡油圈、内变速杆的衬套及衬套油封。

3）更换新的密封衬垫，装上变速器后盖。

4）装复轴承后盖（一经拆卸就应更换）。

（6）变速器前壳体的装配

1）利用专用工具，将输入轴滚针轴承安装在适当位置，如图9-16所示。

2）安装输入轴挡油圈及油封，如图9-17所示。

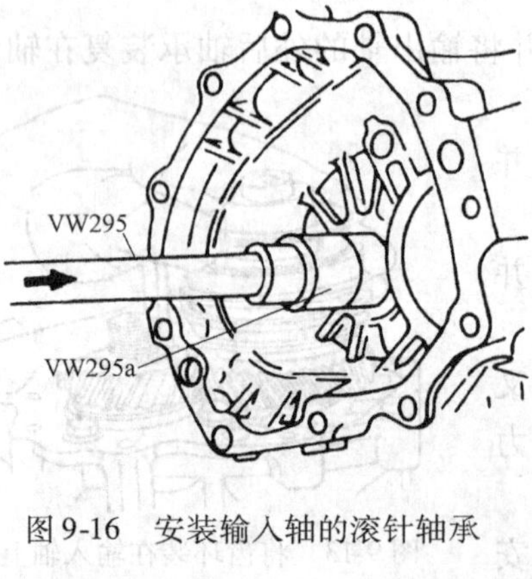

图9-16　安装输入轴的滚针轴承

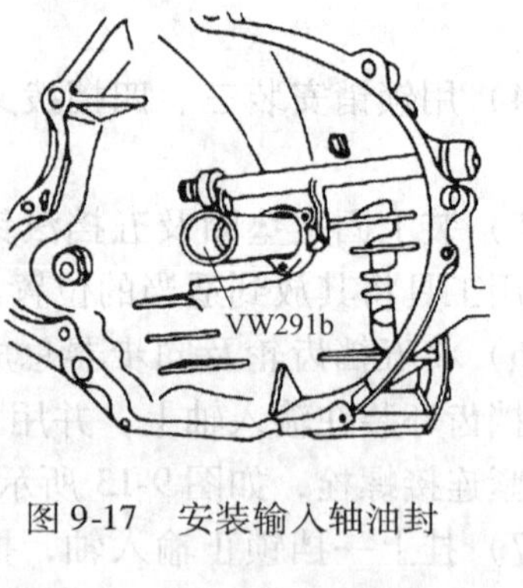

图9-17　安装输入轴油封

3）装上分离套筒及分离轴承。

4）安装输入轴前轴承外圈，并用圆柱销固定（注意轴承外圈小孔应与座孔小孔对齐；圆柱销插入时，头部应突出壳体大约3.0mm）。

5）连接变速器前壳体与齿轮箱体。

6）安装主减速器及差速器总成。

7）装上放油螺塞，用25N·m的力矩拧紧。加注规定量的齿轮油，最后用25N·m的力矩拧紧加油螺塞。

2. 操纵机构的装配

（1）检查

1）检查所有零件，对已损坏零件进行更换。

2）用润滑脂润滑衬套、挡圈及缓冲垫和变速杆支架。

3）换挡手柄用快干胶固定。

（2）组装上变速杆与支架及变速杆罩壳

1）安装上变速杆及变速杆罩壳。

2）安装倒挡及前进挡的缓冲垫。

3）安装换挡支架，如图9-18所示。

4）安装固定在上变速杆的锁圈、挡圈和弹簧。

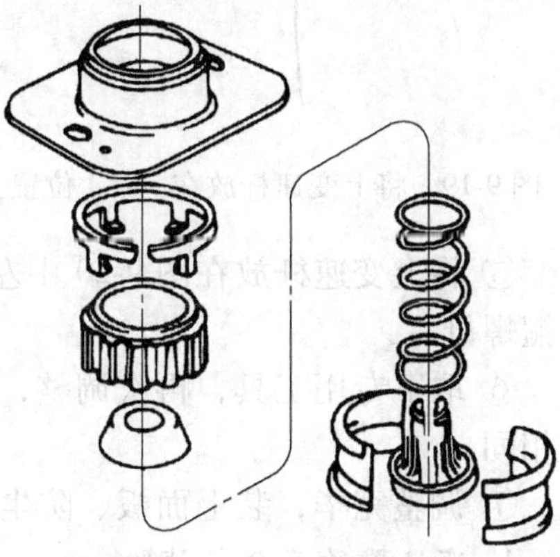
图9-18　变速杆、支架零件结构安装图

5）安装变速杆控制罩壳。

6）安装换挡手柄、防尘罩及面板。

3. 操纵机构的调整

1）挂入一挡，将上变速杆向左推至缓冲垫处，慢慢松开，上变速杆朝右返回5~10mm。

2）挂入五挡，放松上变速杆操作时，也应返回同样的距离。也可以通过移动变速杆支架的椭圆形孔进行调整。

3）检查各挡齿轮啮合是否平滑，若啮合困难应进行如下调整：

① 将上变速杆置于极限位置上，拧松夹箍的螺母，移动上变速杆，要求下变速杆在连接时能自由滑动。

② 取下换挡手柄和防尘罩，将变速杆支架孔与变速杆的罩壳对准并旋紧螺栓。

③ 利用专用工具VW5305/7，使其嵌入换挡支架前孔中，将上变速杆放在“C”位置上，如图9-19所示，轻轻旋紧螺栓，将专用工具固定好。

④ 将上变速杆放到最右面，直至缓冲垫，旋紧定位器螺栓，如图 9-20 所示。

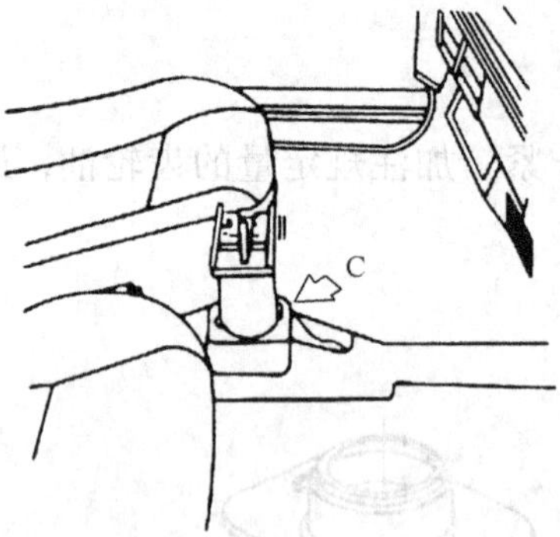

图 9-19　将上变速杆放在“C”位置上

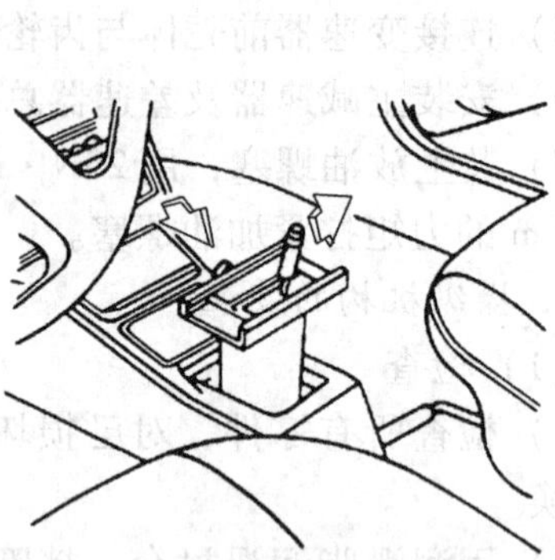

图 9-20　旋紧定位器螺栓

⑤ 将上变速杆放在图 9-20 中左侧箭头所示位置上，用 20N · m 的力矩拧紧夹箍螺母。

⑥ 取下专用工具，再次调整，使其挂入一挡、五挡时，上变速杆返回的距离相同。

⑦ 调整完毕，装上面板、防尘罩和换挡手柄。

4. 变速器的磨合与试验

变速器装配完毕后，应进行试验。

进行磨合与试验的变速器安装在有电动机拖动的专用试验台上，并利用制动装置对输出轴进行短暂加载，检查其带负荷时的工作情况。

变速器在运转试验时，应符合以下技术要求：

1）换挡时，齿轮的接合与分离应轻松自如，灵活可靠。

2）各挡在稳定转速下传动时，不允许有高低变化的异常响声。

3）在任何挡位，均不得有脱挡或乱挡现象。

4）所有密封部位不得漏油。

5）走合一段时间后，齿轮油温不得比室温高 40℃以上。

试验用润滑油可用车用机油代替，磨合后放掉机油，用煤油、柴油各占 50% 的混合液清洗。在磨合时，应先进行无负荷的磨合试验，观察各挡运转情况，然后再用制动装置进行加载试验，查看有无发响或脱挡现象。在运行试验时，各挡传动时间不得少于 10 ~ 15min，对换修零件的挡位应适当延长磨合时间。

第二节　自动变速器装配工艺

自动变速器机械部分结构图如图 9-21、图 9-22、图 9-23 所示。

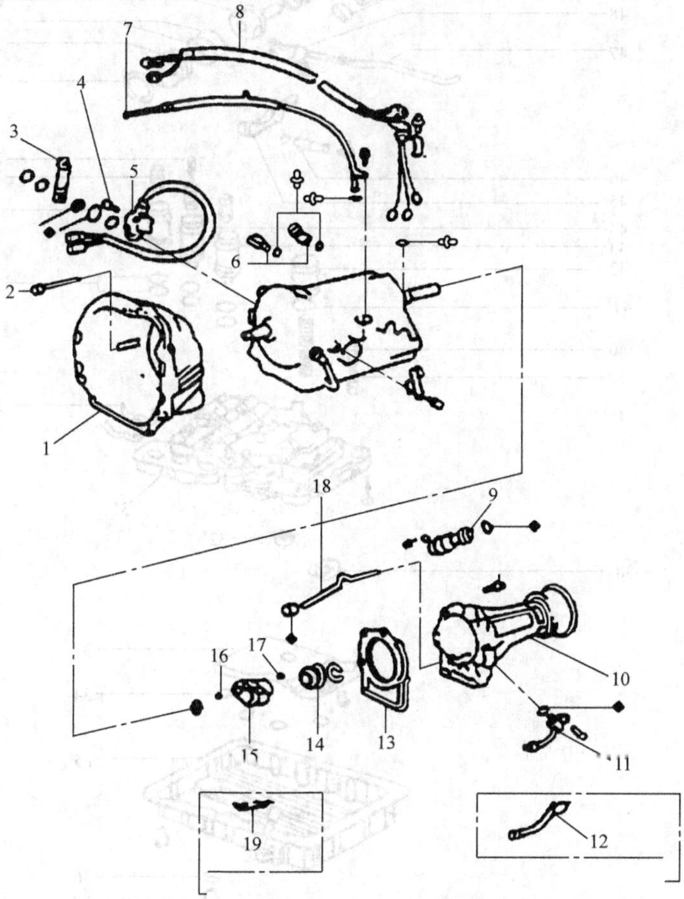

图 9-21　自动变速器总成外部零件

1—变速器变矩器壳　2—螺栓　3—控制轴转臂　4—调整螺钉　5—空挡起动开关
6—管接头　7—节气门拉索　8—电磁阀线束　9—车速表传动从动齿轮
10—后壳　11—车速传感器（无 ABS）　12—车速传感器（带 ABS）
13—衬垫　14—车速表传动蜗杆　15—传感器转子（无 ABS）　16—键
17—钢球　18—后壳衬套供油管　19—传感器转子（带 ABS）

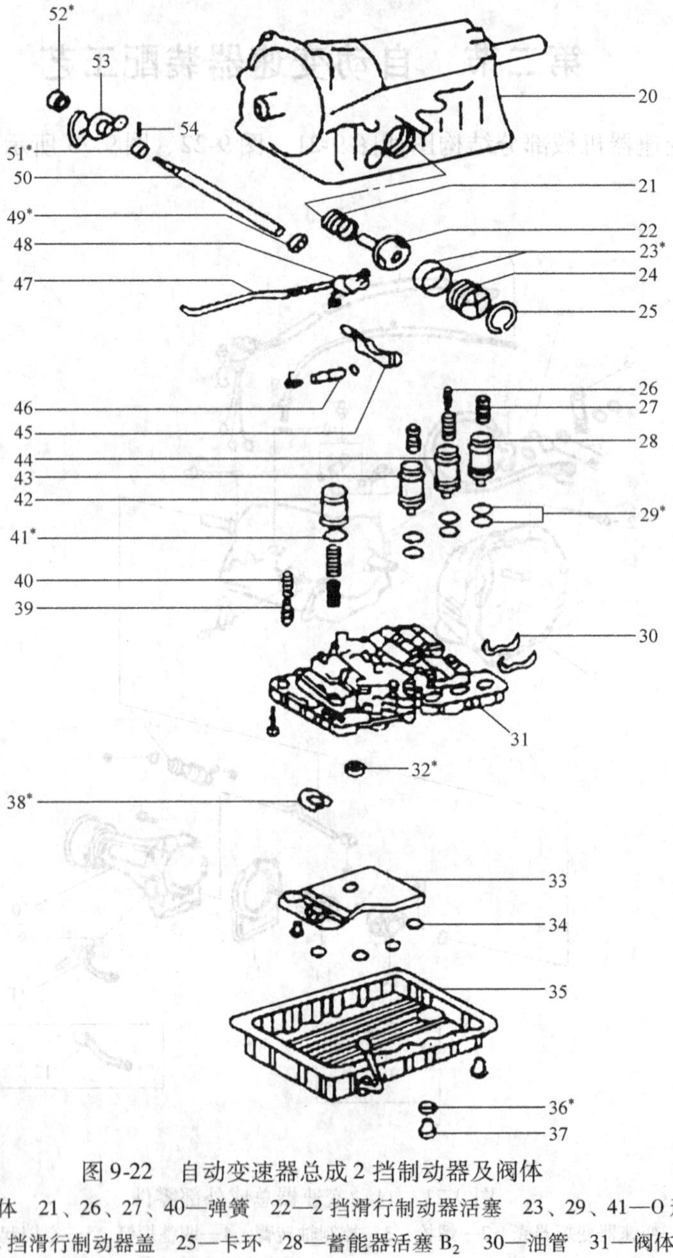

图 9-22　自动变速器总成 2 挡制动器及阀体

20—变速器箱体　21、26、27、40—弹簧　22—2 挡滑行制动器活塞　23、29、41—O 形密封圈　24—2 挡滑行制动器盖　25—卡环　28—蓄能器活塞 B_2　30—油管　31—阀体　32—垫圈　33—滤油器　34—磁铁　35—油底壳　36、38—衬垫　37—放油螺塞　39—单向阀体　42—蓄能器活塞 C_0　43—蓄能器活塞 B_0　44—蓄能器活塞 C_2　45—驻车锁爪　46—驻车锁爪轴　47—驻车锁止杆　48—驻车制动器锁爪支架　49、52—油封　50—手控阀摇臂轴　51—衬套　53—手控阀摇臂　54—销

带“ * ”的为不可重复使用的零件

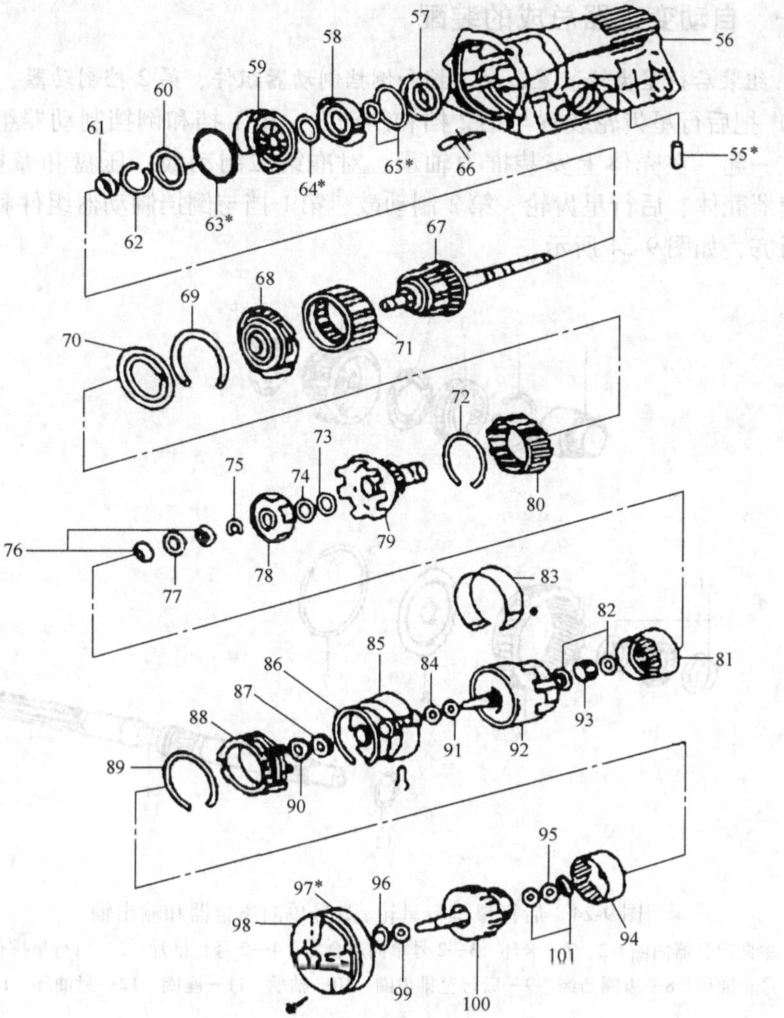

图 9-23　自动变速器总成内部零件

55—制动鼓衬垫　56—变速器箱体　57—1 号 1 挡、倒挡制动活塞　58—反作用套
59—2 号 1 挡、倒挡制动活塞　60—活塞回位弹簧　61、73、77、87、91、93、95、99—轴承
62、69、72、75、86、89—卡环　63、64、65、97—O 形密封圈　66—片簧
67—后行星排、2 号单向离合器和输出轴　68—2 挡制动鼓　70—活塞套
71—1 挡、倒挡制动器组件　74、76、82、84、90、96、101—座圈　78—前行星齿轮
79—太阳轮和 1 号单向离合器　80—2 挡制动器组件　81—前行星排齿轮
83—2 挡滑行制动带　85—O/D 托架　88—O/D 制动器组件　92—直接挡和前进挡离合器
94—O/D 行星排齿圈　98—油泵　100—O/D 行星排行星齿轮、直接离合器和单向离合器
带“＊”的为不可重复使用的零件

一、自动变速器总成的装配

1. 组装后行星齿轮装置、第 1 挡和倒挡制动器组件、第 2 挡制动器、输出轴

1）把后行星齿轮装置与第 2 挡和制动鼓、第 1 挡和倒挡制动器组件与输出轴装在一起，在壳体上安装推力轴承，对准第二制动鼓、压盘和摩擦盘的齿。将变速器壳体、后行星齿轮、第 2 制动鼓、第 1 挡与倒挡制动器组件和输出轴的花键对齐，如图 9-24 所示。

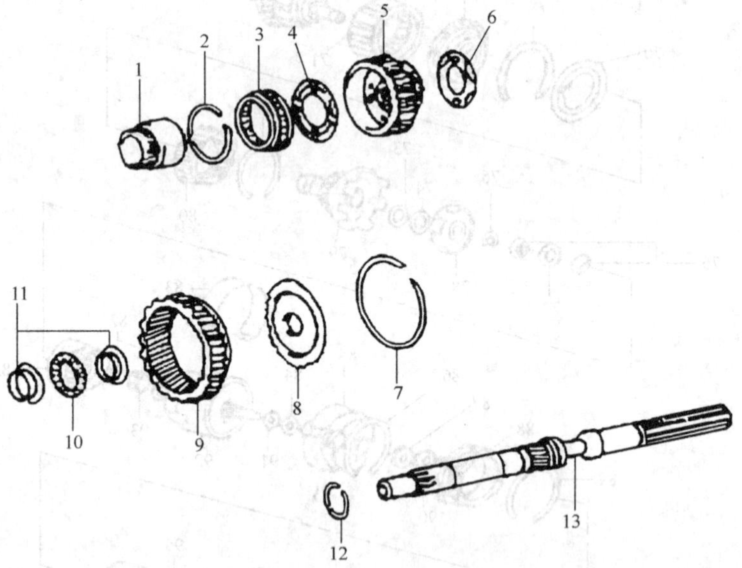

图 9-24 后行星排行星轮、2 号单向离合器和输出轴

1—单向离合器内圈 2、7—卡环 3—2 号单向离合器 4—2 号止推片 5—后行星排行星齿轮 6—1 号止推片 8—齿圈凸缘 9—后行星排齿圈 10—轴承 11—座圈 12—封油环 13—输出轴

① 将所有的推力轴承和座圈上都涂上凡士林，当把推力轴承和座圈装进齿圈时，座圈扁平面必须对着齿圈。

② 确保 1 号和 2 号止推片尾端与行星齿轮的断口区对准，将 2 号单向离合器的开口端向上来安装。

③ 当内座圈装入后行星齿轮时逆时针旋转单向离合器。

④ 在后行星齿圈上安装后行星齿轮，安装封油环。把输出轴装入后行星齿轮总成。

2）1 挡和倒挡制动器的组装：如图 9-25 所示为 1 挡和倒挡制动器结构图，其组装过程可参照该图进行。

3）安装 1 号单向离合器总成。

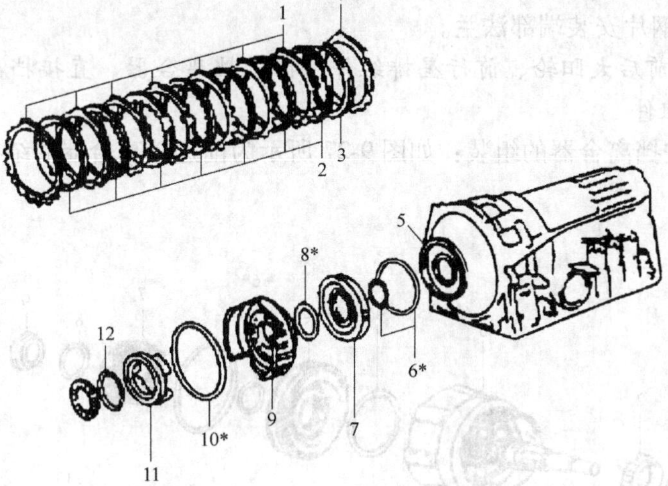

图 9-25　1 挡和倒挡制动器

1—钢片　2—摩擦盘　3—缓冲片　4—压盘　5—1 号制动活塞　6、8、10—O 形密封环圈　7—反作用套　9—2 号制动活塞　11—活塞回位弹簧　12—卡环

带“＊”的为不可重复使用的零件

4）2 挡制动器的组装：如图 9-26 所示为 2 挡制动器结构图，其组装顺序可

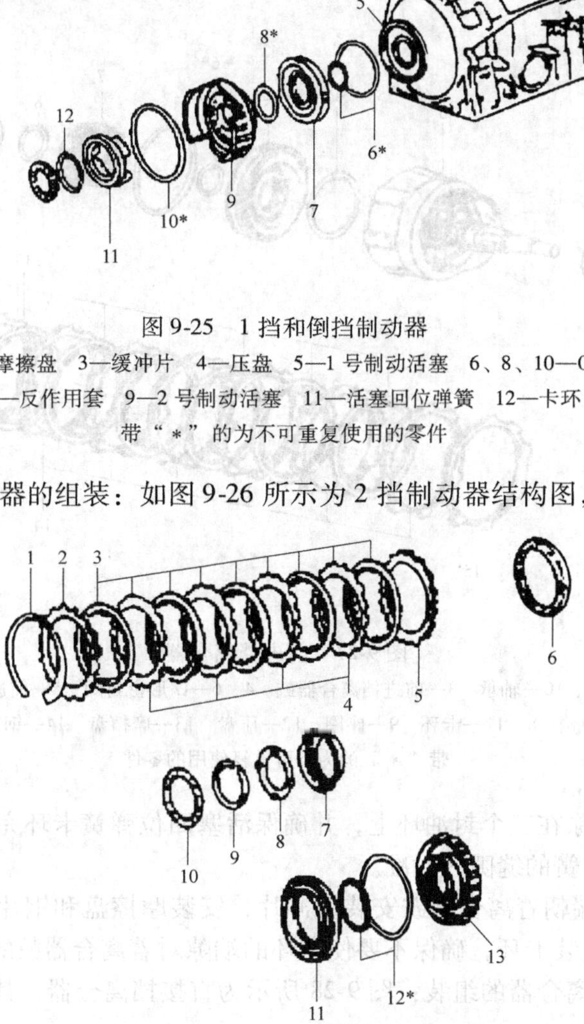

图 9-26　2 挡制动器

1、9—卡环　2、5—压盘　3—摩擦盘　4—钢片　6—活塞衬套　7—活塞回位弹簧　8—弹簧座圈　10—止推片　11—2 挡制动器活塞　12—O 形密封圈　13—2 挡制动鼓

带“＊”的为不可重复使用的零件

参照该图进行。将圆边对着钢片安装一个厚1.8mm的压盘，安装摩擦盘和钢片。将圆边对着钢片安装端部法兰。

2. 组装前后太阳轮、前行星排组件、前进挡离合器、直接挡离合器、强制2挡制动器组件

1）前进挡离合器的组装：如图9-27所示为前进挡离合器的结构图，其组装顺序如下：

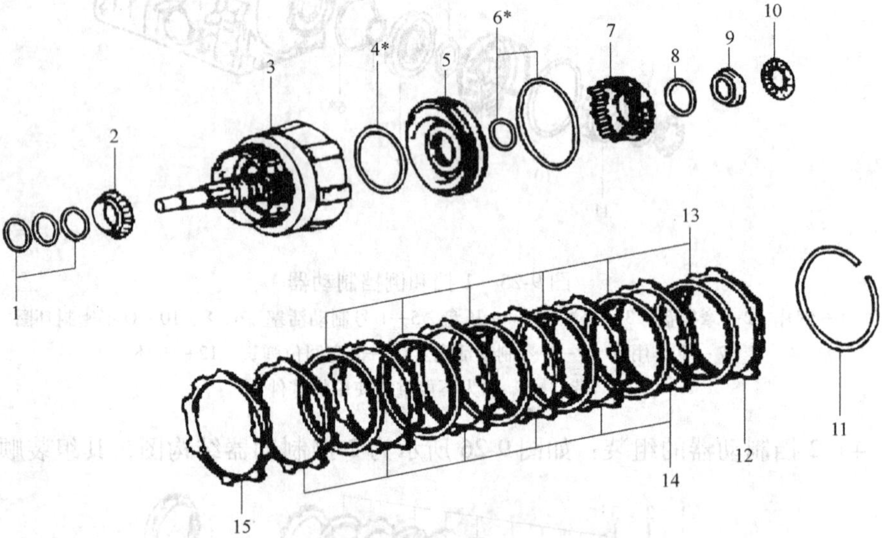

图9-27 前进挡离合器

1—封油环 2、10—轴承 3—前进挡离合器鼓 4、6—O形密封圈 5—前进挡离合器活塞 7—活塞回位弹簧 8、11—卡环 9—座圈 12—压盘 13—摩擦盘 14—钢片 15—缓冲片

带“＊”的为不可重复使用的零件

① 将ATF涂在三个封油环上，并确保活塞回位弹簧卡环完全到位，环的端部不要与回位弹簧的缝隙区对准。

② 将圆底端朝着离合器鼓安装缓冲片，安装摩擦盘和钢片，将压盘的圆边朝钢片安装。安装卡环，确保不要使卡环的端隙对着离合器鼓的切口。

2）直接挡离合器的组装：图9-28所示为直接挡离合器，其组装可参照该图进行。

3）安装太阳轮：将太阳轮顺时针转进1号单向离合器，确保正确安装所有的止推垫圈。如图9-29所示为行星太阳轮和1号单向离合器结构图，其组装过程可对照该图进行。

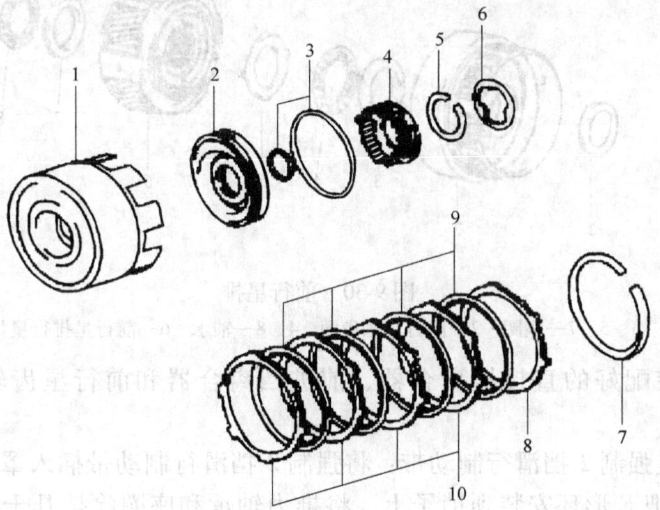

图 9-28 直接挡离合器

1—直接挡离合器鼓 2—直接挡离合器活塞 3—O 形密封环 4—活塞回位弹簧 5、7—卡环 6—离合器鼓止推垫片 8—压盘 9—摩擦盘 10—钢片

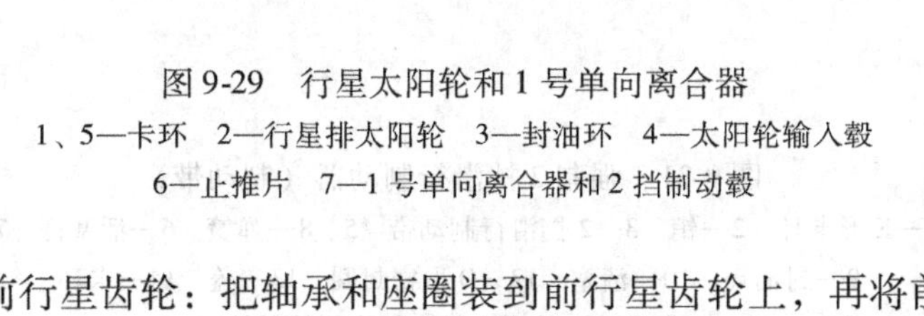

图 9-29 行星太阳轮和 1 号单向离合器

1、5—卡环 2—行星排太阳轮 3—封油环 4—太阳轮输入毂 6—止推片 7—1 号单向离合器和 2 挡制动毂

4）安装前行星齿轮：把轴承和座圈装到前行星齿轮上，再将前行星齿轮装到太阳轮上，安装卡环。从输出轴下取出木垫块儿，安装前行星齿轮的座圈，并让座圈标记和行星齿轮孔对准。如图 9-30 所示为前行星排结构图，其组装过程可对照该图进行。

5）将前行星齿轮齿圈装到前进和直接挡离合器上。

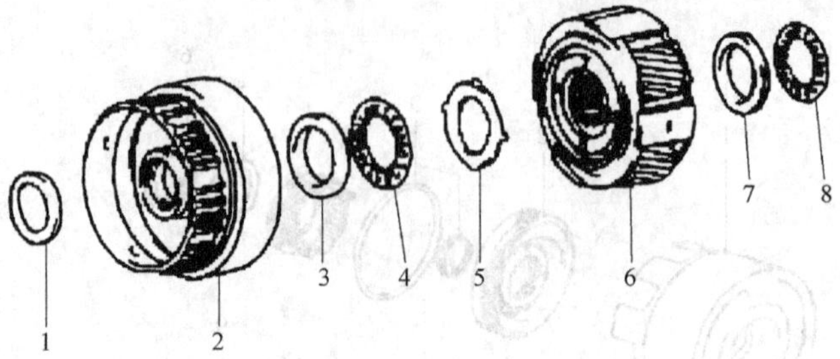

图 9-30　前行星排

1、3、5、7—座圈　2—前行星排齿圈　4、8—轴承　6—前行星排行星齿轮

6）将装配好的直接挡离合器、前进挡离合器和前行星齿轮齿圈装到壳体里。

7）安装强制 2 挡滑行制动带：将强制 2 挡滑行制动带插入罩壳，把销子穿过制动带，把 E 形环安装到销子上。将推力轴承和座圈涂抹凡士林并装到前进挡离合器上，座圈的升起部分必须朝向前方。如图 9-31 所示为强制 2 挡滑行制动器（制动带）结构图，其组装过程可对照该图进行。

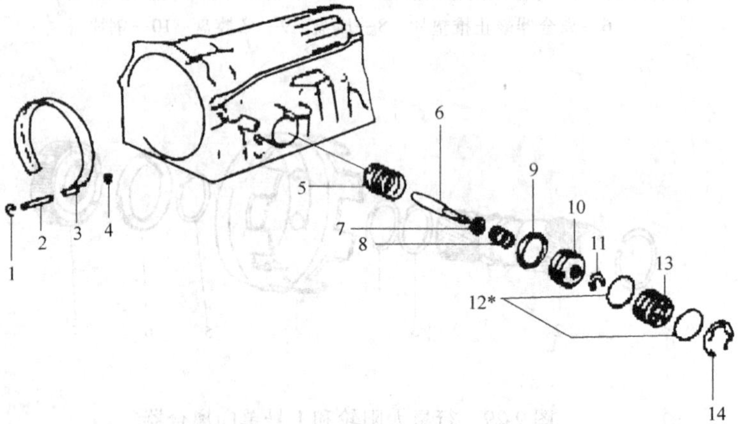

图 9-31　强制 2 挡滑行制动器（制动带）

1、4、11—E 形卡环　2—销　3—2 挡滑行制动带　5、8—弹簧　6—活塞杆　7—弹簧座

9—封油环　10—活塞　12—O 形密封圈　13—盖　14—卡环

带“＊”的为不可重复使用的零件

8）安装强制 2 挡滑行制动器盖、活塞总成和弹簧、卡环。

3. 超速行星排的组装

1）安装超速托架总成：在超速托架上安装座圈，将螺栓和超速托架的油孔朝着阀体边，与壳体的螺栓孔对准并安装托架，确保托架正确对准。安装托架卡环使其倒角边对着变速器方向。装入并拧紧螺栓（拧紧力矩为25N·m），检查输出轴是否能平顺转动。

2）将超速齿轮装置、超速直接挡离合器和单向离合器装起来，如图 9-32 所示。

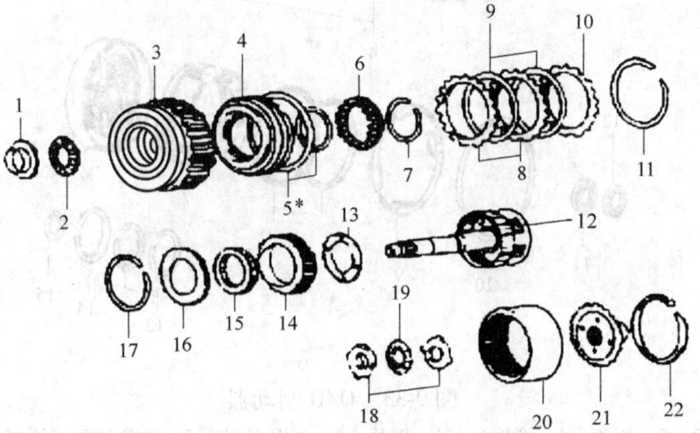

图 9-32　O/D 行星排、O/D 直接离合器和 O/D 单向离合器

1、18—座圈　2、19—轴承　3—O/D 直接离合器鼓　4—O/D 直接离合器活塞　5—O 形密封圈　6—活塞回位弹簧　7、11、17、22—卡环　8—钢片　9—摩擦盘　10—压盘　12—O/D 行星排行星齿轮　13—止推垫片　14—单向离合器外圈　15—O/D 单向离合器　16—挡板　20—O/D 行星排齿圈　21—齿圈凸缘

带“*”的为不可重复使用的零件

① 将 O/D 行星齿轮定位在输入轴的上部，将止推垫片的凹面朝上装入行星齿轮中，将单项离合器有凸缘的一边朝上装入座圈中，把带有座圈的单向离合器装入 O/D 行星齿轮，安装挡板和卡环。

② 安装齿圈凸缘和卡环，把推力轴承和座圈装入行星齿圈，座圈凸起必须啮合进齿圈的凹槽。在 O 形密封圈上涂上 ATF，并把它安装在离合器活塞上，小心地将离合器活塞按入离合器鼓内。安装活塞回位弹簧。用适当的压缩器压缩回位弹簧并安装卡环，不要使卡环的端隙对着弹簧座圈切口。

③ 将离合器鼓开口区域朝上，安装钢片、摩擦盘和压盘，压盘平端朝下安装，装入卡环。

④ 让座圈朝着离合器鼓，把推力轴承和座圈装入离合器鼓。对准离合器片的凸起，将 O/D 直接离合器总成装到 O/D 行星齿轮上。

3）O/D 制动器的组装。如图 9-33 所示为 O/D 制动器的结构图，其组装顺序如下：

O/D 制动器的装复。在两个封油环上涂上 ATF，把环端交叉装到 O/D 托架

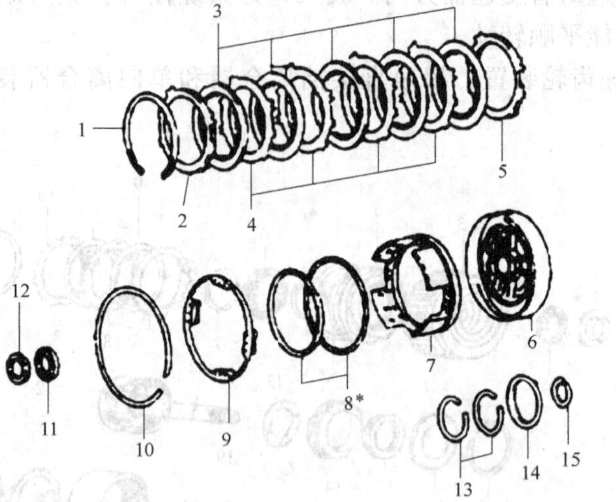

图 9-33　O/D 制动器

1、10—卡环　2、5—压盘　3—摩擦盘　4—钢片　6—O/D 托架　7—O/D 制动器活塞　8—O 形密封圈　9—活塞回位弹簧　11—轴承　12、15—座圈　13—封油环　14—离合器鼓止推垫圈

带“*”的为不可重复使用的零件

上。在两个新的 O 形密封圈上涂上 ATF，装到制动器活塞上，然后按拆卸的相反过程装复。

4）安装超速制动器的压盘、摩擦盘和钢片。将圆边对着钢片安装一个 4.00mm 厚的压盘，安装正确数量的钢片和摩擦盘。将扁平边对着钢片安装端部法兰，安装卡环。

4. 油泵的安装

1）装好油泵体上的 O 形密封圈，将油泵体放在变矩器上，在所有的部件上涂上 ATF，安装从动齿轮和主动齿轮，将导轮轴装到油泵上，拧紧螺栓力矩到规定值（10N·m）。

2）在两个封油环上涂上 ATF，将封油环口交叉，然后将它们安装到导轮轴上。在装好封油环后，检查它们转动是否平滑。注意不要使环端伸出太多。

3）把油泵装入输入轴，将泵体和变速器罩壳的螺栓对齐，握住输入轴，轻轻按压油泵体，使封油环滑入超速直接挡离合器鼓，装上螺栓（拧紧力矩为 22N·m），确保输入轴能自由旋转。

5. 阀板组件的安装

1）用木块儿托住输出轴，在壳体上安装卡环并使倒角边对着变速器前面。

2）安装 2 挡制动器活塞衬套，在壳体上安装一个新的止动垫片。

3）安装停车锁止棘爪和杆，将 E 形环装到轴上，装棘爪、轴和弹簧，把停车锁止杆和手动阀拉杆连接起来，安装停车锁止棘爪托架，拧紧螺栓（拧紧力矩为7.4N·m）。把手动阀拉杆切入P位置，确认行星齿轮齿圈准确地被锁止棘爪锁住。

4）加气压到指定油道来检查单个活塞工作响声，如图9-34所示。当用气压检查O/D直接离合器时，应关闭蓄压器活塞孔。

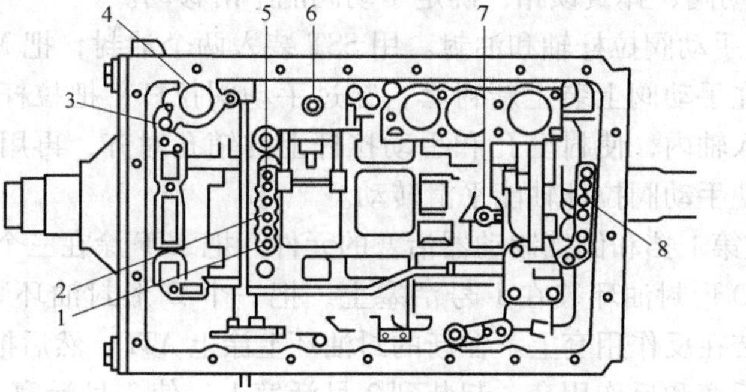

图9-34　加气压检查单个活塞的工作情况

1—前进挡离合器　2—直接挡离合器　3—O/D直接挡离合器　4—C_0蓄压器活塞孔　5—超速制动器　6—2挡滑行制动器　7—2挡制动器　8—1挡和倒挡制动器

5）安装蓄压器弹簧、活塞和销，给蓄能器活塞安装新的O形圈和弹簧。

6）安装球阀体和弹簧。如图9-35所示为阀体结构图，其装复顺序如下：

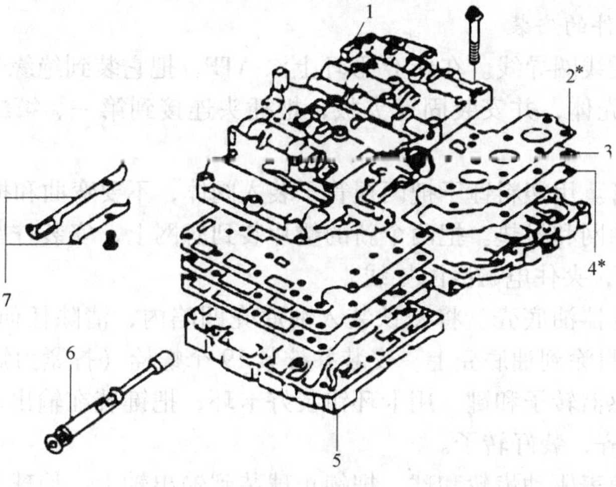

图9-35　阀体

1—上阀体　2—1号衬垫　3—阀体隔板　4—2号衬垫　5—下阀体　6—手动阀　7—限位弹簧

带“＊”的为不可重复使用的零件

① 将新的第一衬垫置于上阀体上，其螺栓孔与阀体的螺栓孔对齐。

② 将阀体平板置于第一衬垫上，其螺栓孔与第一衬垫的螺栓孔对齐。

③ 将新的第二衬垫置于平板上，其螺栓孔与平板的螺栓孔对齐。

④ 将上阀体、平板和衬垫置于下阀体上面，对齐每一个螺栓孔。

⑤ 将螺栓装到上阀体上（拧紧力矩为6.4N·m）。

⑥ 装手动阀、弹簧锁扣，确定手动阀能平滑移动。

7）安装手动阀拉杆轴和油封。用SST装入两个油封，把MP润滑脂涂在油封边沿上。在手动阀上装上新衬套，穿过手动阀拉杆，把拉杆轴装到变速器壳上。把销敲入轴内，使衬套孔和手动拉杆上的销孔对齐，再用销子把衬套定位在拉杆上，使手动阀拉杆轴能平滑转动。

8）安装第1挡和倒挡制动器活塞的元件。把ATF涂在三个新的O形封油环上，把两个O形封油环装在1号活塞上，把一个O形封油环装在反作用套上，把1号活塞装在反作用套上。在新的封油环上涂上ATF，然后把它装在2号活塞上。把1号活塞和反作用套一起装到2号活塞上，使2号活塞上的齿与槽对齐，注意不要碰伤O形封油环。把1号和2号制动器活塞压进壳体中。把活塞的回位弹簧定位到2号活塞上，用弹簧压缩器压缩回位弹簧，装入卡环，确保卡环端隙不要对着弹簧座圈卡爪。给壳体通入压缩空气，以确定第1挡和倒挡制动器活塞是否移动平滑。

9）将手动阀的槽与拉杆的销子对齐，把节气门拉索连接到凸缘上，确定蓄压器活塞中的弹簧已正确安装，安装螺栓（拧紧力矩为10N·m）。

6. 外围附件的安装

1）装电磁线圈导线。在新O形环上涂ATF，把它装到绝缘垫圈上，把电磁线圈导线插入壳体，并安装固定夹板，把插头连接到第一、第二和锁止电磁线圈上。

2）装油管。用塑料锤子把两根管子装入阀体，不要弯曲和损坏管子。

3）装滤油网和衬垫。把两个新的垫片装到滤网上，安装拧紧螺栓（拧紧力矩为10N·m），夹住电磁线圈导线。

4）装变速器油底壳。将磁铁装入油底壳凹陷内，清除任何旧的密封材料，将新的密封材料涂到油底壳上，安装并拧紧19个螺栓（拧紧力矩为7.4N·m）。

5）装传感器转子和键。用卡环钳装好卡环，把键装在输出轴上，使键和转子上的凹槽对齐，装好转子。

6）装转速表驱动齿轮和球。把锁止球装到输出轴上，使球与驱动齿轮的凹槽对齐，安装好驱动齿轮。用卡环钳装好卡环。

7）装伸出罩壳和衬垫。把罩壳连同新的衬垫一起装到壳体上，拧紧螺栓（拧紧力矩为36N·m）。

8）装变速器罩壳。安装并拧紧螺栓（直径为10mm时拧紧力矩为34N·m，直径为12mm时拧紧力矩为57N·m）。

9）装速度传感器。在新的O形环上涂上ATF，再把它装到传感器上，安装速度传感器，并拧紧螺栓（拧紧力矩为16N·m），接连插头。

10）装转速表从动齿轮。把ATF涂到新O形环上，再把它安装到转速表从动齿轮上，安装从动齿轮，装上螺栓并拧紧（拧紧力矩为16N·m）。

11）装变速器侧边的连插头。在新的O形环上涂ATF，再把它装到每个连插头上，再把连插头安装到壳体上拧紧（拧紧力矩为29N·m）。

12）安装空挡起动开关。用控制轴拉杆，把手动阀拉杆轴转到最后，然后再往回转两挡，处于空挡位置，把空挡起动开关插在手动阀拉杆轴上，并暂时紧固调节螺栓。安装绝缘垫圈和新的止动垫圈，装入并拧紧螺母（拧紧力矩为6.9N·m），使空挡标准线和开关槽对齐，再紧固调节螺栓（拧紧力矩为13N·m），弯曲锁止垫圈的耳片（至少弯曲两个锁止垫圈的耳片）。

13）安装变速器控制轴拉杆（拧紧力矩为16N·m）。

14）安装调整节气门拉索，装复导线夹箍和节气门缆索夹箍。

7. 安装自动变速器到车上

在安装前，测量液力变矩器的装配深度（规范值是17.1mm），如果距离小于规范值，应重新定位液力变矩器直到完全定位为止。

二、自动变速器的检查

进行手动换挡试验的目的是判断故障出自电控系统还是机械系统。对于全液压自动变速器的故障检修则不需要进行该项试验。

进行手动换挡试验前应拔下换挡电磁阀的配线插头，将选挡手柄置于各个位置，观察换挡位置是否有明显区别，如果换挡位置难以区别，应进行下面的试验：在车辆行驶过程中，分别在“D”位、“2”位和“L”位检查挡位的变化是否与选挡手柄位置一致，若出现异常，则说明故障在机械系统。

三、自动变速器装配注意事项

自动变速器装配是一项复杂而又细致的工作，必须按照一定的程序和原则进行。检修自动变速器时应注意以下问题：

1）根据检查程序进行检查。

2）液压油路及液压件应用同型号的变速器油或煤油清洗干净，油路、油孔要用压缩空气吹通。清洗后的零件不允许用抹布擦干，以防止纤维进入油路及阀体内部，影响工作性能。

3）更换新离合器片及制动器片时，在装配前必须将其放入变速器油中浸泡至少15min。

4）所有密封圈、离合器摩擦片、旋转元件和滑动表面在装配时都要涂抹变速器油。

5）密封元件上不能使用密封胶。

第三节　主减速器装配工艺

一、主减速器的装配

1）将止推垫圈和侧齿轮、行星齿轮和行星齿轮轴装入差速器壳中，如图9-36所示。

2）使行星齿轮与定位销孔对准，装入定位销，如图9-37所示。

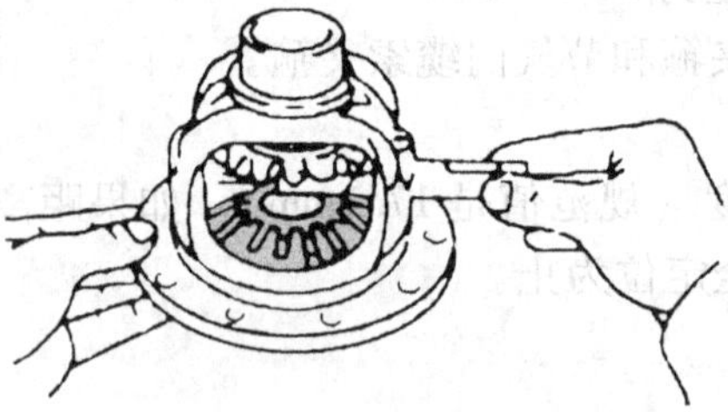

图9-36　差速器的装配

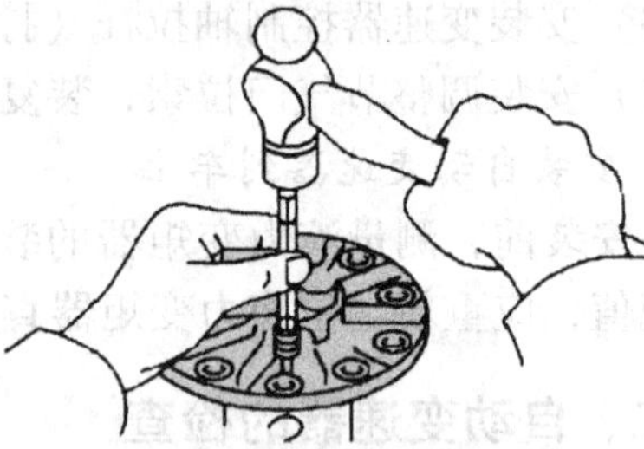

图9-37　装入定位销

3）如图9-38所示，测量半轴齿轮啮合间隙。

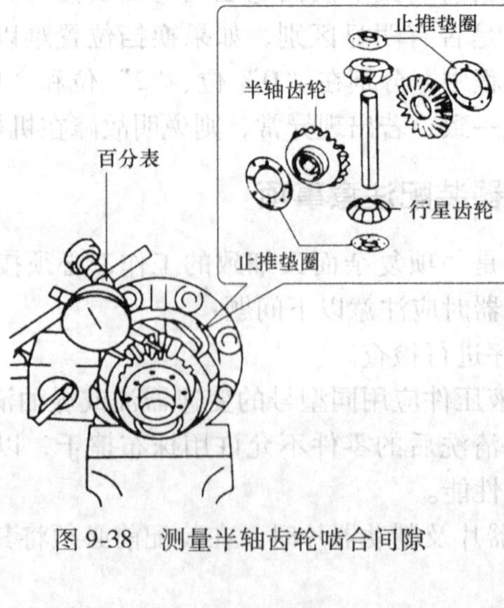

图9-38　测量半轴齿轮啮合间隙

4）安装差速器齿圈固定螺栓。

5）将齿圈套在差速器壳体上，并拧紧齿圈螺栓，如图 9-39 所示。

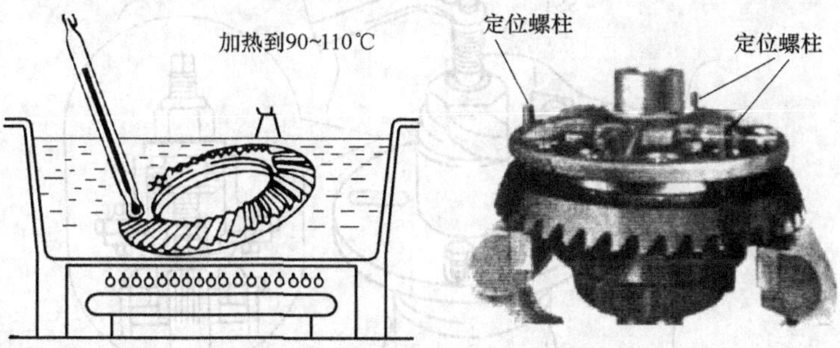

图 9-39　加热齿圈并安装齿圈

6）将齿圈螺栓的锁止垫片锁上，如图 9-40 所示。

7）安装主动驱动齿轮轴的内轴承，如图 9-41 所示。

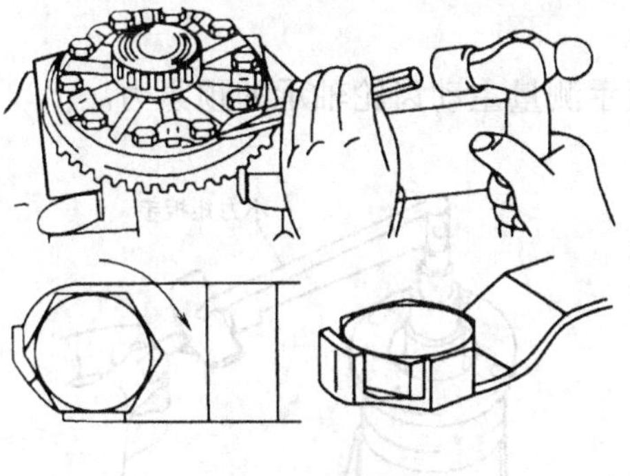

图 9-40　锁止垫片

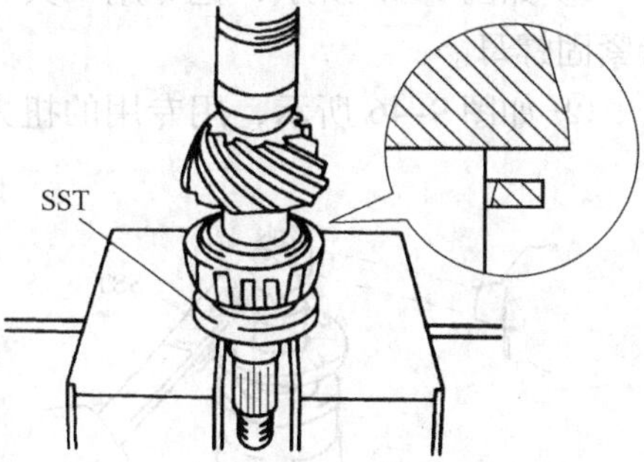

图 9-41　安装内轴承

8）将主动驱动齿轮安装到主减速器壳上，安装主动驱动齿轮轴的前轴承、隔套和甩油环，如图 9-42 所示。

9）安装减速器油封，如图 9-43 所示。

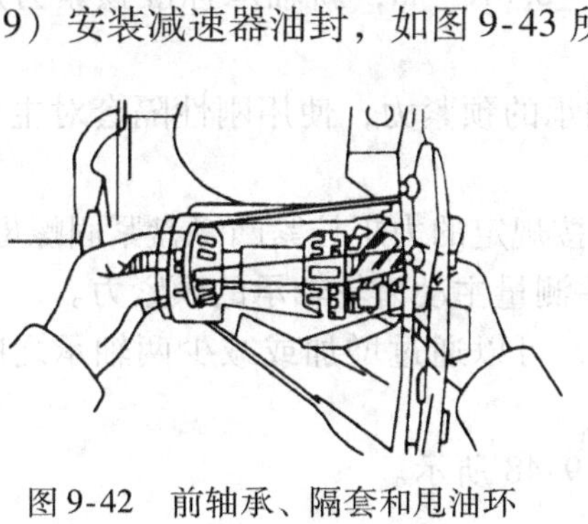

图 9-42　前轴承、隔套和甩油环

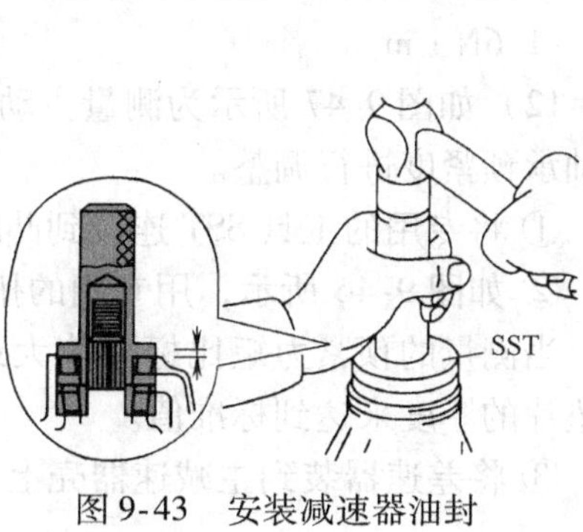

图 9-43　安装减速器油封

10）安装凸缘盘，如图 9-44 所示。

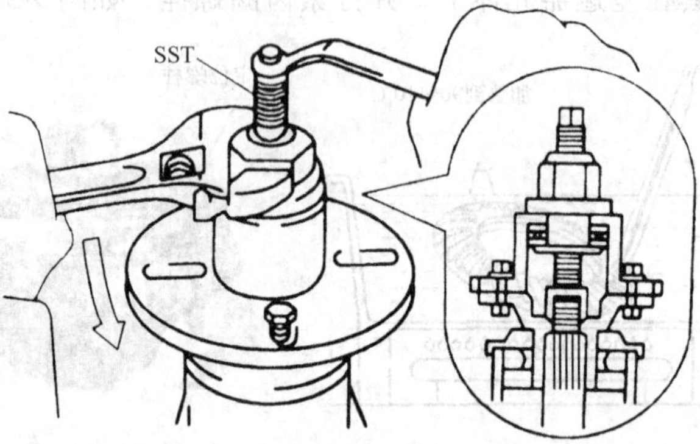

图 9-44 安装凸缘盘

11）主动锥齿轮轴承预紧度的检查与调整

① 如图 9-45 所示，把专用工具 SST 连接到凸缘上，按规定的力矩拧紧凸缘盘紧固螺母。

② 如图 9-46 所示，用专用的扭力扳手测量主动齿轮轴承的预紧力。

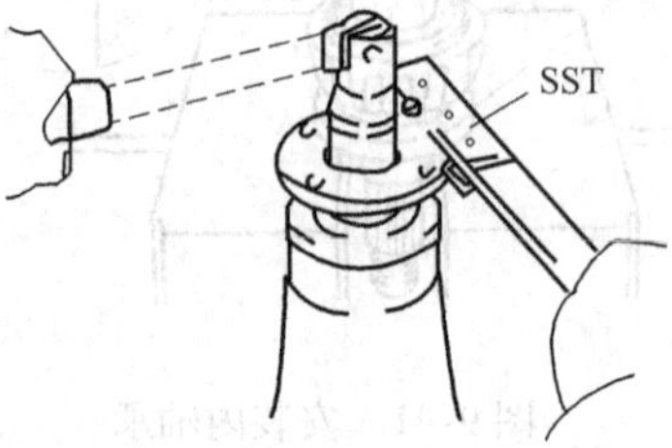

图 9-45 拧紧凸缘盘紧固螺母

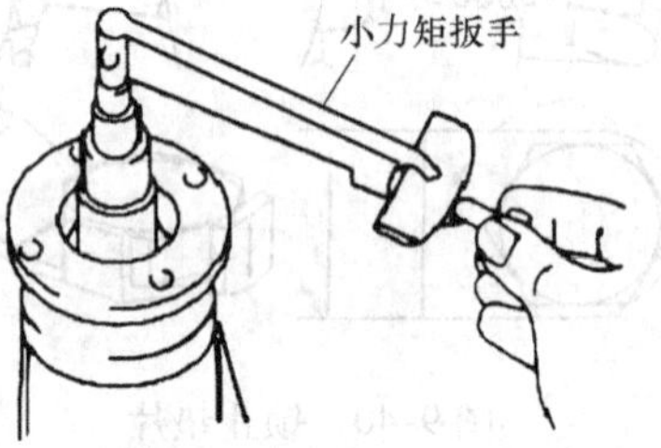

图 9-46 测量主动齿轮轴承的预紧力

已经用过的轴承标准预紧力矩为 0.5～0.8N·m，新轴承标准预紧力矩为 1.0～1.6N·m。

12）如图 9-47 所示为测量主动齿轮轴承的预紧力，使用刚性隔套对主动齿轮轴承预紧度进行调整。

① 将专用的工具 SST 连接到凸缘上，按规定的力矩拧紧凸缘盘紧固螺母。

② 如图 9-46 所示，用专用的扭力扳手测量主动齿轮轴承的预紧力。

当测量的预紧力矩比标准值大或小时，可以通过增加或减少两轴承之间调整垫片的厚度来达到标准值。

③ 将差速器装到主减速器壳上，如图 9-48 所示。

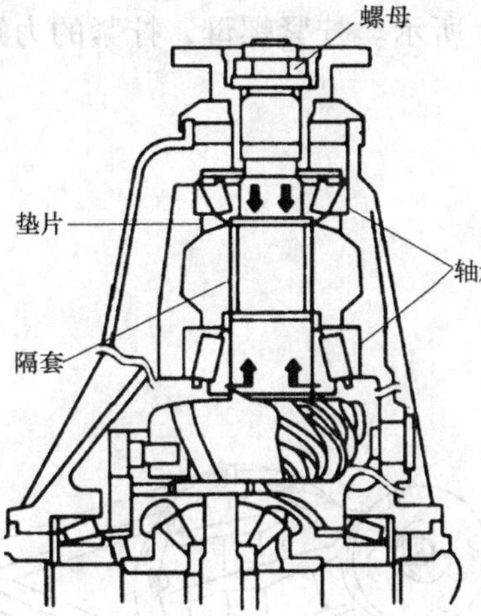

图 9-47　测量主动齿轮轴承的预紧力

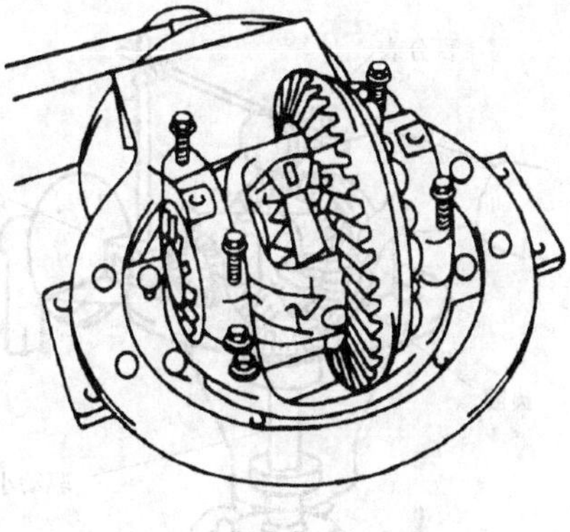

图 9-48　差速器总成安装

④ 如图 9-49 所示为差速器轴承预紧度的调整。

13）主、从动齿轮啮合印痕的检查与调整如下：

① 如图 9-50 所示，在齿圈相邻的 120°处，每次取 2～3 个轮齿涂以红丹油。

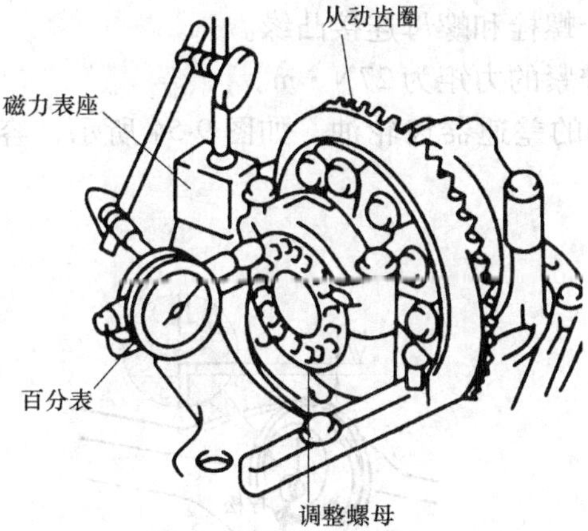

图 9-49　差速器轴承预紧度的调整

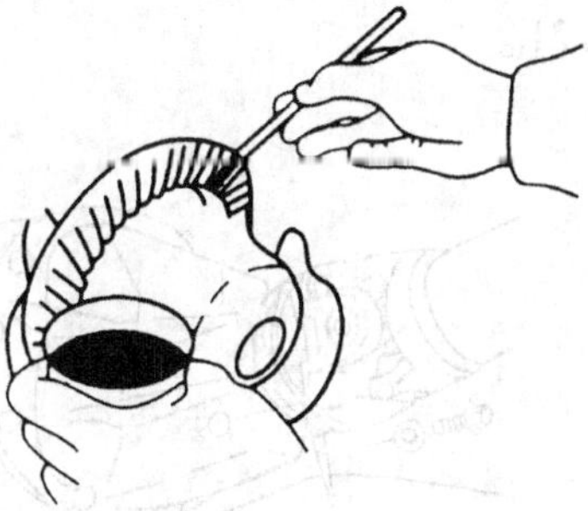

图 9-50　主、从动齿轮啮合印痕的检查

② 对主动小齿轮略施加压力，转动齿圈，查看轮齿上的啮合印痕部位和形状。

14）齿轮啮合间隙的检查如图 9-51 所示。

① 将百分表触针垂直抵住齿圈齿轮大端。

② 用手固定住小齿轮，转动齿圈齿轮，从而可在百分表上读出啮合间隙。

15）将差速器总成装到车桥上，如图 9-52 所示。拧紧螺母，拧紧的力矩为 27N · m。

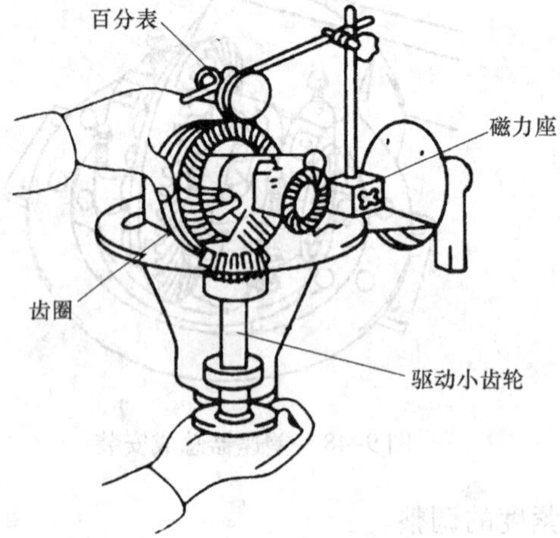

图 9-51　齿轮啮合间隙的检查

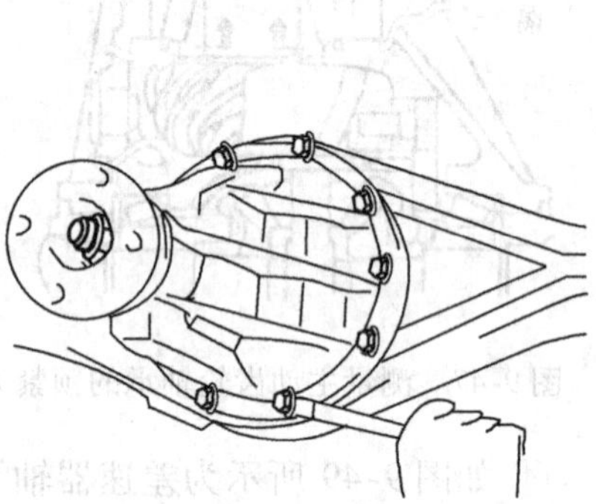

图 9-52　差速器总成装到车桥上

16）将传动轴凸缘连接到结合凸缘上，如图 9-53 所示。

① 对齐凸缘上的配合标记，用 4 个螺栓和螺母连接凸缘。

② 用扳手拧紧 4 个螺栓和螺母，拧紧的力矩为 27N · m。

17）装上放油螺塞并注入规定型号的差速器齿轮油，如图 9-54 所示，容量为 2. 2L。

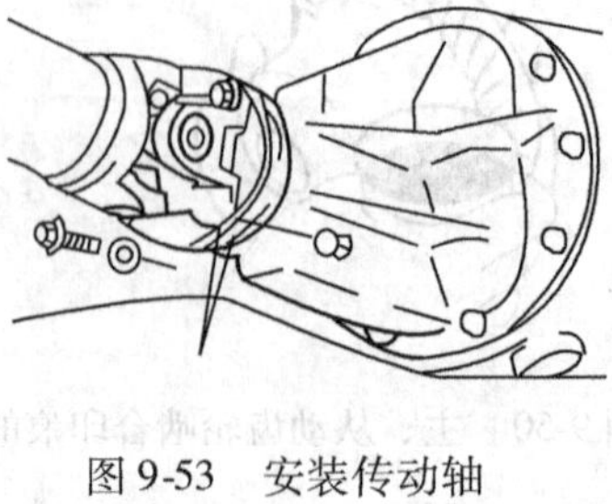

图 9-53　安装传动轴

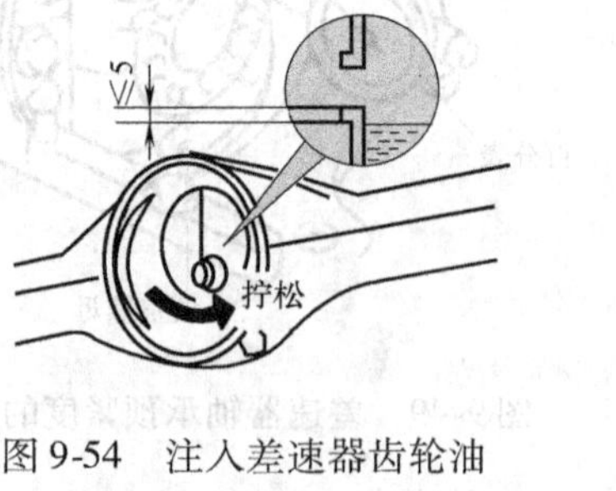

图 9-54　注入差速器齿轮油

二、驱动桥的磨合与试验

驱动桥磨合试验的目的是为了扩大运动副的实际接触面积，为驱动桥承受使用负荷做好准备。通过磨合可提高零件摩擦表面的质量、耐磨性、疲劳强度等，同时可检查驱动桥修理装配的质量，及时发现和清除在零件修理和装配中偏离技术条件而引起的缺陷和故障。

桑塔纳轿车的磨合试验中，因驱动桥与变速器共用一个壳体，因此磨合时，实际上是变速器和主减速器一同磨合。磨合试验时要加注规定的润滑油（粘度低的润滑油），要求主轴转速在1500r/min左右，正反转做有负荷、无负荷试验，且各挡运转时间均不少于15min，总用时不少于1.5h。磨合后轴承温升不高于50℃，油温升不高于40℃。磨合中应无噪声及高低变化的敲击声。磨合后，放掉齿轮油，用煤油、柴油各50%的混合后清洗干净。磨合后的检查：齿轮啮合接触印痕应在轮齿中部，新齿啮合面不少于轮齿工作面的1/2，不符合要求时可用磨石、砂轮修磨或成对更换齿轮。

第四节　四轮定位的检查

下面以Beissabarth四轮定位系统为例进行介绍。

一、汽车四轮定位系统

1. Beissabarth四轮定位系统配置

显示器、转角盘、后滑板、电源、带彩显的PC显示仪、图像板、小型或大型机柜（包括自动充电装置）和DIN—A4针式打印机、CCD摄像头技术和红外线数据传送的测量值传感器、内置电源、导线组（由4根导线组成）、制动器锁、转向盘定位仪、带内置传感器的电子转角盘、快速卡具。

2. 需要的附件

制动杆、沙袋组、快速卡具、引坡板组、遥控器/遥控显示器、运输车（押载物、转角盘、后滑板以及4个快速卡具）。

二、四轮定位的测量范围

1. 前桥的测量范围

前桥的测量范围包括：前束（单独前束及总前束，以几何轴为参照）、车轮外倾角（直线行车）、车轮偏置角（以左前轮为基准）、主销后倾角、主销内倾角和车轮转向偏差角。

2. 后桥

后桥的测量范围包括：前束（单独前束及总前束，以车辆纵向中线为基准，以前也叫对称轴）、几何轴、车轮外倾角。

3. 其他测量范围

包括：后轮偏置角、轴距偏差、右横向偏移、左横向偏移、轮距偏差、轴偏移。

三、底盘测量操作

1. 测量范围

表 9-1 所列为底盘测量范围和测量值（VA = 前桥，HA = 后桥）。

表 9-1 底盘测量范围和测量值

测量范围	测量精度	在测量范围内	总测量范围
总前束（VA + VH）	±2′	±2°	±18°
独立前束（VA + VH）	±2′	±2°	±9°
车轮外倾角（VA + VH）	±1′	±3°	±10°
车轮偏置角（VA）	±2′	±2°	±9°
几何轮轴	±2′	±2°	±9°
主销后倾	±4′	±18°	±22°
主销内倾角	±4′	±18°	±22°
车轮转向偏差角	±4′	±20°	±20°
最大转向角（VA）	±4′	±60°	±300°
最大转向角（HA）	±4′	±9°	±9°
主销后倾角调整范围	±4′	±7°	±10°

提示：测量精度的说明仅适用于电子转角盘和后滑板以及专用快速卡具。

2. 准备工作

开始测量前，还有一些针对测量场地和车辆的准备工作要做，准备工作包括：

1）转角盘和后滑板应活动自如。

2）将车辆驶上转角盘或后滑板的中间位置。

3）拉上驻车制动器。

4）去除转角盘或后滑板的防松销，避免给汽车加载时底盘受应力。

5）检查轮辋和轮胎的尺寸、胎纹深度、轮胎充气压力、转向间隙、车轮轴承以及弹簧装置和减振器的状态。

6）将测量用卡具固定在车轮上。

7）按照车辆四轮定位的规定对车辆加载。

8）松开制动器，用力压下车身，使弹簧减振装置恢复到中间位置。

9）安装制动器锁，卡住行车制动器。

3. 输入/输出测量

此过程由程序引导进行，可按下列步骤进行测量：

1）直线行驶，以测得正确的后桥后束值、车轮外倾角值。

2）分步转向用于获得主销后倾角、主销内倾角和车轮转向偏差角。

3）记录前桥的前束和车轮外倾角（原来是调整转向系中点）。

4）分步转向，用于测量左、右最大转向角。

5）检查测量值，带有参考值和实际值比较。

4. 调整操作

对超出范围的参数在车辆指定的部位进行调节，直到参数合格为止。

5. 调整后检测

可按程序引导进行。

6. 数据的打印

打印机打印的文件包括以下三个部分：

1）开头部分带有客户及车辆识别数据，此处打印的是在测量开始前输入的客户数据和车辆数据。

2）中间部分是车辆数据，包括：厂家、车型、型号、制造年代，这些数据将确定参考数据规格的数据组时定义的车辆牌号、型号、车型和制造年份。此外在这一部分还打印此前测量的车辆高度、轮胎压力和胎纹深度数值。

3）结尾部分占有半页，包括所有前后轴的测量值，将调整前测量、参考值、调整后测量三栏打印出来，测量值记录在此三栏中。

第五节　汽车前照灯的调整

前照灯检查与调整时应满足下列条件：轮胎气压正常，场地平整，前照灯配光镜表面清洁，汽车空载，驾驶室只能有一名驾驶员。对装有双灯丝的前照灯，以调整近光灯为主；对于只能调整远光灯光束的前照灯，则调整远光光束；采用四灯制的汽车，其中两只对称的灯达到两灯制的要求时，视为合格。

前照灯的检查与调整有屏幕调整法和检测仪调试法。

一、屏幕调试法

1）车辆、车辆停放、场地等符合要求。

2）距前照灯正前方10m远的地方，摆放好屏幕或以墙壁作为屏幕。

3）在屏幕上画出三条水平线和三条垂直线，如图9-55所示。

三条水平线$H(h—h)$、H_1、H_2的要求是：$H(h—h)$线与被检车辆前照灯的基准中心等高，距地面高度为H（mm）；中间水平线与被检车辆前照灯远光光束

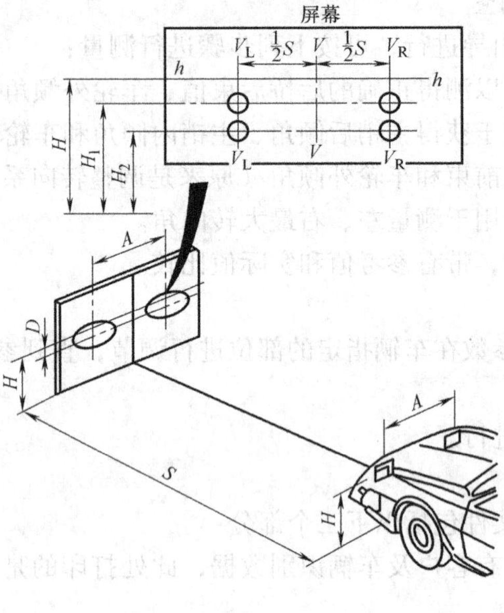

图 9-55　用屏幕检测前照灯光束照射位置

的中心等高，距地面高度 H_1 为 0.85 ~ 0.90H；下边水平线与被检车辆前照灯近光光束等高，距地面高度 H_2 为 0.60 ~ 0.80H。H 为被检车辆前照灯基准中心距地面的高度，其值视被检车辆车型而定。

三条垂直线的要求是：中间垂线 $V—V$ 与被检车辆的纵向中心面对正，两侧的垂直线 $V_L—V_L$ 和 $V_R—V_R$ 分别为被检车辆左右前照灯的中心垂线。

4）盖住一侧前照灯，检查另一侧前照灯的近光光束是否落在下边水平线与 $V_L—V_L$ 或 $V_R—V_R$ 线的交点位置上；否则，为光束照射位置偏斜。其偏斜方向和偏斜量可在屏幕上直接测得。用同样的方法，检测另一侧前照灯近光光束照射的位置。

因为车辆夜间行驶会车时使用近光灯，所以近光光束照射位置正确与否，直接关系到车辆夜间的行车安全。因此，在检测双光束前照灯时，应以检测近光光束为主。

注：远光光束中心应落在中间水平线与 $V_L—V_L$ 或 $V_R—V_R$ 线的交点位置上。

下面以丰田花冠轿车为例，说明前照灯光束的调整方法：

1）先把汽车调整到以下状态：前照灯附近车身未变形、车辆水平停放、轮胎压力在标准值以内、驾驶员坐在驾驶座上、油箱内加满油、车辆跳振几次。

2）距前照灯正前方 3m 远处，摆放好一张白纸（幕布或墙壁），且车辆中心与纸面成 90°角。

3）在纸（屏幕）上画出一条水平线（H 线），水平线表示可能的照射位置。

4）画出一条垂直线（V 线），垂直线表示车辆的中心。

5）画出两条垂直线表示两侧的前照灯可能的照射位置。

6）画出一条水平线（把两个近光灯中心记号连接起来）与表示前照灯可能的照射位置（右侧 H 线和左侧 H 线）相交。

7）正确测量以防止其他灯光的干扰。（右侧 H 和左侧 H 线比水平线在光线轴线方向低 0.57°）

8）起动发动机，接通前照灯，检查前照灯的照射位置是否如图 9-56 所示，如果不是，则在垂直方向调整前照灯。

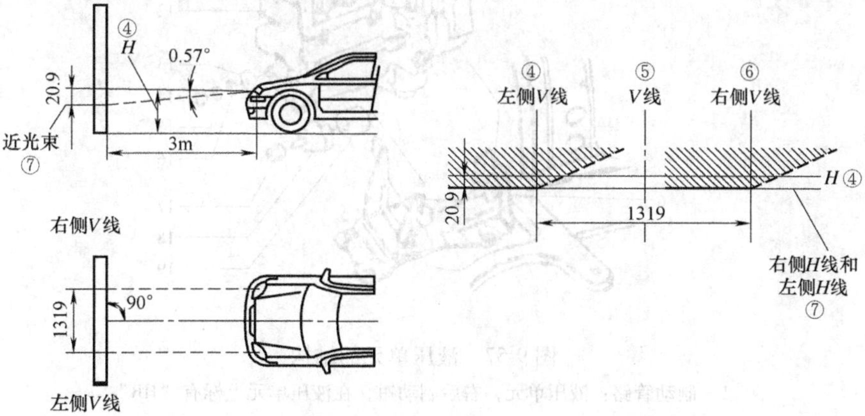

图 9-56　丰田花冠轿车前照灯光束的调整

二、检测仪调试法

前照灯检测仪分为聚光式、屏幕式、投影式、自动追踪光轴式、全自动式等多种，目前应用较多的是全自动式检测仪。具体的使用方法可以参考其说明书，由于大多数维修企业不使用此方法，故在此不再多述。

第六节　ABS 车轮制动防抱死系统的安装调试

一、液压单元的结构

液压单元的结构如图 9-57 所示。

装配制动管路时，应依据液压单元上的标号、标准进行安装，制动管路和制动管接口必须立刻用塞子封闭。制动管路的拧紧力矩为 15N · m。

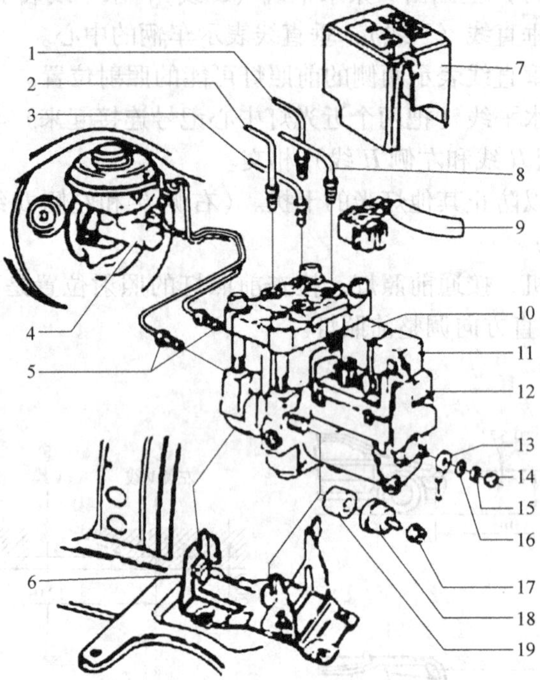

图 9-57　液压单元的结构

1—制动管路：液压单元，右后制动钳，在液压单元上标有“HR”
2—制动管路：液压单元，左后制动钳，在液压单元上标有“HL”
3—制动管路：液压单元，右前制动钳，在液压单元上标有“VR”
4—带制动助力器的制动总泵（主缸）　5—制动管路：连接制动总路液压单元
6—固定支架：安装液压单元并固定　7—盖　8—制动管路：液压单元，左前制动钳，在液压单元上标有“VL”　9—线束　10—电磁阀继电器　11—液压泵继电器
12—液压单元：在液压单元上除了允许更换两个继电器外，不得进行维修，不得将螺栓拧开。必要时只允许更换总成并进行高低压的检测。
13—地线：注意接触要良好。　14—六角螺母 10N · m　15—垫圈　16—齿形垫圈
17—自锁螺母 7N · m，每次均更换。　18—轴承衬套　19—固定座

二、高压和低压的检测

1. 检测条件

高低压检测时，制动系统的功能和密封性正常。

2. 检测方法

松开其中一个前制动钳排气螺栓，连接 VW1310A 压力表并排气。在驾驶员座椅和制动踏板之间插入制动加压器，给制动踏板加压直到压力表显示

50×10^2kPa正压。如果制动总泵、软管、管路和制动钳没有泄漏，则试验45s。在这期间，压力下降不能超过4×10^2kPa，如果压力下降过多，则更换液压单元。

松开制动踏板加压器，直到压力表所显示制动管压力为6×10^2kPa正压，试验3min，压力下降不能超过1×10^2kPa，如果压力下降过多，则更换液压单元。

三、电子控制部分的装配

安装电子控制单元，如图9-58所示。

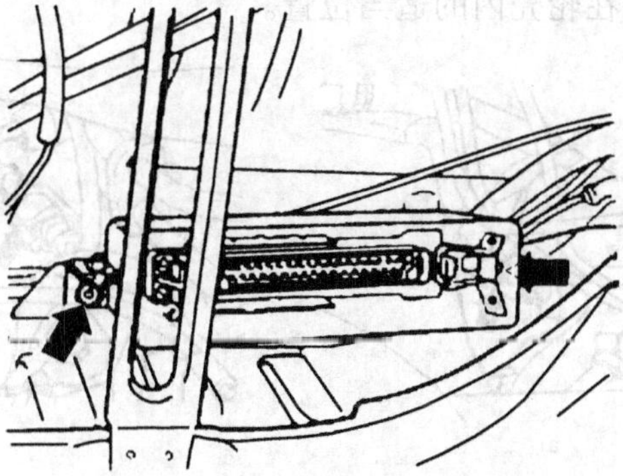

图9-58　电子控制单元的安装

安装位置为后座下左侧。线路插接准确、牢固，旋紧两个固定螺钉。

四、前桥防抱死制动系统的装配

前桥防抱死制动系统的结构与装配方法，如图9-59所示。

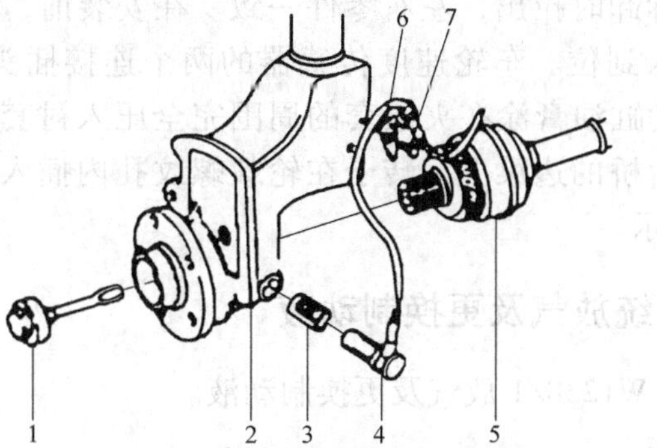

图9-59　前桥防抱死制动系统的结构

1、7—六角头螺栓　2—车轮轴承壳　3—孔　4—带密封圈的车轮速度传感器

5—车轮速度传感器的插头　6—安装支架

六角头螺栓和垫圈组件拧紧到200N·m，再向前拧转90°。只有当车辆置于车轮上时才能松开和拧紧。车轮轴承壳带有要安装车轮速度传感器的钻孔。夹紧套在装入车轮轴承壳前，用制动缸油膏涂在它的周围，完全在车轮轴承壳内压到底。带密封圈的车轮速度传感器左、右零件一致。在安装前，用制动缸油膏涂在它的周围，然后用手完全压入，压上密封圈，直到抵住车轮轴承壳。车轮速度传感器的插头，如图9-60所示。安装上车轮速度传感器后，用手完全压到底，压上密封圈，直到抵住车轮轴承壳。将带橡胶绝缘圈的车轮速度传感器插入到支架内，放置在轮壳内的适当位置。

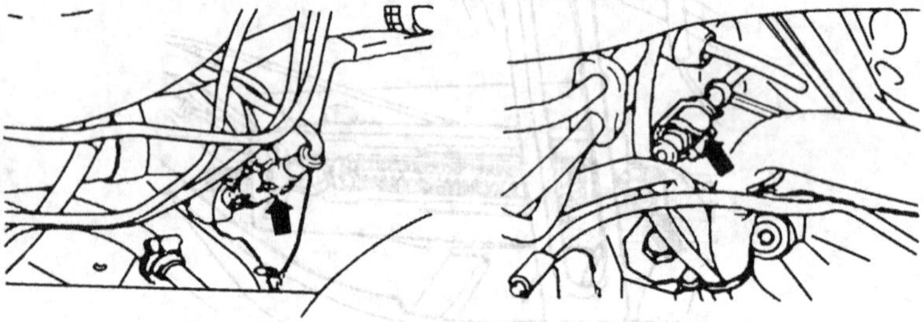
a)　　b)

图9-60　车速传感器的插头

五、后桥防抱死制动系统的结构与装配方法

后桥防抱死制动系统的结构与装配方法如图9-61所示。

后桥梁作为备件供应时，内部已压入用于安装车轮速度传感器的衬套。车轮速度传感器在拆卸时拉出，左右零件一致。在安装前，用制动缸油膏涂在它的周围并用手压入到位。车轮速度传感器的两个连接插头安装在后座椅下面。在安装前，用制动缸油膏涂在夹紧套的周围完全压入衬套。速度传感器线束的安装支架固定在后桥的边梁上。转子在轮毂螺纹孔内插入冲头，均匀地敲出压上，如图9-62所示。

六、制动系统放气及更换制动液

用专用工具VW1238/1放气及更换制动液。

1. 制动器放气

注意：只允许使用符合美国标准FMVSS 116 DOT 4的制动液。

VW/Audi原装制动液符合该标准。制动液为有毒物质，此外应避免制动液接触车身油漆，以防损坏油漆。制动液具有吸湿性，即能吸收周围空气中的水分，因此应存放在密封的容器里。

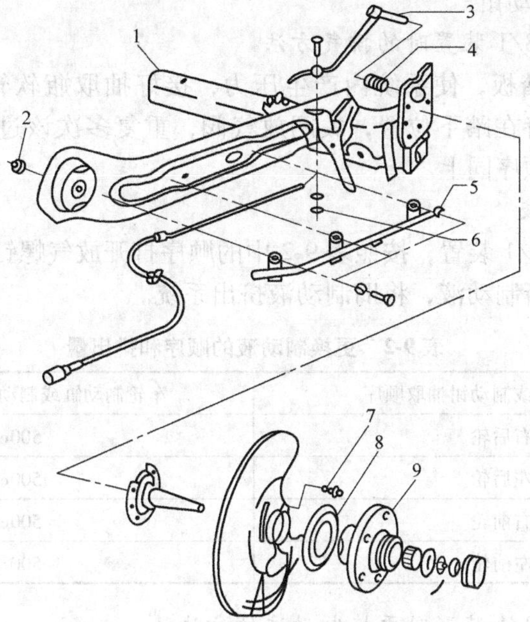

图 9-61　后桥防抱死制动系统的结构

1—后桥梁　2—六角头螺栓（10N · m）　3—车轮速度传感器　4—夹紧套
5—速度传感器线束的安装支架　6—垫圈　7—圆头螺栓和垫圈组件（30N · m）　8—转子　9—轮毂

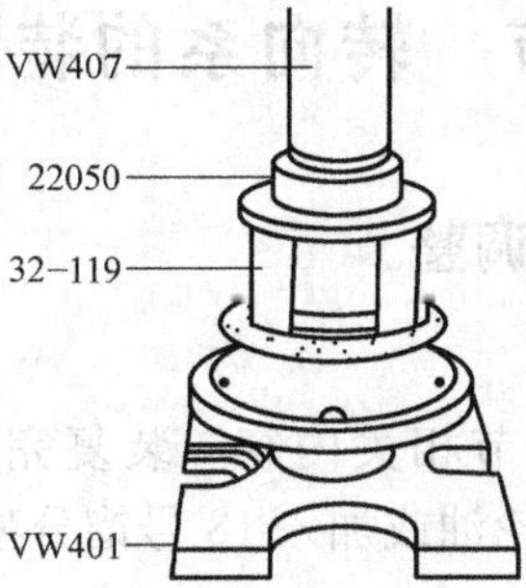

图 9-62　车轮速度传感器转子的拆装

连接 VW1238/1 专用制动系统充液—放气装置。按规定顺序打开放气螺栓，排出制动钳和制动缸中的气体，同时用抽取屏抽取废制动液。

放气顺序为：

1）右后轮制动缸/制动钳。

2）左后轮制动缸/制动钳。

3）右前轮制动钳。

4）左前轮制动钳。

2. 无 VW1238/1 装置时的排气方法

反复踏几次踏板，使系统内产生压力，接好抽取瓶软管，打开放气螺栓。踏下踏板，并保持在踏下位置，关闭放气阀，重复多次该过程，直到空气完全排出为止。放气顺序同上。

3. 更换制动液

接上 VW1238/1 装置，按照表 9-2 中的顺序打开放气螺钉，放掉一定量的制动液，同时加入新制动液，将旧制动液挤出系统。

表 9-2　更换制动液的顺序和排出量

车轮制动缸或制动钳抽取顺序	车轮制动缸或制动钳制动液排出量
右后轮	$500cm^3$
左后轮	$500cm^3$
右前轮	$500cm^3$
左前轮	$500cm^3$

4. 无 VW1238/1 装置时更换制动液的方法

用专用抽取瓶尽量从制动液储液罐中多抽出一些制动液。打开放气螺钉，反复踏制动踏板，从所有制动缸中抽出制动液，然后加入新制动液，并排出制动器中的空气。

第七节　转向系的装配工艺

一、转向器的装配与调整

1. 蜗杆指销式转向器

具体见本书第六章第五节相关内容。装复完毕后，必须向转向器内加入 1.1L90 号或 85W/90 车辆齿轮油或加入 18 号馏分型双曲线齿轮油。

2. 循环球式转向器

装配前，应对所有零部件进行彻底清洗，橡胶零件均不可用汽油清洗。

(1) 螺杆螺母的装配　装配时，首先按拆卸时的标记方向，把螺杆装入螺母中，然后装钢球。装钢球时，可用木棒或塑料棒把钢球轻轻敲入循环轨道内，并在导管口涂上润滑脂，要按标记逐个装复，且不可混装。若没有异常，用导管夹把导管固定，然后再试转螺杆，检查钢球在滚道内是否转动灵活，有无上下卡滞或松旷，并用百分表检测螺杆轴向跳动量。转向螺杆两端轴颈垂直和水平跳动量均应符合技术标准。检测时，转向螺母必须在螺杆滚道对称中心上，然后把螺杆轴承内座圈装到螺杆轴颈上，并使其靠近止推面，再把轴承外座圈压装到上下盖止推面上，从壳体上端装入螺杆螺母总成。

（2）螺杆轴承紧度调整要点　转向器装复后，必须对螺杆轴承紧度进行调整。转向器结构不同，其调整方法也不同，有的利用上部调整螺母进行调整，旋进螺母，轴承紧度增加，反之减小；有的利用下盖与壳体间的垫片来调整。

（3）摇臂轴装复要点　先把摇臂轴孔内涂抹润滑脂，再按顺序安装调整螺钉，装复后用手轻轻转动调整螺钉，再用百分表检测调整螺钉轴向间隙，当窜动量大于0.12mm时，应选配垫圈调整至0.08mm，然后转动螺杆螺母上的齿条处于中间位置。这时，再把摇臂轴装入壳体内，齿扇与齿条应相互啮合（装配时要注意，防止摇臂轴另一端油封弹簧跳出，造成漏油）。最后按规定力矩拧紧侧盖上的紧固螺母螺栓，并在上、下盖及侧盖结合处及密封垫两面涂以密封胶。

（4）齿扇与齿条啮合间隙的调整要点　调整时，齿条与齿扇的啮合必须处在中间位置才能进行，否则间隙不准确。一般是利用摇臂轴轴向位移调整螺钉进行调整。调整螺钉旋进，啮合间隙减小，调整螺钉旋出，啮合间隙增大。当齿扇在中间位置时，不允许有间隙，但应转动自如，无轻重不均匀感觉或卡滞现象，最后拧紧锁紧螺母。

3. 齿轮齿条式转向器

（1）齿轮齿条式转向器　齿轮齿条式转向器有机械式和动力式两种，其操纵机构略有区别。机械式转向器操纵机构（如上海桑塔纳LX型轿车）如图9-63所示。

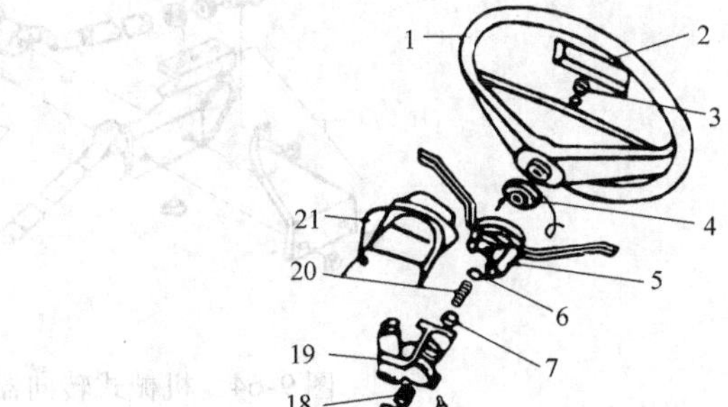

图9-63　机械式转向器操纵机构

1—转向盘　2—盖板　3—螺母　4—接触环
5—组合开关　6—弹簧垫圈　7—环　8—转向柱管
9—圆柱螺栓　10—罩壳　11—断开螺栓　12—转向柱
13—夹箍　14—密封衬套　15—凸缘管　16—橡胶衬套
17—转向柱　18—橡胶支承环
19—转向盘锁套　20—弹簧　21—罩板

机械转向器的结构如图 9-64 所示。液压助力式转向器的结构如图 9-65 所示。

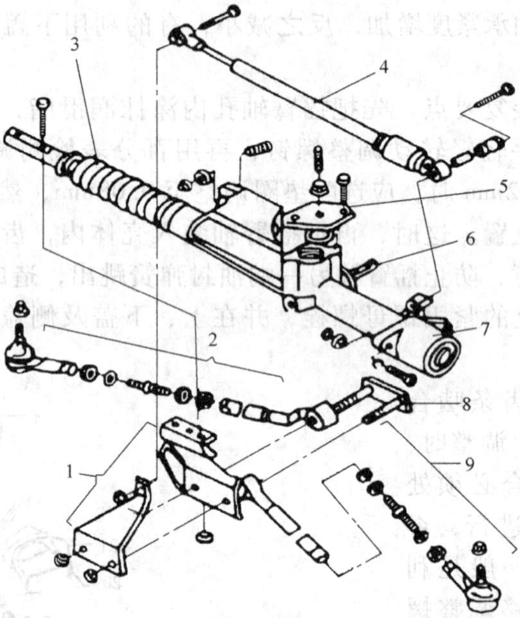

图 9-64　机械式转向器的结构

1—支架　2—右横拉杆　3—防尘罩　4—转向减振器　5—补偿机构
6—主动齿轮　7—转向器　8—连接板　9—左横拉杆

（2）转向器及其操纵机构的装配与调整　转向器及其操纵机构在装配过程中应注意以下几点：

1）安装转向盘时，车轮必须处于直行位置上，转向灯开关应放在中间位置，以防分离爪通过接触环上的簧片时引起破损。

2）转向器凸缘管应推套到主动齿轮上，不得留有间隙，用夹箍夹紧，不允许用手掰开夹箍的开口，其开口应朝外安装。

3）紧固转向柱管时，应先断开螺栓头，然后再拧紧圆柱螺栓。

4）各螺栓、螺母应按规定力矩拧紧，转向系主要螺纹件的力矩见表 9-3。

5）齿轮齿条间隙的调整：转向器一经拆卸，必须调整齿轮齿条间隙。调整方法是：将车轮着地并置于直线行驶位置，松开锁紧螺母，向里拧动调整螺钉，直至螺钉与垫圈挡块接触为止。此时，转向盘应处于间隙啮合状态，转动灵活。调好后，拧紧锁紧螺母，如图 9-66 所示。

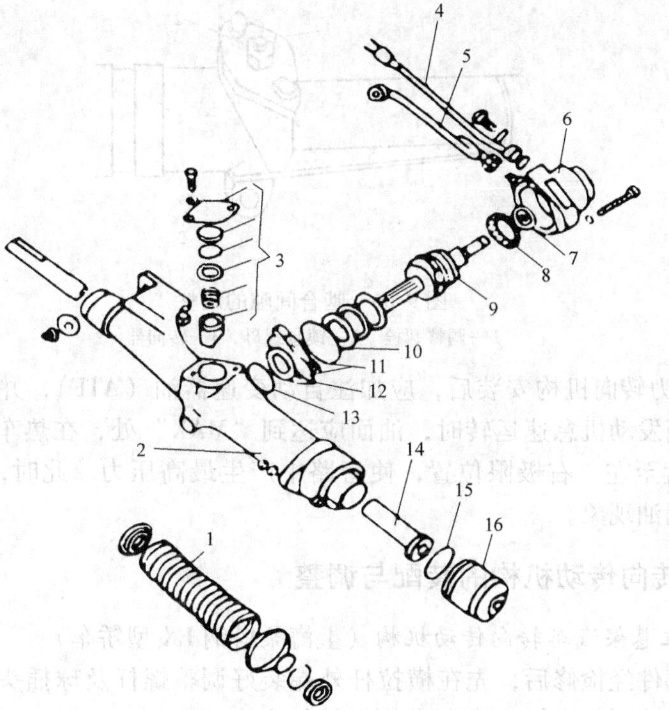

图 9-65　液压助力式转向器的结构

1—防尘罩　2—转向器壳　3—补偿装置　4—回油管　5—高压油管　6—控制阀壳　7—油封　8—轴承　9—主动齿轮　10、11、15—密封圈　12—中间盖　13—密封圈　14—齿条　16—螺母盖

表 9-3　转向系主要螺纹件的力矩　（单位：N·m）

<table>
<tr><th rowspan="2">连接件</th><th>机械式</th><th>动力</th><th rowspan="2">连接件</th><th>机械式</th><th>动力</th></tr>
<tr><th>转向器</th><th>转向器</th><th>转向器</th><th>转向器</th></tr>
<tr><td>转向盘固定螺母</td><td colspan="2">40</td><td>转向减振器连接螺栓</td><td>35</td><td></td></tr>
<tr><td>转向盘锁套螺栓</td><td colspan="2">10</td><td>转向器螺母盖</td><td></td><td>50</td></tr>
<tr><td>转向柱管圆柱螺栓</td><td colspan="2">20</td><td>控制阀壳紧固螺栓</td><td></td><td>20</td></tr>
<tr><td>凸缘管加紧箍及万向节螺栓</td><td>25</td><td>30</td><td>回油管插头螺栓</td><td></td><td>30</td></tr>
<tr><td>横拉杆锁紧螺母</td><td colspan="2">40</td><td>高压油管插头螺栓</td><td></td><td>40</td></tr>
<tr><td>横拉杆球头销螺母</td><td colspan="2">30</td><td>低压油管插头螺栓</td><td></td><td>30</td></tr>
<tr><td>转向支架固定螺母</td><td colspan="2">45</td><td>液压泵壳紧固螺栓</td><td></td><td>72</td></tr>
<tr><td rowspan="2">转向器固定螺母</td><td>前</td><td>35</td><td rowspan="2">液压泵支架固定螺栓</td><td rowspan="2"></td><td rowspan="2">47</td></tr>
<tr><td>后</td><td>20</td></tr>
<tr><td>补偿机构压盖紧固螺栓</td><td colspan="2">20</td><td>液压泵固定螺栓</td><td></td><td>35</td></tr>
</table>

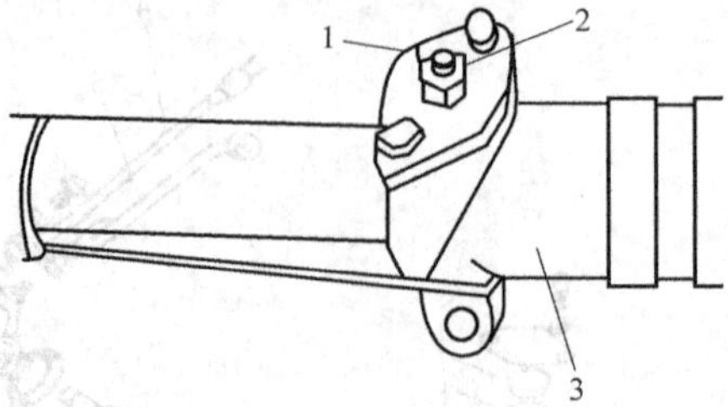

图9-66 啮合间隙的调整

1—调整螺栓 2—锁紧螺母 3—转向器

6）动力转向机构安装后，应加注自动变速器油（ATF），并要检查系统的密封性。当发动机怠速运转时，油面应达到“MAX”处，在热车状态下，快速转动转向盘至左、右极限位置，使管路中产生最高压力。此时，油面不降低，系统内无漏油现象。

二、转向传动机构的装配与调整

1. 独立悬架汽车转向传动机构（上海桑塔纳LX型轿车）

各零部件经检修后，先在横拉杆外端装好调整螺杆及球插头，将其长度进行调整，应达到技术标准。左横拉杆的长度为597.6mm±8mm，右横拉杆的长度为553.9mm±8mm。当前轮处于直线位置，转向器在中间位置啮合时，方可拧紧夹箍螺母。

接着将转向器支架安装到转向器齿条上，连接好转向减振器，并用连接板固定好横拉杆内端。最后将球头销装入转向臂销孔中，拧紧其紧固螺母。

安装时，各螺栓、螺母必须按规定力矩拧紧，具体详见表9-3。

2. 非独立悬架传动机构

（1）横、直拉杆的组装与调整　首先在球头销及球碗配合表面涂抹润滑脂，然后进行装复。装复后，必须进行调整。当调整球头销预紧度时，用扁螺钉旋具将调整螺塞拧到底，再退回1/4～1/2圈，使螺塞上的槽与开口销孔对正。此时，用手扳动检查，应能转动自如，不发卡，无松旷感。最后装好开口销。

（2）转向盘自由行程的检测与调整　转向盘自由行程是指处于直线行驶位置的前轮不发生偏转的情况下，转向盘所能转过的角度。转向盘自由行程的检测，首先将汽车停在平坦地面上，使前轮保持直线位置，将测量仪安装于转向盘上，如图9-67所示。将测量仪接好电源，按下“角测”按钮。驾驶员向一个方向缓慢转动转向盘直至车轮开始摆动，停止转动转向盘，这时仪器显示出转向盘的自由转动角度，再将转向盘回正，然后再测出另一个方向的自由转动角度。也可先将转向盘打到一个车轮即将开始摆动的位置，再到另一个使车轮即将开始摆动的极限位置，即可测出自由行程。

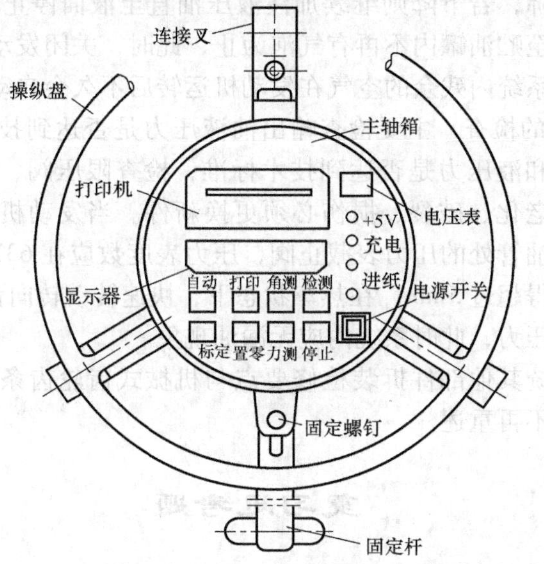

图 9-67　转向盘自由行程检测用转向参数测量仪

转向盘自由行程的调整要由二人协作进行。一人在驾驶室左右摆动转向盘，另一人在车下观察。如果转向臂摆动了很多，而前轮摆动很少或不摆动，则故障在传动机构；如果转向盘转动了很大角度，而转向臂并不转动，则故障在转向器。经检查诊断后，再确定调整部位。

3. 液压动力转向装置主要部件检查和调整要点

（1）动力转向器拆装　先拆下仪表板下的饰板，然后用钳子夹住贮油罐回油管，拆下进油管及套管。再拆转向器壳体左右固定螺栓、转向器支架上与左、右横拉杆球头销及齿条连接的螺母，然后把齿条推入转向器壳体中的止位块上。最后拆下转向器。其装复按与拆卸时的相反顺序进行。

（2）动力转向器的检查　应检查动力转向器是否漏油及轴承是否松动。若阀体密封圈、齿条密封圈有破裂、老化或损伤，则一律换用新件。注意：拆卸的密封圈、衬垫不得再用。动力转向器出厂前已做过严格调整，一般不需另行调整。

（3）贮油罐的检查　当转向器重新装配后，必须更换液压油及贮油罐中的滤清器。起动发动机运转时，加注液压油至贮油罐“MAX”标记处，发动机在前轮处于直行的位置上怠速运转大约 2min，然后将发动机熄火。再把转向盘左右反复转动数次，排尽系统内空气，这时应再加注液压油，使油面达到“MAX”处，再起动发动机怠速运转数分钟，观察贮油罐液压油油面是否下降，若下降则继续加注液压油直至液面停止在"MAX"处。同时再转动转向盘，观察贮油罐内液面是否下降，若下降则继续加注液压油直至液面停止在"MAX"处，并转动转向盘，直至贮油罐内不再有气泡为止，此时，关闭发动机。

说明：转向系统内残余的空气在发动机运转后不久会自动排除。

(4) 液压泵的检查　主要检查输出油液压力是否达到技术标准；检查限压阀、流量控制阀和液压力是否达到技术标准；检查限压阀、流量控制阀和叶轮磨损情况。若有老化、破裂、损伤必须更换新件。当发动机怠速运转时，关闭接在液压泵输出油管处的压力表截止阀，压力表度数应在637～784kPa，注意截止阀关闭时间不得超过5min。在热车状态下，快速转动转向盘至左右极限位置，管路中产生最高压力，此时系统内应无漏油现象。

动力转向系统其他部件拆装检修要点与机械式齿轮齿条转向器系统相应的部位基本相同，不再重述。

复习思考题

1. 离合器装配应注意那些事项？
2. 对离合器检查的项目有哪些？
3. 怎样调节液压操纵机构离合器踏板自由行程？
4. 怎样检验离合器的工作状态？
5. 简述自动变速器失速试验的方法。
6. 自动变速器道路试验的目的是什么？
7. 简述锥齿轮主减速器齿轮啮合位置的调整方法。
8. 简述桑塔纳轿车驱动桥磨合试验过程。
9. 对车辆进行四轮定位的前期准备有哪些？
10. 四轮定位仪所检测的车轮定位参数有哪些？
11. 简述花冠轿车前照灯光束的调整方法。
12. 前照灯使用与检修注意事项有哪些？
13. 简述对液压制动系统的放气方法。
14. 简述ABS系统轮速传感器的检查方法。
15. 对制动防抱死装置的初步检查项目有哪些？
16. 怎样检查转向盘自由行程？
17. 怎样对转向助力系统进行排气？

第十章 汽车总装配及调试

第一节 汽车总装配概述

一、汽车总装配

汽车的总装配包括整车装配工艺过程、检验过程及运输过程，是整个汽车制造过程的最后阶段，是各种零部件的有机组合体。它是通过工艺手段、方法、技术使零部件、总成的数量在不断增加并相互有序地结合起来，各个装配单元之间有序结合后，具有一定的相互位置关系，外形在不断地变化，最后成为一辆汽车的过程。

二、汽车总装配的特点

由于汽车构造复杂，零部件及总成繁多，因而汽车总装配除了具备装配所共有的地位和作用外，还有以下特点：

1）连接方式多样：汽车总装配中的连接，一般情况下除了焊接方式外其他连接方式几乎都有，但最多的连接是可拆式固定连接和可拆式活动连接，即螺纹连接、键连接和销连接。

2）装配件的品种、数量繁多，装配关系复杂，装配位置多样，由此决定了它仍以手工作业为主。

3）大批量生产：一个汽车制造厂的汽车年产量应在几万辆至十几万辆，所以汽车制造厂是技术密集型、资金密集型的大批量生产企业，汽车总装配具有现代化企业大批量生产的特点，它是人与机、技术与管理的有机结合。

三、汽车总装配的组织形式

根据汽车的复杂程度和批量，总装配的组织形式一般分为以下两种：

（1）固定作业法　固定作业法是对所装配的汽车，从总装、调试、负荷试验、精度试验直至成品，完全由一个装配小组负责到底。此种形式，当装配工作量较大、装配的周期较长、影响装配场地的周转，并且每个装配小组都需要配置一套工具和工艺装备时很不经济。

（2）流水作业法　流水作业法也叫做自动流水线生产方式，它是由几个人组成一个小组专门装配产品的某一工序（包括几个部件），使汽车在装配线上移动作业，每个装配点只负责安装一种（类）零部件，依次装配，形成流水。这种作业形式，装配速度快、周期短，技术和管理要求高，并且可以减少工艺装备的需要量。它是一种比较完善的组织形式，有利于实现机械化、自动化，因此常用于大批量生产中。

用自动流水线生产方式来实现汽车总装配需具备以下条件：

1）各操作工人的单台作业时间要相互基本均衡，作业位置要根据作业内容和顺序安排合适。

2）各装配点所需要的零部件和总成须根据生产需要，源源不断地运达。

3）各操作工人必须在一定的节拍时间完成预定的工作量。

四、汽车总装配的一般步骤

汽车总装配的一般步骤如下：

1）熟悉图样和技术文件，了解产品的结构和使用性能，确定总装配的方法和程序。

2）检查零件上与装配有关要素的形状和尺寸精度等是否合格。

3）确定基准。由于所有零部件的装配位置和几何精度均以此为准，所以基准应当是较好的基准件，并且有稳定的基准要素。

4）总装配。进行总装配的基本原则是：先内后外，先下后上，先难后易，先重大后轻小，先精密后一般，先集中同一方位后其他方位。

5）调整和试验。检查各连接的可靠性和运转的灵活性。

五、汽车总装配注意事项

1）严格按照工艺规程所规定的操作步骤和工具进行装配。

2）在装配过程中，应以不影响下道工序为原则，遵循从里到外、从上到下的顺序进行。

3）装配时要认真细心，对各配合零件的操作，不能破坏其本身的精度和表面质量。

4）在任何情况下，均应保证脏物不进入产品的零部件内。

5）汽车装配后，要在滑动和旋转部分加润滑油，以防在运转时有拉毛、咬住或烧毁的危险。

6）最后，要严格按照技术要求，进行逐项的检查工作，如油路要畅通，手柄位置要正确，各种变速和变向机构要操纵灵活等。

六、汽车总装配工艺内容

汽车总装配中的工艺文件包括：总装配工艺卡、装配现场平面布置图、工时定额表、设备明细表、检查工艺卡、辅助材料消耗定额、工具清单及工位器具（包括工艺装备和吊具）清单、非标设备等。其主要的总装配工艺卡及工时定额表的具体内容是：

1. 总装配工艺卡

在对汽车产品进行工艺分析的基础上，根据产品的具体结构以及零部件、总成的相互连接关系和顺序，需编制总装配工艺卡。

编制总装配工艺卡时，需确定以下内容：

1）部件、总成上线方式及所用设备和吊具。

2）零部件及总成的分装内容和所需的工艺装备。

3）各装配工序的工时定额。

4）装配所需的各种工具、量具。

5）装配线边和分装的零部件、总成贮存架和工位器具。

总装配工艺卡是汽车总装配工作的基础文件。它在生产过程中是指导工人操作、组织生产、进行质量检验和管理的依据和法规。

编制总装配工艺卡时应注意以下事项：

1）要尽量把作业内容划分为既不能再分又可成为一个相对独立的单元——基本装配单元。

2）要根据产品结构特点，考虑合适的装配顺序，前道工序的作业内容不能影响后道工序的操作，后道工序的作业内容不能影响前道工序的装配质量。

3）每道工序都要写明作业内容、质量要求、检测方法、所需要的设备、工艺装备、工具、工位器具及工时定额等。

4）绘制必要的装配关系图，以直观地表达零部件之间的装配关系，更好地指导工人操作。

总装配工艺卡的主要内容应包括：工序号；工序名称；工序内容（即作业内容）；所装零部件或总装名称、产品编号和数量；所用设备、工艺装备及工具、吊具、工位器具等的名称、规格（或编号）、数量；操作注意事项；检测内容和方法、质量要求；工时定额；装配关系图等。

2. 工时定额表

工时定额是完成各装配工序所需的作业时间，它们的累计数就是总装配的工时定额。工时定额与所选用的设备、工艺装备、装配机具的水平（即工艺水平）、工人的作业速度有关。所以工时定额要以限定的工艺水平为前提，以熟练的操作工人用正常的作业速度来确定。一个新产品的工时定额的确定，一般是在对产品结构进行分析和初步工艺分析的基础上，参考其他汽车厂类似的作业内容的工时定额加以适当修正，或者利用新产品试装的机会对每一装配内容的作业时间进行实测后加以适当调整来确定。工时定额是总装配工艺卡的一项内容，是计算装配线长度和工时定额表的依据，是工艺部门向工厂劳动工资部门提供的对人员配备和人员、工资进行定额管理的依据。工时定额表可以通过对工艺卡上的工时定额进行汇编取得，内容应包括：工序号、工序名称、工时定额。

七、汽车总装配的工艺性

汽车是由若干个装配单元组成的。汽车的装配单元可划分为5级，即零件、合件、组件、总成和整车。它们之间的关系可以用装配单元系统图来表示，如图10-1所示。合件是由两个或两个以上零件结合成的不可拆卸的整体件；组件是若干个零件和合件的组合体；总成是由若干个零件、合件和组件组合成的能完成某种功能的组合体，除了零件之外，每一级装配单元在装配时都可以单独进行装配，除了零件之外，每一级装配单元在装配时都可以单独进行装配。在汽车总装配之前，有一些总成可以单独进行装配，装配后可以进行总成试验和调整。

1. 选择装配基础件

在汽车总装时，一般以车架（或车身）作为装配基础件。车架（或车身）质量较大，有足够支承面，能够保证装配时的稳定性。零件、合件、组件或部件按一定的顺序装配到基础件上，成为下一级的装配单元。

2. 确定装配基准

零件在装配单元上的正确位置，是靠零件装配基准确定的。

3. 划分装配单元和确定装配顺序

划分独立装配的单元是制订汽车总装配工艺规程最重要的步骤，只有划分好装配单元，才能合理安排装配顺序和划分装配工序。划分好装配单元并确定装配基准零件之后，即可安排装配顺序。确定装配顺序的要求是：保证装配精度，以及使装配连接、调整、校正和检验工作能顺利地进行，前面工序不妨碍质量等。为了清晰地表示装配顺序，常用装配单元系统图来表示，它是表示产品零、部件间相互装配关系及装配流程的示意图。具体说来，装配顺序一般是先难后易、先内后外、先下后上，预处理工序要安排在前。

4. 装配工序的划分与设计

装配工序确定后，就可将工艺过程划分为若干个工序，并进行具体装配工序的设计。装配工序的划分主要是确定工序集中与工序分散的程度。工序的划分通常和工序设计一起进行。工序设计的主要内容有：

（1）制订工序的操作规范　如过盈配合所需压力、变温装配的温度值、紧

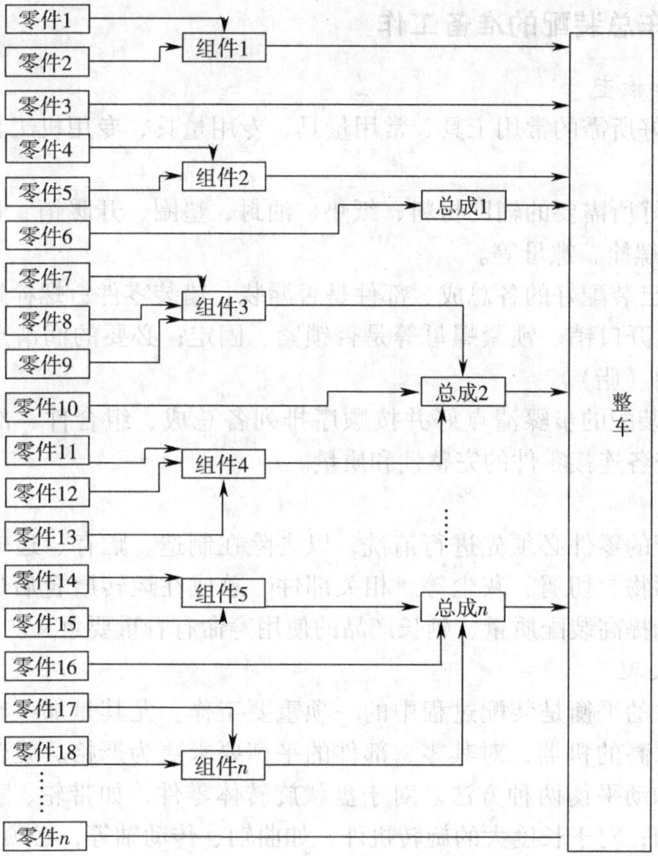

图 10-1 汽车装配单元系统图

固螺栓连接的预紧力矩、装配环境。

（2）选择设备与工艺装备 若需要专用装备与工艺装备，则应提出设计任务书。

（3）确定工时定额，并协调各工序内容 在大批量生产时，要平衡工序的节拍，均衡生产，实施流水装配。

5. 编制装配工艺文件

绘制装配系统图，装配时按产品装配图及装配系统图工作。还要制订总装的装配工艺卡，写明工序次序，简要工序内容、设备名称、工装夹具名称及编号、工人技术等级和时间定额等项。

6. 制订产品检验与试验规范

主要包括：检测和试验的项目及检验质量指标；检测和试验的方法、条件与环境。

八、汽车总装配的准备工作

1. 准备和检查

1）准备好所需的常用工具、常用量具、专用量具、专用机工具、检测仪器及用具。

2）准备好所需要的辅助材料、纸垫、油封、垫圈、开暖销、止动钢丝、润滑油（脂）、螺栓、螺母等。

3）检查已装配好的各总成、部件是否漏装、错装零件；螺栓螺母是否按规定力矩拧紧；开口销、锁紧螺母等是否锁紧、固定；必要的润滑点是否按规定加注了润滑油（脂）。

4）按总装配的步骤清点好并按顺序排列各总成、组合件、部件及连接零件；及时检查各连接零件的完整性和质量。

2. 清洗

进入装配的零件必须先进行清洗，以去除在制造、贮存、运输过程中所粘附的油脂、污物、切屑、灰尘等。相关部件、总成在运转磨合后也应清洗。清洗对于保证和提高装配质量、延长产品的使用寿命有着重要意义。

3. 平衡处理

运转机件的平衡是装配过程中的一项重要工作。尤其是那些转速高、对运转平稳性要求高的机器，对其零、部件的平衡要求更为严格。旋转体机件的平衡有静平衡和动平衡两种方法。对于盘状旋转体零件，如带轮、飞轮等，通常只进行静平衡；对于长度大的旋转机件，如曲轴、传动轴等，必须进行动平衡。

4. 过盈连接

对于过盈连接件，在装配前应保持配合表面的清洁。常用的过盈连接装配方法有压入法和热胀法两种。压入法是在常温条件下以一定压力压入配合，会消除配合表面微观不平度，但会影响过盈量。压入法适用于过盈量不大和精度要求不高的场合。重要的、精密的机械以及过盈量较大的连接处常用热胀（或冷缩）法装配，即采用加热孔件或冷缩轴件的办法，使得缩小过盈量或达到有间隙后再进行装配。

5. 螺纹连接

在汽车结构中广泛采用螺纹连接，对螺纹连接的要求是：

1）螺栓杆部不产生弯曲变形，螺栓头部、螺母底面与被连接件接触良好。

2）被连接件应均匀受压，互相紧密贴合，连接牢固。

3）根据被连接件的形状及螺栓的分布情况，应按一定顺序逐次（一般为2～3次）拧紧螺母。

螺纹连接的质量对装配质量影响很大，如拧紧的次序不对、施力不均会使零件发生变形，降低装配精度，并会造成漏油、漏水、漏气等。运转机件上的螺纹连接，若拧紧力达不到规定值，就会松动，影响装配质量，严重时会造成事故。因此，对于重要的螺纹连接，必须规定拧紧力的大小。

6. 物流系统准备

1）组织进口外协件、外购件。

2）必要的物资储备。

汽车总装配是将各种汽车零部件按规定的技术要求，选择合理的装配方法进行组合的工艺。大致可分为装配、调整、路试、装箱、重修、入库等环节。

九、装配工艺过程

1. 装配

装配是指按一定的技术要求，将各种汽车零部件进行组合形成整车。同时，对于需润滑的部位加注润滑剂，对冷却系统加注冷却液，基本上达到组合后的汽车可以行驶的过程。

2. 调整

通过调整来消除装配中暴露的质量问题，使整机、整车处于最佳工作状态。

3. 路试

调整合格的汽车需经过 3～5km 的路面行车试验，进行实际运行情况下的各种试验并发现所暴露的质量问题，以便及时消除。

4. 装箱

经过路试合格的汽车装配车箱，完成汽车的最终装配。

5. 重修

若调整和路试中暴露出质量问题，又不能在其各自的节奏时间内消除，就需要进行重修。所谓重修，并不是采用特殊技术措施对有质量问题的零部件进行修复，通常都是更换新的零件或部件。

十、汽车总装配的一般技术要求

汽车总装配是生产汽车的最后一道工序。装配质量的高低，直接关系到整车质量。因此，在整车装配的过程中，必须达到下列技术要求。

1. 装配的统一性

按照生产计划，对基本车型，按工艺要求装配，装配方法必须按工艺要求统一。

2. 装配的紧固性。

按照设计规定的力矩要求紧固螺栓、螺母、螺钉等要件，应交叉紧固的必须交叉紧固。

3. 装配的润滑性

按工艺规定，凡润滑部位必须加注定量的润滑油或润滑脂。

4. 装配的密封性

按工艺规定，气路、油路插头不允许有漏气、漏油现象，气路插头处必须涂胶密封。

按工艺要求，凡润滑部位必须加注定量的润滑油和润滑脂。空气管路装配的密封性要求空气管路里连接处必须均匀涂上一层密封胶，锥管插头要涂在螺纹上，管路连接胶管要涂在管箍接触面上，管路不得变形或歪斜。

5. 装配的完整性

按照工艺规程，所有零部件和总成必须全部装上，不得有漏装、少装现象，不要忽视小零件，所装零、部件和总成不得有凹痕、弯曲、变形等机械损伤及锈蚀现象。

第二节　载重汽车装配工艺过程

载重汽车的整车装配有两种作业形式，一种是固定作业法，常常是汽车修理企业采用的作业方式；另外一种流水作业法，它是汽车制造生产厂的作业形式。

一、载重汽车流水作业总装工艺过程

1. 装配车架

车架作为载重汽车的装配基础件，首先吊装车架反放在装配链的枕木上，随着装配线的移动装配零部件。

2. 装前桥、后桥及传动轴等总成

前桥、后桥由输送链输送至安装工位，装配前把前桥、后桥连接销涂上机油并使其油槽向下穿入孔中，对准销上的凹槽与支架上的孔，将楔形锁销由前向后穿入孔中，装上弹簧垫圈、力矩螺母。

3. 装配贮气筒

在支架上套上贮气筒箍带，从下向上带上螺母和垫圈并拧紧。

4. 翻转底盘

首先把后桥垫木夹在后桥上，将翻转底盘夹具夹在车架前、后端，锁住保险销，操纵设备翻转底盘，翻转后取下夹具及垫木。

5. 装配转向机及垂臂

检查转向机装配完整性，转向臂轴螺纹不得有损伤。把转向机放在分装夹具上夹好，取转向臂，按标记套在转向臂轴上并压到底，然后套上垫圈和弹簧

垫圈（分装工位），取转向机托架，使其孔位与转向机的孔位对准，然后穿上螺栓并套弹簧垫圈，扭紧。把分装好的转向机总成合件用吊具吊起，使托架孔位和大梁的孔位对准，从里向外或从下向上穿螺栓，套上弹簧垫圈，扭紧。

6. 装发动机（附离合器变速器）于支架上

发动机由输送链移送至发动机安装工位，起吊前，检查发动机总成各个部分，不得有变形，如发电机、起动机及各种传感器、警报开关等附属件要完好无损；接线柱螺钉完整；发动机、变速器油堵处不得有漏油痕迹，表面无明显碰伤。吊起发动机使后悬置软垫的孔位与后支架的孔位对准，从上向下穿螺栓并套上垫圈和弹簧垫圈，再拧上螺母2～3扣；操纵电葫芦使发动机前悬置软垫的孔位与前悬置托架的孔位对准，从上向下穿螺栓并套上垫圈和弹簧垫圈，再拧上螺母2～3扣；扭紧后支承、前支承的螺母。

7. 装排气管。

取排气制动阀，在两端套上垫圈，再使其夹在消声器进气管前段与进气管后段之间，并使螺栓孔对齐，穿入螺栓，套上垫圈、弹簧垫圈并拧上螺母。

8. 加注发动机润滑油

取下发动机加油口端盖，向发动机内加注润滑油，加完后装上油盖，拔出油尺检查加油量，油面在油尺标准刻线上为最佳。

9. 装散热器总成

散热器片不得有磕碰处，进出气管应平整；在左右纵梁的规定位置放上散热器固定架，下垫块总成对准孔（垫块中间孔大的一侧向上），把散热器总成落下，使散热器固定架的孔与上垫块总成的孔对准，然后在孔中放入套管，再套上上垫块总成，取螺栓从下向上穿入对准的孔中，拧上螺母2～3扣并拧紧，然后穿上开口销，并分开尾部锁止。

10. 落驾驶室总成

由驾驶室输送链输送驾驶室，检查驾驶室外观完整性、油漆无划伤。操纵电葫芦，落下驾驶室，使驾驶室后支架落入后悬置横梁上的内外缓冲块之间，前铰接软垫落入驾驶室铰接支架的凸缘面中，取驾驶室铰接软垫盖总成分别盖在左、右铰接软垫上，使其上的孔与铰接支架上相应的孔对准，取螺栓套上弹簧垫圈，从上向下穿入已对准的孔中2～3扣并拧紧。

11. 装车轮

由输送链将车轮送至车轮安装工位，自检车轮气压正常，将车轮套在轮毂上，拧上螺母2～3扣，用风动气扳机对称交叉扣紧，同时内、外轮打气口要错开，也要同制动毂检查孔错开，避免影响打气和测量蹄片间隙。

12. 加注冷却液

打开膨胀箱盖，关闭放水开关，向膨胀箱里加注冷却液或水，冷却液或水的液面与溢流管水平为止，扭紧散热器盖。

13. 加注汽油、柴油

打开汽油、柴油箱盖，按油量定额和油号往汽柴油箱内加入汽油或柴油，然后拧上汽柴油箱盖。

二、整车的调试技术

1. 离合器踏板自由行程的调整

（1）调整标准　离合器自由行程为30～40mm。

（2）调整方法　整车下线之前，应先检查离合器踏板自由行程是否符合标准，若不符合，按下列步骤进行调整。

若离合器踏板自由行程大于40mm，用扳手将分离拉杆端上的锁紧螺母松开，把球形调整螺母旋入，使分离拉杆的有效长度缩短，边调整边检查，直到符合标准为止，然后将锁紧螺母拧紧。

若离合器踏板自由行程小于30mm，与上相反，将调整螺母旋出，使分离拉杆的有效长度增加，边调整边检查，直到符合标准为止，然后拧紧锁紧螺母。

调整后，起动发动机，检查离合器工作情况，要求达到分离迅速、彻底，接合柔和、平顺。

2. 液压离合器踏板高度的调整

（1）调整标准　离合器踏板高度是指离合器踏板最高点与最低点之间的距离，要求尺寸为185mm。

（2）调整方法

1）抬起离合器踏板，使踏板行程保持在185mm的位置上。

2）调整限位螺栓，使限位螺栓刚好与踏板摇臂接触。拧紧限位螺栓螺母。

3. 液压离合器操纵机构的排气

1）向储油杯中加注制动油350mL。

2）在分泵放气螺塞上接一根排气用软管，管的另一端放入容器中。

3）往复踏动离合器踏板，待分泵排气软管内有油喷出时，拧紧放气螺塞，然后再往复踏动离合器踏板，再进行放气，反复几次后直至无气泡，并有柱状油喷出，再拧紧放气塞取下软管。注意：踏动踏板时不应太快以防出现油沫。

4. 制动踏板高度的调整

（1）调整标准　制动踏板活动自如，没有卡滞现象，踏下踏板时制动阀能完全打开，解除制动迅速回位。

（2）调整方法　若踏板过低时，取下长拉杆连接叉的开口销，将锁紧螺母松开，顺时针旋入连接叉，缩短拉杆的有效长度即可，直到踏板合适为止。当踏板过高时，逆时针旋转连接叉进行调整。调整完毕，将开口销装好，拧紧锁紧螺母。

5. 转向盘自由转动量的检查与调整

（1）调整标准　转向盘自由转动量为大于0°、小于15°。

（2）调整方法

1）首先是前轮处于直线行驶位置，将检查器刻度盘和指针分别夹持在转向轴壳和转向盘上。

2）向左转动转向盘至有阻力为止，此时前轮不应转动，以此为基点，再向右转动方向盘至有阻力时为止，这时指针在刻度盘上划过的角度，就是转向盘的游动间隙。

3）若自由转动量过大，可顺时针转动转向器调整螺栓，使转向螺母齿条与转向臂轴肩齿的啮合间隙变小，边调整边检查，若自由转动量过小，按上述相反方向进行调整。

6. 车头总成与驾驶室间隙的调整

（1）调整标准　该间隙应该是上、下、左、右均匀一致，保持在8～12mm范围内。

（2）调整方法　间隙小时可适当顺时针拧动调整螺栓，间隙大时可适当逆时针拧动调整螺栓。

7. 车门三角窗的调整

（1）调整标准　三角窗开启、关闭不得有发卡或放松、过紧现象，并能在任意位置停留。

（2）调整方法

1）拆下车门内护板，将固定三角窗的两个螺钉取下，即可取出三角窗总成。

2）转动三角窗下转轴上的调整螺母，即可达到理想的松紧程度。也可以在拆下内护板后，直接用套筒头扳手转动三角窗下转轴上的螺母，也能达到调整松紧度的目的。

8. 司机座椅的调整

（1）调整标准　根据驾驶员的自身情况对座椅进行调整，其高、低、前、后位置以驾驶员有利操作为标准。

（2）调整方法　前后调整机构为滚珠滑轨式，调整量为向前40mm，向后20mm，调整时扳动前后手柄至所需位置，然后松开手柄，使限位片落入卡槽。上下调整机构为四联杆式，调整量为向上28mm，向下18mm，调整时抬起调整手柄，限位杆借助于两个拉紧弹簧的拉力斜向升起，当限位杆脱离滑槽后，将其放入所需的滑槽内，从而改变座椅的高度。

9. 前照灯灯光调整

（1）调整标准　近光灯亮时其光形应与对光屏幕上的规定折线相重合，远灯光亮时应落在对光屏幕的远光对光标记上。

（2）调整方法

1）将对光屏幕（俗称对光板）前端对正，且靠近停放在平整地面上的汽车前保险杠前方平面上，旋出左、右前照灯罩紧固螺钉，取下前照灯罩。

2）拉开前照灯开关，接通左、右侧前照灯的近光灯，拧动三个调整螺钉来调整，使光形与对光屏幕上的折线相重合。

3）踏动便光器，改换远光灯，将左、右两外侧前照灯套上灯照套，转动三个调整螺钉来调整左、右内侧的前照灯光，使灯光最亮点落在屏幕的远光标记上。

4）关闭前照灯，装左、右灯罩，拧紧固定螺钉，将对光屏幕推到规定位置。

10. 车头翻转助力机构弹力的调整

（1）调整标准　当打开车头锁，抬起安全钩时，车头能自行弹起（或开启人员稍用力）到50°位置。关闭时轻松自如，用力不大。

（2）调整方法　用改变扭杆的装配角度来达到目的。

1）拆下翼子板前下部两侧的堵塞。

2）将车头前翻50°位置锁上支杆。

3）拆下扭杆两端的弹性挡圈。

4）用一根直径为ϕ18mm、长500mm左右的铁棒，将铁棒的端头顶在扭杆的一个端面上，用铁锤轻轻敲打铁棒的另一端，使扭杆从扭杆管的花键槽中退出来。

11. 油门拉索操纵机构的调整步骤

1）将节气门旋钮向右旋转到底，使其处于关闭状态。

2）调整拉索上的调整螺母，使踏板处于与水平方向成25°的位置上，同时保证油门转臂刚好与高压油泵上的怠速限位螺钉接触。

① 当油门拉索长（踏板高度低于25°角度）时，调整拉索上的两处调整螺母，使两处的拉索外壳向右移动。

② 当油门拉索短（踏板高度低于25°角度）时，调整拉索上的两处调整螺母，使两处的拉索外壳向左移动。

③ 必要时调整叉子，使拉索满足要求。

3）调整手油门，抬起手油门转臂，使其后端与油门转臂后端刚刚接触，保持其位置。调整螺母使拉索处于刚刚拉动油门转臂的状态。

4）将加速踏板踏到底，调整限位螺栓，使其与踏板刚刚接触。

三、整车的装配顺序

由车架总成开始，其装配顺序如图 10-2 所示。

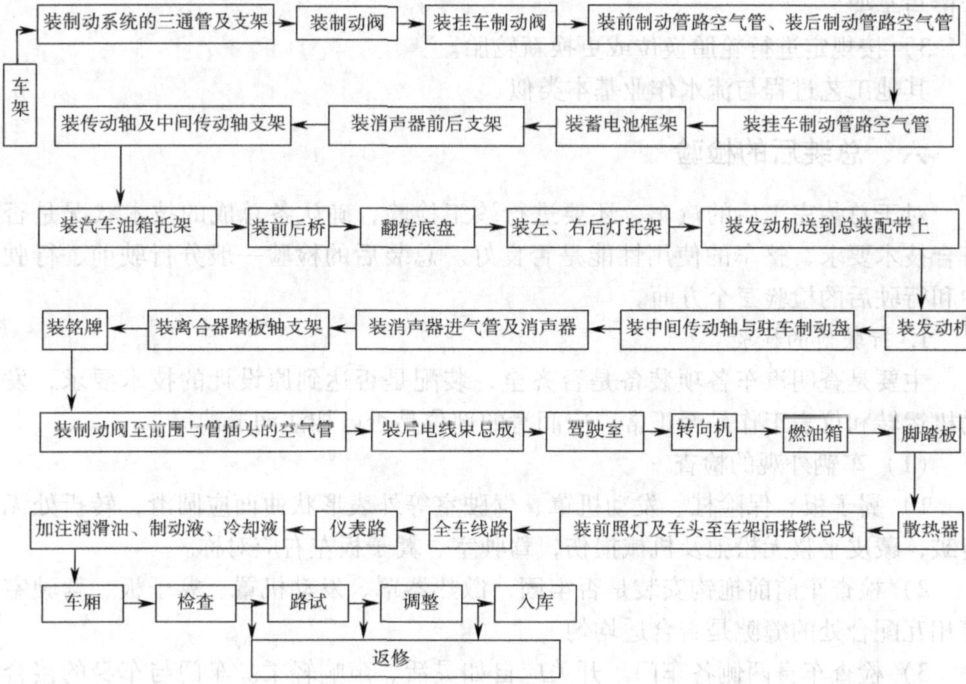

图 10-2　整车装配顺序

四、装配的注意事项

1）对于长圆孔连接件，一般要加平垫片，且平垫片放于长圆孔一侧。

2）对于超过四个孔的连接件，需进行对角紧固，最先紧固的螺母最后还应复紧。

3）对于圆孔与长圆孔同时存在的工件，应先紧固圆孔端，后紧固长圆孔端。

4）为保证整车美观性，管束与电线束应避免交叉。

5）管线束过梁或刚与梁接触时，必须用护套或蛇形护套。

五、载重汽车固定作业总装工艺过程简介

载重汽车固定作业总装工艺过程与流水作业总装工艺过程的区别如下：

1）车架经过修整、除锈、喷漆后平放在支承架上，安装液压制动装置，安

装制动管路、装制动总泵（或装贮气筒与控制阀）、全车电气主线束、其他附件等。

2）前后桥的装配是把装有轮胎和钢板弹簧的前后桥推至车架下面，连接前后桥与车架。

3）按规定进行轮胎换位或更换新轮胎。

其他工艺过程与流水作业基本类似。

六、总装后的检验

对于总装完工后的汽车，还要进行竣工检验，确认各总成的技术状况是否符合技术要求，整车的使用性能是否良好。总装后的检验一般分行驶前、行驶中和行驶后的检验三个方面。

1. 行驶前的检验

主要是查明汽车各项装备是否齐全，装配是否达到原设计的技术要求，发动机运转和仪表工作是否正常，应润滑的部位是否已加注润滑油等。

（1）车辆外观的检查

1）翼子板、保险杠、发动机罩、驾驶室等外表形状曲面应圆滑，转折处无折皱，蒙皮平整无松弛及机械损伤，驾驶室、翼子板左右应对称。

2）检查车前前拖钩安装是否牢固，散热器罩、发动机罩、翼子板、驾驶室等相互配合处的缝隙是否合适均匀。

3）检查车身两侧各车门。开关应自如灵活、声响轻柔。车门与车身的接合应严密，密封条接缝处不宜太大。车门玻璃升降应轻松自如，不应有沉重的感觉和异响。

4）检查油箱、蓄电池架、备胎架安装是否牢固。

5）检查新喷漆的车辆的漆层有无裂纹、起泡、流痕、皱纹、斑点等缺陷。

6）对车辆进行雨淋试验，检查风窗玻璃、车门玻璃等处有无漏水、渗水现象。

（2）车下的检查

1）从车下检查转向机、制动总泵等安装是否牢固。

2）检查变速器、后桥壳内油平面是否符合规定。检查下曲轴箱、变速器、制动总泵等处有无漏出或溅上的痕迹。

3）检查钢板弹簧各片是否错位，U 形螺栓是否紧固，管路、电线等是否装卡可靠，铆钉是否松动。

（3）发动机盖的检查

1）检查发动机盖开启、关闭是否灵活，支承是否可靠。发动机附件是否齐全完好，风扇带松紧是否合适，进水管、进油管的卡箍是否紧固，电器插头和真空软管是否安装到位，线束走向是否合理、明确。

2）检查冷却液、制动液和机油液面是否合乎标准，各处有无漏水漏油现象。

（4）驾驶室内的检查

1）制动踏板、加速踏板的高度应符合要求，不合适时应进行调整；驻车制动操纵杆拉到底应为3~5响（即棘爪在扇形齿板上移动3~5齿），不符合要求时应予以调整。

2）检查风窗玻璃的支承结构是否可靠。玻璃关闭应严密，不漏水，驾驶室通风、暖气等装置应完好。

3）检查喇叭、仪表、灯光、信号标志是否齐全，工作是否可靠，检查散热器百叶窗开关是否灵活、到位，转向盘游隙是否符合要求。

4）扳动变速杆，检查其摆动量，观察变速杆是否能轻便地挂入相应挡位。

5）检查座椅前后移动是否轻松、到位，座椅靠背仰角是否符合要求。

（5）发动机运转情况的检查　起动发动机，检查怠速转速和点火正时是否正常；观察尾气有无冒黑烟或蓝烟等不良现象，调整发动机到正常状态。

（6）车轮的检查

1）用气压表检查轮胎气压是否正常。

2）检查前轮前束是否符合规定。

3）顶起前桥转动转向盘，检查前轮转向角度是否达到要求；轮胎是否有与横拉杆、钢板弹簧、翼子板等的碰擦。

4）顶起后桥转动车轮，检查制动毂是否与制动蹄片摩擦；用手摆动轮胎，检查万向节销及轮毂轴承等有无间隙过大现象；驱动车轮旋转，检查其有无摇摆现象。

2. 行驶中的检验

检验的主要目的是考查底盘各总成工作是否正常。行驶时一般应装载额定载质量的75%进行试验，如果没有难以确定的故障，行驶速度一般不超过30km/h，但也不应少于使车辆运转部分达到正常温度的速度，行驶速度以不超过30km/h为宜。

1）行驶起步前，应使发动机达到正常工作温度，检查仪表和信号装置。观察发动机运转是否符合使用要求。

2）起步时，离合器结合应平稳可靠，无发抖、打滑、响声等现象；换挡时，离合器分离应彻底、操纵轻便。

3）低速行驶2~3km，使底盘各运转部分温度逐渐升高，润滑正常，注意各部分有无异常响声，轻踩一下制动踏板检查制动装置是否有效，然后提高车速，检查转向是否轻便灵活，有无跑偏、单边重及摆头现象。

4）选择适当场地试验车辆最小转弯半径。

5）在加速及减速中仔细听变速器、分动器、传动轴、主减速器和差速器等处有无响声，察听响声时应注意：

① 在不同挡位不同稳定车速情况下，允许齿轮有不同的轻微响声。

② 在低挡位，车速突然变化时，允许齿轮有瞬间的撞击声。

③ 传动轴在正常行驶时，不应有响声，但在行驶力不足而来不及换入低速挡时，允许有轻微的响声。

④ 前桥等速万向节在车辆作最大转弯时允许有响声。

⑤ 检验车辆的滑行性能。汽车空载行驶，速度为30km/h，滑行距离应不少于220m。

⑥ 加速性能试验。带限速位置的汽车，以直接挡空载行驶，从初速20km/h加速到40km/h的时间应符合规定。

⑦ 检验车辆的制动性能。路试时，小型车空载以30km/h运行，踏板力为350N（有加力装置）的制动距离不大于6.2m。中型车以20km/h行驶，踏板力为600N（无加力装置）时的制动距离不大于3.0m。对驻车制动装置的制动性能要求是：在车速不超过15km/h时，缓缓拉动驻车制动操纵杆，应能使车辆制动，或在20°~30°的坡道上能使车辆制动而不下滑。

⑧ 路试中还应注意车身等处有无松动响声，门窗等开关机构是否牢靠。

⑨ 必要时，行驶中应停车检查变速器、主减速器，油温不应超过70.6℃（气温不超过35℃时）；检查传动轴油封、轮毂轴承等处温度是否过高，用手摸上述各部位不应烫手，在使用制动后，制动毂不应发烫。检查各处有无漏油、漏水现象。

3. 行驶后的检验

主要检查车辆经过行驶运转、道路颠簸振动后，各部件温度是否正常，有无漏水、漏油、松动、脱落或其他异常故障。

第三节 轿车总装工艺过程

一、一般轿车总装配线的构成及其特点

1. 总装配线的构成

一般轿车装配线采用流水线作业方式，它由一次内饰线、底盘线、动力线、分发线及二次内饰线5条主装配线和仪表分装、门托架总成分装、保险杠分装、后桥分装、前桥分装及后悬架分装6条分装线构成。为保证总装配的质量，在总装配线的末端设有检测线，以有效地监测产品质量。该总装配线的工艺流程

如图 10-3 所示。

2. 轿车总装配线的特点

图 10-3 所示的各主装线与分装线有序构成总装配流水线，按图中箭头方向及既定的生产节拍有序地进行装配。为满足大批量生产和高效率装配的要求，轿车总装配线具有自动化程度高、节拍快、配置要求高和质量要求严的特点。此外，为适应不同车型的生产，总装配线还应具有调整方便的柔性特征。

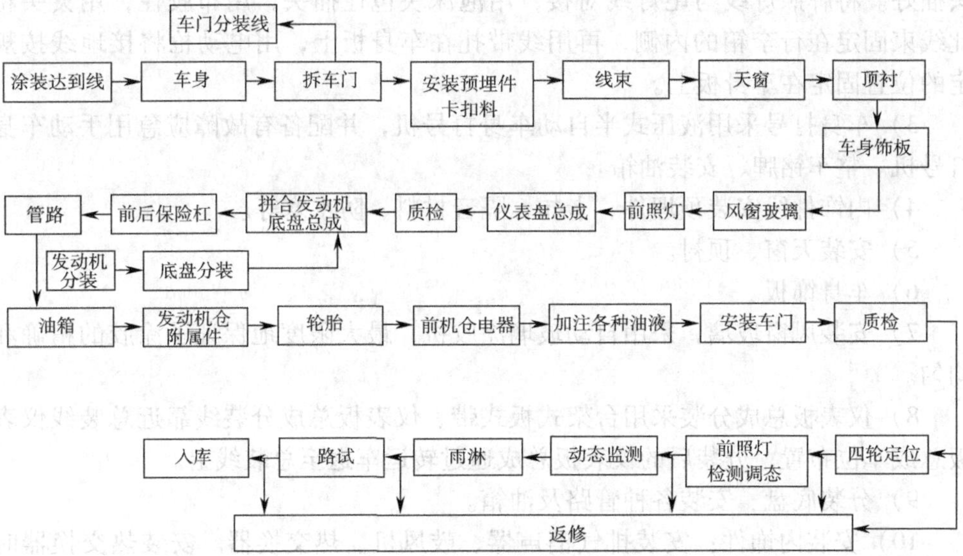

图 10-3　汽车总装配线的工艺流程

3. 轿车总装配线配置的专用设备

为了提高装配效率和产品质量，并降低工人的劳动强度，整个总装配线配置了专用设备及器具、机器人作业等。

二、轿车流水作业装配的主要流程

1）总装车间与涂装车间平行对接，油漆后的车身总成通过空中过廊输送给总装车间。

2）拆卸车门、安装各种管路、线束装配。

① 左线束装配：从烘箱中取出左线束，将它穿过脚踏板，压入橡胶塞，固定在轮罩和纵梁上，然后将左线束穿出横梁用夹头夹紧，然后插入继电器。

② 右线束装配：从烘箱中取出右线束，拿起右线束穿出加强板及踏板孔压入橡胶圈，拿出右线束的两根分支，穿过左加强板和左线束一起敷设好，将右线束按规定的走向固定在周围和蓄电池支架上。

③ 牌照灯线束装配：将后牌照灯线从行李箱盖的加强板空腔内穿出，按规定的路线塞入软管。

④ 后灯线束装配：现将尾灯线束的一端放入行李箱内，另一端放在车身内，将车身内的尾灯线按规定的走向敷设好，在中柱和后柱之间用夹头将线束固定在车身的铆钉上，前柱端用夹头将线束压入车身孔内。将行李箱内的尾灯线按规定的走向敷设好，然后用夹头夹紧，将尾灯线的一个分支与后风窗加热线插头插好。将牌照灯线与尾灯线对接，用泡沫块包住插头，用布胶住，用夹头将此线束固定在行李箱的内侧，再用线带扎在车身板上，用电动枪将接地线按规定的位置固定在车身板上。

3）车身打号采用液压式半自动车身打号机，并配备有故障应急用手动车身打号机。整车铭牌、安装油箱。

4）内饰件线安装预埋件、卡扣、隔音材料、防水塞等。

5）安装天窗、顶衬。

6）车身饰板。

7）安装风窗玻璃，采用自动玻璃涂胶机，最大限度地保证了涂胶的精确和均匀。

8）仪表板总成分装采用台架式板式带、仪表板总成分装线靠近总装线仪表板总成车位布置，分装后的仪表板总成通过转运车送至总装线上。

9）分装底盘、安装各种管路及油箱。

10）安装内饰件：安装排气消声器、鼓风机、热交换器。安装热交换器时先将电阻线装入热交换器中，将热交换器放入安装孔用螺钉将其固定。涂上干油套入进回水管，然后将橡胶圈压入安装孔。安装鼓风机时先将鼓风机放入热交换器压紧，把电阻器支架用螺钉固定在车身上，装入支架，然后将电阻器与鼓风机插头插紧。

11）拼合发动机（图10-4）：来自发动机分装线的发动机动力总成与车身拼合。

12）安装前后保险杠。

13）车轮总成分装。车轮总成分装采用自动、半自动及手工相结合的连续流水装配输送线，车轮气嘴总成压装采用气动压装机，并配备有备用车轮气嘴压装专用工具。进入车轮装配机的轮辋经自动喷润滑液润滑后与进入的轮胎总成进行自动辊套装，合装后的车轮总成快速推送到下一工位，并由快速充气机自动快速充气。分装后的车轮总成通过车轮分配器将每辆车所装的5个车轮自动按装配节奏分配到位。车轮总成在总装线上的装配采用4头电动定值定矩组合扳手，另外在总装线上装动力总成及后轴等重要车位时，配有多台由SPC力矩控制系统控制的电动螺栓拧紧机。

图 10-4　发动机预装

14）起动电动机线束总成安装。先安装蓄电池线束和发电机线束，敷设好后套上螺栓，拧紧，将起动电动机线束敷设好，插入接线柱压紧，整理线束绕好，螺母紧固后不松动，力矩值为（20 ±3）N · m。

15）安装空调机。

16）中央电器装配。先将左面的扬声器线束插上插头，敷设在方向机横梁上，将线束从支架内拉出，拉出阻风门拉绳，放在仪表板支架上，然后插接尾灯线束，插接发电机线束，装保护板和速度螺母，将毛毡粘贴在支架上，在方向机横梁上穿上电线带，紧固尾灯线束，敷设中央电器，固定前照灯线束，插放 28 孔插头插接中央电器接地线，对接发动机室和中央电器线束，将尾灯线束和发动机室线束插入中央电器，将热交换器和中央电器线束插接，插阻风门插头，插冷暖开关拉绳，安装中央电器，用螺钉紧固，插接热交换器插头并扎牢固加速节气门，踏板插头接烟灰缸灯线插头，在横梁上插右侧电线扎带，敷设扬声器与蒸发器线束并扎紧。

17）总装线上整车各种介质的加注，如制动液、冷却液、风窗玻璃清洗液等燃油加注采用电动计量加油机。

18）安装来自车门分装线的车门总成。

19）质量检验：先将电源与汽车上的电缆线的插头接上。先检查收音机、警告灯、停车灯、顶灯、前照灯，打开点火开关，检查刮水器电动机快、慢及间隙挡的作用，鼓风机的作用，1、2、3、4 挡及转向开关的作用，检查制动雾灯、夜行灯、牌照灯的作用，检查风窗加热、助车制动灯、仪表照明灯及可调节开关的作用。对豪华车要检查收音机的喇叭，电动摇窗及闭锁的作用。

检查倒车灯、收音机前喇叭、蓄电池指示灯、机油警告灯的作用，检查发电机及起动电动机的作用，检查汽车喇叭的作用，检查点烟器及点烟器灯、烟灰盒灯的作用。

三、调试与校正

总装车间检测、调整的仪器设备主要有：车轮定位调整设备、双轴转鼓试验台、前照灯光束调整仪、怠速调整仪、正时调整仪、废气排放调整设备和雨淋设备等。

整车通过预热运转后进入车速制动试验台，高速模拟对速度表进行检验，并做全惯性制动试验，分别测量四个车轮的制动性能和制动力，再经过怠速运转、排气分析等检测。

1. 车轮前束调整

先用转向盘定位支架将转向盘定住，然后调整前轮前束，用扳手松开横拉杆螺母，看表读数到了规定数值后拧紧。紧固螺母力矩值为 36 ~ 46N · m，并做色标。紧固螺母力矩值为（65 ± 5）N · m 后松开摇臂螺母，观察表读数到规定值后拧紧螺母，定值做色标，然后卸下夹具。

2. 前照灯灯光调整

先将校准仪拉到车前，然后调整前照灯的灯光，使在校准仪屏幕上的明暗界符合要求，不能外露。

3. 路试

开出总装车间进行 100% 的路试，总装厂房与停车场之间设有封闭式汽车试车跑道，该试车跑道分别由试车准备路、扭曲路、波峰路、弯路、搓板路、振动路、故障分析路及停车检查路组成，国际标准试车跑道路谱长度为 911m。

4. 淋雨试验

经过路试的整车驶回总装车间，进行 100% 的密封性淋雨试验。经过密封性淋雨试验的整车进入终检线，对整车的内外观进行最终的装配完整性检查，并进行整理及修饰，合格的轿车发放合格证发往停车场。有故障的轿车区别于不同的返修项目送往返修工作地进行返修。

除上述装配工作的基本内容外，部件或总成乃至整车运转、油漆、包装等也属于装配工作，应予以合理安排。

第四节　汽车总装工艺装备、常用工具及吊具

在汽车制造企业中，汽车装配技术水平直接影响汽车产品质量及使用寿命。流水装配线工艺装备是影响汽车产品质量的主要因素之一。

一、汽车装配生产线

汽车装配生产线一般是指由输送设备（空中悬挂输送设备和地面输送设备）和专用设备（如举升、翻转、加注设备、助力机械手、检测、螺栓螺母的紧固设备等）构成的一条装配工艺线。

二、汽车装配线工艺装备

汽车装配线工艺装备主要分为六大类：输送设备、加注设备、螺栓紧固设备和专用装配设备、检测与调整设备、质量控制设备。

根据车身承载方式的不同，采用的装配线形式也有所不同。

1. 输送设备

典型的轿车装配线包括内饰、底盘、最终装配三大主线和一些离线的模块分装线，如车门、仪表板、动力总成合装等。

目前轿车装配线的典型选型为内饰线采用地面滑板输送系统，底盘线采用空中悬挂积放链反向滑板等，最终装配线采用宽板链或者双窄板链。车门分装线多采用空中悬挂积放链等。动力总成模块合装线采用地拖链、电动轨道小车等。

2. 加注设备

防冻液、制动液、助力转向液、制冷剂等在轿车装配中，普遍采用具有抽真空、自动检漏、自动定量加注、ATF 油加注机等功能的加注机，其他如燃油、洗涤液、机油等采用普通定量加注机。

1）发动机冷却液加注设备是液面控制型自动加注设备，用于加注发动机冷却液，同时可检测系统的密封性和排出系统中的空气。

2）空调制冷剂加注设备用于加注空调制冷剂，同时可检测系统的密封性和排出系统中的空气和水蒸气。

3）螺栓紧固设备和专用装配设备

（1）螺栓紧固设备　总装配厂使用的扳手主要有四种：电动扳手、气动扳手、测力扳手和伺服扳手。其使用情况和范围见表10-1。

表10-1　扳手的使用情况和范围

使用工位	力矩控制范围	拧紧力矩	使用扳手种类
普通的螺纹连接	±25%以内	较小	电动扳手
普通的螺纹连接	±25%以内	较大	气动扳手
安全项、法规项或控制项的螺纹连接	±10%以内	较大	气动扳手拧紧后再使用测力扳手校核
重要的安全项、法规项或控制项的螺纹连接	±10%以内甚至更小的情况下	很大	伺服扳手

汽车装配生产线普遍使用电动扳手、气动扳手、测力扳手和伺服扳手，在生产线上伺服扳手就有几十处在使用。伺服扳手不仅控制螺纹拧紧结束时的力矩值，而且检测螺纹连接角度，可以对螺纹拧紧的全过程进行监控，保证了这些重要的安全项、法规项或控制项的螺纹连接的产品设计要求。每次拧紧后打印出报告单，保证了质量控制的可追溯性。还可以定期输出统计结果，为工艺、质量部门提供分析依据。

关键部件的螺栓一般采用电动拧紧机，也可以有效地控制拧紧力矩，监控拧紧过程。

（2）专用装配设备　包括电脑激光刻录机；打号机；天窗装配辅具；AGV小车；下臂拧紧机；减振叉装配机；螺旋弹簧压装机；前悬架压装机；后悬架装配机；自动玻璃涂胶机。

1）自动玻璃涂胶机是数控自动设备，可用于进行前风窗玻璃、后风窗玻璃（二厢车和三厢车）、左右三角窗玻璃的涂胶。玻璃涂胶机的涂胶嘴有五个自由度，即垂直方向（Z）、水平横向（X）、水平纵向（Y）、自身轴向（W）和摆动方向（A），分别由五个位控（轴控）伺服电动机控制。

2）前悬架压装机是压装自动设备，用于安装前悬架限位块和弹簧托盘。

3）自动导向小车（AGV）：AGV是一种电动无人驾驶车辆系统，可预先输入程序选择移动路线及其停靠位置，通过中央计算机对每辆小车的微处理机进行控制和指挥，使AGV自动地把物件（料）在准确的时间内由仓库（或物件存放位置）输送到生产车间各个预定的卸货点。

3. 检测与调整设备

（1）主要在线检测设备

1）仪表板电检设备：在分装结束后，检查仪表板的电气安装质量。

2）电气检查设备：检查电气件的安装质量。

3）燃油系高压密封检查设备：在机械合装线合装前，检查电喷型发动机燃油系的安装质量。

4）燃油系密封性检查设备：在加注燃油前，检查发动机燃油系的安装质量。

5）冷却系密封性检查设备：在加注冷却液前，检查发动机冷却系的安装质量。

6）变速器容积检查设备：在加注变速器油前，检查变速器的容积。

在装配过程中，这些设备用于检查汽车装配的安装质量。这些设备可以模拟尚未装配的各个系统部分，用于检查电气线路的连续性，电气接点的对应性，以及某些电气件的主要功能，能够及时发现偶然出现的装配缺陷，及时处理而不遗留到下道工序，大大减少返工量。

在发动机、变速器、发动机冷却系统、助力转向系统、制动系统和空调系统的加注设备中均有密封检测装置，在加注前，对这些总成或系统的安装质量及总体质量进行检测。

（2）整车综合性能检测设备　用于全面检测汽车的各项整车性能，验证生产出厂的汽车是否达到有关国家标准和企业标准的要求。

检测设备包括：制动试验台检测汽车制动力；车速表校验台校验汽车车速表；怠速排放调整仪；前照灯调整仪；整车电检设备；侧滑试验台检测汽车轮胎侧滑量；转毂试验台检测多项汽车性能；检测发动机怠速排放性能；淋雨间检测整车密封性。

（3）出厂检测线专用设备　一般由侧滑试验台、转向试验台、前照灯检测仪、制动试验台、车速表试验台、尾气分析仪、底盘检查等设备组成。对于独立悬挂的车辆，还应配置车轮定位仪。

（4）调整设备　车轮定位调整设备检测车轮定位参数，并且调整前轮前束，双轴转鼓试验台、前照灯光束调整仪检测汽车前照灯光，并且调整前照灯光轴角，怠速调整仪检测并调整发动机怠速状况，正时调整仪用于检查调整发动机点火正时角，废气排放调整设备和雨淋设备等。

前束调整台位于地面线上，用于检测车轮定位参数，包括：车身轴线偏移角、左右后轮的前束、左右前轮的前束和外倾角，还用于调整左右前轮的前束。操作过程如下：选择汽车代码，将汽车驶上调整台→转向盘定位→车身自动定位对中→测量各车轮定位参数→地沟中的操作工在仪表指示下进行前束调整→连续测量各车轮定位参数→确认测量调整结束→将汽车驶出调整台。

多功能转毂试验台位于地面线上，用于模拟路面，检测汽车的各项动态性能。如：发动机功率测试，变速器换挡测试，行车制动力测试，驻车制动力测试，倒挡测试，车速表测试等。还能以此设备为平台，利用某些电子附件，进行汽车电控系统的测试。如：发动机电控汽油喷射和电子点火系统，自动变速器电控系统，ABS 系统等。

4. 质量控制设备

Andon 系统是一套专门为汽车装配线设计的综合性信息管理和控制系统，它是一个声光多媒体的多重自动化控制系统，是汽车生产线中不可缺少的一部分。系统能够收集生产线上有关设备、生产以及管理的信息，在对这些信息进行处理之后，Andon 系统控制分布在整个车间的指示灯和声音报警系统。

三、以车架为装配基础的工艺装备

因为车身承载形式的差异，整车的内饰和底盘装配是分开单独进行的。装配的顺序是先完成车架的预装，装配前后桥及传动轴等，由翻转机完成车架翻转，然后安装发动机变速器总成，装驾驶室内饰总成，装车轮、油水加注等。内饰线采用宽板链或者滑板输送机，它具有良好的接近性。关键部件的螺栓一般采用电动拧紧机，可以有效地控制拧紧力矩，监控拧紧过程。专用设备包括大量使用的助力机械手和机器人，既降低工人的劳动强度，又保证了装配质量。机械手主要应用在拆装车门、座椅安装、轮胎安装等；机器人主要应用于风窗玻璃自动涂胶。

复习思考题

1. 什么是汽车总装配？它有几种生产组织形式？
2. 什么是流水作业法？按照流水作业法实现汽车总装配应该具备哪些条件？
3. 工艺卡应该包含哪些主要内容？
4. 试述汽车总装配的一般步骤。
5. 工时定额如何确定？
6. 装配单元系统图的作用是什么？
7. 汽车总装配有哪些环节？
8. 试述汽车总装配的一般技术要求。
9. 载重汽车流水作业总装工艺过程中为什么以车架作为装配基础？选择其他零部件行不行？为什么？
10. 载重汽车离合器自由行程一般是多少？过大过小时如何调整？
11. 制动踏板的调整标准是什么？
12. 试述转向盘自由转动量检查与调整的方法和步骤。
13. 节气门拉索操纵机构的调整步骤有哪些？
14. 检验车辆的制动性能，路试时，对不同车型的技术要求有哪些？

15. 汽车空载行驶，速度为 30km/h 时，滑行距离应不少于多少？
16. 轿车总装配线的特点有哪些？
17. 如何进行中央电器的装配？
18. 汽车装配线工艺装备主要有哪些？
19. 汽车装配生产线普遍使用几种扳手？
20. 伺服扳手的作用是什么？
21. AGV 小车的作用是什么？
22. 用前束调整台调整哪些内容？

第十一章

管　理

第一节　汽车装配的物流管理

一、概述

在汽车制造企业中，生产汽车需要将零部件、组合件、金属材料和非金属材料等进行装配，这些零部件、组合件、金属材料和非金属材料是由本厂和相关配套厂家生产的，有一些厂家与汽车制造厂有较远的距离。为满足汽车生产厂生产的需要，就要把制造汽车的零部件、组合件、金属材料和非金属材料输送到汽车制造厂，这个过程包括运输、保管、包装、装卸搬运、流通加工等物资流通活动以及有关物流的信息活动。所以，物流是物质资料从供应者向需要者的物理性流动，是创造时间性、场所性价值的经济活动。

一般来说，不管企业大小，也不管是哪一类企业，归纳起来，物流有两类最基本的运动，即物质流动和信息流，由此而构成生产的各项活动。信息流是综合物流活动的资料、计划、统计的数据并以编制的表格、图表、图像等为信息载体，通过信息量值的规划、协调，使物流量在方向、速度、目标方面按确定的时间、空间、地点、路线进行运动，达到动态平衡，从而取得高质量、低成本的效应。因此，信息流是否畅通，传递是否及时、准确是物流系统运转的关键。例如，仓库内某种物资的储备已超过或低于限额，如这一信息不及时向供应部门传递，就可能造成物资的积压或停工待料。总之，物流和信息流是密不可分的。

二、物流的组成及功能

物流的组成如图 11-1 所示。

（1）运输　运输的任务是将物料进行空间移动。运输过程不改变物品的形态及性质，也不增加数量，主要是实现物料从供应地向需要地的空间距离的传送。运输可以是城市间的运输、城市内的运输、工厂内部的运输等。

（2）保管　保管包括物料的堆存、管理、保养、维护等活动，目的是克服

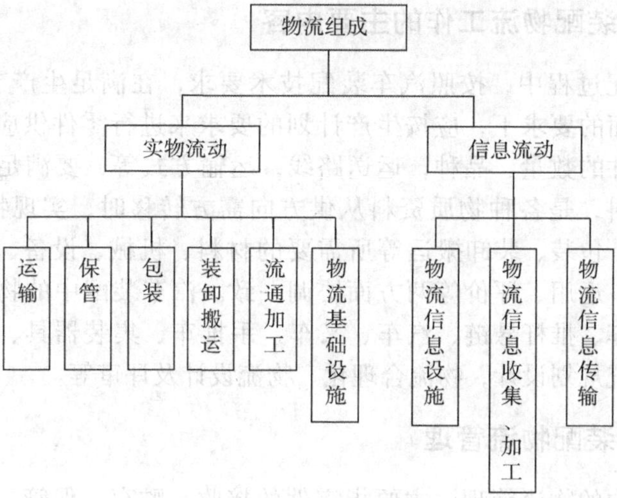

图 11-1 物流组成

供应与使用在时间上的差异，是物流的重要组成部分。保管需要配置存放物品的场地、仓库或露天堆场，并由人来管理。例如，汽车装配是按一定的工艺过程和生产节拍来组织生产的，不可能把几万个零件在同一时间、同一地点组装完成，因此必须配置仓库，存放各种规格、型号的零部件，然后按一定的顺序和时间向总装配线的各个工位送货，完成汽车的装配。

（3）包装　为保证产品完好地送到消费者手中，大多数需要不同方式、不同程度的包装。包装分为商品包装和工业包装。

（4）装卸搬运　装卸搬运是运输和保管过程中产生的物流活动。把物料装到运输工具上运送到目的地后，再把物料卸下来，然后存储在仓库里保管或运送到装配生产线。因此目前这一过程已逐步为人们所重视，并采取了包括严格确定装卸作业方式，搬运机械的选择及合理配置，集装化、单元化运输等措施。

（5）流通加工　流通企业或生产企业在为用户提供商品时，为了弥补生产过程中的不足，往往需要在物流过程中进行一些辅助性的加工活动。

（6）物流信息　对工厂而言，物流信息包括了原材料、毛坯、协作配套件的采购、供应、贮存、运输等状况，以及反映物流动态的资料，如物料品种及数量、库存量、供货品种及数量、送至哪个工位、何时送、何种方式送等。物流信息是支撑和指挥生产正常进行的条件，对实现系统功能有重大影响，同物流活动密切相关，应该引起高度重视，而且应在发展生产的同时，开发出适用于本厂的采购、供应、生产、销售等经营活动的信息网络系统，促进生产的发展。

三、汽车装配物流工作的主要内容

在汽车装配过程中，按照汽车装配技术要求，在满足生产节拍、载重量、周围环境等方面的要求下，应按生产计划的要求来进行零件供应。零件的供应计划，供应零件的数量、品种，运送路线，运输方式等，要满足汽车装配工艺规程，具体地讲，是各种物质资料从供方向需方转移时，实现物流各种功能，如运输、保管、包装、装卸搬运等所需要的材料、机械、设备、器具、设施等和信息、计划、运用、评价等两方面协调一致。汽车装配中的物流包括各种运输链，各种天车、推杆悬链、汽车、叉车、手推车、集装器具、各类设施设备等以及物流系统规划设计，物流合理化、物流设计及评审等。

四、汽车装配物流管理

汽车装配中的物流管理，主要指零件的接收、贮存、保管、供应以及装配过程中零件的上线计划，制定零件供应路线，运输车辆的配置及管理，计划变更的执行，为装配服务的各物流部门关系的协调等。因此物流管理是指在装配生产中与汽车和其他物流活动进行的综合性业务管理，主要职能有：

1）编制各种零件供应计划。

2）各类人员（仓库、运输、现场管理人员）教育及业务培训。

3）集装器具制造计划及管理办法。

4）车间或仓库平面布置的改进。

5）控制和调整实际的物流活动。

6）分析、设计和改进物流系统。

7）研究为客户服务的水平，编制订货条件。

8）确定恰当的搬运方式和路线。

9）物流信息收集、整理和传输。

总之，物流管理人员首先要理解物流设计的思路，在实施和推进中加以贯彻。

五、物流在汽车装配中的地位与作用

物流是汽车装配生产组织的重要手段。它不是一门孤立的学科，同生产、技术、质量、设备及人员的管理密切相关。

1）物流是汽车装配必备的条件和前提，一辆汽车是由本厂生产的零部件及分布在全国各地制造厂家生产的千余种、数万个零件装配而成的。只有当这些零件全部集中到一起，再按汽车装配顺序和生产节拍要求，将其送到相应的工位，然后才能装配成汽车。

2）物流贯穿于汽车装配的全过程。顺畅的零件配送，协调的配合，是汽车装配速度和质量的重要保证。由于物流不畅或者停滞，零件供应不上，或者不能按生产节拍的要求及时到达工位，都会造成汽车装配停线，或延缓装车的速度。如果供应的零件在运输及保管过程中，出现磕碰划伤甚至变形，最终不仅影响产量而且影响质量。因此，物流对汽车装配生产自始至终都起到既保证装配的速度又保证质量的重要作用。

3）新物流技术的应用促进了汽车装配工艺水平的提高，采用积放式贮运系统，节拍同步，即能满足生产节拍的要求，又要做到有一定的储备。该系统具有积放功能，在贮存的同时又能保证有规律地供货。

4）对于高度自动化工厂以及汽车装配厂，如何在节约用材、降低能耗的同时，以机械化、自动化代替繁重的体力劳动，稳定操作质量，防止人为事故的发生，使物流合理化，是企业创造效益研究的重要课题之一。

第二节　生产管理

一、企业的概念

企业是指从事生产、流通、服务等经济活动，以产品或劳动服务满足社会需要并获得盈利，自主经营，自负盈亏，依法设立的经济组织，是社会经济的基本单位。企业具有的特点是以盈利为目的，企业是具有法人资格的经济组织，企业是现代社会经济的基本单位。

二、企业的分类

1）按生产资料所有制分，有全民所有制（国有企业）、集体所有制企业、私营企业、外资企业。

2）按资源密集程度分，有劳动密集型企业、资金密集型企业、知识技术密集型企业。

3）按经营方向、技术基础分，有工业企业、农业企业、运输企业、建筑安装企业、邮政电信企业、商业企业、旅游企业、金融企业。

三、企业生产组织

生产过程的组织是企业内部的工作，它必须与外界需求相适应，使生产过程保持连续性、比例性、平行性、均衡性（节奏性）和准时性。生产过程的组织包括生产过程的空间组织和时间组织。

1. 生产过程的空间组织

生产过程的空间组织是指对车间、工作中心和设备进行布置，以确保系统中工作流程的畅通，它是企业生产管理的重要内容。

1）企业的生产对象、生产方法不同，企业产品生产单位的构成也不同。

2）企业的基本生产单位，如准备车间、加工车间、装配车间等。

3）辅助生产单位是为基本生产单位提供辅助产品或劳务的生产单位，如辅助车间、动力部门等。

4）生产服务单位是为基本生产和辅助生产服务的单位，如运输部门、仓库、检验与计量部门。

2. 生产单位的布置类型

1）按产品原则布置是指使大量产品顺利且迅速地通过系统。

2）按工艺原则布置是指加工或提供涉及许多工艺要求的产品服务，把相同或相似的加工作业放在一起，组成一个生产单位。如机械制造企业机加车间、冲压车间、热处理车间和总装配车间。

3）厂区总平面布置是按经济原则、工艺原则和安全、环保原则进行厂区平面布置。

4）车间布置是指车间内各组成部分和设备的布置。

3. 生产过程的时间组织

时间组织的目的是实现有节奏的连续生产，提高劳动生产率和设备利用率，缩短生产周期。生产过程时间上的衔接，主要反映在加工对象在生产过程各工艺之间的移动方式这一特点上。

四、车间管理

车间是工业企业中直接从事生产经营活动的一级生产单位和管理单位，车间生产活动的正常进行取决于车间的科学管理。

1. 企业车间管理

企业车间管理就是对车间的生产活动所进行的计划、组织、指挥与协调等一系列工作，它是企业管理的基础工作，其目的是贯彻执行企业下达的各项生产任务，不断提高产品质量，保证安全生产，进行车间内部经济核算，降低产品成本。

2. 车间管理的内容

车间管理的内容包括：计划管理、生产管理、设备和工具管理（组织管理、经济管理、质量管理、技术管理、物料管理、劳动管理等）。

（1）车间计划管理

1）概述。所谓计划，就是为了达到一定目标而对未来活动做出的决策及安排，可以认为计划是科学、及时地预测、执行未来行动的方案。计划行为一般包括：预测、建立目标、拟定计划、编制预算、制定方法、制定政策等。计划管理对于车间来说，就是用计划来管理车间的生产经营活动。

2）计划的编制、执行与检查。

a. 计划的编制。应以企业计划指标为目标，以职工技术水平和工艺装备为基础来编制。一般计划用滚动式计划法来编制。

b. 计划的执行。常采用统计方法和会计核算制度监督计划的执行情况，及时发现计划执行过程中出现的问题，及时采取相应措施，保证计划的顺利完成。

c. 计划的检查。计划要经过经常的检查来控制计划的执行及结果，并取得反馈意见，采取措施。检查时应首先检查指标完成的结果，并对结果进行评价，根据评价采取接施，纠正偏差。还可用网络计划技术进行系统控制，检查每个环节的计划执行情况。

3）车间目标管理。车间目标管理是车间全面计划管理的有效办法，是组织执行计划的有力手段。车间目标管理能把车间的责任目标分解到班组，落实到个人，实行自我控制，发挥群体精神。

4）网络计划技术。网络计划技术是一种进行计划管理的科学方法，其基本原理是利用网络图来表达计划任务的进度安排及各项工作的相互联系，在此基础上计算网络时间，确定关键工序和关键路线。

（2）车间生产管理 车间生产管理是对企业日常生产活动的计划、组织和控制，是和产品生产有关的各项管理工作的总称，是企业管理的重要组成部分。

1）生产过程组织管理。生产过程在组织时要求生产过程要连续、平行（各阶段、各工序的平行作业）、协调有节奏（均匀性），保证经济性。生产过程组织的目的是在于合理、科学地安排生产，做到人力、物力（设备）不浪费，提高劳动生产率，缩短生产周期，降低成本，减少资金占用，按期、保质、保量完成计划。

2）生产作业控制。生产作业控制是在生产作业计划的执行过程中，对有关产品（零部件）的生产数量、进度进行控制。通过控制可以采取有效措施预防和纠正可能发生或已经发生的脱离计划的偏差，保证计划的如期实现。

a. 生产进度控制。一般包括投入进度控制、出产进度控制和工序进度控制。

b. 在制品占用量控制。在制品占用量控制是对生产过程中各个环节的在制品实物与账目进行控制。控制车间内各工序之间在制品的流转。控制跨车间协作工序在制品的流转。检查站对在制品流转的控制。

3）生产控制。生产控制是对车间生产过程中执行作业计划所进行的监督、检查、调节、校正等工作。车间生产控制的主要工作有生产调度、作业核算和作业分析。

a. 生产调度。生产调度是在日常生产活动中，按生产作业计划要求，对企业生产过程进行的控制和管理。工作内容包括：督促做好生产技术准备，合理分配劳动力，控制生产过程中的物资供应，检查生产设备的运转和保养维修情况，调整和检查厂内运输情况。

b. 作业核算。包括产品及零件的出产量和投入量（出产期和投入期）、完工进度、各环节完成的工作任务、生产工人及设备的利用率等。

c. 作业分析。作业分析是在对生产控制的要求、记录、核算后的工作，总结、分析指标完成情况，进行信息反馈，使之作为生产活动和调度的依据。

4）成组技术的应用。成组技术也叫群组技术（简称 GT），是一种建立在以相似性原理为基础的合理组织生产技术准备和产品生产过程的方法。成组接术的生产组织形式有：

a. 成组工艺中心：组织一些结构相似的零件在某一设备上统一加工。

b. 成组生产单元：组织一组或几组工艺相似的零件进行统一的工艺路线配备和布置设备。

c. 成组流水线：成组流水线是对具有流水生产特征的成组生产单元进行顺序加工，且各道工序的加工时间与流水节拍相等，用于成批生产。

（3）车间的设备管理

1）设备管理的目的。设备管理的目的就是要通过一系列的技术、经济、组织措施，使设备的数量、质量、技术、构成满足工艺要求，保证生产的正常进行，确保车间生产任务的完成和经济效益的提高。

车间设备管理的内容包括车间设备的验收、登记、建档、保管（迁移、调拨、封存和租借），设备的使用、保养、维护，设备的事故处理和分析，设备的报废、改造和更新，工人的培训，技术的交流等。

2）车间设备的维修。设备是车间生产活动的主要工具，是车间产品质量、产量的主要保证，所以车间必须重视设备管理，组织好设备的维修。设备的维修要求如下：

a. 以预防为主，维护保养与计划检修并重。

b. 专业修理人员（机修钳工）与普通工人相结合。

3）设备维修方法。主要的方法是将设备（发生事故后）按 P（生产）、Q（质量）、M（维修）、C（成本）、S（安全）5 个方面的影响程度大小分为重点设备（A）、次重点设备（B）、普通设备（C），来进行不同程度的维修管理，及时采取有效措施，认真填写检验卡，并做好维修记录的分析。设备的维修还包括做好设备的计划保修工作。

4）设备的保修计划。设备保修计划主要是确定计划内设备保养和修理的类别、日期、劳动量、修理需用材料、费用预算以及停机时间等。设备的保修计划包括年度、季度、月度的二级保养和大修（项修）计划。

第三节 质量管理

工序质量控制是指为把工序质量的波动限制在规定的界限内所进行的活动。工序质量控制是利用各种方法和统计工具判断和消除系统因素所造成的质量波动，以保证工序质量的波动限制在要求的界限内。

1. 工序质量控制

工序质量控制包括一般工序的质量控制和关键工序的质量控制。一般工序的质量控制可以通过工艺路线、工艺过程卡和工艺规程对工艺程序进行总体的安排；关键工序的质量控制则要进行深入的筹划，制定有针对性的质量控制计划。

2. 工序质量控制点

（1）工序质量控制点的作用和设置原则

1）使工序处于受控状态，在产品制造过程中，运用重点控制和预防为主的思想，控制关键质量特性值、关键部位、薄弱环节等。

2）控制某个具体的定量质量特性。

3）工艺上有特殊要求，对下道工序的加工、装配有重大影响的项目。

4）内、外部质量信息反馈中出现质量问题较多的薄弱环节。首先要对工序进行全面分析、比较，以明确质量控制点，而后进一步分析所设置的质量控制点在作业中可能出现的质量问题，或造成质量隐患的原因，针对隐患的原因，相应地提出对策予以预防。由此可见，设置质量控制点，是对生产质量进行预控的有力措施。

（2）工序质量控制点的种类

1）以质量特性值为对象来设置工序质量控制点：它是以具体的关键质量特性值为对象，通过对因素的分析和控制，达到质量特性值的波动在允许的波动范围内，使工序处于受控状态，它适用于大批量生产。

2）以设备为对象来设置工序质量控制点，由于在同一设备上加工，一些主要影响质量波动的因素是相同的，因此可用同一工序质量分析表，它适用于单件、小批量、轮番生产。

3）以工序为对象设置控制点，这一类型适用于修理、装配、铸造、热处理、焊接等工序。

（3）对工序质量控制点的要求

1）应明确控制的对象和目标。

2）要有完整的工序质量控制文件，明确规定操作、控制、检测要求。

3）明确对设备、工艺装备等的精度要求，并通过有关文件传递到有关部门，这些部门能提供切实的保证。

4）根据不同类型的工序质量控制点，针对性地选用相应的控制图，分析预防控制的效果，发现异常情况，及时采取纠正措施。

5）工序质量控制点的日常控制应是监视工序能力的波动，检测主导因素的变化，调整主导工序因素的水平。通过监视工序能力波动可得到主导工序因素变化的信息，然后检测各主导工序因素，对异常变化的主导因素及时进行调整，使工序处于持续稳定的加工状态。

3. 工序质量控制的原理

采用数理统计方法，通过对工序一部分（子样）检验的数据，进行统计、分析，来判断整道工序的质量是否稳定，正常；若不稳定，产生异常情况时须及时采取对策和措施予以改善，从而实现对工序质量的控制。其控制步骤如下：

（1）实测　采用必要的检测工具和手段，对抽出的工序子样进行质量检验。

（2）分析　对检验所得的数据通过直方图法、排列图法或管理图法等进行分析，了解这些数据所遵循的规律。

（3）判断　根据数据分布规律分析的结果（如数据是否符合正态分布曲线，是否在上下控制线之间，是否在公差（质量标准）规定的范围内，是否属于正常状态或异常状态，是偶然性因素引起的质量变异，还是系统性因素引起的质量变异等）对整个工序的质量予以判断，从而确定该道工序是否达到质量标准。若出现异常情况，即可寻找原因，采取对策和措施加以预防，这样便可达到控制工序质量的目的。

4. 工序因素分析

工序因素分析就是找出造成工序质量异常波动的主导因素，进而采取相应措施，消除异常，使工序处于稳定的受控状态。

（1）工序因素分析人员的组成

1）主要靠工艺人员的专业技术和经验。

2）将与该工序有关的操作人员、检验人员、机床和工艺装备的维修人员组织起来共同分析。

（2）工序分析的步骤

1）对工序和产品进行剖析，找出质量偏差的形式和产生环节。

2）进行工序分析，找出主导工序因素。

3）对分析出的主导因素进行确认。

4）对工序分析的结果，经过系统归纳，着手编制工序质量分析表。

5. 工序质量分析表

（1）工序质量分析表的作用

1）工序质量分析表对工序质量控制点所要控制的因素、控制项目的界限、控制方法、检查方法、频次及责任者等都具体地用表格的形式表达出来。

2）工序质量分析表是对控制质量特性进行因素分析，从中找出影响质量特性值波动的主导因素，针对主导因素，来制定其控制范围及控制方法。

3）工序质量分析表是编制工序质量控制点，制定其他控制文件的指导性文件的依据。

（2）工序质量分析表的主要内容

1）控制目标，即质量特性值及公差范围。

2）质量特性值和主导质量因素的关系，确定哪些是主导质量因素。

3）主导质量因素控制规范，包括控制项目及允许界限，检查项目与方法、检查的频次、责任者、标准名称等。

（3）编制工序质量分析表的注意事项

1）由工艺部门负责，组织设备、工具、检验、计量等部门有关人员参加，他们既要有质量管理的理论和工艺知识，又要有丰富的生产实践经验。

2）对工序质量的分析要按照系统图进行，从人、设备、材料、法规、检测、环境6大因素入手，层层展开（要注意分析展开每一层之间的关系都是果与因的关系），一直分析到可以直接采取措施的原因为止。分析时可先画出因果分析图，在分析出原因后，要进行对原因的确认，在此基础上再以树枝图的形式填入工序质量分析表中。

3）工序质量因素的分析原则上是以一个质量特性值来进行的，一个控制点是控制一个质量特性值的。在工序质量因素分析时应注意两种不同的情况，如果影响质量特性值的因素完全相同，可以合并在一起分析；如果影响质量特性值的因素不同或不完全相同，则需分别分析或以一个质量特性值的分析为主，其他的因素分析作为附加或补充分析。但是无论采取哪种分析方法，对一个控制点来说只能有一套控制文件。

4）工序质量分析表的内容多，涉及部门也多，因此，制定时要注意其完整性和准确性。工序质量分析表中的“控制项目”应包含检查的项目和方法、允许界限和检查频次等。

6. 工序质量控制点的控制文件

常用的控制文件是作业指导书，它是在工序卡片的基础上发展起来的一种新型工艺文件，比工序卡片更加细化和完善，是正确指导现场生产工人操作、控制和检查的规程。

（1）作业指导书的内容

1）零件的示意图。

2）操作要领、工艺规程（如加工部位、方法、步骤等）。

3）控制要求，包括检验项目、检验频次、检具要求、控制手段等。

4）所选择的工艺参数。

（2）制定作业指导书的注意事项

1）在操作要领、工艺规程中要注意将生产工人在操作中所积累的经验及加工技巧总结进去，以利于指导工人正确地进行操作。

2）注意与工序质量分析表相呼应。凡在工序质量分析表“标准化”一栏中涉及作业指导书的，必须在作业指导书中反映出来。

3）作业指导书所要求的内容要做到完整、准确，如工艺参数部分尽可能地做到选择准确，定量表示。

4）操作要领、工艺规程要详细、具体，操作现场不应出现作业指导书以外的其他工艺指导文件。

复习思考题

1. 什么是物流？
2. 物流的过程包括那些环节？
3. 简述汽车装配物流工作的主要内容。
4. 什么是汽车装配物流管理？
5. 简述物流在汽车装配中的地位与作用。
6. 车间组织机构包括哪些内容？
7. 车间管理的主要目的是什么？
8. 车间管理的内容有哪些？
9. 什么是车间目标管理？
10. 什么是车间生产管理？
11. 生产作业计划的编制工作内容有哪些？
12. 什么是成组技术？
13. 车间设备管理的具体内容是什么？
14. 什么是工序质量控制？
15. 简述工序质量控制点的作用、种类、设置原则及要求。
16. 什么是工序因素分析？
17. 工序质量控制点的控制文件有哪些？
18. 设备修理质量管理的工作内容有哪些？

试　题　库

习　题　一

一、选择题

1. 千分尺是用来测量工件（　　）的精密量具。

A. 外部尺寸　　B. 内部尺寸　　C. 深度尺寸　　D. 内外尺寸

2. 测量气缸磨损时，量缸表的量杆必须与气缸中心线保持（　　），以保证读数准确。

A. 平行　　B. 垂直　　C. 倾斜　　D. 任意位置

3. 百分表短针的读数，每格为（　　）mm。

A. 0.1　　B. 0.2　　C. 0.5　　D. 1

4. 因为起锯对锯削的质量影响很大，因此起锯时，锯条与工作表面的夹角应为（　　）左右。

A. 5°　　B. 10°　　C. 15°　　D. 20°

5. 活塞销孔和连杆铜套的铰削余量一般在（　　）mm 范围内。

A. 0.03～0.10　　B. 0.10～0.20　　C. 0.20～0.35　　D. 0.35～0.50

6. 四行程 V 形六缸发动机的发火间隔角为（　　）。

A. 60°　　B. 90°　　C. 120°　　D. 180°

7. 以下是燃油喷射发动机执行器的是（　　）。

A. 曲轴位置传感器　　B. 节气门位置传感器

C. 空气流量计　　D. 活性炭罐电磁阀

8. 汽车 EGR 废气再循环系统主要控制尾气中（　　）的含量。

A. CO　　B. CO_2　　C. HC　　D. NO_x

9. 强制式曲轴箱通风系统中最重要的控制元件是（　　）。

A. 空气滤清器　　B. 空气软管　　C. PCV 阀　　D. 节流阀体

10. 下列哪个传感器损坏对发动机的影响不大，但对三元催化装置损坏影响较大？（　　）

A. 爆燃传感器　　B. 空气流量传感器

C. 氧传感器　　D. 节气门位置传感器

11. 废气涡轮增压器的最大转速可达到（　　）r/min 以上。

A. 10000　B. 20000　C. 30000　D. 100000

12. 经济混合气的过量空气系数在（　　）之间。

A. 0.85～0.95　B. 0.95～1.05　C. 1.05～1.15　D. 1.15～1.25

13. 对汽油电喷发动机而言，燃油压力调节器取进气歧管真空度进行控制的目的是（　　）。

A. 维持燃油分配管与进气歧管之间喷油压力差恒定

B. 维持燃油分配管内燃油压力恒定

C. 减少怠速时燃油的回油量

D. 减少燃油分配管内的燃油压力

14. 发动机的压缩比是指（　　）之比。

A. 气缸工作容积与燃烧室容积　　B. 气缸总容积与燃烧室容积

C. 发动机排量与燃烧室容积　　D. 气缸总容积与气缸工作容积

15. 柴油机尾气排放中的主要污染物是（　　）。

A. CO　B. HC　C. NO_X　D. 碳烟微粒

16. 发动机废气再循环系统主要是靠（　　）来控制 NO_X 的生成。

A. 增大燃烧室的燃气压力　　B. 降低燃烧室的燃气压力

C. 增大燃烧室的燃气温度　　D. 降低燃烧室的燃气温度

17. 车用废气涡轮增压器轴承采用（　　）。

A. 半浮动轴承　B. 浮动轴承　C. 圆锥轴承　D. 滚针轴承

18. 对于没有 ABS 的汽车，制动时应（　　）。

A. 前轮先抱死　　B. 后轮先抱死

C. 小负荷时前轮先抱死　　D. 大负荷时后轮先抱死

19. 采用非独立悬架的汽车，其车桥一般是（　　）。

A. 断开式　B. 整体式　C. A、B 均可　D. 与 A、B 无关

20. 检查自动变速器油面高度时，发动机应处于（　　）状态。

A. 停机　B. 怠速　C. 中负荷　D. 大负荷

21. 汽车前进通过侧滑试验台时如果不合格说明（　　）。

A. 前束值不正确　　B. 车轮外倾角不正确

C. 外倾角与前束配合不正确　　D. 轮胎气压不足

22. 汽车空调制冷过程中，空气通过（　　）变成低温气体。

A. 空调压缩机　B. 蒸发器　C. 贮液干燥器　D. 冷凝器

23. 在整车检测时，检测灯光时应检测（　　）。

A. 发光强度　　B. 发光强度与照射位置
C. 照射位置　　D. 照射角度

24. 交流发电机中产生磁场的装置是（　　）。
A. 定子　　B. 转子　　C. 电枢　　D. 整流器

25. 进气门晚关的目的是（　　）。
A. 充分利用气流的惯性，增加进气量
B. 减少进气阻力
C. 排气更容易
D. 减少进气量

26. 气门与气门座或气门座圈之间靠（　　）密封。
A. 平面　　B. O 形密封圈　　C. 矩形密封圈　　D. 锥面

27. 汽油车排放中三种主要有害成分是（　　）。
A. HC、NO 和硫化物　　B. CO_2、CO 和 HC
C. CO、HC 和 NO_X　　D. CO、HC 和碳微粒含量

28. 汽油机冒蓝烟的主要原因是（　　）。
A. 混合气浓度太高　　B. 混合气浓度太低
C. 某缸不点火　　D. 烧机油太严重

29. 发动机冷却液渗入自动变速器油中，自动变速器油会变成（　　）色。
A. 黄　　B. 红　　C. 乳白　　D. 棕

30. 发动机的气缸壁采用（　　）。
A. 润滑脂润滑　　B. 压力润滑
C. 飞溅润滑　　D. 压力润滑和飞溅润滑同时进行

31. 对于发动机可变配气系统，为使发动机怠速稳定性好，气门叠加角要（　　）。
A. 小　　B. 大　　C. 恒定　　D. 先大后小

32. 活塞最大的磨损部位是（　　）。
A. 活塞环槽　　B. 活塞销座孔　　C. 活塞裙部　　D. 活塞顶部

33. 自动变速器液力变矩器变矩工作时，导轮（　　）。
A. 转动　　B. 不动　　C. 先转动后不动　　D. 先不动后转动

34. 装有自动变速器的汽车，如果出现故障需要拖车，拖车速度不能超过（　　）km/h。
A. 80　　B. 60　　C. 50　　D. 30

35. ESP 系统是指（　　）。
A. 驱动防滑系统　　B. 电子稳定控制系统
C. 制动防抱死系统　　D. 电控转向系统

36. 行车制动系中（　　）。

A. 包括驻车制动系　　B. 采用双回路制动系

C. 包括单回路制动系　　D. 包括排气制动

37. 自动变速器内部轴承是以（　　）润滑方式来润滑的。

A. 飞溅　　B. 滑脂　　C. 压力　　D. 水

38. 双向作用筒式减振器在（　　）起作用。

A. 压缩行程　　B. 压缩行程和伸张行程

C. 伸张行程　　D. 中负荷时

39. 中断动力传递的作用由（　　）实现。

A. 传动系　　B. 行驶系　　C. 转向系　　D. 制动系

40. 双向作用筒式减振器在伸张行程产生的阻尼力比压缩行程产生的阻尼力（　　）。

A. 大　　B. 小

C. 一样　　D. 大、小与振动频率有关

41. 汽车的最小转弯半径一般是在汽车作最小转弯时测量（　　）的轨迹得到的。

A. 内侧前轮中心　B. 外侧前轮中心　C. 汽车中心线　　D. 外侧后轮中心

42. 前轴左右车轮制动力之差超过（　　）就能引起制动跑偏现象。

A. 5%　　B. 10%　　C. 15%　　D. 20%

43. 过量空气系数小于 1 的混合气为（　　）混合气。

A. 浓　　B. 稀　　C. 理论　　D. 功率

44. 在电控怠速控制系统中，ECU 首先根据各传感器的输入信号确定（　）转速。

A. 理论　　B. 目标　　C. 实际　　D. 假想

45. 当发动机爆燃程度超过规定标准时，发动机 ECU 控制（　　）来实现发动机的爆燃控制。

A. 减少点火提前角　　B. 增加点火提前角

C. 某缸断火　　D. 供油系统减小供油量

46. 轮胎规格"185/60 R 13 80 H"中"60"表示（　　）。

A. 轮胎高　　B. 轮胎扁平率　　C. 轮辋直径　　D. 轮胎宽

47. 晶体管在调节器中起一个电子开关的作用。它有三个极，分别为（　　），发射极 e 和集电极 c 之间作为开关的通路，基极作为门极，控制 e 和 c 之间的导通与截止。

A. 发射极 e、基极 b、集电极 c　　B. 发射极 e、集电极 b、基极 c

C. 集电极 e、基极 b、发射极 c　　D. 发射极 b、集电极 e、基极 c

48. 电喷发动机两个喷油器的控制线路是合并在一起后经电脑控制的，这种喷射方式是（　　）方式。

A. 分组喷射　　B. 同时喷射　　C. 顺序喷射　　D. 单点喷射

49. 一般柴油机活塞顶部多采用（　　）。

A. 平顶　　B. 凹顶　　C. 凸顶　　D. A、B、C 均可

50. 按 1—2—4—3 顺序工作的发动机，当一缸压缩到上止点时，二缸活塞处于（　　）行程下止点位置。

A. 进气　　B. 压缩　　C. 做功　　D. 排气

51. 曲轴与凸轮轴之间的传动比为（　　）。

A. 2:1　　B. 1:2　　C. 1:1　　D. 4:1

52. 当采用双气门弹簧时，两气门的旋向（　　）。

A. 相同　　B. 相反　　C. 无所谓

53. 凸轮轴上凸轮轮廓的形状决定于（　　）。

A. 气门的升程　　B. 气门的运动规律

C. 气门的密封状况　　D. 气门的磨损规律

54. 柴油机喷油泵中的分泵数（　　）发动机的气缸数。

A. 大于　　B. 等于　　C. 小于　　D. 不一定

55. 孔式喷油器的喷油压力比轴针式喷油器的喷油压力（　　）。

A. 大　　B. 小　　C. 不一定　　D. 相同

56. 发动机电喷控制系统中（　　）不是模拟信号

A. 冷却液温度信号　　B. 空气流量计输出信号

C. 曲轴位置信号　　D. 氧传感器信号

57. 等速万向节的基本原理是在结构上保证万向节在工作过程中（　　）。

A. 传力点永远位于两轴交角的平分线上

B. 传力点一直位于两轴交角的垂直线上

C. 传力点必须在两轴交角的延长线上

D. 以上都不对

58. 离合器分离轴承与分离杠杆之间的间隙是为了（　　）。

A. 实现离合器踏板的自由行程　　B. 减轻从动盘磨损

C. 防止热膨胀失效　　D. 保证摩擦片正常磨损后离合器不失效

59. 变速器保证工作齿轮在全齿宽上啮合的是（　　）。

A. 自锁装置　　B. 互锁装置　　C. 倒挡锁　　D. 差速锁

60. 全浮半轴承受（　　）的作用。

A. 转矩　　B. 弯矩　　C. 反力　　D. 转矩和弯矩

61. 各种转向器尽管结构不同，但轴承紧度的调整方法基本相同。大多是通

过旋入或旋出调整螺母或者增减转向器壳与盖之间的垫片来调整。当旋出螺母时，轴承预紧度（　　）。

A. 减少　B. 增大　C. 减少或增大　D. 不变

62. 当滑移率 S =（　　）时，车轮附着系数最大。

A. 5% ~10%　B. 10% ~20%　C. 15% ~20%　D. 20% ~30%

63. 采用三元催化转换器必须安装（　　）。

A. 前、后氧传感器　B. 前氧传感器

C. 后氧传感器　D. 氧传感器和爆燃传感器

64. 进入进气歧管的废气量一般控制在（　　）范围内。

A. 1% ~2%　B. 2% ~5%　C. 5% ~10%　D. 6% ~15%

65. 汽车转弯半径与下列哪些因素相关？（　　）

A. 汽车轴距　B. 内转向轮偏转角

C. 两侧主销间的距离　D. 外转向轮偏转角

66. 点火过早会使发动机（　　）。

A. 过热　B. 功率下降

C. 燃油消耗率下降　D. 排气管冒黑烟

67. 制动控制阀排气阀门开度的大小，影响（　　）。

A. 制动效能　B. 制动强度　C. 制动状态　D. 制动解除时间

68. 车轮前束是为了调整（　　）所带来的不良后果而设置的。

A. 主销后倾角　B. 主销内倾角　C. 车轮外倾角　D. 车轮内倾角

69. 汽车使用性能是汽车在一定的使用条件下，汽车以（　　）工作的能力。

A. 最大负荷　B. 最大动力　C. 最高转数　D. 最高效率

70. 进气管回火时，PVC 阀的开度应（　　）。

A. 最小　B. 最大　C. 关闭　D. 都可以

71. 转弯半径是指由转向中心到（　　）。

A. 内转向轮与地面接触点间的距离

B. 外转向轮与地面接触点间的距离

C. 内转向轮之间的距离

D. 外转向轮之间的距离

72. 在汽车制动过程中，当车轮抱死滑移时，路面对车轮的侧向力（　　）。

A. 大于零　B. 小于零　C. 等于零　D. 不一定

73. 排气门的锥角一般为（　　）。

A. 30°　B. 45°　C. 60°　D. 50°

74. 凸轮轴上凸轮的轮廓的形状决定于（　　）。

A. 气门的升程　　　　　　　　　　B. 气门的运动规律
C. 气门的密封状况　　　　　　　　D. 气门的磨损规律
75. 国产发电机电压调节器调节范围为（　）V。
A. 13.5～14.5　B. 12.5～13.5　C. 13～14　D. 12～14
76. 循环球式转向器中的转向螺母可以（　　）。
A. 转动　　　B. 轴向移动　　　C. A、B 均可　　D. A、B 均不可
77.（　）本身兼起压紧弹簧和分离杠杆的作用。
A. 螺旋弹簧　　B. 膜片弹簧　　C. 周布弹簧　　D. 中央弹簧
78. V形发动机曲轴的曲拐数等于（　）。
A. 气缸数　　　　　　　　　　B. 气缸数的一半
C. 气缸数的一半加 1　　　　　D. 气缸数加 1
79. 与发动机发火次序有关的是（　）。
A. 曲轴旋向　　　　　　　　　B. 曲拐的布置
C. 曲轴的支承形式　　　　　　D. A、B 都有关
80. 在负荷较高的柴油机上，第一环常采用（　　）。
A. 矩形环　　B. 扭曲环　　C. 锥面环　　D. 梯形环

二、判断题

（　　）1. 凸轮轴位于曲轴箱内为下置凸轮轴。

（　　）2. 喷油器是靠改变喷油压力来控制喷油量的。

（　　）3. 柴油机和汽油机在混合气形成方法及点火方式上有着根本的差别。

（　　）4. 自动变速器不仅可使驾驶人员操作简便，也可使传动效率提高。自动变速器不仅可使驾驶人员操作简便，也可使传动效率降低。

（　　）5. 汽车使用性能是指汽车在一定的使用条件下，以最高效率工作的能力。

（　　）6. 制动效能的恒定性是指抵抗制动效能衰退的能力。

（　　）7. 空燃比是影响汽油机排气中污染物产生的重要因素之一。

（　　）8. 驱动桥的结构形式与驱动车轮的悬架结构无关。

（　　）9. 差速器是能使同一驱动桥左、右车轮或两驱动桥之间以相同角速度旋转，并传递转距的装置。

（　　）10. 轮胎的侧偏特性主要是指侧偏力、回正力矩与侧偏角的关系。

（　　）11. 汽车转向轮的主销后倾角作用是在汽车转向时产生一个回正力矩。

（　　）12. 汽油发动机的气门重叠角，等于进气提前角与排气提前角之和。

(　　) 13. 怠速是指发动机转速低于800r/min的工况。

(　　) 14. 绝缘体裙部短的火花塞称为热型火花塞。

(　　) 15. 离合器从动盘应具有轴向弹性。

(　　) 16. 等速万向节从结构上保证万向节在工作过程中其传力点永远位于两轴点的平分面上。

(　　) 17. 转向系角传动比即为转向器角传动比。

(　　) 18. 差速器左右两侧半轴转速之和等于差速器壳转速的两倍。

(　　) 19. 霍尔传感器内部设有稳压和温度补偿电路。

(　　) 20. 点火时曲轴的曲拐所在位置与压缩行程终了活塞到达上止点时曲拐位置之间的夹角称为最佳点火提前角。

习　题　二

一、单选题

1. 锉刀按齿纹的粗细不同又可分为粗锉、中锉、细锉和（　　）等。

A. 普通锉　　B. 特种锉　　C. 整形锉　　D. 油光锉

2. 强度是指金属材料在外力作用下抵抗（　　）的能力。

A. 变形　　B. 冲击　　C. 变形和破坏　　D. 冲击和振动

3. 下列材料可用于制作汽车驾驶室的是（　　）。

A. 45　　B. 08　　C. Q235A　　D. 65Mn

4. 防锈铝合金有（　　）。

A. LF5　　B. LY1　　C. ZL301　　D. LD4

5. （　　）时用较宽的刮刀，施较大的压力，并做较长的行程，刮去较多的金属层。

A. 粗刮　　B. 细刮　　C. 精刮　　D. 刮削平面

6. 中碳钢碳的质量分数是（　　）。

A. 0～0.5%　　B. 0.25%～0.50%

C. 25%～0.60%　　D. 0.25%～0.70%

7. 表征汽油燃烧抗爆性能的指标是（　　）。

A. 十六烷值　　B. 蒸发性　　C. 闪点　　D. 辛烷值

8. 在寒冷地区，向高凝点柴油中掺兑汽油，汽车起动更（　　）。

A. 迅速　　B. 好　　C. 轻快　　D. 困难

9. 游标卡尺使用后，（　　）擦净涂油。

A. 不要　　B. 避免　　C. 要　　D. 防止

10. 铰孔时，进给量大小（　　）适当均匀，用力不要过猛。

A. 不必　　B. 都可以　　C. 不应　　D. 一定要

11. 曲轴连杆机构由（　　）和活塞连杆组、曲轴飞轮组组成。

A. 活塞　　B. 活塞环　　C. 活塞销　　D. 汽缸体曲轴箱组

12. 配气机构由气门组、（　　）组成。

A. 凸轮轴　　B. 气门传动组　　C. 摇臂轴　　D. 推杆

13. 气门弹簧的作用是使气门同气门座保持（　　）。

A. 间隙　　B. 开度　　C. 一定距离　　D. 紧密闭合

14. 电子控制汽油喷射系统由（　　）、燃料供给系统和控制系统组成。

A. 化油器　　B. 配气机构　　C. 空气供给系统　　D. 润滑系

15. 圆柱素线直线度可用（　　）检验。

A. 卡尺　　B. 千分尺　　C. 平尺　　D. 角度尺

16. 平面度误差检测时，试选（　　）点为等值高点。

A. 2　　B. 3　　C. 4　　D. 5

17. 普通桑塔纳汽车离合器自由行程为（　　）mm。

A. 10~20　　B. 10~30　　C. 15~25　　D. 15~30

18. 允许尺寸变化的两个界限值，叫（　　）。

A. 公差　　B. 极限尺寸

C. 上、下极限偏差　　D. 基本偏差

19. M24 表示（　　）螺纹。

A. 细牙三角形　　B. 普通三角形　　C. 梯形　　D. 方牙形

20. 用压力表测得的数值为气体的（　　）。

A. 表压力　　B. 绝对压力　　C. 真空度　　D. 大气压力

21. 液力变矩器的工作原理是：在泵轮液体循环流动过程中，固定的导轮给涡轮一个反作用力矩，其力矩大小与作用方向都能随涡轮的转速而变化，从而使涡轮输出的转矩大于（　　）输入的转矩。

A. 泵轮　　B. 导轮　　C. 涡轮　　D. 叶轮

22. 活塞、连杆、活塞销组装时应将活塞加热到（　　）进行。

A. 0℃以下　　B. 40~50℃　　C. 80~90℃　　D. 100℃以上

23. 现代汽车多采用（　　），可消除气门间隙，同时又保证气门与气门座之间可靠的密封性。

A. 电动挺柱　　B. 液力挺柱　　C. 机械挺柱　　D. 弹性挺柱

24. 根据转速、进气管处绝对压力、水温等传感器输送来的信号，决定最佳点火提前角的是（　　）。

A. 燃油系统　　B. 进气系统　　C. 电子控制系统　　D. 分电器

25. 由（　　）原因引起的异响，是一种金属敲击声，有人称为点火敲击声，随之产生发动机性能下降和过热现象。

A. 爆燃与早燃　　B. 点火过迟　　C. 混合气过稀　　D. 混合气过浓

26. 如题图 1 所示在轴颈上套一轴套，加垫圈后用螺母紧固。试用尺寸链求解轴套在轴颈上的轴向间隙是（　　）。

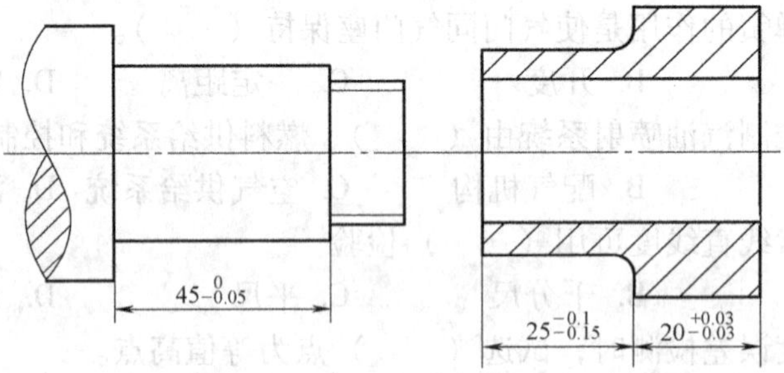

题图 1

A. 0.1 ~0.18　　B. 0.2 ~0.28　　C. 0.02 ~0.18　　D. 0.002 ~0.018

27. 动力转向中，由于（　　）工作压力较高，外廓尺寸较小，工作灵敏度也较高，故使用较为广泛。

A. 液力式　　B. 气力式　　C. 机械式　　D. 电控式

28. 自动防抱死装置是在（　　）时可防止车轮完全抱死。

A. 紧急制动　　B. 预制动　　C. 滞制动　　D. 驻车制动

29. 汽车总装后的检验主要是（　　）的检验。

A. 行车前、行车中、行车后　　B. 发动机、底盘

C. 制动系、转向系　　D. 漏水、漏电、漏油

30. 检验汽车的滑行性能，汽车空载行驶初速为 30km/h，滑行距离不小于（　　）m。

A. 220　　B. 110　　C. 150　　D. 200

31. 小客车空调系统主要由压缩机、蒸发器、贮液干燥滤清器及高低压连接管道（　　）和冷凝器等组成。

A. 冷凝风机　　B. 电子风扇　　C. 空压机　　D. 节温器

32. 汽车总装配的流水作业法是在装配线上移动作业，（　　）只负责安装一种（类）零部件，依次装配。

A. 每道工序　　B. 每个工步　　C. 每个装配点　　D. 每个班组

33. 超声波探伤检验深可达（　　）m。

A. 0.5　　B. 1　　C. 5　　D. 10

34. 干荷式蓄电池充电时，电解液的温度不能高于规定值，如超出规定温度，应（ ）充电电流。

A. 减小 B. 增加 C. 先减小后增加 D. 先增加后减小

35. 轮胎胎冠中部磨损的主要原因是（ ）。

A. 前轮定位不正 B. 轮胎气压过高 C. 轮胎气压不足 D. 车架变形

36.（ ）会引起离合器分离不清的故障。

A. 压紧弹簧退火 B. 自由行程过大

C. 自由行程过小 D. 分离杠杆调整过高

37. 常用的台虎钳有（ ）和固定式两种。

A. 齿轮式 B. 回转式 C. 蜗杆式 D. 齿条式

38. 车间的生产活动中所发生的（ ）进行的控制、管理、核算、统计与分析，是车间经济管理的主要内容。

A. 生产进度 B. 经营活动 C. 经济状况 D. 设备状况

39. 分度值为0.05mm的游标卡尺，游标上每一格长度应为（ ）mm。

A. 0.98 B. 1 C. 0.9 D. 0.95

40. 前轮安装在车桥上时，其旋转平面上方略向（ ）倾斜，这种现象叫前轮外倾。

A. 后 B. 前 C. 外 D. 内

41. ABS车速传感器一般安装在（ ）上。

A. 车轮 B. 驱动 C. 凸轮轴 D. 飞轮

42. 安全气囊被引爆后从胀大到泄气瞬间的充气时间只有（ ）s，充气压力为160kPa。

A. 1 B. 0.6 C. 0.3 D. 2

43. SRS碰撞传感器内串接一自检监控电阻，其阻值一般为（ ）。

A. 10kΩ B. 100Ω C. 100kΩ D. 1000Ω

44. 位置公差符号//表示的是（ ）。

A. 直线度 B. 平面度 C. 垂直度 D. 平行度

45. 零件图由必要的视图、（ ）、断面图及其他画法来表达零件各部结构和内外形状。

A. 公差 B. 螺纹 C. 剖视图 D. 键销

46. 只有在（ ）情况下，电路才有正常的工作电流。

A. 通路 B. 短路 C. 开路 D. 断路

47. 用量缸表测量时，小指针位置不变，当大指针顺时针方向离开“0”位时，表示气缸直径（ ）标准尺寸的缸径。

A. 大于 B. 小于 C. 等于 D. 大于等于

48. 发动机有嗒嗒嗒的异响，低速明显，中、高速响声消失，用单缸断火法试验响声消失，可能的原因是（　　）。

A. 气门响　B. 点火过早　C. 配缸间隙大　D. 拉缸

49. 变速器挡数越多，发动机便越有可能接近于（　　）时的转速工作，则功率利用平均值越大。

A. 最大功率　B. 最大牵引　C. 最高速度　D. 最大力矩

50. 负荷较大、速度较低的摩擦机件，应选用锥入度（　　）的润滑脂。

A. 较小　B. 较大　C. 稍大　D. 最大

51. 汽车在（　　）时的最大爬坡能力叫最大爬坡度。

A. 空载　B. 超载　C. 满载　D. 一般载荷

52. 柴油发动机没有（　　）。

A. 曲柄连杆机构　B. 配气机构　C. 起动系　D. 点火系

53. 汽车发动机的两大机构是（　　）。

A. 曲柄连杆机构和燃料供给机构　B. 曲柄连杆机构和润滑机构

C. 曲柄连杆机构和冷却机构　D. 曲柄连杆机构和配气机构

54. 柴油机喷油泵输入的低压柴油升压后按时送到（　　）。

A. 手油泵　B. 化油器　C. 浮子室　D. 喷油器

55. 冷却系风扇安装在散热器（　　）。

A. 之前　B. 之后　C. 之上　D. 之下

56. 发动机润滑系的限压阀，可以控制机油（　　）。

A. 温度　B. 压力　C. 粘度　D. 油耗

57. 单片离合器的主要部分由飞轮、（　　）和压盘组成。

A. 分离杠杆　B. 扭转减振器　C. 调整螺钉　D. 离合器片

58. 普通十字轴万向节当主动轴等速旋转时，从动轴的转速（　　）。

A. 不等速　B. 等速　C. 总加速　D. 总减速

59. 一般汽车的变速器与驱动桥之间相距较远，故采用（　　）连接，实现力矩的传递。

A. 齿轮装置　B. 连杆装置　C. 万向传动装置　D. 带传动

60. 半轴齿轮装置在差速器壳体（　　）并同行星齿轮啮合。

A. 一侧　B. 两侧　C. 外面　D. 前面

61. 汽车上装有差速器后，转弯时可以使内侧车轮转速（　　），外侧车轮转速增加。

A. 不变　B. 降低　C. 增加　D. 剧增

62. 转向桥两端的轮毂用轴承支承在万向节上，可绕（　　）偏转。

A. 主销　B. 万向节　C. 前轴　D. 车架

63. 在汽车行驶时，桥壳承受由（　　）传来的路面反作用力。

A. 车架　　B. 车身　　C. 车轮　　D. 离合器

64. 独立悬架车桥都做成断开式的，每边车轴和车轮均用（　　）单独地连接在车架的下面。

A. 钢板弹簧　　B. 变速器　　C. 螺旋弹簧　　D. 离合器

65. 造成发动机所有气缸活塞都偏向一侧（即偏缸）的原因是（　　）。

A. 气缸中心线与曲轴轴向位置偏移　　B. 个别缸连杆弯曲

C. 连杆扭曲变形　　D. 连杆轴颈扭与主轴颈不平行

66. 活塞销与连杆小头的配合间隙为（　　）。

A. 0.1~0.2　　B. 0.05~0.1　　C. 0.005~0.01　　D. 0.02~0.03

67. 金属材料的力学性能有强度、塑性、韧性、疲劳和（　　）。

A. 圆度　　B. 不平度　　C. 硬度　　D. 垂直度

68. $\phi30H8/f7$ 表示公称尺寸为 $\phi30mm$ 的（　　）配合。

A. 基轴制间隙　　B. 基孔制间隙　　C. 基孔制过渡　　D. 基轴制过渡

69. 三视图的投影规律为长对正、高平齐、宽相等，（　　）视图要长对正。

A. 主、左　　B. 俯、左　　C. 主、俯　　D. 剖视图

70. 题图 2 所示的液压泵按流量分为（　　）泵。

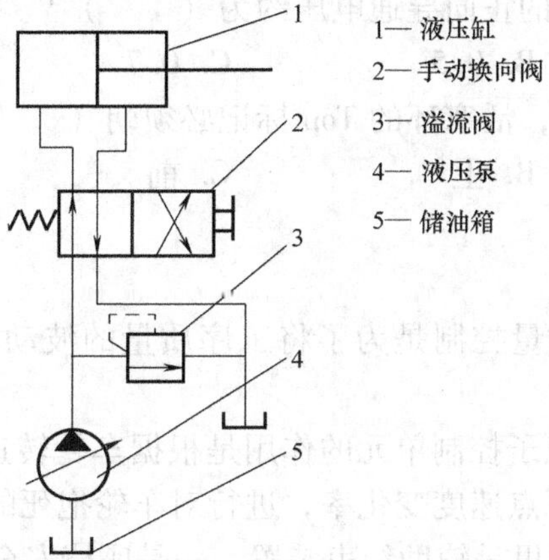

题图 2

A. 单向定量　　B. 双向定量　　C. 单项变量　　D. 双向变量

71. 题图 2 所示为一液压传动系统，其中的溢流阀起（　　）作用。

A. 防止过载，安全保护　　B. 节流调速

C. 顺序控制　　D. 方向控制

72. 金属的可铸性主要指金属溶化后的流动性和冷凝时的（　　）性。

A. 收缩　　B. 扩散　　C. 发散　　D. 塑变

73. 变速器内变速叉的（　）变形可用专用量具进行检验。

A. 拉压　　B. 拉伸　　C. 弯扭　　D. 塑性

74. 铸铝合金 ZAlSi7Mg 的中数字“7”表示（　　）。

A. 硅的质量分数为 7%　　B. 铝的质量分数为 7%

C. 碳的质量分数为 0.7%　　D. 镁的质量分数为 7%

75. 带电控空气悬架的汽车在水平路面上高速行驶时，车身（　　）、弹簧变软，以提高舒适性。

A. 变高　　B. 变低　　C. 前高后低　　D. 前低后高

76. 汽车用自动变速汽油使用时要保持正常油温，定期更换油液，一般在行驶（　　）km 后应更换油液。

A. 1 万　　B. 2 万　　C. 3 万　　D. 5 万

77. 轴承代号为 6208，其含义是（　　）轴承，直径系列代号为 2，内径为 40mm。

A. 圆锥滚子　　B. 推力球　　C. 角按触球　　D. 深沟球

78. 采用互换装配法时，各有关零件公差之和应（　　）装配公差。

A. 大于和等于　　B. 小于和等于　　C. 大于　　D. 小于

79. 晶体硅二极管的正向导通电压约为（　　）V。

A. 0.2　　B. 0.5　　C. 0.7　　D. 1

80. 安装活塞环时，活塞环的 Top 标记必须朝（　　）。

A. 下　　B. 上　　C. 前　　D. 后

二、判断题

（　　）1. 工序质量控制是为了将工序质量的波动限制在要求界限内进行的质量控制活动。

（　　）2. ABS 电子控制单元的作用是根据车轮转速传感器信号通过比较、判断准确识别车轮抱死点速度变化率，进行对车轮抱死的实时控制。

（　　）3. SRS 意思是辅助约束装置，一是座椅安全带电动收紧机构，二是安全气囊，三是空气悬架。

（　　）4. ABS 警告灯亮时，ABS 系统开始工作。

（　　）5. 使用砂轮时，砂轮可以振动发响。

（　　）6. 使用千分尺测量后，不用倒转活动大套筒，可以直接退出千分尺。

（　　）7. 活塞由一个止点到另一个止点运动一次的过程，称为一个行程。

(　　) 8. 汽车上装有离合器，不便于齿轮变速器换挡。

(　　) 9. 发动机装配时，应当以气缸体为基础，由外向内逐渐装配。

(　　) 10. 变速器可以改变曲轴的旋转方向。

(　　) 11. 汽车悬架一般由弹性元件、减振器和导向机构三部分组成。

(　　) 12. 转向系一般由转向装置和制动器组成。

(　　) 13. 用内径百分表测量气缸直径时，量杆与气缸中心线必须垂直。

(　　) 14. 拆卸自动变速器前必须拆下蓄电池负极电缆，放掉自动变速器油。

(　　) 15. 正常工作条件下，发电机可以对点火系供电。

(　　) 16. 把影响某一装配精度的有关尺寸彼此顺序地连接起来构成一个封闭外形即为装配尺寸链。

(　　) 17. 汽车防盗器系统中，脉冲转发器不需要电池的感应和发射元件。

(　　) 18. 装配工艺规程，是规定产品或部件装配工艺和操作方法的工艺文件。

(　　) 19. 钳工划线是根据图样要求，在待加工的工件上划出加工界限的工艺过程。

(　　) 20. CA1091 型汽车变速器分解时，先拆第二轴，再拆第一轴。

习 题 三

一、单选题

1. (　　) 不可用来做研具材料。

A. 灰铸铁　　B. 球墨铸铁　　C. 低碳钢　　D. 高碳钢

2. 十六烷值是用来表示柴油的(　　) 性能。

A. 发火　　B. 蒸发　　C. 低温流动　　D. 粘度

3. SD、SE 两种机油(　　)。

A. 都是汽油机油　　B. 都是柴油机油

C. 相比 SE 的性能好　　D. 相比 SD 的性能好

4. 我国发动机润滑油的分类法是(　　)。

A. 按汽油机油和柴油机油分类　　B. 按生产工艺分类

C. 按粘度分类和质量分类　　D. 分为单级机油和多级机油

5. (　　) 耐水性差，但耐热性强。

A. 钙基润滑脂　　B. 钠基润滑脂

C. 通用锂基润滑脂　　D. 极压复合锂基润滑脂

6. 汽油是从（　　）中提炼后得到的碳氢化合物。

A. 石油　　B. 酒精　　C. 树脂　　D. 水

7. 在零件加工或机器装配过程中，最后自然形成的尺寸称为（　　）。

A. 组合环　　B. 封闭环　　C. 增环精度　　D. 减环精度

8. 移动装配法适用于（　　）生产。

A. 小批量　　B. 单件　　C. 大批量　　D. 大型生产

9. Tr30×6 表示（　　）螺纹。

A. 公制　　B. 英制　　C. 梯形　　D. 锯齿

10. 题图 3 表示被测要素为圆柱的（　　）。

A. 素线　　B. 轴线　　C. 直径　　D. 圆弧

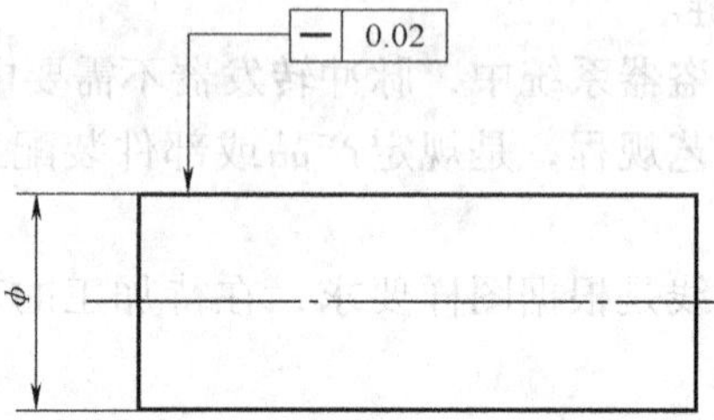

题图 3

11. 装配精度完全依赖于加工精度的装配方法是（　　）。

A. 完全互换装配法　　B. 修配装配法

C. 选择装配法　　D. 调整装配法

12. 电控汽油喷射发动机燃油压力调节器的作用是（　　）。

A. 回油　　B. 保持油管中压力不变

C. 使燃油压力得到缓冲　　D. 保证喷油压力恒定不变

13. 汽车自身的安全性非常重要，其上的（　　）生产厂家必须通过“3C”认证。

A. 仪表　　B. 发电机

C. 轮胎、安全带、玻璃　　D. 悬架

14. 用 1:2 的比例画 30°斜角的锲块时，应将该角画成（　　）。

A. 15°　　B. 30°　　C. 60°　　D. 45°

15. 目前，常用的液力传动油轿车应选用（　　）号油。

A. 2　　B. 6　　C. 4　　D. 8

16. 孔的下极限尺寸与轴的上极限尺寸的代数差为负值时，此代数差为（　　）值。

A. 最大间隙　　B. 最小间隙　　C. 最大过盈　　D. 最小过盈

17. 齿轮几何要素不包含（ ）。

A. 直径 B. 齿高 C. 中径 D. 齿距

18. 大部分表面粗糙度相同时统一代号应标注在（ ）附近。

A. 图样右上角 B. 尺寸界限 C. 轮廓线延长线 D. 尺寸界限延长线

19. 代号为6208的轴承，其轴承类型为（ ）轴承。

A. 深沟球 B. 推力球 C. 圆锥滚子 D. 圆柱滚子

20. 金属材料在外力作用下抵抗变形和破坏的能力称为金属材料的（ ）。

A. 塑性 B. 韧性 C. 强度 D. 疲劳

21. 锉刀锉削平面，锉身在加工面上做（ ）运动。

A. 直线 B. 圆弧 C. 直角 D. 疲劳

22. 基孔制的过度配合是（ ）。

A. $\frac{N4}{n3}$ B. $\frac{K5}{k4}$ C. $\frac{H7}{p6}$ D. $\frac{P10}{d6}$

23. 电路中任意两点间的电位之差称为（ ）。

A. 电动势 B. 电位 C. 电压 D. 电势

24. 液压阀是液压系统中的（ ）元件。

A. 动力 B. 执行 C. 控制 D. 辅助

25. 正时链条安装后进行的有关正时标记确认程序的正确叙述是（ ）。

A. 逆时针旋转曲轴两圈时确认标记位置

B. 顺时针旋转曲轴一圈时确认标记位置

C. 顺时针旋转曲轴两圈时确认标记位置

D. 逆时针旋转曲轴一圈时确认标记位置

26. ABS防抱死制动装置将汽车滑移率控制在（ ）。

A. 10% ~15% B. 15% ~30% C. 20% ~30% D. 30% ~40%

27. 下面中的哪种方式是检测空调制冷剂泄漏的最佳方式？（ ）

A. 空气压力 B. 卤素泄漏检测仪

C. 漏气声 D. 地面上的残留物

28. 汽车路试前必须对汽车（ ）进行检验。

A. 发动机 B. 冷却液 C. 制动液 D. 各部技术状况

29. 工序质量控制的对象是如几何形状、表面粗糙度、（ ）等因素的波动范围。

A. 几何公差 B. 基准 C. 配合 D. 零件

30. 用万用表 $R\times100\Omega$ 挡来测试二极管，如果（ ），说明管子是好的。

A. 正、反向电阻都为0

B. 正、反向电阻都为无穷大

C. 正向电阻为几百欧，反向电阻为几百千欧
D. 反向电阻为几百欧，正向电阻为几百欧

31. 属于汽车安全气囊系统组成部分的有（　　）。
A. 转速传感器　B. 螺旋导线　C. 油泵　D. 爆燃传感器

32. 汽车等速行驶时耗油量的测试使用（　　）。
A. 最高挡　B. 最低挡　C. 中间挡　D. 任意挡

33. 装配尺寸链中，增环属于（　　）。
A. 组成环　B. 减环　C. 补偿环　D. 封闭环

34. 发动机的废气中所含（　　）物质与水的作用可形成对零件有腐蚀作用的物质。
A. 酸类　B. 碱类　C. 盐类　D. 中性

35. 气门间隙免调装置是（　　）。
A. 可调垫片　B. 液压挺柱　C. 手调气门间隙　D. 不确定

36. 采用可变配气相位的目的是（　　）。
A. 提高充气效率　B. 提高进气时间　C. 减少污染　D. 便于排气

37. 汽油机车辆用交流发电机电压调节器的调压范围为（　　）。
A. 15～20V　B. 12.5～14.7V　C. 27～29V　D. 13～19V

38. 与液力变矩器输出轴相连的部件是（　　）。
A. 泵轮　B. 曲轴　C. 导轮　D. 涡轮

39. 汽车空调系统中，制冷与采暖都用到的器件是（　　）。
A. 加热芯　B. 散热器　C. 压缩机　D. 鼓风机

40. 哪个装置直接控制来自油泵的机油压力？（　　）
A. 限压阀　B. 集滤器　C. 旁通阀　D. 空气阀

41. 电动风扇由（　　）控制开闭。
A. 水温感应塞　B. 双金属感温器　C. 散热器　D. 热敏开关

42. 发动机上用来将往复运动转变为旋转运动的装置是（　　）。
A. 曲轴　B. 活塞　C. 连杆　D. 连杆轴承

43. 汽车空调制冷系统在不使用时，内部制冷剂状态为（　　）。
A. 气态　B. 液态　C. 气液混合　D. 不能确定

44. 在测量曲轴轴颈时，其测量工具为（　　）。
A. 直尺　B. 游标卡尺　C. 外径千分尺　D. 角尺

45. 任何一个产品的装配工作都由若干个（　　）组成。
A. 装配单元　B. 装配系统　C. 装配工序　D. 装配工步

46. 根据封闭环公差，合理分配各组成环公差的过程叫（　　）。
A. 装配方法　B. 检验方法　C. 调整法　D. 解尺寸链

47. 改变输入液压缸和液压马达的流量或者改变液压缸有效面积和液压马达的每转排量都可达到（　　）的目的。

A. 调压　　B. 调速　　C. 卸荷　　D. 换向

48. 活塞连杆组安装时，曲柄应在（　　）位置。

A. 任意一处　　B. 上止点　　C. 中间　　D. 下止点

49. 装配单元系统图能简明直观地反映出产品的（　　）。

A. 部件名称和编号　　B. 结构特点

C. 装配难易程度　　D. 装配顺序

50. 电控汽油喷射发动机空气流量计的作用是测量进气（　　）。

A. 压力　　B. 流量　　C. 质量　　D. 密度

51. 铸铁具有良好的（　　）、耐磨性和切削性。

A. 塑性　　B. 可铸性　　C. 弹性　　D. 焊接性

52. 中断动力传递的作用由（　　）实现。

A. 传动系　　B. 行驶系　　C. 转向系　　D. 制动系

53. 汽车制动性能评价指标一般用制动距离、（　　）、制动力和制动时间。

A. 制动速度　　B. 制动减速度　　C. 制动加速度　　D. 制动平均速度

54. 电子控制自动变速器中对换挡起决定性作用的是车速传感器和（　　）。

A. 发动机转速传感器　　B. 曲轴位置传感器

C. 节气门位置传感器　　D. 爆燃传感器

55. 在活塞环三隙中，可用塞尺直接测量的有（　　）。

A. 端隙　　B. 侧隙　　C. 端隙与侧隙　　D. 端隙与背隙

56. （　　）已广泛用于发动机的缸体缸盖等。

A. 陶瓷材料　　B. 树脂材料　　C. 烧结材料　　D. 镁铝合金

57. 某齿轮轴装配尺寸链简图如题图 4 所示，$B_0=0.10\sim0.30$mm，$B_1=100_{0}^{0.08}$，$B_2=70_{-0.08}^{0}$，B_3 应控制在（　　）范围内，才能满足装配要求。

A. $30_{-0.14}^{-0.10}$　　B. 30　　C. $30_{-0.10}^{0}$　　D. $30_{0.14}^{0.10}$

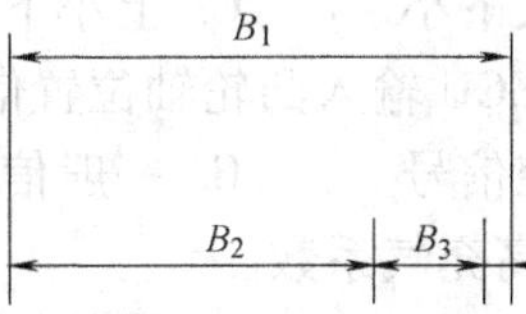

题图 4

58. 零件产生动不平衡的原因是（　　）。

A. 制造质量不均匀　　B. 零件材料强度不够

C. 零件材料硬度不符合要求　　D. 零件化学稳定性差

59. 套螺纹扣时，板牙螺纹的（　　）必须符合螺杆的外径。

A. 小径　B. 内径　C. 大径　D. 中径

60. 零件加工后的实际几何参数与理论几何参数的差称为（　　）。

A. 加工公差　B. 加工误差　C. 测量误差　D. 公差

61. 9.8N·m =（　　）kgf·m。

A. 0.5　B. 1　C. 1.5　D. 2

62. 游标卡尺的（　　）有 0.10mm、0.05mm 和 0.02mm 三种。

A. 分度值　B. 尺寸　C. 长度　D. 厚度

63. 一般滚动轴承外圈同机件内孔的配合是（　　）。

A. 基孔制　B. 基轴制

C. 基孔制或基轴制　D. 基孔制和基轴制

64. 发动机装配时，主轴承盖紧固螺钉应从（　　）分两次拧紧。

A. 两端向两端　B. 中间向中间　C. 中间向两端　D. 两端向中间

65. 正弦交流电是指按（　　）规律变化的交流电。

A. 正弦　B. 余弦　C. 直线　D. 正切

66. 汽车用三相同步交流发电机主要有（　　）和转子、端盖、风扇、带轮等部件。

A. 断电器　B. 定子　C. 调节器　D. 电容器

67. 电控燃油喷射发动机喷油器是（　　）

A. 油压阀　B. 气压阀　C. 电磁阀　D. 以上都不对

68. 汽车转向系按能源的不同分为（　　）转向和动力转向。

A. 液力转向　B. 电力转向　C. 自动转向　D. 机械

69. 气压制动系是利用（　　）驱动空气压缩机，产生压缩机作为动力的来源。

A. 变速器　B. 主减速器　C. 发动机　D. 离合器

70. 活塞在高温下，沿轴向产生膨胀变形的特点是（　　）。

A. 上下相等　B. 上大下小　C. 上小下大　D. 不一定

71. 凸轮轴位置传感器向 ECU 输入凸轮轴位置信号，是点火控制（　　）。

A. 修正信号　B. 主控信号　C. 一般信号　D. 不一定

72. 提高（　　）可以提高充气系数。

A. 进气终于压力　B. 进气终了温度　C. 排气终了压力　D. 排气终了温度

73. 负荷较小的摩擦机件，应选用锥入度（　　）的润滑脂。

A. 较大　B. 稍小　C. 较小　D. 特小

74. 曲轴一般用（　　）来制造。

A. 灰铸铁　B. 球墨铸铁　C. 蠕墨铸铁　D. 白口铸铁

75. 在顺序喷射中，发动机工作一个循环，各缸喷油器顺序依次轮流喷油（　　）。

A. 两次　　B. 一次　　C. 一次或两次　　D. 不确定

76. 夜间行车时前照灯的远光灯和近光灯分别照清前方的距离是(　　)m。

A. 40 和 100　　B. 50 和 90　　C. 100 和 50　　D. 100 和 40

77. 规定产品或零部件制造工艺过程或操作方法的工艺文件，称为（　　）。

A. 工艺规程　　B. 工艺系统　　C. 生产纲领　　D. 操作要领

78. 汽油机采用多点顺序喷射方式时，一般喷油是在（　　）进行。

A. 排气上止点前　B. 排气上止点后　C. 压缩上止点前　D. 压缩上止点后

79. 某自动变速器做失速试验，测得失速转速过高（为 2000 ~ 3100r/min），说明这个自动变速器（　　）。

A. 发动机动力不足　　B. 导轮单向自由轮打滑

C. 制动带或离合器打滑　　D. 性能基本正常

80. 汽车空调系统中使驾驶室内空气变冷的器件是（　　）。

A. 压缩机　　B. 冷凝器　　C. 蒸发器　　D. 散热器

二、判断题

（　　）1. 发动机的定容加热循环，其压力升高比 $\lambda > 1$，而预胀比 $\rho = 1$。

（　　）2. 汽油机产生爆燃时，可适当增大点火提前角。

（　　）3. 在装配工程中，应尽可能避免敲击装配。

（　　）4. 平均有效压力可以用来比较各种不同排量发动机的动力性。

（　　）5. 影响汽车制动距离的主要因素是制动器踏板力的大小。

（　　）6. 正火与退火的明显不同之处是退火冷却速度稍快。

（　　）7 在制图时，应尽量采用 1:1 的比例。

（　　）8. 若车架总成未发生弯曲变形逾限，就不必进行大修。

（　　）9. 活塞连杆组装入气缸体后，活塞顶面一定要略低于气缸体上平面。

（　　）10. 在汽车大修竣工验收时，车辆的附属装备应按规定配齐。

（　　）11. 转向盘自由行程的大小，可通过转向横拉杆来调整。

（　　）12. 液力变矩器中的泵轮与发动机的飞轮相连。

（　　）13. 65 锰钢用来制造变速器齿轮。

（　　）14. 可锻铸铁是变速器壳最常用的材料。

（　　）15. 气门导管与气缸盖之间为间隙配合。

（　　）16. 装配图中的滚动轴承允许只画出一边的结构略图，另一边用交叉点画线表示。

(　　) 17. 使汽车外形呈流线型可降低燃料消耗。

(　　) 18. 在配气相位角中，对节油最关键的相位角是进气提前角。

(　　) 19. 发动机排量为所有气缸工作容积的总和。

(　　) 20. 关于改装车辆的参数，一般货车宽度应不大于3m。

汽车装配工综合理论测试题

一、单选题（共80分，每题1分）

1. 汽油在一定的温度下其比重是（　　）。

A. 0.69　　B. 0.70　　C. 0.73　　D. 0.80

2. 装配精度要求就是装配尺寸链的（　　）。

A. 组合环　　B. 封闭环　　C. 增环精度　　D. 减环精度

3. 间隙配合为（　　）。

A. 孔的公差带在轴的公差带之上

B. 孔的公差带在轴的公差带之下

C. 孔的公差带下部分与轴的公差带上部分交叠

D. 孔的公差带上部分与轴的公差带下部分交叠

4. 工序基准定义为（　　）。

A. 设计图中所用的基准　　B. 工序图中的基准

C. 装配过程中所用的基准　　D. 用于测量工件尺寸、位置的基准

5. 螺栓尺寸标识M代表（　　）。

A. 英制细螺纹　　B. 英制粗螺纹　　C. 米制螺纹

6. 工作简单、生产效率高，便于流水线式装配的装配法是（　　）。

A. 完全互换装配法　　B. 大数互换装配法

C. 选择装配法　　D. 调整装配

7. 四轮定位调整时，转向盘水平位置范围是（　　）。

A. $(-2\pm2)°$　　B. $(-1\pm1)°$

C. $(-1.5\pm1.5)°$　　D. $(-2.5+1)°$

8. 电荷在电路中有规则地（　　）称为电流

A. 单向运动　　B. 不运动　　C. 定向运动　　D. 双向运动

9. TQM全面质量管理是以（　　）为中心。

A. 全员参与　　B. 质量　　C. 顾客满意　　D. 调动积极性

10. 目前，常用的防冻液多属（　　），其中多加有防腐剂和染色剂，可以长期使用，所以称为长效防冻液。

A. 酒精—水型　B. 甘油—水型　C. L-醇—水型　D. 矿油型

11. 半导体二极管的特性是（　　）。

A. 导电　B. 单向导电　C. 双向导电　D. 不导电

12. 汽车转向轮的横向滑移量用侧滑台检测时，侧滑量应不大于（　　）。

A. 5m/km　B. 10m/km　C. 15m/km　D. 20m/km

13. 汽车用输油胶管必须为（　　）。

A. 一般胶管　B. 夹层胶管　C. 耐油胶管　D. 橡胶胶管

14. 汽车常用非金属材料主要有（　　）、玻璃、油漆、油料、复合材料、尼龙等。

A. 塑料　B. 橡胶

C. 橡胶、树脂、塑料　D. 木材

15. 汽车常用金属材料主要有钢、（　　）、铜合金、铝合金等。

A. 橡胶　B. 铁、铜、铝　C. 复合材料　D. 油漆

16. 汽车自身的安全性非常重要，其上的（　　）生产厂家必须通过“3C”认证。

A. 仪表　B. 发电机

C. 轮胎、安全带、玻璃　D. 悬架

17. 汽车后视镜应为（　　）面镜。

A. 玻璃　B. 凹　C. 一般镜片　D. 凸

18. 采用可变配气相位的目的是（　　）。

A. 提高充气效率　B. 提高进气时间　C. 减少污染　D. 便于排气

19. 一辆车的 17 位 VIN 号，其中通过第 10 位可以了解到下面所列的哪些信息？（　　）

A. 年型　B. 制造商　C. 销售商　D. 车辆类型

20. 汽车转向轮自动回正作用称为转向轮稳定效应，这种稳定效应是由（　　）来保证的。

A. 前轮外倾　B. 前轮前束　C. 后轮外倾　D. 主销后倾

21. ABS 防抱死制动装置是在（　　）时可防止车轮完全抱死。

A. 驻车制动　B. 预制动　C. 紧急制动　D. 点制动

22. 汽车的最大爬坡能力是指在良好路面上（　　）。

A. 第一挡空载时的最大爬坡度　B. 直接挡最大爬坡度

C. 最高车速时的最大爬坡度　D. 第一挡满载时的最大爬坡度

23. 路面附着系数越大，汽车初始制动车速越低，汽车的制动距离（　　）。

A. 越短　B. 越长　C. 不一定　D. 与车速无关

24. 无论你从事的工作有多特殊，它总是离不开一定的（　　）约束。

A. 岗位责任　　B. 家庭美德　　C. 规章制度　　D. 职业道德

25. 下列哪项内容属于对员工遵纪守法的要求？(　　)

A. 勤劳节俭　　B. 诚实守信　　C. 个人服从集体　D. 保守企业私密

26. 对于发动机可变配气系统，为使发动机怠速稳定性好，气门叠加角要(　　)。

A. 小　　B. 大　　C. 恒定　　D. 先大后小

27. 气门与气门座或气门座圈之间靠（　　）密封。

A. 平面　　B. O形密封圈　　C. 矩形密封圈　　D. 锥面

28. 制动器按结构不同可分为鼓式制动器和（　　）。

A. 车轮制动器　　B. 中央制动器　　C. 盘式制动器　　D. 辅助制动系

29. 发动机的压缩比是指（　　）之比。

A. 气缸总容积与燃烧室容积　　B. 气缸工作容积与燃烧室容积

C. 发动机排量与燃烧室容积　　D. 气缸总容积与气缸工作容积

30. 冷起动时起动困难主要与哪个传感器有关(　　)。

A. 空气量流量计　　B. 冷却液温度传感器

C. 进气温度传感器　　D. 发动机转速传感器

31. 采用可变配气相位的目的是（　　）。

A. 提高充气效率　B. 提高进气时间　C. 减少污染　　D. 便于排气

32. 转向盘转角一定，慢加速汽车转向直径越来越小，则汽车稳态转向特性为（　　）。

A. 不足转向　　B. 中性转向　　C. 过多转向　　D. 不能确定

33. 进气管回火时PCV阀（　　）。

A. 全开　　B. 半开

C. 关闭　　D. 开或关由当时发动机转速决定

34. 发动机散热器风扇转速由（　　）控制。

A. 发动机负荷　　B. 发动机转速　　C. 进气温度　　D. 双温开关

35. 发动机冷却系大小循环是由（　　）控制的。

A. 水泵　　B. 散热器　　C. 温度开关　　D. 节温器

36. 发动机的气缸壁采用（　　）。

A. 润滑脂润滑　　B. 压力润滑　　C. 飞溅润滑　　D. 其他润滑

37. 活塞最大的磨损部位是（　　）。

A. 活塞环槽　　B. 活塞销座孔　　C. 活塞裙部　　D. 活塞项部

38. 废气涡轮增压器的最大转速可达到（　　）r/min以上。

A. 10000　　B. 20000　　C. 30000　　D. 100000

39. 真空助力器是以（　　）作为加力的力源。

A. 进气管中的真空度　　B. 储气筒内的压缩空气

C. 蓄电池的能量　　D. 排气压力

40. 电喷发动机对汽油的质量要求是（　　）。

A. 有铅汽油　B. 无铅汽油　C. 两者都可以

41. 编号为195/60R1485H的轮胎，195的意义是（　　）

A. 轮胎断面宽度为195mm　　B. 表示子午线轮胎

C. 表示使用轮辋直径　　D. 载荷指数

42. GPS系统是指（　）。

A. 卫星定位系统　　B. 电子稳定控制系统

C. 制动防抱死系统　　D. 电控转向系统

43. OBD是指（　）。

A. 驱动防滑系统　　B. 电子稳定控制系统

C. 制动防抱死系统　　D. 车载诊断系统

44. 车桥的作用是安装（　　）。

A. 发动机　B. 车轮　C. 车架　D. 悬架

45. 盘式制动器比鼓式制动器（　　）。

A. 散热好　B. 制动力大　C. 抗热衰退性差

46. 目前国内轿车采用的转向器多数属于（　）。

A. 齿轮齿条式　B. 循环球式　C. 蜗轮蜗杆式

47. 中断动力传递的作用由（　　）实现。

A. 传动系　B. 行驶系　C. 转向系　D. 制动系

48. 双向作用筒式减振器在（　　）起作用。

A. 压缩行程　　B. 压缩行程和伸张行程

C. 伸张行程　　D. 中负荷时

49. 车外照明装置包括前照灯、雾灯、（　　）、牌照灯等。

A. 顶灯　B. 尾灯　C. 车门灯　D. 工作灯

50. 汽车的最小转弯半径一般是在汽车作最小转弯时测量（　　）的轨迹得到的。

A. 外侧前轮中心　B. 内侧前轮中心　C. 汽车中心线　D. 外侧后轮中心

51. 汽车制动时后轮先抱死比前轮先抱死（　）。

A. 制动稳定性好　B. 更危险　C. 没有区别

52. 在整车检测时，检测灯光时应检测（　　）。

A. 发光强度　　B. 发光强度与照射位置

C. 照射位置　　D. 照射角度

53. 蓄电池电解液的浓度为（　　）g/cm。

A. 1.84　　B. 1.90　　C. 2.00　　D. 2.5

54. 前轴左右车轮制动力之差超过（　　）就能引起制动跑偏现象。

A. 5%　　B. 10%　　C. 15%　　D. 20%

55. 装配尺寸链中的环数增加，则封闭环的公差（　　）。

A. 将随之增大　　B. 将随之减少　　C. 不变　　D. 不确定

56. 用屏幕法检测光束照射位置时，屏幕位于前照灯（　　）。

A. 3m　　B. 5m　　C. 8m　　D. 10m

57. 游标卡尺的（　　）有 0.10mm，0.05mm 和 0.02mm 三种。

A. 精度　　B. 尺寸　　C. 长度　　D. 厚度

58. 20H8/f7 表示基本尺寸为 20mm 的（　　）。

A. 基孔制间隙配合　　B. 基孔制过盈配合

C. 基轴制间隙配合　　D. 基轴制过盈配合

59. 汽油车排放中三种主要有害成分是（　　）。

A. 碳氢化合物、氮氧化合物和硫化物

B. CO_2、CO 和碳氢化合物

C. CO、碳氢化合物和氮氧化合物

D. CO、碳氢化合物和碳微粒含量

60. 一般金属材料的阻值（　　）。

A. 随温度的升高而下降　　B. 随温度的升高而升高

C. 变化不定　　D. 与温度无关

61. 发动机冷却液渗入自动变速器油中，自动变速器油会变成（　　）色。

A. 黄　　B. 红　　C. 乳白　　D. 棕

62. 汽油机是由曲柄连杆机构、配气机构、燃料供给系、点火系、冷却系、润滑系及（　　）组成的。

A. 起动机　　B. 配电系　　C. 蓄电池　　D. 起动系

63. 废气涡轮增压装置所需的润滑油来自（　　）。

A. 发动机油底壳　　B. 储液罐　　C. 自动变速器　　D. 特殊装置

64. 曲柄连杆机构的功用是把（　　）作用在活塞顶上的力转变为曲轴的转矩，并通过曲轴对外输出机械能。

A. 气体　　B. 汽油　　C. 空气　　D. 燃烧气体

65. 转动汽车转向横拉杆可以调整（　　）。

A. 前轮前束　　B. 前轮外侧角　　C. 主销内倾　　D. 主销后倾

66. 发动机冷却系大小循环是由（　　）控制的。

A. 水泵　　B. 散热器　　C. 温度开关　　D. 节温器

67. 发动机的气缸壁采用（　　）。

A. 润滑脂润滑　B. 压力润滑　C. 飞溅润滑　D. 其他润滑

68. 如发动机转速升高时，经常发生烧坏用电设备的情况，可能原因是（　）的故障。

A. 转子总成　B. 定子总成　C. 整流器　D. 电压调节器

69. 光化学烟雾是指（　）。

A. CO 和碳氢化合物在阳光下发生化学反应而产生的刺激性产物

B. CO_2 和碳氢化合物在阳光下发生化学反应而产生的刺激性产物

C. 氮氧化合物和碳氢化合物在阳光下发生化学反应而产生的刺激性产物

D. CO 和氮氧化合物在阳光下发生化学反应而产生的刺激性产物

70. 活塞最大的磨损部位是（　）。

A. 活塞环槽　B. 活塞销座孔　C. 活塞裙部　D. 活塞顶部

71. 当车速小于（　）km/h 时，ECU 自动取消巡航控制。

A. 40　B. 50　C. 60　D. 70

72. 汽车车轮转速传感器安装在（　）上。

A. 车轮　B. 发动机　C. 变速器　D. 传动轴

73. 差速器内的行星齿轮，当左右两侧车轮阻力不同时（　）。

A. 开始公转　B. 开始自转　C. 开始反转　D. 开始滑动

74. 自动变速器液力变矩器变矩工作时，导轮（　）。

A. 转动　B. 不动　C. 先转动后不动　D. 先不动后转动

75. 真空助力器是以（　）作为加力的力源。

A. 进气管中的真空度　B. 储气筒内的压缩空气

C. 蓄电池的能量　D. 排气压力

76. 装有自动变速器的汽车，如果出现故障需要拖车，拖车速度不能超过（　）km/h。

A. 80　B. 60　C. 50　D. 30

77. 鼓式制动器比盘式制动器（　）。

A. 散热好　B. 制动力大　C. 抗热衰退性差

78. 自动变速器内部轴承是以（　）润滑方式来润滑的。

A. 飞溅　B. 滑脂　C. 压力

79. 目前国内货车采用的转向器多数属于（　）。

A. 齿轮齿条式　B. 循环球式　C. 蜗轮蜗杆式

80. 目前自动变速器自动换挡主要由（　）两个参数决定。

A. 发动机转速和车速　B. 发动机转速和节气门开度

C. 车速和节气门开度　D. 发动机转速和变速器输入轴转速

二、判断题（共10分，每题1分）

（　　）1. 发动机排量为所有气缸总容积的总和。

（　　）2. 发动机在某一转速下发出的有效功率与相同转速下所能发出的最大有效功率的比值为负荷。

（　　）3. 发动机采用液力挺柱，便于手动调整气门间隙。

（　　）4. 汽油的辛烷值越高，抗爆性越差。

（　　）5. 职业纪律有明确的规定性和一定的强制性等特点。

（　　）6. 百公里油耗能评价不同型号汽车的经济性。

（　　）7. 柴油机的点火方式是点燃。

（　　）8. 倒车雷达系统在提示司机倒车时，离障碍物由远及近，报警声音由弱变强。

（　　）9. 汽车在做尾气检测时探头放到排气管内，并保证插入排气管内约30cm。

（　　）10. 从一辆车的VIN号中可以知道该车的生产国家、制造商、销售商、车辆类型、年型信息。

三、简述题（共8分，每题2分）

1. 简述汽车总装配流水作业法。

2. 什么是装配精度？

3. 简述柴油的使用性能及牌号。

4. 简述几何公差的分类。

四、解释下列代号（共2分，每题1分）

1. 18CrMnTi钢

2. 轴承7320

试题库答案

习题一答案

一、选择题

1. A　2. B　3. D　4. C　5. A　6. C　7. D　8. D　9. C　10. C
11. D　12. C　13. A　14. B　15. D　16. B　17. B　18. B　19. B　20. B
21. C　22. B　23. B　24. B　25. A　26. D　27. C　28. D　29. C　30. C
31. A　32. A　33. B　34. C　35. B　36. B　37. C　38. B　39. A　40. A
41. B　42. A　43. A　44. C　45. A　46. B　47. A　48. A　49. B　50. A
51. A　52. B　53. B　54. B　55. A　56. C　57. A　58. D　59. A　60. A
61. A　62. B　63. B　64. C　65. A　66. B　67. D　68. C　69. D　70. B
71. B　72. C　73. B　74. B　75. A　76. B　77. B　78. C　79. A　80. D

二、判断题

1. √　2. ×　3. √　4. ×　5. √　6. √　7. √　8. ×　9. ×　10. √
11. √　12. ×　13. ×　14. ×　15. √　16. √　17. ×　18. √　19. √　20. ×

习题二答案

一、选择题

1. D　2. C　3. B　4. A　5. A　6. C　7. D　8. D　9. C　10. D
11. D　12. B　13. D　14. C　15. C　16. B　17. C　18. B　19. B　20. A
21. A　22. C　23. B　24. C　25. A　26. C　27. A　28. A　29. A　30. A
31. A　32. C　33. D　34. A　35. B　36. B　37. B　38. C　39. D　40. C
41. A　42. C　43. A　44. D　45. C　46. A　47. B　48. C　49. A　50. A
51. C　52. D　53. D　54. D　55. B　56. B　57. D　58. A　59. C　60. B

61. B　62. A　63. C　64. C　65. A　66. C　67. C　68. B　69. C　70. C
71. A　72. A　73. C　74. A　75. B　76. C　77. D　78. B　79. B　80. B

二、判断题

1. √　2. √　3. ×　4. ×　5. ×　6. ×　7. √　8. ×　9. ×　10. ×
11. √　12. ×　13. √　14. √　15. √　16. √　17. √　18. √　19. √　20. ×

习题三答案

一、选择题

1. D　2. A　3. D　4. C　5. B　6. A　7. B　8. C　9. C　10. A
11. A　12. D　13. C　14. B　15. D　16. C　17. C　18. A　19. A　20. C
21. A　22. C　23. C　24. C　25. C　26. B　27. B　28. D　29. A　30. C
31. B　32. A　33. A　34. A　35. B　36. A　37. B　38. D　39. D　40. A
41. D　42. A　43. C　44. C　45. C　46. D　47. B　48. D　49. D　50. B
51. B　52. A　53. B　54. C　55. C　56. D　57. A　58. A　59. C　60. B
61. B　62. A　63. B　64. C　65. A　66. B　67. C　68. D　69. C　70. B
71. B　72. A　73. A　74. B　75. B　76. C　77. A　78. A　79. C　80. C

二、判断题

1. √　2. ×　3. √　4. √　5. ×　6. ×　7. √　8. ×　9. ×　10. √
11. ×　12. √　13. ×　14. ×　15. ×　16. √　17. √　18. ×　19. √　20. ×

汽车装配工综合理论测试题答案

一、单选题

1. C　2. B　3. A　4. B　5. C　6. A　7. A　8. C　9. B　10. C
11. B　12. A　13. C　14. C　15. B　16. C　17. D　18. A　19. C　20. B
21. C　22. D　23. A　24. D　25. D　26. A　27. D　28. C　29. A　30. B
31. A　32. C　33. C　34. D　35. D　36. C　37. A　38. D　39. A　40. B
41. A　42. A　43. B　44. B　45. A　46. A　47. A　48. B　49. B　50. A
51. B　52. B　53. A　54. A　55. A　56. D　57. A　58. A　59. C　60. B
61. C　62. D　63. A　64. D　65. A　66. D　67. C　68. D　69. C　70. A

71. A　72. A　73. B　74. B　75. A　76. C　77. C　78. C　79. B　80. C

二、判断题

1. ×　2. √　3. ×　4. ×　5. √　6. ×　7. ×　8. √　9. √　10. √

三、简述题

1. 答：

所谓汽车总装流水作业法就是使汽车的装配在装配线上移动作业，每个装配点只负责安装一种零部件，依次装配形成流水作业的形式。

2. 答：

装配精度是指机械或产品装配后的零件的实际几何形状、工件性能与理想几何形状、工件性能的符合程度。

3. 答：

包括发火性、蒸发性、低温流动性、粘度、安定性、防腐性、清洁性。柴油的牌号按凝点分为10、0、-10、-20、-35、-50六种牌号。

4. 答：

几何公差包括形状公差、方向公差、位置公差和跳动公差。

四、解释下列代号

1. 答：

合金钢，碳的质量分数为0.18%，含铬、锰、钛等合金元素。

2. 答：

G级精度，圆锥滚子轴承，中系列，内径为100mm。

参 考 文 献

[1] 李全利. 汽车发动机构造与维修 [M]. 北京：电子工业出版社，2002.

[2] 曲健. 汽车发动机拆装实训 [M]. 北京：机械工业出版社，2010.

[3] 丁鸣朝. 当代汽车维修职业技能培训——发动机篇 [M]. 北京：电子工业出版社，2008.

[4] 吴诰圭. 汽车电子控制技术和车内局域网 [M]. 北京：电子工业出版社，2004.

[5] 周建平. 汽车电气设备构造与维修 [M]. 北京：人民交通出版社，2005.

[6] 司利增. 汽车发动机及其诊断维修 [M]. 北京：电子工业出版社，2006.

[7] 司利增. 汽车底盘及其诊断维修 [M]. 北京：电子工业出版社，2006.

[8] 杜瑞丰，陈忠凯. 汽车底盘构造与维修 [M]. 北京：高等教育出版社，2002.

[9] 黄玮，舒华，等. 捷达王系列轿车维修手册 [M]. 沈阳：辽宁科学技术出版社，2000.

[10] 邹长庚. 现代汽车电子控制系统构造原理与故障诊断——车身与底盘部分 [M]. 北京：北京理工大学出版社，2006.

[11] 陈刚，杨举銮. 钳工 [M]. 北京：中国劳动社会保障出版社，1996.

[12] 余文明. 汽车构造与拆装 [M]. 北京：中国电力出版社，2007.

[13] 战权理. 汽车装试技术 [M]. 北京：北京理工大学出版社，2007.

[14] 朱为国. 钳工技师培训教材 [M]. 北京：机械工业出版社，2008.

[15] 韩英淳. 汽车制造工艺学 [M]. 北京：人民交通出版社，2005.

[16] 顾金婷. 汽车修理工 [M]. 北京：中国劳动社会保障出版社，2002.

国家职业资格培训教材

丛书介绍：深受读者喜爱的经典培训教材，依据最新国家职业标准，按初级、中级、高级、技师（含高级技师）分册编写，以技能培训为主线，理论与技能有机结合，书末有配套的试题库和答案。所有教材均免费提供PPT电子教案，部分教材配有VCD实景操作光盘（注：标注★的图书配有VCD实景操作光盘）。

读者对象：本套教材是各级职业技能鉴定培训机构、企业培训部门、再就业和农民工培训机构的理想教材，也可作为技工学校、职业高中、各种短训班的专业课教材。

- ◆ 机械识图
- ◆ 机械制图
- ◆ 金属材料及热处理知识
- ◆ 公差配合与测量
- ◆ 机械基础（初级、中级、高级）
- ◆ 液气压传动
- ◆ 数控技术与AutoCAD应用
- ◆ 机床夹具设计与制造
- ◆ 测量与机械零件测绘
- ◆ 管理与论文写作
- ◆ 钳工常识
- ◆ 电工常识
- ◆ 电工识图
- ◆ 电工基础
- ◆ 电子技术基础
- ◆ 建筑识图
- ◆ 建筑装饰材料
- ◆ 车工（初级★、中级、高级、技师和高级技师）
- ◆ 铣工（初级★、中级、高级、技师和高级技师）
- ◆ 磨工（初级、中级、高级、技师和高级技师）
- ◆ 钳工（初级★、中级、高级、技师和高级技师）
- ◆ 机修钳工（初级、中级、高级、技师和高级技师）
- ◆ 锻造工（初级、中级、高级、技师和高级技师）
- ◆ 模具工（中级、高级、技师和高级技师）
- ◆ 数控车工（中级★、高级★、技师和高级技师）
- ◆ 数控铣工/加工中心操作工（中级★、高级★、技师和高级技师）
- ◆ 铸造工（初级、中级、高级、技师和高级技师）
- ◆ 冷作钣金工（初级、中级、高级、技师和高级技师）
- ◆ 焊工（初级★、中级★、高级★、技师和高级技师★）
- ◆ 热处理工（初级、中级、高级、技师和高级技师）
- ◆ 涂装工（初级、中级、高级、技师和高级技师）
- ◆ 电镀工（初级、中级、高级、技师

和高级技师）
- ◆ 锅炉操作工（初级、中级、高级、技师和高级技师）
- ◆ 数控机床维修工（中级、高级和技师）
- ◆ 汽车驾驶员（初级、中级、高级、技师）
- ◆ 汽车修理工（初级★、中级、高级、技师和高级技师）
- ◆ 摩托车维修工（初级、中级、高级）
- ◆ 制冷设备维修工（初级、中级、高级、技师和高级技师）
- ◆ 电气设备安装工（初级、中级、高级、技师和高级技师）
- ◆ 值班电工（初级、中级、高级、技师和高级技师）
- ◆ 维修电工（初级★、中级★、高级、技师和高级技师）
- ◆ 家用电器产品维修工（初级、中级、高级）
- ◆ 家用电子产品维修工（初级、中级、高级、技师和高级技师）
- ◆ 可编程序控制系统设计师（一级、二级、三级、四级）
- ◆ 无损检测员（基础知识、超声波探伤、射线探伤、磁粉探伤）
- ◆ 化学检验工（初级、中级、高级、技师和高级技师）
- ◆ 食品检验工（初级、中级、高级、技师和高级技师）
- ◆ 制图员（土建）
- ◆ 起重工（初级、中级、高级、技师）
- ◆ 测量放线工（初级、中级、高级、技师和高级技师）
- ◆ 架子工（初级、中级、高级）
- ◆ 混凝土工（初级、中级、高级）
- ◆ 钢筋工（初级、中级、高级、技师）
- ◆ 管工（初级、中级、高级、技师和高级技师）
- ◆ 木工（初级、中级、高级、技师）
- ◆ 砌筑工（初级、中级、高级、技师）
- ◆ 中央空调系统操作员（初级、中级、高级、技师）
- ◆ 物业管理员（物业管理基础、物业管理员、助理物业管理师、物业管理师）
- ◆ 物流师（助理物流师、物流师、高级物流师）
- ◆ 室内装饰设计员（室内装饰设计员、室内装饰设计师、高级室内装饰 设计师）
- ◆ 电切削工（初级、中级、高级、技师和高级技师）
- ◆ 汽车装配工
- ◆ 电梯安装工
- ◆ 电梯维修工

变压器行业特有工种国家职业资格培训教程

丛书介绍：由相关国家职业标准的制定者——机械工业职业技能鉴定指导中心组织编写，是配套用于国家职业技能鉴定的指定教材，覆盖变压器行业5

个特有工种，共10种。

读者对象：可作为相关企业培训部门、各级职业技能鉴定培训机构的鉴定培训教材，也可作为变压器行业从业人员学习、考证用书，还可作为技工学校、职业高中、各种短训班的教材。

◆ 变压器基础知识
◆ 绕组制造工（基础知识）
◆ 绕组制造工（初级 中级 高级技能）
◆ 绕组制造工（技师 高级技师技能）
◆ 干式变压器装配工（初级、中级、高级技能）
◆ 变压器装配工（初级、中级、高级、技师、高级技师技能）
◆ 变压器试验工（初级、中级、高级、技师、高级技师技能）
◆ 互感器装配工（初级、中级、高级、技师、高级技师技能）
◆ 绝缘制品件装配工（初级、中级、高级、技师、高级技师技能）
◆ 铁心叠装工（初级、中级、高级、技师、高级技师技能）

国家职业资格培训教材——理论鉴定培训系列

丛书介绍：以国家职业技能标准为依据，按机电行业主要职业（工种）的中级、高级理论鉴定考核要求编写，着眼于理论知识的培训。

读者对象：可作为各级职业技能鉴定培训机构、企业培训部门的培训教材，也可作为职业技术院校、技工院校、各种短训班的专业课教材，还可作为个人的学习用书。

◆ 车工（中级）鉴定培训教材
◆ 车工（高级）鉴定培训教材
◆ 铣工（中级）鉴定培训教材
◆ 铣工（高级）鉴定培训教材
◆ 磨工（中级）鉴定培训教材
◆ 磨工（高级）鉴定培训教材
◆ 钳工（中级）鉴定培训教材
◆ 钳工（高级）鉴定培训教材
◆ 机修钳工（中级）鉴定培训教材
◆ 机修钳工（高级）鉴定培训教材
◆ 焊工（中级）鉴定培训教材
◆ 焊工（高级）鉴定培训教材
◆ 热处理工（中级）鉴定培训教材
◆ 热处理工（高级）鉴定培训教材
◆ 铸造工（中级）鉴定培训教材
◆ 铸造工（高级）鉴定培训教材
◆ 电镀工（中级）鉴定培训教材
◆ 电镀工（高级）鉴定培训教材
◆ 维修电工（中级）鉴定培训教材
◆ 维修电工（高级）鉴定培训教材
◆ 汽车修理工（中级）鉴定培训教材
◆ 汽车修理工（高级）鉴定培训教材

◆ 涂装工（中级）鉴定培训教材
◆ 涂装工（高级）鉴定培训教材
◆ 制冷设备维修工（中级）鉴定培训教材
◆ 制冷设备维修工（高级）鉴定培训教材

国家职业资格培训教材——操作技能鉴定实战详解系列

丛书介绍：用于国家职业技能鉴定操作技能考试前的强化训练。特色：

● 重点突出，具有针对性——依据技能考核鉴定点设计，目的明确。
● 内容全面，具有典型性——图样、评分表、准备清单，完整齐全。
● 解析详细，具有实用性——工艺分析、操作步骤和重点解析详细。
● 练考结合，具有实战性——单项训练题、综合训练题，步步提升。

读者对象：可作为各级职业技能鉴定培训机构、企业培训部门的考前培训教材，也可供职业技能鉴定部门在鉴定命题时参考，也可作为读者考前复习和自测使用的复习用书，还可作为职业技术院校、技工院校、各种短训班的专业课教材。

◆ 车工（中级）操作技能鉴定实战详解
◆ 车工（高级）操作技能鉴定实战详解
◆ 车工（技师、高级技师）操作技能鉴定实战详解
◆ 铣工（中级）操作技能鉴定实战详解
◆ 铣工（高级）操作技能鉴定实战详解
◆ 钳工（中级）操作技能鉴定实战详解
◆ 钳工（高级）操作技能鉴定实战详解
◆ 钳工（技师、高级技师）操作技能鉴定实战详解
◆ 数控车工（中级）操作技能鉴定实战详解
◆ 数控车工（高级）操作技能鉴定实战详解
◆ 数控车工（技师、高级技师）操作技能鉴定实战详解
◆ 数控铣工/加工中心操作工（中级）操作技能鉴定实战详解
◆ 数控铣工/加工中心操作工（高级）操作技能鉴定实战详解
◆ 数控铣工/加工中心操作工（技师、高级技师）操作技能鉴定实战详解
◆ 焊工（中级）操作技能鉴定实战详解
◆ 焊工（高级）操作技能鉴定实战详解
◆ 焊工（技师、高级技师）操作技能鉴定实战详解
◆ 维修电工（中级）操作技能鉴定实战详解
◆ 维修电工（高级）操作技能鉴定

实战详解

◆ 维修电工（技师、高级技师）操作技能鉴定实战详解

◆ 汽车修理工（中级）操作技能鉴定实战详解

◆ 汽车修理工（高级）操作技能鉴定实战详解

技能鉴定考核试题库

丛书介绍：根据各职业（工种）鉴定考核要求分级编写，试题针对性、通用性、实用性强。

读者对象：可作为企业培训部门、各级职业技能鉴定机构、再就业培训机构培训考核用书，也可供技工学校、职业高中、各种短训班培训考核使用，还可作为个人读者学习自测用书。

◆ 机械识图与制图鉴定考核试题库

◆ 机械基础技能鉴定考核试题库

◆ 电工基础技能鉴定考核试题库

◆ 车工职业技能鉴定考核试题库

◆ 铣工职业技能鉴定考核试题库

◆ 磨工职业技能鉴定考核试题库

◆ 数控车工职业技能鉴定考核试题库

◆ 数控铣工/加工中心操作工职业技能鉴定考核试题库

◆ 模具工职业技能鉴定考核试题库

◆ 钳工职业技能鉴定考核试题库

◆ 机修钳工职业技能鉴定考核试题库

◆ 汽车修理工职业技能鉴定考核试题库

◆ 制冷设备维修工职业技能鉴定考核试题库

◆ 维修电工职业技能鉴定考核试题库

◆ 铸造工职业技能鉴定考核试题库

◆ 焊工职业技能鉴定考核试题库

◆ 冷作钣金工职业技能鉴定考核试题库

◆ 热处理工职业技能鉴定考核试题库

◆ 涂装工职业技能鉴定考核试题库

机电类技师培训教材

丛书介绍：以国家职业标准中对各工种技师的要求为依据，以便于培训为前提，紧扣职业技能鉴定培训要求编写。加强了高难度生产加工，复杂设备的安装、调试和维修，技术质量难题的分析和解决，复杂工艺的编制，故障诊断与排除以及论文写作和答辩的内容。书中均配有培训目标、复习思考题、培训内容、试题库、答案、技能鉴定模拟试卷样例。

读者对象：可作为职业技能鉴定培训机构、企业培训部门、技师学院培训鉴定教材，也可供读者自学及考前复习和自测使用。

- 公共基础知识
- 电工与电子技术
- 机械制图与零件测绘
- 金属材料与加工工艺
- 机械基础与现代制造技术
- 技师论文写作、点评、答辩指导
- 车工技师鉴定培训教材
- 铣工技师鉴定培训教材
- 钳工技师鉴定培训教材
- 焊工技师鉴定培训教材
- 电工技师鉴定培训教材
- 铸造工技师鉴定培训教材
- 涂装工技师鉴定培训教材
- 模具工技师鉴定培训教材
- 机修钳工技师鉴定培训教材
- 热处理工技师鉴定培训教材
- 维修电工技师鉴定培训教材
- 数控车工技师鉴定培训教材
- 数控铣工技师鉴定培训教材
- 冷作钣金工技师鉴定培训教材
- 汽车修理工技师鉴定培训教材
- 制冷设备维修工技师鉴定培训教材

特种作业人员安全技术培训考核教材

丛书介绍：依据《特种作业人员安全技术培训大纲及考核标准》编写，内容包含法律法规、安全培训、案例分析、考核复习题及答案。

读者对象：可用作各级各类安全生产培训部门、企业培训部门、培训机构安全生产培训和考核的教材，也可作为各类企事业单位安全管理和相关技术人员的参考书。

- 起重机司索指挥作业
- 企业内机动车辆驾驶员
- 起重机司机
- 金属焊接与切割作业
- 电工作业
- 压力容器操作
- 锅炉司炉作业
- 电梯作业
- 制冷与空调作业
- 登高作业

读者信息反馈表

感谢您购买《汽车装配工》一书。为了更好地为您服务，有针对性地为您提供图书信息，方便您选购合适图书，我们希望了解您的需求和对我们教材的意见和建议，愿这小小的表格为我们架起一座沟通的桥梁。

<table>
<tr><td>姓　名</td><td></td><td>所在单位名称</td><td colspan="3"></td></tr>
<tr><td>性　别</td><td></td><td>所从事工作（或专业）</td><td colspan="3"></td></tr>
<tr><td>通信地址</td><td colspan="3"></td><td>邮　编</td><td></td></tr>
<tr><td>办公电话</td><td colspan="2"></td><td>移动电话</td><td colspan="2"></td></tr>
<tr><td>E-mail</td><td colspan="5"></td></tr>
<tr><td colspan="6">1. 您选择图书时主要考虑的因素（在相应项前画✓）
（　）出版社（　）内容（　）价格（　）封面设计（　）其他
2. 您选择我们图书的途径（在相应项前画✓）
（　）书目（　）书店（　）网站（　）朋友推介（　）其他</td></tr>
<tr><td colspan="6">希望我们与您经常保持联系的方式：
□ 电子邮件信息　□ 定期邮寄书目
□ 通过编辑联络　□ 定期电话咨询</td></tr>
<tr><td colspan="6">您关注（或需要）哪些类图书和教材：</td></tr>
<tr><td colspan="6">您对我社图书出版有哪些意见和建议（可从内容、质量、设计、需求等方面谈）：</td></tr>
<tr><td colspan="6">您今后是否准备出版相应的教材、图书或专著（请写出出版的专业方向、准备出版的时间、出版社的选择等）：</td></tr>
</table>

非常感谢您能抽出宝贵的时间完成这张调查表的填写并回寄给我们，我们愿以真诚的服务回报您对机械工业出版社技能教育分社的关心和支持。

请联系我们——

地址　北京市西城区百万庄大街22号　机械工业出版社技能教育分社

邮编　100037

社长电话　（010）88379080，88379083；68329397（带传真）

E-mail　jnfs@mail.machineinfo.gov.cn

机械工业出版社网址：http://www.cmpbook.com

教材网网址：http://www.cmpedu.com